经济法学

(第八版)

— Economic Law —

主　编 张守文
撰稿人（以姓氏笔划为序）
　　张守文　肖江平　徐孟洲

图书在版编目(CIP)数据

经济法学/张守文主编. —8版. —北京:北京大学出版社,2024.1
21世纪法学规划教材
ISBN 978-7-301-34623-5

Ⅰ.①经… Ⅱ.①张… Ⅲ.①经济法—法的理论—中国—高等学校—教材 Ⅳ.①D922.290.1

中国国家版本馆CIP数据核字(2023)第213690号

书　　　名	经济法学（第八版）
	JINGJIFAXUE(DI-BA BAN)
著作责任者	张守文　主编
责 任 编 辑	孙嘉阳　钱玥
标 准 书 号	ISBN 978-7-301-34623-5
出 版 发 行	北京大学出版社
地　　　址	北京市海淀区成府路205号　100871
网　　　址	http://www.pup.cn
新 浪 微 博	@北京大学出版社　@北大出版社法律图书
电 子 邮 箱	编辑部 law@pup.cn　总编室 zpup@pup.cn
电　　　话	邮购部 010-62752015　发行部 010-62750672　编辑部 010-62752027
印 　刷 　者	河北文福旺印刷有限公司
经 销 者	新华书店
	787毫米×1092毫米　16开本　22.25印张　555千字
	2005年7月第1版　2006年10月第2版
	2007年12月第3版　2008年8月第4版
	2012年5月第5版　2014年6月第6版
	2018年5月第7版
	2024年1月第8版　2024年11月第2次印刷
定　　　价	69.00元

未经许可，不得以任何方式复制或抄袭本书之部分或全部内容。
版权所有，侵权必究
举报电话：010-62752024　电子邮箱：fd@pup.cn
图书如有印装质量问题，请与出版部联系，电话：010-62756370

丛书出版前言

秉承"学术的尊严,精神的魅力"的理念,北京大学出版社多年来在文史、社科、法律、经管等领域出版了不同层次、不同品种的大学教材,获得了广大读者好评。

但一些院校和读者面对多种教材时出现选择上的困惑,因此北京大学出版社对全社教材进行了整合优化。集全社之力,推出一套统一的精品教材。

"21世纪法学规划教材"即是本套精品教材的法律部分。本系列教材在全社法律教材中选取了精品之作,均由我国法学领域颇具影响力和潜力的专家学者编写而成,力求结合教学实践,推动我国法律教育的发展。

"21世纪法学规划教材"面向各高等院校法学专业学生,内容不仅包括了16门核心课教材,还包括多门传统专业课教材,以及新兴课程教材;在注重系统性和全面性的同时,强调与司法实践、研究生教育接轨,培养学生的法律思维和法学素质,帮助学生打下扎实的专业基础和掌握最新的学科前沿知识。

本系列教材在保持相对一致的风格和体例的基础上,以精品课程建设的标准严格要求各教材的编写;汲取同类教材特别是国外优秀教材的经验和精华,同时具有中国当下的问题意识;增加支持先进教学手段和多元化教学方法的内容,努力配备丰富、多元的教辅材料,如电子课件、配套案例等。

为了使本系列教材具有持续的生命力,我们将积极与作者沟通,结合立法和司法实践,对教材不断进行修订。

无论您是教师还是学生,在适用本系列教材的过程中,如果发现任何问题或有任何意见、建议,欢迎及时与我们联系(发送邮件至 bjdxcbs1979@163.com)。我们会将您的意见或建议及时反馈给作者,供作者在修订再版时进行参考,从而进一步完善教材内容。

最后,感谢所有参与编写和为我们出谋划策提供帮助的专家学者,以及广大使用本系列教材的师生,希望本系列教材能够为我国高等院校法学专业教育和我国的法治建设贡献绵薄之力。

北京大学出版社
2023年9月

第八版前言

我国已开启建设现代化国家的新征程。实现"中国式现代化",尤其需要经济法的促进和保障。为此,有必要结合经济社会发展和法治建设的新需要,结合经济法理论和制度的新发展,对2018年出版的《经济法学》(第七版)作出修订。

近年来,经济法的立法已发生较大变化。例如,国家立法机关修改了《反垄断法》《反不正当竞争法》《证券法》《个人所得税法》等,并制定了多部税收法律,同时,对经济法多个领域的具体制度也加以优化。此外,数字经济快速发展、相关机构改革等,对经济法的理论研究和制度变革亦有影响。上述诸多变化,都需要在《经济法学》(第八版)中加以体现。

在本次修订过程中,各位作者对相关文字表述再次认真打磨,力求更为精准畅达。在此特别感谢北京大学出版社编辑老师认真高效的编审工作,对于本书可能存在的诸多不足,诚望读者方家多予雅正。

编　者
2023 年 8 月 15 日

第七版前言

今年是中国改革开放的四十周年,也是中国经济法不断发展的四十周年。随着改革与法治的全面推进,经济法的理论研究和制度建设也开启了"新时代"。在这个大背景下,有必要结合经济法理论和制度的新发展,对2014年出版的《经济法学》(第六版)作出修订。近几年来,经济法领域的立法变化较大,如《预算法》的修订、"营改增"的推进、税收征管制度的改革等,带来了财税法律制度的较大变化;同时,金融法律制度也有诸多微调,有关计划、反垄断的相关理论和制度亦有相应调整,《反不正当竞争法》《消费者权益保护法》则修改更大。此外,大规模的机构改革亦影响经济法制度的变革。上述各类变化都需要在《经济法学》(第七版)中加以体现。另外,在改版过程中,本书作者还对全书文字再次进行校订,力求使相关表述更为畅达。感谢北大出版社长期以来对本书出版的支持,特别是编辑老师的细致工作。对于本书可能存在的诸多缺失,诚望读者方家指正。

编　者

2018年4月12日

第六版前言

当前,我国正在各个领域全面深化改革,力图有效处理政府与市场的关系,以使政府更好地发挥在宏观调控和市场规制方面的重要作用,这不仅与经济法理论非常契合,而且有助于推动经济法制度的修改和完善。在上述制度变革的背景下,需要出版《经济法学》(第六版)。

本书体现了近年来我国在经济法理论和制度方面的最新发展,特别是在财税法、金融法、竞争法等领域所进行的具体制度调整,融入了《税收征收管理法》《消费者权益保护法》等重要法律的修改;同时,也结合经济法理论的最新发展,对经济法总论和反垄断法部分进行了微调。

此外,本书作者还对全书文字再次进行全面校订,以使相关表述更加精准、全面。尽管如此,仍可能存在诸多不足,诚望方家雅正。

编 者
2014 年 5 月 8 日

第五版前言

自 2008 年金融危机爆发以来,世界各主要国家都大量运用经济法的手段来应对危机,从而使经济法的理论和制度更加受到重视。我国近年来正在努力转变经济发展方式,调整经济结构,保障社会公平,由此也使经济法的理论和制度得到了丰富和完善。在上述背景下,需要对《经济法学》(2008 年版)作出修订。

《经济法学》(第五版)体现了 2008 年以来我国为应对金融危机或整体的经济危机而在经济法制度方面作出的最新改进,特别是在财税法、金融法、竞争法等领域所进行的制度调整;同时,也结合经济法的最新理论发展,对经济法总论部分进行了适度微调,以更好地反映经济法理论和制度的最新发展。

此外,本书作者还对全书文字进行了校订,以使相关表述更加精准、信达。尽管如此,仍可能存在诸多缺失,尚待方家雅正。

编 者

2012 年 3 月 12 日

第四版前言

随着中国经济、社会的快速发展,经济法的理论和制度也随之发生了诸多变化,为了及时反映这些变化,需要出版《经济法学》(2008年版)。

《经济法学》(2008年版)主要在体系和内容方面作出了如下修订:调整了本书旧版中的金融法律制度和计划法律制度的章节设置,在金融法律制度方面,取消了商业银行法律制度和证券法律制度两节(相关内容已合并到特别市场规制法律制度部分);同时,调整了金融法律制度和计划法律制度的若干节的名称或顺序,以期上述章节的内容安排更加合理,更加突出宏观调控法的特点。此外,本书还依据财税法、金融法、竞争法(特别是反垄断法)等领域的最新制度发展,更新了相关的内容。

本书作者对全书进行了多次认真校订,以使相关内容的表述更加准确、精炼、畅达。尽管如此,仍可能存在诸多缺漏,尚希大家多予指正。

编 者

2008年6月16日

第三版前言

本书自再版以来,承蒙广大读者厚爱,已多次重印。与此同时,国家的经济立法亦成就斐然,在税法、金融法等经济法的具体制度领域,有诸多新法问世,尤其是《中华人民共和国企业所得税法》的出台,更是举世瞩目。考虑到广大读者的需要,考虑到教材应当保持其内容上的常新,我们对相关内容作出了修改和调整,同时,对各个章节又作出了进一步校订,以使相关表述更为信达。对于书中可能存在的诸多不足,尚待大家多予补正。

编　者

2007 年 5 月 5 日

再 版 前 言

《经济法学》一书自 2005 年 7 月出版以来,承蒙读者厚爱,已告供给不足。考虑到近期国家经济立法步伐加快,特别是在公司法、证券法、税法等领域,变化相对较大,因而需要对书中的相关内容作出相应修订。此次再版,除了要反映立法的最新发展以外,各位作者还对原书内容进行逐一审订,以保持内容常新无误,不负读者厚望。随着经济法理论和制度的发展,本书将不断作出修正,诚望读者方家多提宝贵意见。

编 者

2006 年 5 月 5 日

目 录

第一编 经济法总论

3 第一章 绪论

8 第二章 经济法本体论

 8 第一节 经济法的概念
 12 第二节 经济法的特征
 17 第三节 经济法的地位
 22 第四节 经济法体系
 27 本章小结

28 第三章 经济法价值论

 28 第一节 经济法的价值
 32 第二节 经济法的宗旨
 39 第三节 经济法的基本原则
 44 本章小结

46 第四章 经济法规范论

 46 第一节 主体理论
 51 第二节 行为理论
 58 第三节 权义结构理论
 65 第四节 责任理论
 71 本章小结

73 第五章 经济法运行论

 73 第一节 经济法的运行系统
 77 第二节 经济法的适用范围

| 80 | 第三节 经济法的程序问题
| 85 | 本章小结

第二编　宏观调控法

| 89 | 第六章　宏观调控法基本原理
| 89 | 第一节　宏观调控法概述
| 93 | 第二节　宏观调控法的原则
| 94 | 第三节　宏观调控法的调整方法
| 97 | 第四节　宏观调控权及其配置
| 99 | 第五节　宏观调控综合协调法律制度
| 104 | 本章小结

| 106 | 第七章　财政法律制度
| 106 | 第一节　财政与财政法概述
| 110 | 第二节　预算法律制度
| 121 | 第三节　国债法律制度
| 124 | 第四节　财政支出法律制度
| 131 | 本章小结

| 132 | 第八章　税收法律制度
| 132 | 第一节　税收与税法概述
| 138 | 第二节　税收征纳实体法律制度
| 150 | 第三节　税收征纳程序法律制度
| 156 | 第四节　重复征税与税收逃避的防止
| 157 | 第五节　违反税法的法律责任
| 159 | 本章小结

| 160 | 第九章　金融法律制度
| 160 | 第一节　金融与金融法概述
| 163 | 第二节　金融调控法及其调控主体
| 168 | 第三节　货币政策与货币政策目标的选择

174 第四节 保障货币政策目标实现的金融调控法制度
183 第五节 外汇管理法律制度
188 本章小结

190 第十章 计划法律制度

190 第一节 计划和计划法概述
194 第二节 外国的计划法律制度
199 第三节 我国计划法的基本制度
203 本章小结

第三编 市场规制法

207 第十一章 市场规制法基本原理

207 第一节 市场规制法的经济学基础
211 第二节 市场规制法的产生和发展
214 第三节 市场规制法的概念、体系和地位
218 第四节 市场规制法的价值、宗旨和原则
223 第五节 市场规制法的主体、权义和责任
230 本章小结

231 第十二章 反垄断法律制度

231 第一节 反垄断法概述
233 第二节 滥用市场支配地位
241 第三节 垄断协议
244 第四节 经营者集中
248 第五节 行政性垄断
251 第六节 反垄断法的实施
257 本章小结

259 第十三章 反不正当竞争法律制度

259 第一节 反不正当竞争法概述
264 第二节 商业贿赂

- 267　第三节　不当附奖赠促销
- 272　第四节　商业诋毁
- 274　第五节　商业混淆
- 276　第六节　虚假宣传
- 279　第七节　侵犯商业秘密
- 282　第八节　互联网特殊不正当竞争
- 283　本章小结

285　第十四章　消费者权益保护法律制度

- 285　第一节　消费者保护的基本原理
- 289　第二节　消费者保护的主要制度
- 295　第三节　消费者权益的国家保护与社会保护
- 299　第四节　权益争议的解决与法律责任的确定
- 302　本章小结

304　第十五章　特别市场规制法律制度

- 304　第一节　特别市场规制法律制度一般原理
- 308　第二节　若干特别市场规制法律制度概述
- 311　第三节　银行业市场规制法律制度
- 320　第四节　证券市场规制法律制度
- 333　本章小结

334　参考书目

336　索　引

340　第一版后记

第一编 经济法总论

第一章　绪论
第二章　经济法本体论
第三章　经济法价值论
第四章　经济法规范论
第五章　经济法运行论

第一章

绪　　论

一、经济法与经济法学的产生

经济法学，是以经济法为研究对象的法学学科。作为法学体系中的重要新兴学科，经济法学着重研究经济法的产生、发展规律。而经济法作为在现代市场经济条件下调整特定社会关系的法律规范的总称，则是一国法律体系中的重要组成部分，是经济法学产生和发展的制度基础。

经济法的产生相对较为晚近。学界一般认为，现代意义的经济法是在市场经济从自由竞争阶段进入到垄断阶段以后才产生的，并体现为19世纪末20世纪初在美国、德国等国家制定的有关规范市场竞争行为的法律，如美国1890年的《谢尔曼法》、德国1896年的《反不正当竞争法》等。此外，在第一次世界大战期间所产生的一些"战时统制法"，如德国1919年的《煤炭经济法》等，体现了国家对市场经济活动的干预、协调，也有学者将其视为早期的经济法。正是上述各类新型立法，引发了研究者的浓厚兴趣，于是，有人开始称之为"经济法"，并对其展开深入研究，逐渐形成了新兴的经济法学。

其实，"经济法"作为一个语词的出现，要更早一些。例如，法国空想社会主义者摩莱里（Morelly）和德萨米（Dezamy），就分别在其著作《自然法典》（1755年）和《公有法典》（1842年）中提及"经济法"的概念，他们都认为经济法是"分配法"；蒲鲁东也曾在其著作中提到"经济法"的概念，等等。但学界一般认为，唯有在第一次世界大战以后，由德国学者提出和归纳的经济法，才是现代意义上的经济法。因此，以经济法为研究对象的经济法学，产生要更为晚近，其较为全面的发端，是以20世纪20年代德国学者的研究为标志的。

基于德国当时的经济和社会形势、经济政策与相关的新型立法等客观因素，以及德国学者长于理性思维，强调法律概念、体系的严谨与缜密等主观因素，德国学术界率先展开了以"经济法"为研究对象的法学研究，从而使德国成为经济法学的发祥地。在德国学者的带动下，经济法研究陆续在其他一些国家相继展开，从而使经济法学进入了一个新的发展时期。

二、经济法学的发展历程

在现代市场经济条件下，随着各类市场失灵问题的不断出现，各国日益深切地感到需要有新的法律规范，来解决传统法律规范所不能有效解决的新型问题，由此使经济法规范不仅产生于美国、德国等国家，而且也陆续生成于其他的市场经济国家。随着经济法规范的日益增多及其调整领域的日益广阔，学界的重视程度也日益提高，从而使经济法研究不仅在德国,而且也在其他一些国家迅速展开。

经济法学的发展,在地域上并不均衡。德国、日本等大陆法系国家的学者,基于对法律和法学的体系化的重视,对诸如经济法在法律体系中是否可以成为一个独立的法律部门,经济法学是否可以成为一个独立的法学学科,经济法同其他部门法的关系,经济法学同其他法学学科之间的关联等问题,进行了较多的研究,他们努力探寻经济法的概念、特征、本质、体系、价值等基本问题,并取得了很多成果。而美国、英国等英美法系国家的学者,在法学研究上更强调"实用主义",不重视概念的提炼和体系的完美。因此,美国的经济法规范虽然产生较早,却未能提炼出"经济法"的概念,也缺少对经济法的系统研究。

上述经济法学在地域发展上的不均衡,是一种形式上的不均衡。其实,就像英美法系国家虽然没有"民法"之名,但却存在大量的财产法、契约法、侵权法等大陆法系称之为"民法"的规范一样,在英美法系国家,虽然一般不强调"经济法"之名,但也同样在财政、税收、金融、市场竞争等各个方面,存在着大量的"经济法规范",即英美法系国家虽然在总体上没有经济法之名,但却有经济法之实。事实上,任何国家,只要是搞现代市场经济,就离不开宏观调控和市场规制,就需要有相关的经济法规范。从这个意义上说,经济法规范在各国是普遍存在的;各个国家的法学研究,也都会涉及经济法学的研究。如果把经济法分为实质意义的经济法和形式意义的经济法,则实质意义的经济法是普遍存在的。在实行市场经济的国家,实际上都有以实质意义的经济法为研究对象的经济法学。

此外,经济法学不仅在市场经济国家存在,在计划经济国家也曾经存在。例如,苏联的经济法学就一度很受重视,形成了多个经济法理论流派。当然,由于经济体制的不同,人们对于经济法的理解也存在差异;同时,由于国情不同,各国的经济法制度也会各具特色,这些都会在一定程度上影响经济法学的发展。但从总体上说,随着市场经济体制在世界各国的普遍确立,国家的宏观调控和市场规制已是不可或缺,从而使经济法的地位也日益重要,这会有力地推动经济法学的发展。

在中国20世纪的法制史和法学史上,经济法和经济法学的产生和发展,尤其令人瞩目。尽管在20世纪30年代前后,国外的经济法理论已被引进,但经济法学的真正发展,是始于20世纪70年代末80年代初。随着中国改革开放的持续推进,以及现代市场经济和相应的法治建设的不断发展,在老一辈学者的不懈努力下,在中青年学者的积极推动下,经济法学也取得了长足发展,作为整个法学体系中的重要组成部分,它已日渐成为对经济和社会发展、对法治建设具有重要影响的"显学"。

当前,我国正在以中国式现代化全面推进中华民族伟大复兴。为此,需要结合社会主要矛盾的变化,有效解决人民日益增长的美好生活需要和不平衡不充分的发展之间的矛盾,特别是发展不平衡、不充分的问题。应立足新发展阶段,贯彻新发展理念、构建新发展格局,推动高质量发展,有效解决各类发展问题,促进全体人民的共同富裕。在此过程中,需要大力加强经济法的法治建设和法学研究。

经济法学的发展历程表明,经济法学的产生和发展,与经济、社会和法律的发展紧密相关,以实质意义的经济法为研究对象的经济法学,在各市场经济国家是普遍存在的。尽管各国在不同的历史时期,由于诸多因素,经济法学研究可能存在不均衡的情况,但随着市场经济的深入发展,各国在经济法学的一些基本方面会达成大量基本共识。这是深入学习和研究经济法学的重要基础。

三、经济法学的基本框架

随着经济法学的发展,经济法学的基本框架也逐渐形成。从法学学科的一般分类看,经济法学可分为经济法总论和经济法分论两大部分,每个部分又都包含着丰富的内容。

经济法总论,或称经济法基础理论,是经济法学的总体上的、具有共通性的理论。作为经济法的一般理论,它是从经济法的各类具体制度中提炼出来的,是经济法各个部门法理论的基础,对于经济法的各类具体部门法的研究,具有重要的指导意义。经济法总论通常涉及经济法哲学、经济法史学、经济法解释学等方面的内容,要着重从理论上说明经济法是什么、经济法的历史沿革、经济法的制度构造及其运行等问题,因此,经济法总论主要包括本体论、发生论、价值论、规范论、运行论、范畴论等诸论①。

经济法分论,是对经济法各类具体制度的基本原理和基本理论的分别阐释。其中,经济法的各类具体制度主要分为两类,一类是财税调控制度、金融调控制度、计划调控制度等宏观调控制度,另一类是反垄断制度、反不正当竞争制度、消费者保护制度等市场规制法律制度。对于上述各类具体制度的原理和理论的分别阐释,就构成了经济法分论的主要内容。

可见,概而言之,经济法总论主要是研究经济法总则部分的理论,而经济法分论则主要是研究经济法分则部分的理论。上述的总论和分论所构成的"二元结构",就是经济法学的基本框架。明确经济法学的基本框架,特别是明确其具体构成,有助于形成对经济法的系统认识,推进经济法学的学习和研究,也有助于加强经济法的法治建设。经济法学基本框架的确立,是经济法学日益成熟的重要标志。

上述经济法学的基本框架,也直接决定了本书的写作框架。本书在体系上,亦由两大部分构成,第一部分是经济法总论,主要介绍经济法的本体论、价值论、规范论、运行论等内容,同时,发生论和范畴论等内容亦将融入其中,不再单独介绍。本书的第二部分是经济法分论,具体分为宏观调控法和市场规制法两部分,其中,宏观调控法包括财政法律制度、税收法律制度、金融法律制度、计划法律制度;市场规制法包括反垄断法律制度、反不正当竞争法律制度、消费者权益保护法律制度以及特殊市场规制法律制度。

强调上述经济法学的基本框架及其与本书结构安排的一致性,意在揭示经济法学的逻辑线索,体现相关部分之间的内在关联,从而增进对经济法学的系统化的认识,增进对经济法理论和制度的关联性的认识,进而增进用理论指导实践的能力。

四、经济法学的研究方法

法学研究往往需要借鉴其他学科的方法,经济法学研究所面对的是大量的"复杂性问题",因而更需要从多个维度,运用多元的方法来展开研讨,这样才有可能更好地解决所面临的问题。

经济法学的研究方法,可以有多种分类。从哲学与科学的二分法看,可以把经济法学的研究方法分为哲学方法和科学方法两大类,其中,科学方法又可分为一般科学方法和专门科学方法。

---

① 与此同时,在经济法总论中还要关注分配理论、发展理论、信息理论、风险理论等"新型理论"。具体分析可参见张守文:《当代中国经济法理论的新视域》,中国人民大学出版社 2018 年版,第 6—7 页。

哲学方法通常有广阔的适用空间。它包括普遍联系的方法、矛盾分析方法、因果关系分析方法等。其中的许多方法对于经济法学研究有直接的指导意义。例如,矛盾分析方法中所包含的"一分为二"的思想和方法、具体问题具体分析的方法等,对于研究经济法领域的许多理论和实践问题,都很有指导意义。

一般科学方法也很重要。它主要包括逻辑方法、经验方法、横断学科方法等。其中,逻辑方法包括比较方法、分类方法、类比方法、归纳与演绎相结合的方法、分析与综合相结合的方法、历史与逻辑相统一的方法等等。经验方法包括观察方法、实验方法、调查方法、统计方法等。横断学科的方法可以运用于多个学科,如系统论的方法、博弈论的方法,等等。

专门科学方法,即在某些具体学科(如经济学、社会学、历史学等)领域所运用的方法,它对于经济法研究往往具有直接的意义。如经济分析方法、政策分析方法、社会分析方法、历史分析方法、语义分析方法,等等。这些专门科学方法对于解决经济法领域的一些具体问题,往往具有重要价值。其中,法律经济学方法、法律社会学方法等,已经在经济法学研究中有了一定的应用。

经济法学的各种研究方法的有机组合,构成了经济法学的方法体系。在上述方法中,有些共同的方法,如哲学方法、一般科学方法中的逻辑方法等,无论是法学还是其他社会科学,无论是经济法学还是其他部门法学,都不可或缺,它们应是经济法学研究方法体系中的重要组成部分。此外,对于专门科学方法中的一些方法,应视其与经济法学研究的联系是否密切而作出选择。例如,经济法作为调整特定经济关系的法,与经济生活联系至为密切,因此,经济分析方法自有其用武之地。至于其他学科的一些具体方法,也都需要结合经济法学研究的具体需要而作出选择。

可见,要构筑经济法学自己的方法体系,需要选择适合于经济法学研究的特定方法;而要选择特定的方法,就需要在经济法学研究与其他法学研究乃至社会科学研究所共同适用的哲学方法和逻辑方法等共通性方法的基础上,寻找某些有自己特色的研究方法,既包括专门科学方法,也包括某些经验方法和横断学科等提供的一般科学方法,这样才可能在此基础上,构筑经济法学自己的方法体系,形成其一套独特的研究方法。

五、经济法学的学习方法

上述的经济法学研究方法,在一定意义上,也是经济法学的学习方法。因此,学习经济法学知识,也要用到哲学方法、一般科学方法和专门科学方法。

例如,在哲学方法中有一种矛盾分析方法,它要求我们要一分为二地看问题,分析事物内部对立的两个方面,这样才能更为全面,防止片面。在学习经济法学的过程中,也应当学会发现经济法领域存在的诸多矛盾,对各类矛盾展开具体分析,找到主要矛盾和次要矛盾、矛盾的主要方面和次要方面,这样,才能对相关的理论和制度既有全面认识,又能够把握其重点。

事实上,在经济法领域存在着多个层面的不同类型的二元结构,它们都是经济法领域的诸多矛盾的体现。提炼、揭示和分析这些二元结构,有助于把握经济法和经济法学的各类制度之间、制度与理论之间以及各类理论之间的内在联系,从而更好地把握整个经济法体系和经济法学体系,这对于经济法学的学习非常重要。

此外,一般科学方法中的各类方法,大都是较为通用的学习方法。例如,逻辑方法中的比较方法、分类方法、归纳方法与演绎方法等等，都是人们学习相关知识时经常会用到的基本方法。其中，比较方法用得更为普遍。一方面，人们可以进行制度比较，包括对古今中外的经济法制度进行比较，也包括对经济法制度与其他部门法制度进行比较，等等；另一方面，也可以进行理论比较，包括对国内外不同历史时期经济法理论的比较，对经济法理论与其他法学学科理论的比较，以及法学以外的其他相关学科理论的比较，等等。运用比较的方法，有助于更清晰地认识经济法的特质。其他各类方法，也都是人们较为常用的学习方法。

专门科学方法往往对于一些具体问题的深入学习更有工具价值。例如，经济分析方法中的成本—收益分析方法，法律分析方法中的权利 义务分析方法等，在学习经济法学的过程中，都是非常基础的学习方法。此外，社会分析方法、历史分析方法、语义分析方法等，在学习相关的经济法知识时，往往会具有特殊的重要价值。

总之，在学习经济法知识时，需要综合运用多种方法。要学会用普遍联系的、全面系统的、发展变化的观点观察事物，善于通过历史看现实、透过现象看本质，把握好全局与局部、当前与长远、宏观与微观、主要矛盾和次要矛盾、特殊和一般的关系。这对于经济法领域的知识学习和问题研究更为重要。

本 章 小 结

经济法学，是以经济法为研究对象的法学体系中的重要新兴学科，其产生相对较晚，一般是以20世纪20年代德国学者的研究为其发端。

经济法学在不同法系国家的发展并不均衡，但即使在英美法系国家，也存在以实质意义的经济法为研究对象的经济法学。随着市场经济和法治建设的发展，各国在经济法学的一些基本方面，会存在大量基本共识。

经济法学可分为经济法总论和经济法分论两大部分。其中，经济法总论，或称经济法基础理论，是经济法学总体上的、具有共通性的理论。经济法分论，是对经济法各类具体制度的基本原理和基本理论的分别阐释。上述总论和分论所构成的"二元结构"，是经济法学的基本框架。

经济法学的研究方法分为哲学方法和科学方法两大类，其中，科学方法又可分为一般科学方法和专门科学方法。经济法领域存在着大量的"复杂性问题"，需要从多个维度，运用多元方法来研究。

上述的经济法学研究方法，在一定意义上也是经济法学的学习方法。因此，学习经济法学知识，也要用到哲学方法、一般科学方法和专门科学方法。

第二章

经济法本体论

经济法的本体论,是经济法理论中最基本的理论,着重回答经济法自身是什么的问题,主要涉及经济法的概念、特征、地位、体系等具体理论,因此,本章也相应地分为四节,分别介绍上述各类理论。

第一节 经济法的概念

什么是经济法?各国学者都曾试图通过给出经济法概念的方式作出简要回答。按照通常的理解,经济法的概念,是有关经济法的概括性的观念,它应当能够揭示经济法的内涵和外延,从而进一步揭示经济法的特征、本质、地位、体系、原则等等诸多理论问题。

一、概念的研究价值及其提炼方法

研究经济法的概念,至少具有以下几个方面的价值:

第一,节约交流成本。由于经济法发蒙未久,对许多问题可能言人人殊,因而对经济法的概念先作出交代,以确立一个基本的交流平台,有助于避免发生误解和误读。

第二,增进理论自足。经济法的概念是对经济法认识的高度浓缩,从理论的系统性和内在逻辑性看,从经济法概念应当可以推导出经济法的其他相关理论,从而实现各类相关理论之间的互通互证,增进经济法理论的内在自足性。

第三,推进学派形成。对重要概念或范畴的提炼和使用,以及由此而形成的一套理论,对于学派的形成具有重要价值,也是一个学科是否成熟的重要标志。同样,对于经济法概念的不同提炼和使用,也应当是区分不同理论流派的标志,并会影响经济法学派的形成和发展。

在部门法概念的提炼方法上,依据一般法理,给部门法下定义的基本公式是"某某法是调整某某社会关系的法律规范的总称",从逻辑学上说,上述公式可以概括为"属+种差"。从经济法的概念提炼看,"属"是指经济法也是"一类法律规范的总称";而"种差",则是指经济法所调整的"某类特定的社会关系",它是经济法的特定调整对象和调整范围。

目前,对于经济法是"一类法律规范的总称",已经没有什么异议,主要是在经济法的"种差",即调整的是哪类特定的社会关系方面,人们的认识还不尽相同。因此,要说明经济法的概念,就必须揭示其调整的对象,由此形成了经济法理论中的调整对象理论。

二、调整对象理论

任何有效的理论,都要有自己的逻辑起点和分析框架。同其他部门法学一样,经济法理论的逻辑起点,也是调整对象理论。调整对象理论的核心内容,就是揭示经济法概念中的"种差",以解析经济法同其他种类部门法的差别。

依据一般的调整对象理论,各类部门法的功能都是调整一定的社会关系;由于调整的社会关系不同,且各类社会关系又相互关联,因此,部门法之间才既有区别又有联系。在经济法的调整对象方面,同样需要从纷繁复杂的社会关系中抽取一部分社会关系,并将其确定为经济法的调整对象。

对于经济法的调整对象理论,学界已经作出了大量的研究,人们通常关注以下几个问题:

(一) 研究调整对象的重要性

经济法是一个新兴的部门法,研究其调整对象的重要性,主要体现为以下几个方面:

(1) 从理论研究的需要看,调整对象是整个经济法研究的入口和钥匙,是研究的逻辑起点。只有弄清这个问题,才能有效提炼经济法的概念,进一步研究经济法的特征、宗旨、本质、原则、地位、体系等一系列理论问题。

(2) 从新兴部门法的特点看,经济法作为新兴的部门法,同样涉及其存在的价值、地位,以及与其他部门法的关系,而调整对象则通常是各个部门法相互区别的主要标志。

(3) 从理论研究的历史和现实看,国内外对于经济法的看法,可分为肯定说与否定说两类,肯定说认为经济法是一个独立的法律部门,否定说则与之相反。而经济法是否构成一个独立的法律部门,则取决于它有无自己独立的调整对象。

可见,研究调整对象至为重要,应当通过探寻人们在调整对象理论上的基本共识,来对调整对象作出合理提炼。

(二) 有关经济法调整对象的共识

在经济法学产生之初,曾经产生了有关经济法调整对象的多种观点,随着人们认识的不断深化,有关经济法调整对象的共识也日益增加,这些共识包括基础性共识和专业性共识两个方面。

1. 基础性共识

在基础性共识方面,人们一般认为:第一,经济法的调整对象也是一定范围内的社会关系。为此,必须正确地抽取和划分出一定范围的社会关系,作为需要由经济法调整的社会关系。第二,经济法的调整对象是整个经济法研究的逻辑起点,由此可以进一步推导出经济法的其他理论问题。第三,经济体制、法律传统以及人们认识的深度,会直接影响经济法调整对象的确定。

2. 专业性共识

专业性共识主要体现在经济法调整对象的特定性,以及确定经济法调整对象的出发点方面。

对于经济法调整对象的特定性,主要形成了以下共识:(1) 经济法的调整对象有一定的范围,且可以特定化。(2) 与其他部门法的调整对象有区别,不存在对特定的、具体的经济关系的交叉调整问题,因为不同法律主体的角色及其从事的具体行为,都直接影响法律调整的社会关系的性质。(3)经济法调整的并非一切社会关系,而主要是传统部门法不调整的具有经济性质、经济内容的社会关系。因此,不具有经济性质的人身关系、已由传统部门法调整的民事关系、行政管理关系等,都不属于其调整范围。

在确定经济法调整对象的出发点方面,还应当注意"问题定位"和"客观定位"。其中,"问题定位"要求必须从社会经济现实出发,从人类的经济行为、社会活动及其带来的问题出发,根据解决经济问题和社会问题的需要,来确定经济法需要调整的对象、领域、目标,以及调整的方法。此外,"客观定位"要求必须从理论研究的实际需要出发,全面考察传统与现实、理论与实际、实然与应然,科学地而不是主观臆断地确定调整对象,从而处理好相关部门法以及相关学科之间的关系。

从法的产生及其与调整对象的关系看,经济、社会等领域里的某些"新问题"的产生,需要法具备一定的"新功能",即传统法所不具备的功能;而"新功能"的生成,则要求法律具备特殊的"新结构",包括特殊的主体结构、行为结构、权义结构、责任结构等;具备上述"新结构"的法,必然会有自己的"新体系";而这种"新体系",作为解决新型问题的法律规范的体系,则同法所调整的新的社会关系直接相关。

(三)经济法的具体调整范围

既然研究经济法的调整对象,应当从现实问题出发,尤其应从现代社会存在的经济问题和社会问题出发,因此,应当考察经济法调整所需面对的问题。

在当代世界各国,几乎都在实行市场经济体制,但各类经济问题也日益突出。其中,最为引人瞩目的,就是市场机制在配置资源方面的低效或失效,即市场失灵问题。市场失灵问题的存在,使人们更加关注市场经济的局限性,以及政府的能动作用等问题,并试图在政府与市场之间作出取舍;而这种取舍,则带来了从思想到行动、从政策到法律、从经济到社会、从西方到东方、从历史到现实等多个层面的周期变易,也带来了法治建设必须面对的重大现实问题。

市场失灵,无论是缘于经济领域的垄断、外部效应,以及公共物品、信息偏在等,还是缘于社会分配不公等,所带来的问题是全方位的。从宏观视角看,市场失灵会造成产业失衡,并由此带来经济结构的失衡;而各类经济结构的失衡,则会造成总量失衡,因而必须依据一定的经济目标和社会目标,进行有效的宏观调控;而宏观调控的主体则是广义的政府,政府由于诸多原因,在调控方面可能会出现政府失灵的问题[①],只有依法调控才能更好地解决问题;而要依法调控,就必须有宏观调控法。上述由市场失灵造成的法律上的问题以及相互之间的内在关联,可以大体上表示如下:

市场失灵—经济失衡—宏观调控—政府失灵—依法调控—宏观调控法

此外,市场失灵不仅需要从宏观层面上解决,也需要微观层面上的规制,从而产生了另一个层面的问题。一般说来,市场失灵会导致竞争失效,因而需要对相关市场主体的市场行为进行规制,并进而实现对整个市场结构的规制。通过综合性的经济性规制和社会性规制,有助于更好地实现对整个市场的规制。通常,由政府实施的市场规制,同上述的宏观调控

[①] 政府失灵的理论主要包括四个假说:(1)信息不足或信息丢失;(2)决策成本过大;(3)决策者智慧不足;(4)决策者利益约束。这对于分析和理解经济法理论的有关问题有一定的参考价值。参见陈东琪:《新政府干预论》,首都经济贸易大学出版社2000年版,第31页。

一样,也会存在政府失灵的问题,也需要政府加强依法规制,为此,就需要有相应的市场规制法。上述由市场失灵所造成的法律上的问题及其相互间的关联,可以大体上表示如下:

市场失灵—竞争失效—市场规制—政府失灵—依法规制—市场规制法

市场失灵在宏观、微观层面所带来的诸多问题,是以往的法律制度难以有效解决的,因而有必要加强宏观调控和市场规制的法治建设。宏观调控和市场规制的联系非常密切,两者在性质、目标、方向等方面从根本上说是一致的,从而也使两类制度的联系非常密切。在宏观调控和市场规制过程中形成的两类关系,即宏观调控关系和市场规制关系,必须依法进行调整,由于这些关系又恰恰是传统的部门法所不能有效调整的,于是,它们便成了新兴的经济法的调整对象。应当说,市场失灵带来的重要制度创新,就是宏观调控法和市场规制法的产生,以及整体上的经济法的产生。

可见,从调整范围上看,经济法的调整对象包括两个方面,一个是宏观调控关系,一个是市场规制关系,可以分别简称为调控关系和规制关系,或者合称为"调制关系"。因此,经济法的调整对象,最简单地说,就是"调制关系"[①]。

尽管对于经济法的调整对象,有的学者是在上述"二分"的基础上进行"多分",但把上述两类关系作为经济法最基本、最核心的调整对象已殆无异议。这是进一步提炼经济法概念的基础。

(四) 调整对象的进一步具体化

对于上述的宏观调控关系和市场规制关系,还可以做进一步的具体分类。由于宏观调控主要涉及财税、金融、计划等领域,因而宏观调控关系可以分为财税调控关系、金融调控关系、计划调控关系,可以分别简称为财税关系、金融关系、计划关系,它们同各国在宏观调控方面通常采行的财税、金融、计划三大手段是一致的;由于市场规制主要涉及反垄断、反不正当竞争、消费者保护等领域,体现的是对市场主体的市场行为等方面的专门规制,因而市场规制关系也可以分为反垄断关系、反不正当竞争关系、消费者保护关系。

此外,由于宏观调控和市场规制,都涉及相关的国家机关的权力分配问题,因而在宏观调控关系和市场规制关系中,还都包含着一类特殊的社会关系,即体制关系,如财政体制关系、金融体制关系,等等。由于经济法的调整直接关系到国民的财产权、经济自由权等基本权利,要有效保护国民的基本权利,必须依法界定国家的权力边界,因此,在宏观调控和市场规制方面,都要严格执行法定原则,依法在各类国家机关之间进行"分权",从而形成各种类型的体制关系或称分权关系。

事实上,在经济法调整的各类社会关系中,都涉及基础性的体制关系,如财政体制关系是财政收支关系的基础,税收体制关系是税收征纳关系的基础,等等。上述体制关系既有共性又有个性,体现了经济法与一些传统部门法在调整对象方面的重要差别。

以上主要是对经济法调整范围的基本界定,同时,也是对经济法调整对象的进一步具体化。在此基础之上,就可以给出经济法的基本定义。

[①] "调制"作为宏观调控和市场规制的简称或合称,是经济法学的一个基本概念,体现了国家的基本经济职能、经济法调整的基本领域和基本手段。此外,"调制"也是通信技术等领域的一个术语。例如,"调制"(modulation)作为通信技术领域的一个重要概念,是指通过对信号源的信息进行处理,使其变为适合于信道传输的形式的过程。在经济法领域,如何通过经济法的制定和实施,实现有效的调制,使国家意志或调制信息能够清晰传递,从而保障经济的良性运行,维护公平竞争的市场秩序等,始终是非常重要的问题。

三、经济法的基本定义

依据上述对经济法调整对象的认识，以及提炼概念应遵循的一般原则，可以认为，经济法是调整在现代国家进行宏观调控和市场规制的过程中发生的社会关系的法律规范的总称。简单地说，经济法是调整调制关系的法律规范的总称。

上述对经济法概念的提炼，至少有助于理解以下几个方面的问题：第一，由于宏观调控和市场规制作用于现代市场经济，因而经济法具有突出的现代性，这是它与传统部门法的重大不同。第二，基于经济法的宗旨和所要解决的主要问题，它主要是运用法律化的宏观调控和市场规制手段来进行调整，因此，与其他所有的部门法相比，它又具有突出的经济性和规制性。经济性、规制性与现代性，都是经济法的突出特征。第三，上述的经济法概念，可以涵盖日益打通的国内经济法和国际经济法，这本身也是全球化时代加强全球经济治理的需要。第四，经济法不仅要像传统民商法那样关注市场主体的经济利益，还要关注重要的体制问题，它不仅调整市场主体之间的经济关系，还调整政府之间的体制关系或称分权关系，其背后不仅涉及个体私益，也关乎社会公益乃至国家利益。明晰上述问题，对于更好地理解经济法的特征、宗旨等问题，也甚有裨益。

第二节　经济法的特征

经济法的特征，是经济法区别于其他部门法的特有征象，是表征经济法本质特点的概括性标志。经济法的特征与经济法的调整对象一样，都被视为经济法同其他部门法相区别的依据。学习经济法的特征，有助于更好地理解经济法的概念。

经济法作为调整现代市场经济条件下的宏观调控关系和市场规制关系的法，它所调整的调制关系是其他部门法都不调整的，这是经济法最突出的特点。学习和研究经济法的特征，应结合经济法的调整对象，做具体的分析和研讨。

一、提炼经济法特征的理论准备

研究经济法的特征，需先做好相关理论准备，尤其应先明确特征的提炼标准、认识基础和参照对象。

（一）提炼标准

概括和提炼经济法的特征，需遵循一定的标准，主要包括：(1) 经济法特征应当能够反映经济法的本质，而不应仅反映表象；(2) 经济法特征应是经济法所独有的，而不应是与其他部门法乃至所有法律或规范所共有的；(3) 经济法特征应当是在经济法领域具有普遍性、包容性和基础性的特征，而不应是局部性的个别特征。

（二）认识基础

提炼经济法的特征，需要有一定的认识基础。经济法是基于解决市场经济发展过程中出现的垄断与竞争、公平与效率、个体营利性与社会公益性的矛盾，防止市场失灵，以弥补传统法的调整不足才应运而生的；它是根据经济规律来进行整体协调，以解决各种矛盾，保障社会经济良性运行和协调发展的法。这既是研究经济法特征的认识基础，也体现了人们对经济法本质的把握。

（三）参照对象

明确经济法的特征，需要先确定研究的参照系。对于一个"复杂性事物"的研究，其参照系不同，所得出的结论也不同。通常，要认识某个事物的特征，应当把它同与其最接近的事物相比较。同样，应当把经济法同与之最相邻近的部门法来加以比较。

基于上述考虑，可以从不同的角度和层面，来概括经济法的特征。例如，经济法同传统部门法相比，具有突出的现代性（其中包括政策性和社会性等），是典型的现代法；同基础性的部门法相比，它具有高级性或高层次性（这也与现代性有关），是典型的高级法；同更侧重于保护私人利益或国家利益的部门法相比，它在法益保护上更具有社会性；同所有的部门法相比，它具有突出的经济性和规制性。

经济法的各类不同特征，具有一定的层级性和关联性。其中，经济性和规制性的特征，是经济法区别于所有部门法的特征，因而更具有基本特征的地位；同时，经济法作为与传统部门法不同的现代法，更具有现代性；而具有现代性的法，则都具有社会性和高层次性。由于社会法等现代法也具有社会性和高层次性，因而这些特征并不是经济法所独有的、能够区别于其他所有部门法的基本特征。

基于各类特征的重要性，下面将简要分析经济性和规制性这两个基本特征，以及重要的现代性特征。

二、经济法的经济性和规制性

经济性和规制性，是与经济法的调整对象中的两种社会关系（即宏观调控关系和市场规制关系）、两种调整手段（即宏观调控手段和市场规制手段）直接相联系、相对应的。下面简要分析这两大特征。

（一）两大特征的内涵与表现

1. 经济法的经济性特征

从经济法的作用领域、调整对象、调整目的、调整手段等诸多方面看，经济法具有突出的经济性，即经济法的调整具有降低社会成本，增进总体收益，从而使主体行为及其结果更为"经济"的特性。经济法的经济性至少体现在以下几个方面：

（1）经济法作用于市场经济，直接调整特定的经济关系；调整的目标是节约交易成本，提高市场运行的效率。这与"经济"一词所包含的"节约"含义是一致的，同时，也是经济法的本质、宗旨、作用的体现。从这个意义上说，经济法就是使经济活动在总体上更加"经济"的法。

（2）经济法要反映经济规律。经济法要保障经济活动更加"经济"，提高总体福利，必须遵循和体现相关经济规律，包括价值规律、竞争规律、投入产出规律等。经济法只有充分尊重和体现经济规律，才能引导市场主体依法从事经济合理的行为，提升综合效益，实现其调整目标。

（3）经济法是经济政策的法律化。经济政策是经济立法的前提，经济法是经济政策的法律化。经济政策与经济法内在的密切联系及其重要影响，也是经济法不同于其他部门法的一个重要特征。

（4）经济法运用的是法律化的经济手段。与传统的民事、刑事或行政手段不同，经济法的调整手段是法律化的经济手段，包括法律化的宏观调控手段和市场规制手段。这些手段能够引导人们趋利避害,从而实现经济法所追求的目标。

(5) 经济法追求的是总体上的经济效益。经济法的调整以提升社会整体经济效益为直接目标,同时,也以社会利益等其他利益的综合保护为间接目标。经济法的调整不仅要降低私人成本,更要降低社会成本,从而在总体上实现整体效益的最大化。

上述经济法的调整所体现出的经济性,可以贯穿于经济法的宗旨、原则以及各类具体规范;各类经济法制度的制定和实施,都会体现出经济性,从而使各个层面的经济运行"更经济"。

2. 经济法的规制性特征

所谓经济法的规制性,是指在调整的目标和手段方面,经济法所具有的把积极的鼓励、促进与消极的限制、禁止相结合的特性。它体现的是一种高层次的综合,并非只是狭义上的"管制",因而与"规制经济学"上的狭义理解是不尽相同的,应当在转变传统法律观念的基础上,从广义上理解规制。①

如同经济性一样,规制性在宏观调控法和市场规制法领域体现得都很明显。由于调控本身也是一种规制,因此,不仅市场规制法具有突出的规制性,而且宏观调控法在法律化的经济手段的运用方面,也具有非常突出的规制性。由此也体现了宏观调控法与市场规制法之间的内在联系。

(二) 两大特征的内在联系

整个经济法制度从总体上说,是经济政策的目标及其工具的法律化,因而在经济法制度中,主要或者大量都是法律化的经济政策。法律化的经济政策,应力求反映经济规律,以更好地规范经济活动,调节经济运行,实现总体上的经济效益,因而必然具有突出的经济性;具有经济性的法律化的政策,其调整手段又主要是法律化的经济手段或称经济杠杆,这些手段或杠杆的作用,就是通过积极的鼓励、促进和消极的限制、禁止来体现的,因而它本身就具有规制性,从而使两大特征之间存在着内在的联系,并体现于经济法的各个部门法之中。

经济性和规制性的紧密联系,体现了经济法宗旨和具体调整手段的密切联系。由于经济法的经济性特征有其特定内涵,不同于微观主体的效率性或营利性,而恰恰与经济规律、经济政策、经济手段、经济主体以及总体效益直接相关,它更强调法益保护的均衡,因此,经济法就不能体现为传统法针对微观主体的单一的惩罚性或补偿性,而恰恰要体现为与经济性相一致的多维度的规制性。上述的经济性与规制性的统一,以及对传统法调整方法的超越,也是经济法作为现代法所具有的现代性的体现,体现了经济法对传统法的发展。

(三) 两大特征的提炼价值

研究经济法的特征,主要是为了更好地认识经济法,发现经济法同其他部门法之间的区别与联系。事实上,整个经济法理论的研究,都是在从不同的角度揭示经济法的特征;而对于经济法特征的把握,又会直接影响经济法相关理论的研究。上述两大特征的提炼,尤其有助于揭示经济法在调整目标、调整手段、调整对象、调整领域等方面与传统部门法的不同,由此使经济法能够更好地与民商法等相邻近的部门法相区别。

---

① 日本的著名经济法学者金泽良雄就是从广义上来理解规制的,这在经济法领域已经得到了普遍的认同。其实,即使是其他领域的学者,一般也都认为规制(regulation)包含了政府对市场主体进行规范和制约的含义,译为"规制",比译为"管制"更符合英文原义。参见谢地主编:《政府规制经济学》,高等教育出版社 2003 年版,第 1 页。

在经济法的两大基本特征中,经济性特征,与经济法的调整领域、调整对象、调整目标、调整手段等都关联密切,反映了经济法的性质和时代特征;而规制性特征,不仅包括了消极的限制和禁止,也包括了积极的鼓励和促进,这是市场规制法和宏观调控法共有的特征,由此也可将规制性称为"调制性"。此外,两大基本特征还有助于说明在调整方式、法律责任、与经济政策的密切关系等方面经济法与其他部门法的不同。

经济法要协调个体的营利性和社会的公益性,这种协调不仅要保障个体的效率,而且也要保障社会的整体效率;不仅强调经济效益,而且也追求社会效益;其协调和保障,是为了降低交易成本,减少经济和制度运行的摩擦,以使整个社会的总体福利最大化。其经济性体现在经济法所面对的经济问题、作用的经济对象、反映的经济规律、经济政策,以及运用的制度化的经济手段、追求的经济目标等方方面面,由此揭示了经济法上的经济性的特定性,以及它在经济法领域存在的普遍性。

三、经济法的现代性特征

经济法同各类传统部门法相比,具有突出的现代性,主要体现为在精神追求上的现代性、在背景依赖上的现代性,以及在制度建构上的现代性三个方面。

(一) 经济法在精神追求上的现代性

从历史上看,人类社会只是发展到现代市场经济阶段,才在经济上取得了"加速"的发展。伴随着经济和社会领域的巨大变迁,新兴的经济法与传统部门法在精神追求方面的差异日显,尤其体现在经济法的价值取向或宗旨等方面。在现代社会,经济领域里的突出矛盾是个体营利性与社会公益性的矛盾,以及由此而带来的效率与公平的矛盾。只有协调矛盾的两个方面,即一方面保护个体的营利活动,提高市场在配置资源方面的效率,另一方面保护社会公共利益,强调社会分配方面的公平,才可能促进经济的稳定增长,保障基本人权和社会稳定,从而实现经济与社会的良性运行和协调发展。

上述各类矛盾的协调和解决,是经济法所追求的目标,由此使经济法既不同于更侧重于保护私人利益的传统私法,也不同于更侧重于保护国家利益的传统公法,它更追求一种从资源配置到财富分配,从调整手段到调整目标的"和谐"或称"协调",这种追求是经济法的一种基本理念,是经济法不同于传统部门法的一种基本精神。

经济法的上述精神,归因于时代精神的改变,根源于人类经济生活和社会生活的实际需要。从个人本位向社会本位的价值取向转变,是时代精神变易的重要体现,它自然也会影响相关法律的产生和发展,以及法律精神的变迁。在法益保护方面,经济法不同于各类传统部门法的是:它在侧重于保护社会公共利益的同时,也能兼顾对国家利益和私人利益的保护。因此,经济法的法益保护往往具有双重性或多重性,这在经济法的各个部门法上都是如此。

值得注意的是,现代经济法的基本理念的形成,不可避免地要受到各类理论,特别是经济学理论的影响。而在经济学理论中,宏观经济学、福利经济学、制度经济学、信息经济学等,以及更为具体的产权理论、博弈论、公共选择理论、产业组织理论等,都对经济法精神的形成有着重要的影响。

上述有关现代市场经济的理论或理念,主要形成于凯恩斯主义产生以后,它是与解决市场失灵问题联系在一起的。很多影响经济法制度形成的理念,都滥觞于凯恩斯理论产生以后的一段时期,从而使体现新理念的经济法更具现代性的特征。

（二）经济法在背景依赖上的现代性

各个部门法的产生和发展，都离不开特定国家的特殊背景。就经济法而言，它之所以产生于传统部门法之后，就是因其特殊的理念和价值追求，使之只能产生于特定的时空背景之下，而不是与传统部门法一起产生。从发生学的角度说，经济法的产生和发展同样要依赖特定的背景。

经济法产生和发展的背景，主要体现为经济法赖以产生和发展的经济基础和社会基础。由于产生基础不同，经济法在基本理念、精神、目标等方面会有别于传统部门法。虽然单纯规范意义上的经济法也许在古代社会即已存在，但从较为广泛的领域看，作为部门法意义上的经济法，则是产生于国家对市场经济进行积极的调控与规制以后，尤其是产生于20世纪30年代的大萧条和第二次世界大战以后。之所以作出这样的判断，是因为经济法有其独特的精神追求或称价值取向。

经济法产生和发展的经济和社会基础，不是传统的近代市场经济或近代市民社会，而是现代市场经济和现代多元社会。恰恰是在这个超越了近代社会的特定时期，出现了一系列重要的经济现象和经济问题，并且，它们是依据传统部门法理论和规范不能有效予以解释和解决的，由此促成了经济法的产生和发展。

从总体上看，经济法的产生，其重要前提是市场经济的充分发展，以及需由新兴部门法加以解决的市场失灵等问题的存在。如果市场机制在各个方面都能够有效发挥其作用，能够完全实现其自发的调节，则经济法就无需产生。可以说，市场经济的充分发育，特别是自由竞争导致的垄断的普遍出现，私人成本外部化所导致的外部性问题的突出，因消费的非排他性和不可分割性所导致的市场供给公共物品的不可能性，以及信息的不对称、分配的不公平、币值的不稳定等市场失灵问题的普遍存在，是经济法得以产生的重要经济基础。

与上述的经济基础相对应，从社会的角度看，在现代社会，社会分工的细化，社会的多元化和抽象化，社会成员之间的"互赖与互动"的强化，以及社会公益保护的虚化，使公共物品的提供和公共利益的保护备受关注，导致权利保护从个人本位向社会本位转变，传统部门法所忽视或无力保护的公共利益日益被强调；同时，主体地位的强弱分化，也带动了在传统的政治国家与市民社会之间的"社会中间层"迅速发展，消费者等弱势群体的保护也受到重视。这些都为经济法的产生和发展提供了重要的社会基础。

上述的经济基础和社会基础，是经济法赖以产生的重要背景，而这一背景与传统部门法的产生背景是不同的。

（三）经济法在制度建构上的现代性

在制度层面上，无论是制度形成、制度构成，还是制度运作，经济法都具有现代性。这是应当特别重视的重要问题。

1. 制度形成上的现代性

经济法制度的形成，与经济政策的联系十分密切，具有很强的"政策性"，这与传统部门法有很大不同。由于现代社会分工复杂，变化多端，对经济效率有更高的要求，而法律却有相对的滞后性，因此，能够及时灵活地应对各种复杂问题的经济政策，便得到了广泛的重视和运用。充分重视和广泛运用经济政策，是现代国家的普遍特点。经济政策作为整个公共政策的重要组成部分，在当代各国都发挥着非常重要的作用。事实上，各国的经济政策、社会政策等公共政策影响巨大，其中，在经济政策中有财政政策/货币政策、产业政策/外贸政策、竞争政策/消费者政策等,在社会政策中有环境政策、人口政策、社会保障政策等。上述政策突出体现了现代国家的经济职能和社会职能,有助于解决国家在现代化过程中应着力应对的现代问题。

2. 制度构成上的现代性

现代社会的重要特征是强调程序与效率,为此,在制度的构成上,就必须体现程序价值和效率理念,由此使现代经济法制度具有了突出的"自足性",即将实体法规范与程序法规范熔于一炉,从而实现制度构成上的"自给自足"。这与传统的刑法、民法、行政法等在实体制度之外再单独构筑一套程序制度是有所不同的。

从制度构成上看,经济法不仅包含了大量的实体法规范,而且还包含越来越多的程序法规范。这当然是经济法所要解决的日益复杂的现代问题对程序性的要求,同时也是对效率价值的追求。

产生于现代市场经济基础上的经济法,直接对应的是一个"综合的时代"。要解决复杂的现代经济问题,不仅需要各类经济政策的综合运用,而且也需要各类经济法制度的综合运用。因此,从解决复杂的现实问题的角度,以及从确保制度运作的公平与效率的角度,经济法从一开始就把实体法规范与程序法规范熔于一炉。

3. 制度运作上的现代性

在经济法制度的运行方面,随着执法机关权力的膨胀,以及经济法制度构成上的自足性的突出,那些具有调制职能的执法机关成了经济法的主要执法主体。正因如此,经济法的制度运作主要是体现在行政领域,而不是司法领域,因而经济法领域的纠纷有许多并不是在司法机关解决的,这与传统的刑法、民商法、行政法方面的案件大量由司法机关审理是有很大不同的。这也是经济法与传统部门法有所不同的现代性的体现。

现代国家所制定的法律是非常大量的,其中已有许多由法院以外的主体来执行;并且,就经济法等现代法而言,把大量问题解决于诉讼之外,更是应追求的目标。经济法的执行主要是体现为政府所进行的积极的宏观调控和市场规制,而不是消极的司法审判。因此,对经济法的可诉性问题也要有客观的理解。

当前,我国正在着力构建全国统一大市场,深化要素市场化改革,建设高标准市场体系,为此,需要完善产权保护、市场准入、公平竞争、社会信用等市场经济基础制度,优化营商环境,这对于构建现代化经济体系,实现中国式现代化尤为重要。在此过程中,具有现代性的经济法应当发挥特殊的重要作用。

第三节 经济法的地位

一、地位问题的提出

依据一般法理,研究某类法的地位,主要是看它在整个法律体系中是否有自己的位置,能否成为一个独立的法律部门;如果能够成为一个独立的法律部门,还要说明其所处层次,重要性如何,与其他相关部门法是什么关系等问题。对于经济法之类的新兴部门法,需要对其地位问题作出说明。

研究经济法的地位问题,需要说明经济法在整个法律体系中有无独立的位置,以及具体位阶如何。其判断标准主要是经济法能否成为一个独立的法律部门,以及在法律体系中位于哪个层次。

在经济法理论的发展历史上,是否承认经济法是一个独立的法律部门,曾被作为划分经济法理论流派的一个重要标准,所谓经济法的肯定说和否定说,也主要是由此而产生的。[①]

探讨经济法地位的具体维度,同样可以有多个,除了人们通常比较关注的法律部门维度外,还可以从调整对象、法律体系、法律价值等维度展开探讨。下面就选取几个重要的维度,来说明经济法的地位问题。

二、从部门法的维度看经济法的地位

从部门法理论的维度看,经济法能否成为一个独立的法律部门,直接关系到它在法律体系中是否有独立的地位,事关其存在的合理性、合法性等问题;而要论证经济法是一个独立的法律部门,以便说明其独立地位,就必须说明经济法有自己独特的调整对象。因为经济法只有存在自己独立的调整对象,才能构成一个独立的部门法。

正是基于上述思路,经济法学界乃至整个法学界才非常关注经济法调整对象的研究,并根据对经济法是否存在独立的调整对象的认识,提出了经济法的肯定说和否定说。例如,在德国、日本以及受其影响的我国,在经济法学发展的最初阶段,都是如此。在经济法产生之初,学界尚对其缺少深入研究,因而往往会有各个领域的法学家参与探讨。诸如德国的拉德布鲁赫、日本的美浓部达吉等著名学者,都加入了有关经济法问题的探讨,并提出了自己的认识。在我国,许多在今天看来并不属于经济法学领域的著名学者,当年也都参加了相关问题的讨论,并为经济法学的全面发展作出了贡献。

随着人们认识的深入,特别是随着市场经济的理念和相关法治建设的发展,我国学者对经济法调整对象的认识也日益清晰,普遍认为经济法有其独立的调整对象,且主要是调整宏观调控关系和市场规制关系。据此,按照部门法理论,经济法当然可以成为一个独立的法律部门,在整个法律体系有其独立的地位,并且是整个法律系统中日益重要的一个子系统。

上述认识已成为法学界日益增进的共识,由此对相关国家机关的认识也产生了影响。2001年,我国全国人大常委会在其工作报告中,正式明确经济法是我国法律体系中的七大部门法之一,自此,经济法在整个法律体系中的地位已经得到了国家立法机关的全面肯认。

三、从法域维度看经济法的地位

从法域理论看,整个法律由公法和私法两大法域构成,这是对法律的一个基础性的划分。正是基于两大法域的不同,才产生了不同的公法原理和私法原理,才产生了繁盛的公法研究和私法研究。

在传统的公法和私法这两大法域的基础上,有的学者提出了所谓的"公法的私法化"和"私法的公法化"的命题,进而提出了"第三法域"——社会法。但对于社会法究竟是隐含于公法内部,还是位于公法与私法的交集,抑或是独立于两大法域之外,学者尚有不同的看法。

在把社会法理解为法域而不是部门法的情况下,社会法往往被认为是一个跨越诸多新兴部门法的"法域",它既可以包含经济法、劳动法、环境法等部门,也可以包含部门法意义上

---

① 对于相关国家经济法理论中的肯定说和否定说,许多经济法著作和教材都有介绍,可以参考。

的社会法。这种认识在一定程度上回应了社会本位、社会公益、社会责任等理念或观念的发展,因而是具有一定的解释力的,但其中仍有许多问题值得深究。

例如,社会法作为一个法域能否独立,是内含于公法之中还是独立于公法之外?社会法是与公法、私法两大传统法域位于同一层面,还是处于更高的位阶?法的社会性应当从什么角度来理解,传统的私法是否有了更多的社会性?能否以法是否具有社会性来判断是否存在社会法?这些问题都很值得深思。

此外,社会法是否要以社会团体为其独立的主体?是否要以社会权利为其独立的权利形式?是否要以社会责任为其独立的责任形式?是否要以社会公益为其独立的法益?是否存在独立的社会团体来代表社会法所保护的社会公共利益?社会法本身是否要完全独立于传统的公法体系?等等。这些问题都需要深入研究。

通常,"社会法"一词至少会在两个层面上被使用,一个是部门法层面,一个是法域层面。

从部门法角度看,社会法作为一个部门法[①],与经济法是并列的关系,两者互不包含,也不应存在交叉重叠,而都应当是法律体系中的重要组成部分。只有在把社会法视为包含了诸多部门法的法域的情况下,才会产生经济法是否属于社会法的问题。

从法域的角度看,学者的认识并不一致。例如,有人认为,经济法作为一个部门法,既不属于公法,也不属于私法,而是属于独立的社会法法域。也有人认为,社会法法域是公法法域与私法法域的交集,因而经济法是公法与私法的混合法;此外,还有人认为,社会法法域与公法法域、私法法域并非处于同一个层面,而是位于传统的两大法域之上,社会法法域内的各类法都是一种"高层次的法"。

事实上,尽管公法与私法的分类标准有很多,但基本的分类标准无外乎几种,如主体标准、法益标准、行权标准等。在今天,依据上述标准,仍然能够对现有法律体系作出划分,也能够对所谓社会法法域的诸法作出归类。由于社会法法域的诸法,其法律主体离不开国家,且都与公众、公共团体等有关,因而有"公"的一面;同时,在法益保护上,不仅包括明确的或隐含的国家利益,以及传统的个体利益,而且更强调社会公共利益,因而"公益性"很突出;在行权方面,不只涉及国家公权力的行使,还涉及公众权力以及公共机构的新生权力,而并非强调"个人本位"。可见,在上述各个方面,社会法法域都具有突出的"公"的特征,只不过这是一种广义的"公",由此可以对传统公法的外延作出进一步拓展。

如果承认上述解释具有一定的合理性,如果认可社会公共利益仍然需要国家作出最有力的代表,如果看到国家的强势立法在社会法法域中的重要作用,则可以认为,传统的公法与私法的二元划分尚未过时,处于社会法法域中的经济法具有更为突出的公法特征,因而仍可将其归入"广义的公法"之中。

无论是把经济法放入争论中的社会法法域,还是将其放入经过拓展的公法法域,学界都认为经济法在上述法域中有独立的地位,同时,一般也都不把它放入私法的法域。

四、经济法在相邻关系中的"地位"

所谓相邻关系,在此指经济法与其相邻近部门法之间的关系,它所揭示的是经济法的外

---

① 相关具体讨论可参见张守文:《社会法论略》,载《中外法学》1996年第6期;张守文:《社会法的调整范围及其理论扩展》,载《中国高校社会科学》2013年第4期。

部关系。① 由于只有在法律体系中具有独立地位的部门法,才可能同其他相关部门法之间既存在一定的区别,又发生一定的关联,从而使整个法律体系自成系统,因而学者往往认为:通过说明经济法与其他部门法之间的相邻关系,就可以揭示经济法的价值和独立地位。

在经济法与其他部门法的关系方面,经济法同宪法、民商法、行政法、社会法的关系较为引人注目。此外,经济法同诉讼法、刑法等部门法的关系,在某些方面也颇受关注。这体现了各个部门法的分工及功能方面的差异。

1. 经济法与宪法的关系

从总体上说,两者之间是根本法与普通法的关系。宪法中的相关规范,是经济法规范确立的基础;经济法规范,是宪法规范的具体化。事实上,现代宪法具有突出的"经济性",由此使经济宪法占有重要地位,从经济体制到产权制度、从经济主体到经济权利、从经济管理权限到经济利益分配,等等,都不同程度在经济宪法中有所体现,并具体规定于经济法制度之中。②

此外,宪法作为一部分权的法,不仅要在国家与国民之间分权,而且要在相关国家机关之间分权,而这些分权的规定对经济法调整的影响恰恰十分巨大,并形成了经济法上的各类体制法,如财政体制法、税收体制法、金融体制法、计划体制法,等等。因此,从制度形成上说,宪法确实为整个经济法提供了重要的基础;经济法的各类制度,不过是对宪法规定的具体化。

2. 经济法与民商法的关系

在过去很长的一段历史时期,经济法与民商法的关系曾经备受关注。随着公共部门与私人部门、公共经济与私人经济等二元结构的日益明晰,经济法与公共经济、公共部门的对应关系,以及民法与私人经济、私人部门的对应关系,也都日渐清晰。由此使两类部门法的区别更加明晰,并形成了它们在法律调整上的"互补关系"。只有经济法与民商法有效配合,才能更好地保障公共物品和私人物品的提供,才能共同实现对各类复杂的社会经济关系的法律调整。

民法是典型的私法,而经济法在性质上不属于私法,两者在调整对象以及由此衍生出的各类区别是比较显见的。但对于商法与经济法的关系如何,则还存在一些不同认识。尽管对于商法能否独立存在,在民法学界和经济法学界都有不同的看法,但仍有一些学者认为商法可以独立存在,并由此认为经济法与商法的联系非常密切,甚至存在相互包含或交叉的关系。

其实,即使在承认商法独立的情况下,也应看到,经济法与商法的区别是较为明显的,例如:第一,经济法属于公法,而商法属于私法,是民法的特别法,两者在宗旨、法益保护、主体地位等方面都有所不同。第二,在调整对象方面,经济法调整调制关系,而商法调整商事关系,视为关于商人和商行为的法,两者在法域、功能等方面各不相同。从总体上说,从民法到商法再到经济法的发展,大体上是从任意法到强行法、从私法到公法的发展路径,从中不难

---

① 经济法的内部关系,需要通过揭示经济法体系的内部结构来予以说明。对此后面在有关经济法体系理论的部分还将做具体研讨。

② 对此问题的具体分析可参见张守文:《宪法问题:经济法视角的观察与解析》,载《中国法律评论》2020年第2期;张守文:《宪法与经济法关系的"经济性"分析》,载《法学论坛》2013年第3期。

发现它们之间的联系与区别。

3. 经济法与行政法的关系

经济法与行政法的关系,也曾引起人们的广泛关注。两者的区别主要有:第一,调整对象不同。行政法调整行政关系,即在行政主体行使行政职能和接受监督的过程中发生的各种关系,主要是行政管理关系;经济法主要调整宏观调控关系和市场规制关系,它们是在国家行使经济和社会职能过程中发生的社会关系。第二,宗旨、手段不同。行政法主要解决行政领域的问题,侧重于规范和控制行政权,确保依法行政;经济法则主要解决经济运行中存在的问题,侧重于运用调控和规制手段,解决两个失灵问题。

经济法与行政法之间的密切联系是较为显见的,因为经济法的执法主体在形式上主要是行政机关;同时,经济法和行政法所调整的社会关系,又都主要侧重于所谓"纵向关系",由此就产生了行政法是否包含经济法,或者两者是否存在同一性的疑问。由于行政法的研究相对较早,国内外的相关法制实践也有了一定的规模,因而有人曾认为经济法是行政法的一部分,并提出了经济法就是经济行政法的观点。这种观点只看到了经济法与行政法的密切联系,没有看到它们的上述重要区别。

其实,行政机关作为执行机关,要执行多种类型的法,行政法只是其中的一种。因此,并非行政机关执行的法就都是行政法。随着国家经济、社会职能的日渐重要,经济法、社会法也需要由行政机关作为主要的执行主体,因此,并不能说行政机关执行的经济法、社会法等也都是行政法。

4. 经济法与社会法的关系

经济法和社会法都属于现代法,都具有突出的现代性,并由此都具有一定的政策性、社会性,无论是基本理念还是制度构建,无论是产生的经济基础还是社会基础,两个部门法都存在着较多的一致性和密切联系。尽管如此,两者的区别也比较明显。经济法与社会法作为两个独立的部门法,其调整对象不同,所要解决的问题也不同。经济法主要侧重于解决经济运行过程中产生的经济问题;社会法则更侧重于解决社会运行过程中产生的社会问题,只不过这些社会问题与经济问题直接相关。同时,经济法和社会法虽然都有一定的政策性,但经济法与经济政策联系更密切,因而经济性的特征更突出;社会法与社会政策的联系更密切,因而社会性更突出。虽然经济法在某些方面也具有一定的社会性,但相对于经济性而言,社会性不能成为经济法的基本特征。

5. 经济法与诉讼法的关系

经济法与各类程序法,特别是与诉讼法的关系也较为密切。随着经济法立法的发展,经济法领域的纠纷或争议,大量需要通过诉讼的途径来解决。如何在经济法制度中解决"可诉性"问题,如何完善公益诉讼制度,是否要建立专门的经济诉讼制度,以确保相关经济法主体实体权利的实现,是需要着力研究和解决的重要问题。

6. 经济法与刑法的关系

刑法与各个部门法在调整对象、调整手段方面都存在明显差异,同样,经济法与刑法的不同之处也较为明显。此外,经济法与刑法都属于公法,两者在保护社会公共利益、国家利益等公益方面,具有一致性。同时,在一些保护私权的原理上,刑法上有罪刑法定原则,经济法上有预算法定原则、税收法定原则等一系列法定原则,因而也具有一致性。另外,经济法上的各类违法行为,如税收违法行为、金融违法行为、竞争违法行为等,严重的都可能构成犯罪,因而经济法的规定还需要与刑法的规定相衔接。诸如此类的情况,都使得经济法与刑法的联系甚为密切。

事实上,社会关系是普遍地、紧密地联系的,以调整各类社会关系为己任的部门法,当然也会存在紧密联系,从而形成经济法与各个部门法之间的密切关联。此外,由于各类社会关系毕竟不同,各个部门法的调整功能有别,因此,各个部门法在调整对象、调整手段、调整目标等方面,必然又会有所不同,从而形成了经济法与各个部门法之间的差异。

从总体上说,经济法与宪法、行政法、刑法等传统的公法规范在某些原理上存在着内在的一致性,如对"法定"的要求[①],对基本权利的保护等。同时,经济法与私法规范也存在着一定的互补性,经济法的有效调整,在很大程度上要以私法调整所形成的私法秩序为前提和基础。

上述的经济法与相关部门法的关系,主要体现的是经济法的外部关系,此外,还应关注经济法系统的内部结构,这就需要研究经济法的体系。

第四节 经济法体系

一、经济法体系的概念

经济法体系,是经济法理论研究和制度建设中的重要问题。经济法的体系同经济法的调整对象直接相关,两者都是把握经济法理论的关键。经济法体系,通常是指各类经济法规范所构成的和谐统一的整体。经济法的体系由多个子部门法构成,每个子部门法又由不同类型的经济法规范构成。研究经济法的体系,需要研究经济法规范的分类,以及经济法体系的内部结构,说明构成经济法的部门法有哪些,它们是如何组成一个和谐的整体的。

二、经济法体系的基本构成

依据一般法理,一个部门法体系的构成主要取决于该部门法的调整对象,这对于经济法体系的构成也是适用的。如前所述,在国家进行宏观调控和市场规制的过程中,形成了宏观调控关系和市场规制关系,它们是经济法的调整对象。由此使经济法规范被分成了两类,一类是调整宏观调控关系的法律规范,一类是调整市场规制关系的法律规范。前者可以总称为宏观调控法,后者可以总称为市场规制法。

在把经济法规范"一分为二",分为宏观调控法和市场规制法的基础上,还可根据各类规范的具体调整范围,作出进一步的分类。例如,在宏观调控领域,世界各国主要运用财税、金融、计划这三类经济政策以及相应的三类经济手段,来进行宏观调控,这些政策及其手段的法律化,就构成了调整宏观调控关系、规范宏观调控行为的法律规范,可将其具体分为财税调控法规范、金融调控法规范、计划调控法律规范,由此形成了宏观调控法的三大类别。又如,在市场规制领域,各国主要通过竞争政策和消费者政策来进行直接的市场规制,而这些政策的法律化,就构成了反垄断法、反不正当竞争法、消费者保护法规范,这与市场规制所保

---

① 在公法领域,为了有效保护人民的基本权利,有必要确立法律保留原则,从而使各类法定原则成为公法领域里的基本原则。

护的不同主体的法益以及所运用的手段是一致的,它们构成了市场规制法的三大类别。

基于上述经济法规范的分类,可以形成对经济法体系基本结构的如下认识:首先经济法体系可分为宏观调控法和市场规制法这两大部分,由此便形成了一个重要的"二元结构",这与经济法调整对象上的"二元结构"是相对应的。其次,上述宏观调控法规范和市场规制法规范还可进一步细分,由此形成了经济法体系的各个部门法。其中,宏观调控法包括三个部门法,即财税调控法、金融调控法和计划调控法,分别简称财税法、金融法和计划法;市场规制法也包括三个部门法,即反垄断法、反不正当竞争法和消费者保护法。上述经济法体系的两大规范群及其包含的各个部门法,可以大略概括为"财金计划调控法,两反一保规制法"。

当然,按照部门法原理,上述部门法分别包含一定的体制法规范,以及具体的宏观调控措施和市场规制措施方面的规范,因而对每个部门法还可作进一步细分。如财税法包括财政法与税法两个具体的部门法,其中,财政法包括财政体制法和财政收支法,具体包括预算法、国债法、政府采购法、转移支付法等;税法包括税收体制法与税收征纳法,而税收征纳法又可以进一步分为税收征纳实体法(商品税法、所得税法和财产税法)与税收征纳程序法等。

上述分类对于经济法的其他部门法也是适用的。例如,基于上述原理,金融法可分为金融体制法(如有关金融调控权分配的规范)和金融市场调控法(包括有关调控货币市场、证券市场、保险市场等诸多重要金融市场的规范),计划法可以分为计划体制法和计划协调法(如经济稳定增长法等)。又如,在市场规制法领域,核心问题是维护公平竞争的市场秩序,保障基本人权,与此相关,在竞争领域的市场规制法规范,可以分为竞争体制法和竞争行为规制法,如反垄断法包括反垄断体制法和垄断行为规制法;反不正当竞争法则包括反不正当竞争体制法和不正当竞争行为规制法,等等。当然,它们在名称上与具体法律文件的名称未必一致。同时,在各类具体部门法研究中,还有其他分类方法。

上述经济法规范的不同层次的分类,直接影响经济法体系的内部结构。从总体上看,经济法体系的内在结构是一个层级结构。其中,第一层结构,是体现经济法的调整范围或调整手段的两类规范群,即宏观调控法规范群与市场规制法规范群,简称宏观调控法和市场规制法;第二层结构,是分别体现宏观调控职能的三个部门法,以及体现市场规制职能的三个部门法,它们一般也被称为经济法的部门法或子部门法;第三层结构,是每个子部门法进一步细分而成的下一层级的部门法。

上述结构表明,各类经济法规范在数量比例关系及排列顺序上是较为合适的,同时,各层结构的各类规范之间都有着内在的协调互补的关系,而不是相互交叉、重叠、冲突的关系,从而使经济法系统能够较为稳定地发挥其整体功效。

需要说明的是,以上分类纯粹是从部门法角度,而不是从形式意义的立法角度来理解的。在各类具体的形式意义的立法中,可能包含经济法以外的其他部门法规范,如形式意义的财税立法中可能有行政法规范,形式意义的金融立法中可能有民商法规范,形式意义的计划立法中可能有宪法规范,等等。法学上的部门法划分,是依据某类法律规范的主要性质所作的一种大略划分,需要将其与形式意义的立法或规范性文件区别开来。

与上述经济法体系相对应,党的二十大报告强调要"健全现代预算制度,优化税制结构,完善财政转移支付体系。深化金融体制改革,建设现代中央银行制度,加强和完善现代金融监管,强化金融稳定保障体系""加强反垄断和反不正当竞争,破除地方保护和行政性垄断,依法规范和引导资本健康发展"。

此外，在上述经济法体系中，计划法是从部门法的角度做出的理论概括。我国曾实行计划经济体制，在实行市场经济体制后，对于是否应保留计划调控手段也存在不同认识。事实上，作为宏观调控手段的计划调控手段，与强调计划集中管理的计划经济体制是不同的。因此，我国至今仍然存在国民经济和社会发展的年度计划和五年规划等形式，并在宏观调控中发挥着重要作用。由于计划、规划的形式和用语，在我国的宪法规定或相关制度实践中并存，因而对计划或规划应在具体语境中理解。本书在后面的章节中，为了表述方便，会将规划包含于广义的计划之中，将有关计划和规划的调控制度统称为"计划调控制度"。

三、对上述基本构成的进一步理解

上述对经济法体系的基本构成的介绍，勾勒出的是经济法体系的基本框架。但经济法体系不可能一成不变，而是会随着时代的发展而发展，就像整个法律体系需要随着时代的发展而发展一样。上述将经济法体系分为宏观调控法和市场规制法的"二分法"，是对经济法规范作出的一个基本分类，将这两个部分作为经济法体系的最核心、最基本的部分，已成为经济法学界乃至整个法学界的"基本共识"。

从历史上看，在上述"二分法"的基础上，还有学者认为应当再分出其他一种或一种以上类型的经济法规范，从而形成了关于经济法体系的"三分法""四分法"等"多分法"。这些多分出的部分，主要涉及以下几个方面：

第一，市场主体法。有人认为市场主体法规范属于经济法规范，应当纳入经济法体系。但反对者认为，市场主体的资格实际上主要由民商法确立的，只要其符合经济法的要求，同样可以成为经济法上的主体。经济法的主体资格是通过宏观调控法、市场规制法加以确定的。其中，宏观调控主体和市场规制主体的资格，是由宏观调控法或市场规制法中的组织法或称体制法确立的；而接受调控或规制的主体的资格，如果有特殊要求的话，也要由宏观调控法或市场规制法加以确定。因此，不需要在宏观调控法和市场规制法之外，再设置一个单独的市场主体法。宏观调控法和市场规制法，对于经济法主体及其行为，都要加以规定和规范，其性质并非仅是"行为法"。

第二，市场运行法。有人曾认为，市场运行法规范属于经济法规范，应当纳入经济法体系。但反对者认为，市场运行是一个大的概念，在市场运行中涉及市场交易、市场竞争等众多问题，从而涉及合同法、票据法等诸多民商法规范的适用。经济法的主要功用，是保障和规范宏观调控与市场规制，维持市场竞争的秩序，并确保公平、正当的市场秩序。对于一般的市场竞争，经济法无须特别规制，但对于不公平的和不正当的竞争，则需要经济法加以规范。因此，应当只把市场规制法而不是整个市场运行法都放入经济法体系中。

第三，社会保障法。有人认为，社会保障法规范同其他经济法规范密切相关，在市场经济条件下非常重要，因而应将其纳入经济法体系。但反对者认为，虽然社会保障法规范与经济法规范密切相关，但因其有自己不同于经济法的宗旨和调整对象，因此，随着社会保障法制度的建立和不断完善，其独立性日益突出。考虑到社会法的调整目标是着重解决社会运行中产生的社会问题，而经济法则是着重解决经济运行过程中产生的经济问题，因此，应将其归入作为独立部门法的社会法。

第四，政府投资法。有人认为，涉及政府投资经营的规范在一定程度上体现了国家干预，因而应当将其纳入经济法体系中。但反对者认为，政府投资，如果意在宏观调控，则应由宏观调控法来规范；如果是作为营利性活动出现，则同样要受市场规制法规范。随着市场经济的深入发展，政府应尽量避免"与民争利"，逐渐退出竞争性领域。特别是随着政府职能的转变，政府直接投资的领域应逐渐限缩，主要致力于公共物品的提供，因而应当与预算支出或具体的转移支付、政府采购等问题相关，从而应与财政法联系更为密切。在这种情况下，对于政府投资法是否应当作为一个与宏观调控法和市场规制法相并列的领域，其必要性如何，恐怕很值得探讨。

此外，还有人认为，涉外经济法应当分立，尽管这种观点曾经有相当多的立法支持，但随着中国加入世界贸易组织，以及国民待遇的普遍实施，许多领域都废止了"内外有别"的两套制度，以更好地维护法制的统一，由此使涉外经济法的特殊性变得越来越少。据此，一般认为没有必要将其作为一个独立领域，可以将其分别融入宏观调控法和市场规制法之中。

以上只是列举了关于法律归属的几类不同观点，对这些观点的不同态度，会直接影响经济法体系的具体结构。目前将宏观调控法和市场规制法作为经济法体系的核心部分，已殆无异议。当然，由于经济法一直处于变化发展之中，因而必须强调经济法体系应有的开放性，不断发现和解决在经济法体系结构上的新问题。

随着认识的深入，人们逐渐发现：把整个经济法体系分为宏观调控法和市场规制法所形成的"二元结构"，同调整对象（宏观调控关系和市场规制关系）、调整手段（法律化的宏观调控手段和市场规制手段）、法律主体（调制主体与调制受体）、调整领域（对市场进行宏观调控和市场规制的领域）等，都存在着内在的关联。上述认识，不仅有助于形成统一、和谐的理论与制度，而且也有助于从不同角度来对理论和制度作出评判，并推进理论和制度的发展。

四、某些特殊规范的归属问题

在经济法的两大类规范中，有些被认为具有过渡性、模糊性的规范，它们与宏观调控法和市场规制法规范都密切相关，如监管规范、价格规范等。对于这些规范究竟应并入两大规范群之中，还是应独立或游离于两大规范群之外，需要仔细研究。

例如，随着市场经济的深入发展，相关监管规范也越来越引人注目。这些监管规范主要涉及对特定行业、特定市场的监管。例如，在金融业，分别有对银行业、证券业和保险业以及相应的货币市场、资本市场和保险市场的监管；同时，在其他领域，还有对电力、石油、房地产、食品药品等事关国计民生的重要行业的监管；此外，对国有资产等方面的监管也受到高度重视；等等。备受关注的各种类型的监管，不仅直接影响相关监管体制[①]，而且对相关立法产生了重要影响，并形成了一批重要的监管规范。

对于各类监管规范究竟属于宏观调控法还是市场规制法，人们的认识并不一致。有人认为监管规范是为了实现国家的宏观调控目标而设置的，因此，应当把它们定性为宏观调控法；也有人认为，监管规范虽然与宏观调控密切相关，但其调整更具有直接性，且监管受体具有特定性，而不像宏观调控法的调整那样具有间接性，在调控受体上具有非特定性。

如果从调整的直接性和主体的特定性看，监管规范应归属于市场规制法规范，它与宏观

---

① 为了加强相关领域的监管，我国曾成立多种"监督管理委员会"，如中国银行业监督管理委员会、中国证券监督管理委员会、中国保险监督管理委员会、国务院国有资产监督管理委员会、国家电力监管委员会，此外，还成立了国家食品药品监督管理总局，等等。经由2018年、2023年的机构改革，有些监管机构已相继发生变化。

调控法之间是互补的关系。因此,可以把监管规范作为一类特殊市场规制规范归入市场规制法中。

有鉴于此,可以对市场规制法作出进一步的拓展,即市场规制法不仅包括通常意义上的一般市场规制法(即前面谈到的竞争法和消费者保护法),还包括特殊市场规制法或称特别市场规制法,如金融市场规制法(包括银行监管法、保险监管法和证券监管法)、电力市场规制法、石油市场规制法、房地产市场规制法等。

上述的特殊市场规制法同样要以传统的竞争法为基础,因为无论是银行企业,还是电力企业、石油企业、电信企业、房地产企业等,都要遵循一般的竞争法规范,只不过在此基础上,基于这些企业或者行业的特殊重要性,国家往往还要专门进行规制。有些规制(如金融领域的规制或称金融监管),对宏观调控有重要影响。因此,可以认为,这些监管规范与宏观调控规范和市场规制规范都密切相关,基于其规范相关主体行为的直接性和特定性,更适宜将相关的监管规范归入广义的市场规制法之中。

除了监管规范以外,价格规范等,也同宏观调控法和市场规制法都密切相关。通常,在价格规范中,涉及价格总水平调控的,属于宏观调控法的规范,而涉及规制具体价格行为的规范,则属于市场规制法规范。从总体上说,上述的各类规范,大都或主要属于市场规制法规范,但与传统的市场规制法规范相比,它们与宏观调控法规范的联系要更为密切,这也是现代经济法制度发展过程中所体现出的新特点。

五、经济法体系内部两类规范的交叉融合问题

经济法体系中的两大类规范所构成的"二元",并非截然孤立,而是存在着密切的内在联系。随着"二元结构"中的特殊规范的发展,宏观调控法和市场规制法的联系更为紧密,经济法作为一个统一的部门法的地位更为牢固。

从规范生成的先后看,市场规制法比宏观调控法产生更早[①],与传统的民商法、行政法的联系也更为密切,从传统法中汲取的养分也相对更多。而宏观调控法,则是在经济理论、社会理论和政治理论,特别是法律理论及相关立法有了一定发展的基础上,才逐渐产生和逐渐被认识的一个重要领域。人类的实践已经表明并将一再表明,宏观调控法的有效实施,既离不开市场规制法的调整所确立的基本秩序,也会为市场规制法的有效调整提供重要的外部环境;而市场规制法的有效实施,则离不开宏观调控法所提供的相关保障,并且,恰恰与宏观调控法的调整相得益彰。

宏观调控法和市场规制法的交叉融合,在具体的立法中已有诸多体现。这既反映了两者之间的固有联系,也说明现代市场经济条件下法律调整的复杂性。例如,在反倾销和反补贴的立法中,就既有关于调查机关及其程序的规定,也有关于企业竞争、经济秩序、产业损害、税款征收等方面的规定,体现了宏观调控和市场规制的结合。如果对其进行深入研究,则有助于发现法律调整的复杂性。

可见,在宏观调控法和市场规制法各自的发展过程中,一些非典型性的宏观调控法规范

---

① 从立法的角度看,市场规制法(如反垄断法)往往被认为是经济法立法的开始。一般说来,市场规制法与民商法、行政法等联系都很密切,在很大程度上是民商法等部门法进一步发展,并融入经济法因素的结果,对市场主体的相关权益关注更多;而宏观调控法的全面发展则要更为晚近,与民商法的联系远没有市场规制法那么密切,对宏观调控主体的权力行使关注更多。

和市场规制法规范,在两大规范群的"二元结构"的罅隙中日益生长,使宏观调控法和市场规制法更加融为一体,从而为提炼经济法规范共通的法理奠定了重要的基础。

本 章 小 结

本章着重介绍了经济法本体论中的四个方面的重要内容,即经济法的概念、特征、地位和体系,它们是整个经济法理论展开的基础。上述四个方面的内容存在着密切的关联。其中,经济法的概念非常重要,它决定着经济法的特征、地位和体系的概括和提炼;而在经济法概念中涉及的经济法的调整对象,更是重中之重,它是经济法理论展开的逻辑起点。正是基于对调整对象的不同认识,才形成了各类不同的经济法理论。

经济法要调整的两类最重要的社会关系,是宏观调控关系和市场规制关系(可以合称为调制关系),经济法以这两类社会关系为调整对象,就会具有不同于其他各类部门法的基本特征——经济性和规制性,就会具有不同于传统部门法的现代性特征;由于经济法调整的两类重要社会关系,是其他部门法都不调整或不能有效调整的,因而经济法在整个法律体系中具有独立的地位,是同民商法、行政法等部门法相并列的重要部门法;基于经济法调整的两类社会关系,经济法的体系可以分为两大部分,即宏观调控法和市场规制法,同时,每个部分又可以包括若干部门法;无论是宏观调控法与市场规制法之间,还是经济法的各个部门法之间,都存在着内在的密切关联,从而形成了经济法理论和制度上紧密的内在逻辑联系。

第三章

经济法价值论

经济法学上的价值论①,包括与经济法价值相关的一系列理论,如经济法的价值确立理论、经济法的价值结构理论、体现价值取向的经济法宗旨理论、体现经济法宗旨的经济法原则理论,等等。经济法的价值论是经济法理论的重要组成部分,对于经济法的法治建设和法学研究都具有重要意义。

本章分为三节,分别介绍经济法的价值、宗旨和基本原则。这些内容在整个价值论中最为重要,在层级上高低相继,由抽象渐转为具体,且与制度密切相关,同时,又与经济法的本体论与规范论相连,因而有助于从总体上理解经济法的理论和制度。

第一节 经济法的价值

一、对价值的一般理解

基于学者的考证,西文中的价值(value)一词,主要源于古代梵文和拉丁文,原意是围栏、大堤、用堤护住等,因而形成了"对人有保护作用"的含义(其实,这种含义对于说明经济法乃至整个法的价值是非常恰当的)。在语言运用上,价值一词通常具有"可贵的"等含义,在广义上兼有"有用""有意义"等含义。②从中不难发现"价值"一词与"有用性"之间的内在联系。

回顾语词的学术化历程,一般认为,价值最初是经济学中的专业术语,在19世纪,经过许多思想家和各种哲学流派的推动,价值的概念开始延伸到哲学和社会科学的各个领域。在德国哲学家的倡导和努力下,以价值为中心的价值哲学逐步形成。此外,社会科学的各个分支学科也从不同角度,来研究各自领域的特殊价值问题,从而使价值问题成为经济学、政治学、社会学、法学等领域中的一个重要问题。③

从哲学意义上说,许多学者认为,价值是在主体与客体的互动中,客体的存在及其作用对于一定主体需要的某种适合或满足。这种主体与客体之间的需要与满足的对应关系,也

---

① 德国哲学家洛采和尼采被学术界普遍认为是"价值论之父",价值论的中心概念是"价值"。参见卓泽渊:《法的价值论》(第三版),法律出版社2018年版,第13页。
② 参见同上书,第1页;肖建国:《民事诉讼程序价值论》,中国人民大学出版社2000年版,第56—58页。
③ 即使诸多学科都在研究价值问题,但对于价值的理解,还是有很多的不同。诚如波吉曼所言,"价值"是一个极为含糊、暧昧、模棱两可的概念;威尔逊甚至进一步认为,几乎没有像价值概念这样难以界定的。参见王海明:《伦理学方法》,商务印书馆2003年版,第188页。

被称为价值关系。在具体研究中,对价值问题的思考可能有以下几种思路:第一,从主体维度,强调价值的主观性,认为只要能满足主体的需要,就有价值;第二,从客体维度,强调价值是客体的属性、功能,认为价值具有客观性;第三,从主客体关系的维度,认为只有将主客体统一起来,才能正确理解价值。其实,全面理解价值问题,需要把客体的功用与主体的需求统一起来,进行"双向研究",这样研究法学和经济法学领域的价值问题可能是较为全面的。

在法学领域,有关价值问题的观点也是各异其趣。例如,有人主张法律的价值就是正义,此即所谓"正义说";有人强调,法律的价值是法律的客观属性与主观需求互通的概念,此即所谓"属性说";另外,还有人认为法的价值就是法对于人类有积极的功用或意义,此即所谓"效用说"。上述观点为经济法的价值问题研究提供了一定的基础。

从一般的观点看,法的价值,是人与法律之间的一种需要与满足的特定关系[①],而法要满足人的需要,首先要有自己的功能和作用,这样才能体现出法的有用性,体现出其价值。据此,研究经济法的价值,应当分为两个层次,一个是经济法自身的功用,一个是经济法功用对人的需要的满足。这两个层次,前者着重于经济法的内在价值,即其自身的有用性;后者着重于对其内在价值的评价,即经济法功用对人的需求的满足程度的评价,它牵涉到人有哪些需求以及经济法能够满足人的哪些需求。

二、经济法价值的确立

从部门法角度看,各个部门法既应具有法的一般价值,也应具有自己的独特价值,这是各个部门法独立存在或不可替代的重要理由,同时,也是说明部门法地位的一个重要维度。

在经济法领域,由于涉及收益分配、资源配置、经济与社会的运行和发展等诸多问题,因而不仅需要实证分析,也需要价值分析。为此,应当借鉴哲学、法学及其他相关学科已有的研究成果,构建经济法学的价值论。

在现代市场经济条件下产生的经济法,要满足人类需要,就必须具有特定的功能或作用,才能解决相关的现代经济问题。而经济法的各类功用,在总体上是内在的、客观的,它们构成了经济法内在的客观功用价值。

经济法的内在功用,虽然有客观的一面,但其具有哪些功用,能够发挥哪些功用,却离不开人的主观评价,并且,在主观评价中,会不同程度地渗入评价主体的价值取向。例如,赞成自由主义的人与拥护干预主义的人,对于经济法功用的评价可能大相径庭,因而对经济法价值大小的评价,也可能判若云泥。可见,经济法的实际功用虽然可能是较为客观的,但它对于人类、对于国家、对于国民,对于经济与社会的发展的价值,却可能因评价主体的差异而有所不同。正因为价值评判易受主体价值观的影响,难以做到真正"中立",因此,由外部主体对经济法功用的评判而形成的对经济法价值的看法,也可以称为经济法外在的主观评判价值。

如前所述,对于法的价值有多种观点,在经济法价值的讨论中,应当把(主观)效用说、(客观)属性说、(相互)关系说结合起来,来认识经济法的价值。从客观属性说(或称客观说、

---

① 对于法律价值,人们的理解可能存在很大分歧。例如,有的学者就强调要区分法律作用与法律价值,并认为法律作用主要是法律的效力、实效、效果等,因而与法律价值有所不同。参见葛洪义:《目的与方法:法律价值研究论析》,载《法律科学》1992 年第 2 期。

属性说)的角度看,经济法有其自身的内在价值,这种内在价值取决于经济法的功能,表现为经济法的作用,因此,可以从经济法制度功用的角度,来分析其内在价值。这是价值分析的一个基本角度。

与此同时,经济法的功用又是针对特定主体而言的,因而应当把主观效用说与相互关系说结合起来。效用或称积极作用,作为一种评价,离不开特定的主体,研究经济法的价值,要考虑主体的不同需求以及经济法对主体需求的满足,由此可以形成经济法价值分析的另一个基本角度,即从价值评价的角度来考察经济法对主体的效用。这样,通过制度功用和主体评价这两个角度,就可以形成对经济法价值的较为全面的认识。

基于上述两个角度的考虑,可以认为,经济法的价值,主要包括两个方面:一方面,是经济法的内在价值,即经济法作为一个部门法,其自身具有的内在功用,它体现的是经济法的有用性或使用价值,因其涉及经济法内在的、客观的制度功用,可将此类内在价值称为"功用价值"或"客观价值",统称为"内在的客观功用价值";另一方面,是经济法的外在价值,即社会公众或研究者期望或认同的经济法所具有的价值,它是主体对经济法本身应有功用或实际功用的一种评价和判断,由于这种评判同外部主体的认知能力、法律意识等诸多主观因素都有关联,因而这种外在价值,也可称为"评判价值"或"主观价值",统称为"外在的主观评判价值"。事实上,经济法究竟能否满足人们的需要,在哪些方面、多大程度上能够满足需要,都需要人们作出评判,因此,外在价值直接涉及主观的价值判断、价值评价或价值追求。

三、对两类不同层面价值的解析

由上述分析可知,经济法的两类不同层面的价值,即内在的客观功用价值,以及外在的主观评判价值,构成了一种内部与外部相结合,主观与客观相统一,功用与评判相联系的"二元价值"。

(一)内在的客观功用价值

如前所述,经济法内在的客观功用价值,简称经济法的内在价值,是经济法规范所内含的、客观上具有的功用。它蕴涵于经济法规范之中,并通过经济法的实际适用表现出来。

一般认为,法律制度的职能是分配正义,解决争端,以及社会控制等。这些都是法律制度的基本职能。[①] 由于经济法在经济与社会分配、资源配置、宏观调控等方面具有重要的功用,因而其职能与一般法律的基本职能是一致的。

上述各类职能,通常也往往被概括为法的一些基本功能,如规范功能、保障功能等;经济法则是从调整对象和调整手段等角度,将上述功能进一步具体化、特定化。

经济法的直接功用,是调整宏观调控关系和市场规制关系,规范国家的调控行为和规制行为,为国家进行宏观调控和市场规制提供法律保障,也为被调制一方的合法权利免受侵害提供法律保障。上述的直接功用,与经济法调整的特定领域直接相关,因而是其最基本的功用,这就是经济法的内在价值。

由于经济法能够规范调制行为,保障有效调制,同时,由于其具体制度或规范中涉及一系列的宏观调控或市场规制方面的政策或手段,因此,它可以成为用以进行宏观调控和市场

---

① 参见〔美〕弗里德曼:《法律制度——从社会科学角度观察》,李琼英、林欣译,中国政法大学出版社1994年版,第19—21页。

规制的工具,以及各类主体在宏观调控和市场规制方面保护自己权益的工具。其规范功能、保障功能以及相应的调制功能,都有助于促进或保障效率与公平,形成一定的秩序。而效率、公平与秩序则是各类主体的具有普遍意义的价值追求,由此又涉及经济法的外在价值。

（二）外在的主观评判价值

经济法外在的主观评判价值,简称外在价值,是外部主体在对经济法功用的预期、认知、评价中所形成的主观评判或价值追求。

由前面有关经济法功用的分析可知,经济法的调整,会直接影响收入的分配、资源的配置,以及经济与社会的稳定,从而会影响各国都关注的一些重要目标——保障经济的稳定增长、社会公共利益与基本人权的实现。而要实现上述目标,就必须考虑三个重要的影响因素,即效率、公平与秩序,只有在经济法的调整过程中符合效率、公平、秩序方面的要求,才可能实现上述各国的重要目标。正因如此,效率、公平、秩序,便成为经济法功用的重要评价标准,成为人们所期望和追求的经济法应有的价值。

事实上,效率、公平和秩序作为人类的较为普遍的价值追求,已在一定程度上成为了评价法律价值的标准。如果某类法律或制度能够满足人们对效率、公平和秩序等价值追求中的一种或几种,则该法律或制度的价值往往会得到较高的评价。因此,效率、公平和秩序等,已逐渐成为人们用以评判法律功用的价值尺度。由于经济法内在的制度功用,涉及收入分配、资源配置以及经济与社会的稳定等,因而其有效调整恰恰有助于保障微观市场和宏观经济运行的效率、公平和秩序,有助于满足人们对效率、公平和秩序的需要,从而具有提升效率、保障公平和维护秩序的价值。

上述的效率、公平和秩序,作为经济法调整所应追求的一般价值,构成了经济法的外在价值。同时,在三类价值之间同样存在密切关联。例如,公平有助于形成秩序,有秩序往往会更有效率,建立在效率基础上的公平,是更高层次的公平;效率与公平有时存在矛盾,有时可以兼容;对于效率与公平何者优先,不应一概而论,而应具体分析。经济法所要解决的基本矛盾是个体营利性和社会公益性的矛盾,作为其具体体现的效率与公平的矛盾,也是经济法需要解决的基本矛盾。因此,有效兼顾效率与公平,恰恰是经济法主体的基本价值追求,也是经济法宗旨确立的重要基础。

效率、公平与秩序,是诸多法律调整所共同追求的价值,而并非为经济法所独有;它们作为经济法调整所追求的更高层次的价值目标,反映了经济法主体对经济法功用的外在评判,因而是经济法外在的主观评判价值。

明确经济法的外在价值,同样具有重要价值。例如,由于经济法的调整有助于实现经济领域的效率、公平与秩序,经济法的调整目标也由此易于确定,人们希望通过经济法的调整所欲实现的目标,主要是效率和公平,以及与此相关的一种秩序,即经济与社会的良性运行和协调发展。

四、经济法的价值体系

如前所述,经济法的价值,可以分成两大类,由此形成了经济法价值的"二元结构",构成了经济法价值体系的基本框架。

在经济法价值的二元结构中,两类价值是相互对应的。其中,前一类价值是内在价值、直接价值、基本价值、功用价值、客观价值,这些价值以一般价值理论中的客观说、属性说等为基础。后一类价值是外在价值、间接价值、引申价值、评判价值、主观价值,它们以一般价值论中的主观说、效用说为基础。上述各种价值类型,只是认知角度、分类标准上的不同。在依据各种分类标准进行二元划分的情况下,它们都是其中不可或缺的部分,共同从不同的侧面和层面,构成了经济法价值的体系。

在经济法的价值体系中,上述的内在的客观功用价值与外在的主观评判价值分别居于不同的层面,前者所处的层面是更为基本的;而后者则是以前者为基础的,因而是更高层次的。可见,在价值的二元结构中,同样存在层次性,体现为基础性与高级性的差别。

此外,经济法价值的二元结构也表明,经济法的价值,作为一个体系或系统,是由两个部分组成的,必须把两者相结合,缺少其中的任何一个,或者孤立地只强调其中的一个,都是不合适的。

例如,经济法的评判价值就是以功用价值为基础而确立的更高层次的多元价值目标,如效率、公平、秩序等,从而使主观价值与客观价值之间形成一种内在的联系,做到"主观见之于客观",进而形成价值体系。明确经济法价值领域的主观与客观的二元关系,以及主观价值与客观价值所构成的二元结构,对于经济法的法治体系的完善和发展都很有意义。

另外,随着经济和社会的发展,以及相应的经济立法的完善,经济法的评判价值也在不断扩展,即在前述的效率、公平、秩序等价值的基础上,还需要重视其他价值。目前,在经济法的法治建设中,需要同时关注效率与公平、自由与秩序、安全与发展"三对"重要价值,在全面协调和平衡这些价值的基础上,才能进一步实现相关正义价值,因此,在经济法的立法中,这些价值都会越来越多地体现在相关宗旨和基本原则的条款之中。

第二节　经济法的宗旨

经济法的宗旨,是经济法的调整所欲实现的目标,是经济法调整应当遵循的总体上的、根本性的意旨。有关经济法宗旨的理论是经济法价值论的重要内容,对于制度实践也具有重要价值,因此,需要明晰经济法宗旨的位阶、确立标准与方法、具体提炼与检验,以及研究价值等问题。

一、经济法宗旨的基本位阶

依据一般法理,经济法宗旨的基本位阶,是在经济法价值之下、在经济法原则之上。基于上述位阶关系,经济法的价值需要通过经济法的宗旨加以体现;同时,经济法的原则要体现法的宗旨,并再现法的价值。

经济法宗旨与经济法价值体系中的主观价值与客观价值密切相关。一方面,它要体现立法者的价值追求,因而与经济法的主观价值联系十分密切,它是抽象的主观价值在立法上的体现。另一方面,经济法的宗旨作为经济法的调整目标,其有效实现离不开经济法的特定功用,因而与客观价值密不可分。如何把客观价值与主观价值结合起来,如何依托经济法的功能去实现经济法的调整目标,正是在经济法的宗旨(尤其是具体的立法宗旨)中需要加以明确的。

经济法的宗旨,作为整个部门法总体上的宗旨,是从具体的经济法立法宗旨中提炼出来的,它不仅同经济法的价值联系十分密切,也与经济法各部门法的宗旨密切相关。因此,研究经济法宗旨,还要关注其各部门法的宗旨,特别是具体的立法宗旨,这样才能够更好地理解经济法的总体宗旨或称一般宗旨。

二、经济法宗旨的确立标准和方法

(一)经济法宗旨的确立标准

确立经济法的宗旨,同样要遵循相关的标准。其中,最重要的和普遍遵行的标准有三个,即独特性标准、普遍性标准、包容性标准。

独特性标准强调,对于经济法宗旨的概括,应当体现经济法的特色。经济法宗旨应当是经济法所特有的宗旨,而不应是各类法律所共通的宗旨,更不应是非法律的宗旨。因此,需要在各类法律共通宗旨的基础之上,提炼出经济法所独有的宗旨。

普遍性标准强调,经济法的宗旨应当能够普遍适用于经济法的各个部门法,换言之,它应当是真正从经济法各部门法的宗旨中概括出来的。只有这样,才不会把某个部门法的宗旨当作是经济法的总体宗旨,经济法的宗旨才能对各个部门法的具体立法产生普遍的指导力,才能对各类部门法的宗旨问题更有解释力,这对于形成宗旨的体系和增强其内在联系尤为重要。

包容性标准强调,经济法的宗旨体系应是开放的,具有包容性的,能够随着经济、社会和法治的发展(如数字经济的发展),作出内在的调适,唯此才能有效避免宗旨体系的剧烈变化,也可以避免在立法宗旨上摇摆不定,从而有助于全面把握经济法的地位、价值,以及经济法各个部门法的专门分工和配合。

上述各类标准,是检验所确立的经济法宗旨是否适当的重要尺度,对于研究经济法各部门法的宗旨,指导经济法各类具体立法宗旨的确立,都有其重要意义。

(二)经济法宗旨的确立方法

确立经济法的宗旨,必须注意问题定位,要结合相关问题,找到解决问题的手段、目标,从而发现经济法的宗旨,为此,可以采取矛盾分析的方法、系统分析的方法、语义分析的方法等,以更好地确立经济法的宗旨。

1. 矛盾分析与问题定位

经济法的宗旨,既然是经济法调整所要实现的目标,则该目标必然会与一定的现存问题相关联。因此,要确定经济法的宗旨,必须基于"问题定位"或问题导向,明确经济法调整所要解决的问题。

要进行"问题定位",必须明确经济法需要解决哪些"基本问题",这些问题的成因是什么,应当通过什么途径解决,等等。通常,各类市场失灵问题被视为经济法必须有效解决的"基本问题",例如,不公平或不正当的竞争、负的外部效应、公共物品上的"搭便车"、信息的不对称、社会分配不公、币值的波动等,往往被视为经济法调整应当解决的"基本问题",其中恰恰体现或蕴涵着经济法的"基本矛盾"。

经济法的基本矛盾,是内在于人类欲望之中的。人类的私人欲望与公共欲望,直接影响着经济法基本矛盾的形成。一方面,从对私人物品的私人欲望看,市场主体总是希望实现利润的最大化或效用的最大化,因而作为私人个体必然要强调营利性,追求私人物品领域的效率;另一方面,各类主体还存在着对公共物品的公共欲望,对公平分配等有共同的愿望,因而必然要追求公平,并要求确保社会公共利益。于是,从个体的角度看,要追求个体的营利性,力争效率;从整体的角度看,又要追求社会的公益性,强调公平,由此形成了主体的不同要求,也形成了经济法上的基本矛盾,即个体营利性与社会公益性的矛盾,以及作为其延伸的效率与公平的矛盾。

从经济法制度的发展历程看,经济法的调整最初所需面对的,是竞争与垄断的冲突与矛盾。相关国家之所以要反垄断,是因为社会公众认为垄断是对公共利益的损害,而从事垄断行为的企业,基于自身营利性和经济效率的考虑,并不希望反垄断,由此形成了个体营利性与社会公益性的矛盾,以及效率与公平等矛盾。

经济法调整所要解决的基本矛盾和基本问题,与市场失灵直接相关,是各类传统部门法所无力解决的。这就需要开放的法律体系必须生成新的经济法系统来解决这些现实问题,以弥补传统部门法的调整不足或调整空白。而解决新的市场失灵问题,作为法律调整的重要目标,必然会内化于经济法的宗旨之中。因此,经济法调整的一个直接目标,应该是解决市场失灵问题。

2. 系统分析的方法

确立经济法的宗旨,还需要运用系统分析的方法,尤其应当运用系统分析方法中的结构功能分析方法和关联分析方法。

在经济法系统中,包含宏观调控和市场规制两类规范,其特定的规范结构,可以产生特定的调整功能,有助于规范经济法主体的行为,保障各类主体的法益,形成经济法秩序。而在解决上述问题的过程中,兼顾效率与公平,并形成一种良好的秩序,正是经济法调整所要实现的目标。可见,运用结构功能分析方法,有助于找到经济法调整所欲实现的目标。

此外,确立经济法的宗旨,既应注意经济法的总体宗旨及其各部门法宗旨,以及经济法具体立法宗旨的关联,还应当将经济法宗旨同经济法的价值、原则乃至具体规则等联系起来。这样才能通过关联分析的方法,系统、全面地把握经济法的宗旨。

3. 语义分析的方法

研究经济法的宗旨,同样可以运用语义分析的方法。在"宗旨"一词中,"宗"乃根本,"旨"乃精神,因此,宗旨应当是法的根本精神。作为一种精神,要体现法的价值和理念;同样,经济法的宗旨,要体现经济法的价值和理念。

从语义分析的角度看,经济法宗旨与其他部门法宗旨的区别,至少包括如下两个方面:

第一,经济法是"经济"之法,具有突出的经济性。从主体的利益追求看,各类主体都是理性的"经济人",其中,企业以利润的最大化为目标,消费者以效用的最大化为目标,政府则以政治利益的最大化为目标。可见,各类主体都有其自身的利益追求,都以各类效率及利益的最大化为目标,由此可以把各类主体都视为具有独立利益追求的个体,基于其对效率的追求具有普遍性,因而应将效率价值体现于经济法的宗旨之中。

第二,经济法毕竟是经济之"法",归根结底是一类法律规范的总称,因而必然会具有法律规范的共有特征和价值追求,特别是在公平、正义、秩序等价值追求方面,更是与各类法律规范存在着一致性。在各类价值追求中,公平是实现正义和秩序等价值的基础,因而公平价值也应内化为经济法宗旨的一部分。事实上,经济法作为调整各类主体之间的特定经济关系的规则,必须强调最基本的公平价值,才能对各类主体利益予以均衡保护。唯有如此,才能有效保护社会公共利益,提高经济法的合理性、合法性和遵从度。经济法宗旨要强调对各类主体的共同利益或称社会公共利益作出均衡保护,就要强调公平。

从上述基本的语义分析及其所蕴涵的价值看,经济法的宗旨,不仅要强调对个体营利性的保护,也要注意对社会公益性的保护;不仅要重视效率,还要强调公平,唯此,才能使各类主体各自发展,和平共处,协调互利,共同进步;才能实现更高层次的正义和秩序,促进经济与社会的良性运行和协调发展。

三、经济法宗旨的提炼与检验

在明确经济法宗旨的确立标准和方法的基础上,就可以对经济法的宗旨进行提炼;同时,还应当对所提炼的经济法宗旨进行检验,以确保其符合相关标准和要求。

(一)经济法宗旨的提炼

自1993年以来,我国学者对经济法宗旨曾作过多种提炼。这些提炼之所以不尽相同,与前述对提炼标准和方法的认识不一有关。

在宗旨的确立方法上,前面曾通过矛盾分析和问题定位,探讨了经济法要解决的基本矛盾与基本问题,强调必须注重系统分析,关注经济法宗旨的内部与外部各相关要素的联系,以及经济法的调整在解决相关问题方面应当具有的功能;此外,还通过语义分析,提出了经济法宗旨应体现的价值追求。这样,就可以依据前面的确立标准,对经济法的宗旨作出如下提炼:

所谓经济法的宗旨,就是通过对调制关系的调整,来不断地解决个体营利性和社会公益性的矛盾,兼顾效率与公平,从而持续地解决市场失灵的问题,促进经济的稳定增长,保障社会公益和基本人权,进而实现经济与社会的良性运行和协调发展。[①]

经济法的宗旨,在横向上包括两类目标,一类是经济目标,这是经济法调整力图产生直接效应的根本方面;一类是社会目标,这是经济法调整意欲产生间接影响的重要方面。[②] 需要说明的是,现代法均涉及经济性和社会性,这同当代国家承担的经济职能和社会职能是一致的。应当看到,经济法同样具有社会性,但以经济性为主要特征;社会法同样具有经济性,但以社会性为主要特征。经济性与社会性这两个方面,相得益彰,互相影响,使经济法的宗旨具有"双重性",以体现经济目标与社会目标的有机结合,以及两者之间的内在的联系。

经济法的宗旨,在纵向上是层层递进的,可以分为基本目标和最高目标两个层面,这也是经济法宗旨的"双重性"的体现。经济法调整的基本目标是规范经济法主体的行为,调整宏观调控关系和市场规制关系,保障各类主体的合法权益。只有这样,才能不断地解决市场失灵的问题,缓解个体营利性与社会公益性的冲突,兼顾效率与公平;才能促进经济的稳定增长,保障社会公益和基本人权。在此基础上,才能实现经济法调整的最高目标,即实现经济与社会的良性运行和协调发展。该最高目标并非经济法所独有,而是相关部门法共有的高层次的目标,它是在经济法实现基本调整目标的基础上才能实现的目标。此外,实现经济法调整的基本目标,只是实现最高目标的一个必要条件,要全面实现其最高目标,还有赖于其他部门法的共同调整,因而最高目标是一种共通性的目标,应当强调基本目标与最高目标

---

① 相关具体讨论可参见张守文:《略论经济法的宗旨》,载《中外法学》1994年第1期。
② 在财政法、税法、金融法、计划法等宏观调控法中,普遍存在经济目标与社会目标的区分,因为这些法律的具体宗旨,不仅包括对该领域最基本职能的保障,以及由此产生的对宏观调控职能的保障,而且都包括保障社会稳定和社会发展方面的目标。此外,在市场规制法领域,不仅有保障公平、正当的市场竞争,从而形成良好的市场秩序的经济目标,而且有保障消费者利益,保障基本人权,维护社会稳定的社会目标。

的有效统一。

在经济法宗旨的上述经济目标与社会目标中,经济目标更为直接;在经济法宗旨的上述基本目标与最高目标中,基本目标更为基础。事实上,经济法的各类具体立法宗旨,所要体现的主要是经济目标和基本目标,它们对于现实的立法和执法活动都很重要。

上述对经济法宗旨的界定,还体现了经济法的两类价值。其中,对调制关系的调整,体现的是经济法的功用价值(客观价值);而解决个体营利性和社会公益性的矛盾,兼顾效率与公平,则体现的是经济法的评判价值或价值追求(主观价值)。由此可见,经济法宗旨与经济法的价值确实存在着内在的关联。

(二)对经济法宗旨提炼的检验

对上述经济法宗旨的提炼是否适当,还需要按照前述确定宗旨的三个标准来进行检验。

首先,从独特性的标准看,上述经济法宗旨的提炼,是基于经济法的二元价值,以及经济法调整所需解决的基本矛盾和基本问题,与经济法的本质和特征直接相关,因而与其他部门法宗旨有着根本的不同;同时,在确立宗旨的方法上,也体现了经济法宗旨的独特性。

其次,从普遍性的标准看,上述经济法的宗旨,是针对经济法调整所需要解决的基本矛盾和基本问题,确立了通过调整调制关系来促进经济的稳定增长,保障社会公益和基本人权的目标,因而对于经济法的各个部门法都是适用的。无论是宏观调控法的各个部门法,还是市场规制法的各个部门法,都要具体地体现上述宗旨。[①] 尽管在经济法的各类具体立法中,对立法宗旨可能会有特殊规定,但同上述经济法的总体宗旨在根本上是一致的。

最后,从包容性的标准看,经济法宗旨的提炼,不仅能够包容经济法的现实立法宗旨,也能够包容经济法的未来发展,从而具有开放性。这是因为它直接反映经济法的基本价值、基本矛盾和基本问题,而这些价值、矛盾和问题是与经济法共存的,如果这些矛盾和问题不存在,经济法便失去了存在的价值,经济法的宗旨也将不复存在。

四、经济法宗旨中的几个重要目标

经济法宗旨包含的诸多目标中,稳定增长的目标、保障基本人权和社会公益的目标,以及经济法宗旨中的最高目标尤为重要。

(一)稳定增长的目标

稳定增长的目标涉及经济法的双重目标,即经济目标和社会目标,但首先是经济目标。稳定增长目标强调经济要在稳定、有序的状态下增长,因此,在宏观经济领域必须强调稳定物价、充分就业、国际收支平衡等宏观经济目标的实现[②];在微观层面则要规范市场经济秩序,维护公平竞争和正当竞争。此外,物价问题、就业问题、市场秩序问题,不仅是经济问题,也是社会问题,这也是经济性与社会性密切相关的重要体现。

(二)保障基本人权的目标

经济法是分配法,涉及对相关主体权利与权力、社会财富与主体利益等多方面的分配。

[①] 相关讨论可参见张守文、于雷:《市场经济与新经济法》,北京大学出版社1993年版,第98—100页。
[②] 宏观经济的四大目标可以集中概括为稳定增长目标,其中,稳定物价、充分就业、国际收支平衡是强调稳定的目标,而经济增长则是侧重于增长的目标。这些目标在宏观调控法中是非常重要的。从立法上看,1967年德国曾制定《经济稳定与增长促进法》,并取得了良好的法律实效。我国也曾尝试制定此类法律,但由于诸多原因,至今仍未出台。

其中,国家财政权与国民财产权的分配非常重要,它直接关系到相关的人权保护问题。[①] 从总体上说,一国的法律应当能够从不同角度来保障基本人权,因而保障人权的目标并非经济法所独有。但经济法的调整范围和功能特殊,事关基本权利的保护,因而对于保障人权具有特别重要的价值。

保障人权的目标在经济法的各个部门法上都有体现。例如,财政法通过转移支付制度等来保障人权;税法通过税收优惠制度、基本生活资料不课税制度等来保障人权;消费者权益保护法以及各类竞争法通过对消费者权益的保护和经营者义务的规定来保障基本人权,等等。这些都说明保障人权目标的普遍性。事实上,经济法作为涉及国民基本财产权利的公法,与人权保护联系非常密切,并且保障人权的目标在经济法的各个部门法上也都有体现。

(三)保障社会公益的目标

保障社会公益是经济法的重要目标。在把各类利益划分为私人利益、国家利益和社会公共利益的情况下,虽然传统部门法也会涉及社会公共利益的保护,但这并非其主要功能,因此新兴的现代法必须承担起这一重要的任务,而经济法无疑是保障社会公共利益的重要部门法。事实上,经济法不仅要保护私人利益和国家利益,也要对社会公益予以更多的保护。这也是经济法的调整力图解决个体营利性和社会公益性的矛盾,兼顾效率与公平的体现。

此外,在对各类利益作出个体利益与整体利益、私人利益与公共利益的二元划分的情况下[②],对于个体利益与整体利益的保护,在法律上的考虑可能不同,从宏观上说,虽然对于各类利益,各类法律都要从不同角度和程度上予以保护,但毕竟要有一个相对的分工和定位,其中,对于私人欲望、私人物品、私人利益,必须注意私法的保护;而对于公共欲望、公共物品、公共利益,则必须注意公法的保护,这是由公共利益本身的特点所决定的。

基于对利益的二元划分,公共利益包括了国家利益和社会公益。社会公益比较复杂,对其有不同理解。社会公益作为一种共有的利益,存在着不同的层次,属于第三部门的社团能否有效保护这些社会公益,尚可存疑。事实上,第三部门在保护社会公益方面能够起到一定的积极作用,如消费者协会对消费者权益的保护、纳税人组织对纳税人权益的保护等,都可能使社会公益得到一定程度的保护,但其保护还是非常有限的。因此,不应当排除国家通过经济法的法治建设来加强对社会公益的保护。

在法治建设方面,既要防止公权力对私人利益的违法侵害,也要防止公共利益保护上的"集体冷漠"或"搭便车"问题。对于国家利益和社会公共利益,仍应强调国家的有效保护,这本来就是国家的责任。在经济法的立法宗旨中,明确保护社会公益,对于传统公法与私法都可能保护不足的社会公益予以特别规定,会更有助于社会公益的保护。在经济法上强调对公共利益的保护,并不是对私人利益和国家利益的漠视,而恰恰是关注对各类利益的均衡保护。

---

① 在经济法领域,涉及人权的,主要是基本的财产权问题。由于经济问题是核心,因此,在经济法领域的财产权以及相关的自由经营权或竞争权等,都非常重要。这有助于在广义上理解,为什么经济法被称为"经济宪法"。

② 对公益与私益,以及相关的公法与私法,以及替代性的研究,可参见〔英〕哈耶克:《法律、立法与自由》,邓正来等译,中国大百科全书出版社2000年版,第22—27页、第208—215页。

(四) 良性运行和协调发展目标

经济法调整的最高目标是促进经济与社会的良性运行和协调发展,这是在经济法有效解决个体营利性和社会公益性的矛盾,兼顾效率与公平的基础上,所形成的一种更高的秩序。它不仅要求经济的良性运行和协调发展,也不仅要求社会的良性运行和协调发展,还要求经济与社会都要良性运行并协调发展。如果一个国家能够通过经济法的有效调整,实现经济的稳定增长,保障社会公益和基本人权,就有可能实现整个经济与社会的良性运行和协调发展,这是一种高层次的秩序。事实上,立法者的价值追求,就是力图通过经济法的调整,来减少社会的交易成本和无序状态,以增进社会的效率、公平和秩序。

以往普遍存在的单纯重视经济增长而不重视经济发展的问题,单纯重视经济发展而不重视社会发展的问题,单纯重视经济或社会的发展而不重视两者良性运行和协调发展的问题,曾造成很大的社会成本,因此,国家先是提出科学发展观,之后又强调落实新发展理念,推动高质量发展,这需要各类法律的共同调整,尤其需要经济法在保障社会公益方面发挥重要作用。

五、研究经济法宗旨的价值

(一) 研究经济法宗旨的理论价值

从理论意义看,经济法的宗旨是经济法理论中的一个重要问题,在价值论中居于承上启下的地位,它既能够把抽象的价值转化为具体的法律条款,又能够为相关的法律原则和具体规则提供指导。

研究经济法的宗旨,有助于深化整个价值论,提高经济法理论的自足性。经济法的宗旨作为整个理论链条中的重要一环,与经济法的调整对象、特征、调整方法、功能、价值追求、原则等问题都密切相关,并且,与各类相关理论是可以互证的。因此,客观地、合理地确定经济法的宗旨,有助于发现经济法理论各个部分之间的内在联系和整体理论的主线,从而为形成系统的经济法理论框架奠定基础。

经济法的宗旨,是经济法区别于其他部门法的一个重要维度。透过经济法的宗旨,可以看到经济法同其他部门法的联系和区别。在联系方面,经济法的宗旨中所包含的最高目标,与其他相关部门法是一致的;该目标的实现,有赖于经济法与其他部门法共同进行综合调整。在区别方面,经济法的宗旨有其独特性,它可以作为经济法区别于其他部门法的一个维度。事实上,经济法理论的各个方面,都体现出了经济法同其他部门法的联系与区别。

(二) 研究经济法宗旨的实践价值

从实践价值看,经济法宗旨的研究对于经济法的法治建设,尤其对于经济法的立法和法律实施,具有重要的指导意义。

例如,在立法方面,立法宗旨作为相关立法的首要条款,其地位非常重要。要制定好立法宗旨,就必须考虑经济法的总体宗旨,因为总体宗旨体现的是应然状态,它对经济法的具体立法具有直接的指导作用;如果经济法的具体立法宗旨,与经济法的总体宗旨相去甚远,则对该立法宗旨的合理性就需要仔细研究和认真检讨。可见,经济法的宗旨作为应然的调整目标,对于实然的立法宗旨的确定具有重要价值。

又如,在法律实施方面,经济法的宗旨同样具有重要影响。通常,法律的实施首先要依据具体的规范,如果没有具体的规范,则要从法律原则上找依据;如果法律原则也不能提供依据,则要找立法宗旨;而立法宗旨,则是经济法的宗旨在具体立法上的体现。可见,作为经济法宗旨的具体化和实然化的立法宗旨,对于法律实施是非常重要的。

经济法的实施直接涉及相关主体的权益。当相关主体认为具体的规范同宗旨相抵触时,就可能以立法宗旨上有利于自己的规定作为保护自身利益的根据。因此,立法宗旨对于保护相关主体的权益很重要。此外,与宗旨密切相关的法律解释方法,就是目的解释方法[①],它要求相关的法律适用必须合于立法宗旨或与立法目的相一致。由于经济法的具体制度与经济法的调整目标存在着内在的联系,因此,经济法宗旨对于经济法的解释也非常重要。

在经济法领域,会大量涉及法律的解释问题。其中,有些是对已有法律的解释,有的本来就是相关调制机关作出的解释。应关注这些解释是否合乎经济法的宗旨,是否会影响相关主体的利益,特别是基本人权。这些问题突出地体现在财税法、金融法、竞争法等领域。因此,从经济法宗旨的角度,对这些解释的合理性和合法性作出检验,非常具有现实意义。[②]

第三节　经济法的基本原则

经济法的基本原则,是贯穿于经济法的法治建设的各个环节的基本准则,是各类具体的经济法规则的本原性规则。经济法的基本原则,作为连接经济法宗旨与经济法具体规范的桥梁和纽带,是体现经济法价值的重要环节。研究经济法的基本原则,对于完善经济法的价值论乃至整体经济法理论都具有重要意义。由于经济法的基本原则与经济法的具体规则紧密相连,因而它还具有重要的实践价值。

尽管经济法基本原则非常重要,但由于经济法的历史较短,在各国发展并不平衡,其制度的共通性显露尚不充分,共识性研究亦有不足,因而对经济法基本原则的提炼曾长期进展缓慢。近些年来,学界对经济法基本原则的定义、确立标准及其存在的问题等,已作出了日益深入的研究,共识也在不断增加。为此,下面将着重介绍经济法基本原则的确立标准和确立方法,在此基础上再提炼经济法的基本原则,并对其加以简要解析。

一、基本原则的确立标准

要确立经济法的基本原则,必须先明确基本原则应符合的标准。因为缺少一定的标准或要求,基本原则的确立就可能比较混乱和随意,就会失去其应有的基础性、本原性和准则性,从而会失去其应有的指导力和准据力。由于确立标准事关基本原则的合理性和合法性,因而基于学界既有的共识,需要补充和强调以下三个方面:

首先,经济法基本原则既然是"法律原则",就应当有自己的"高度"。从定位上说,它同样应是法律规则和价值观念的汇合点,[③]或者说是衍生其他规则的规则。[④] 这样的定位表

[①] 像文义解释、体系解释、历史解释等一样,目的解释方法在经济法的解释方面同样可以有较为广阔的适用空间。其在税法上的适用,可参见张守文:《税法原理》(第十一版),北京大学出版社2024年版,第101—102页。

[②] 在经济法的诸多具体部门法中,税法领域涉及大量解释问题。相关职能部门做出的大量税法解释,在实践中发挥着重要作用。但这些税法解释是否都符合税法的宗旨,很值得研究。

[③] 从一定意义上说,法律原则的重要功用,就是说明详细的规则和具体制度的基本目的。参见〔英〕麦考密克、〔奥〕魏因贝格尔:《制度法论》,周叶谦译,中国政法大学出版社1994年版,第89—90页。

[④] 参见〔美〕弗里德曼:《法律制度——从社会科学角度观察》,李琼英、林欣译,中国政法大学出版社1994年版,第46—47页。

明：经济法的基本原则既要体现经济法的宗旨，又要高于(或称统领)经济法的具体规则，并且，各类具体规则作为其衍生物，不应与经济法的基本原则相抵触。因此，依据适当的"高度"来定位，应当是确立经济法基本原则的一个标准。

其次，经济法的基本原则既然是"基本原则"，就应当具有基础性的地位，能够贯穿经济法各项制度的始终，在立法、执法等法治建设的各个环节中得到普遍遵行。因此，仅在经济法的某些部门法中适用的、不具有普遍意义的原则，如货币发行原则、税收公平原则、复式预算原则等，就不能作为整个经济法的基本原则。这种对普遍性或普适性的要求，也应当是确立基本原则的一个标准。

最后，经济法的基本原则既然是"经济法"的基本原则，就应当是经济法所特有的，而不应是各类部门法所通用的一般法律原则，即要体现经济法的特色和特殊需要。据此，凡是与经济法无关的原则，或者非经济法的乃至非法律的原则，如自由放任、等价有偿、罪刑法定、保障稳定等其他领域的、不同层面的原则，无论是纯粹的经济原则、社会原则还是其他部门法上的原则，都不应列入经济法的基本原则之中。因此，强调"经济法特色"，也应是确立经济法基本原则的一个标准。

上述三个方面，实际上提出了确立经济法基本原则的三个基本标准，即"高度标准""普遍标准"和"特色标准"。高度标准(或称位阶标准)，强调经济法基本原则的定位必须有其应有的"高度"，从而既可避免将经济法的宗旨或价值理念等同于基本原则，也可防止将具体规则高估为基本原则；普遍标准，强调经济法基本原则的"普适性"，以免把具体的部门法原则上升为普遍适用的基本原则；特色标准，强调经济法基本原则需具有"经济法特色"，以免把相关的经济原则、社会原则、其他部门法的原则或整个法律共有的原则等同于经济法的基本原则。

二、基本原则的确立方法

要确立经济法的基本原则，不仅要明确确立的标准，还要提出具体的确立方法。从理论上说，确立经济法的基本原则，可以从多种角度、运用多种方法来确定。本节主要运用的是两种方法，即系统—网络分析方法，以及结构—行为—绩效分析方法，现分述之。

(一) 系统—网络分析方法

系统—网络分析方法，实际上是"系统分析方法"和"网络分析方法"相结合而形成的一种分析方法。系统分析方法，是具有"普适性"的方法，一般包括整体分析方法、动态观察方法、级次分解方法和结构功能方法等，对于研究经济法理论有重要价值。由于经济法理论本身就是一个系统，经济法理论的各个组成部分之间有内在联系，因此，研究经济法理论中的其他具体理论，应当有助于确定经济法的基本原则。

此外，网络分析方法与系统分析方法有内在同一性，它较为强调"嵌入性"分析。所谓嵌入性，实际上是强调事物之间的内在关联，强调要将一个事物融入(或称嵌入)更大的背景或网络之中。据此，应把经济法基本原则作为整个经济法理论网络中的一个"结"，探讨它与其他相关理论所构成的大背景之间的关系。

综合运用上述的系统—网络分析方法，在研究经济法的基本原则时，应将整个经济法理论作为一个整体，对其中的基本原则与其他相关理论之间的关系进行动态观察，并对各个问题进行级次分解研究，这样，就可以把基本原则问题放到(嵌入)整个经济法理论的网络中来进行研究,从而有助于找到其在网络中的地位以及与其他理论之间的关联。

事实上,作为经济法理论系统的重要组成部分,经济法基本原则的理论,与调整对象、特征、宗旨、体系、主体等理论,都应是"一体化"的。因为一个成熟的、系统化的理论,应是内在和谐统一、相通互证的,而不应是各不相干或相互抵触的。应当看到,经济法理论的各个部分,只不过是从不同角度来阐释经济法理论,它们不仅都应归属于经济法理论的总体,而且应当存在内在的有机联系、互赖且互动,应该可以互相推导、解释和说明。因此,在应然层面上,可以通过其他经济法理论,来阐释和说明经济法的基本原则。例如,调整对象理论是经济法理论的逻辑起点和研究入口,它与各类具体的经济法理论直接相关。由于经济法调整的社会关系主要是宏观调控关系和市场规制关系(即调制关系),因此,经济法基本原则必然要与调制有关,这样,经济法的基本原则才能适用于对各类调制关系的调整,适用于对调制行为的规范。

从经济法的特征看,经济法既具有不同于其他部门法的经济性和规制性,又具有不同于传统部门法的现代性,其基本原则的确立也要体现这些特征。从经济性的角度说,经济法基本原则应当适用于对具有经济性的经济调制行为的规范;从规制性的角度说,由于调制就是广义的规制,因而经济法基本原则应当体现出积极的鼓励促进与消极的限制禁止这两个方面的调制;从现代性的角度说,经济法的基本原则不仅应体现民主和法治的基本精神,还应体现现代社会对绩效和程序的追求。上述角度都会影响对基本原则的概括。

在经济法的宗旨方面,经济法所要解决的基本矛盾或调整的基础性目标,是通过调控和规制,来协调个体营利性和社会公益性的矛盾,兼顾效率与公平,这在基本原则上也要有所"体现"。但"体现"不应是重复和等同。要看到基本原则与宗旨的密切关联,也要看到其间的区别,这样既有助于把宗旨或目标融入基本原则之中,又能够保持基本原则的独立地位和独特性。

就经济法的体系而言,经济法体系包括宏观调控法和市场规制法两大部分,因而对于基本原则的概括,应当可以涵盖这两大部分,同时,从上述两大组成部分所包含的具体部门法中,应可以概括和提炼出共同的原则作为经济法的基本原则。

就主体及其行为而论,经济法主体的行为可以分为两类,即调制主体所从事的调制行为,以及调制受体所从事的对策行为(对此在后面还将专门介绍)。由于这两类行为存在着互动的关系,且调制行为至少在形式上具有主导地位,因此,经济法基本原则当然应适用于对各类调制行为的规范,同时,也会直接或间接地涉及对调制受体的对策行为的规制。

基于上述经济法理论中各个主要部分的核心要点及其对基本原则的影响,可以认为,经济法理论中的各个部分,都离不开有关调控和规制的内容,"调制""调制关系""调制行为"等,作为十分重要的概念或称范畴,是贯穿于整个经济法理论和制度的一条重要线索,对于经济法基本原则的确立同样非常重要。有鉴于此,在确立经济法基本原则时,也应紧紧围绕"调制"展开,以使有关基本原则的理论能够真正"嵌入"其他各类理论所形成的网络之中,并与各类理论形成良性互动,共同构成较为合理的经济法理论系统。

(二)结构—行为—绩效分析方法

结构—行为—绩效分析方法,作为较为重要的分析方法或理论范式,在经济学、社会学、法学等领域已有不同程度的应用。事实上,对结构、行为、绩效及其内在关联的分析,在经济法理论研究中也具有普遍意义,因而同样可以成为研究经济法基本原则的重要方法。

结构—行为—绩效分析方法,可具体分解为结构分析、行为分析、绩效分析以及关联分析的方法。这些方法提供了重要的分析视角和路径,在许多领域都可以应用,只不过在各个领域中对于相关概念的具体理解可能是不同的。

通常,在经济法理论中所研究的"结构",可以理解为经济结构、社会结构及其影响的法律结构。例如,在经济结构上的公共经济与私人经济的二元结构,决定了政府与市场的分立和分工,也决定了政府调控和规制的等级结构,由此会影响法律结构,并形成经济法的宏观调控法和市场规制法的二元结构,以及经济法的主体结构和权利结构等。

另外,在现时的社会结构中,"第三部门"发展迅速,它有时可能具有一定的政府属性(如在提供公共物品或准公共物品方面),有时也会具有市场主体的属性(如当其从事经营性活动时),因此,会与其"非政府、非营利性"的定性不完全一致;同时,在社会的主体构成上,政府与市场主体仍是主要单元。在第三部门无法全面代表社会公共利益的情况下,国家不仅是国家利益的主体,也被假定为社会公益的代表。由此会影响法律上的法益保护,也会影响经济法上的主体结构和权利结构。

上述经济结构和社会结构及其所影响的法律结构,会直接影响主体的行为。而在经济法上,无论是哪类主体的行为,都具有突出的经济性,因而都要强调经济绩效;同时,虽然有时也基于社会政策而强调社会效益,但这也是对绩效的一种考虑。对绩效的追求,对效益的强调,正是经济法的现代性特征的重要体现。因此,结构、行为、绩效,都会贯穿经济法的理论和具体制度,因而可以成为提炼经济法基本原则的几个具体角度。

例如,从结构的角度说,经济结构和社会结构会对经济法的规范结构(包括主体结构、权利结构等)产生重要影响。经济法的调整,与公共物品的提供,与市场主体的利益都密切相关,涉及国民基本权利的保护,因而其规范形成应强调"国民的同意"。为此,依法规范各类调制行为,实行"议会保留原则"或"法律保留原则"是很必要的,由此应确立和贯彻"调制法定原则"。

此外,从行为的角度说,在国家的调制行为和市场主体的对策行为中,国家的调制行为更为重要,更具有主导地位;市场主体针对国家调制行为作出的对策行为,毕竟要以国家的调制行为为前提。因此,从整个经济法来讲,如何规范国家的调制行为,始终都是重要问题,并且,确保国家的调制行为适度,是其中的核心问题。由此就应确立和坚持"调制适度原则"。

最后,从绩效的角度说,经济法不同于其他部门法的经济性和规制性,不同于传统部门法的现代性,以及一定程度上的社会性,都要求经济法的调整应实现一定的绩效,包括经济效益和社会效益,以及其他的关联效益。这本身也是经济法宗旨的体现。因此,应当确立和强调"调制绩效原则"。

综合上述两类确立方法,不难发现,从系统—网络方法的角度看,经济法基本原则的确立,应围绕"调制"这一中心范畴,主要强调"调制"的内容(这也是经济法的一个"特色");从结构—行为—绩效的方法看,则应关注法定、适度、绩效,即强调调制的法定性、调制的适度性和调制的绩效性。由此可以确立经济法的三项基本原则,即调制法定原则、调制适度原则和调制绩效原则。

三、基本原则的简要解析

上述三项基本原则，与前述的三项确立标准是相合的。从高度标准看，这三项基本原则既能体现经济法的宗旨，但又不是其简单重复；既源于具体的规则，又超越各类具体规则；从普遍标准看，它们并非仅适用于经济法的一个或几个部门法的原则，而是可以通用于经济法的各个部门法；从特色标准看，它们既不是简单地照搬其他部门法的原则，也不是直接借用非法律的原则（如经济原则），而是结合经济法自身的经济性、规制性和现代性的特征，作出的进一步概括。现略作解析如下：

（一）调制法定原则

依据调制法定原则，调制的实体内容和程序规范都要由法律来加以规定，只是在法律明确授权的特殊情况下，才能由行政法规加以规定。这一原则在形式上是"议会保留"或"法律保留"原则的体现，是议会与政府在调制权分配上的一种均衡；但在实质上，其主要目标是力图保障调制的合理性与合法性，保障市场主体或第三部门的财产权等重要权利，保障法律的实效。作为一项基本原则，调制法定原则可以覆盖整个宏观调控法和市场规制法领域。

在宏观调控法领域，调制法定原则尤其要求"调控权法定"。因为法律通过调控权的界定，就可以明确调控主体、调控手段、调控力度等一系列问题。为此，在宏观调控法领域应当确立预算法定原则、税收法定原则、国债法定原则、货币法定原则、计划法定原则等。由于宏观调控领域所涉及的事项，都与国计民生直接相关，因而国家权力机关在总体上行使专属立法权是很必要的。

例如，国家计划和中央预算，都由国家立法机关来审批决定，这本身就是在贯彻"议会保留"原则，是"法定原则"的具体体现；又如，一国货币的法律地位、基本的金融制度等，都应由法律加以规定，这也是法定原则的体现；至于"税收法定"，则在学界和实务界已几成共识。

在市场规制法领域，调制法定原则主要体现为规制权、竞争权、消费者权的"法定"。如同调控权一样，对于规制权的内容、形式、行使主体等也需要作出明确界定，以保障依法有效规制。此外，从不同主体的权利保护看，对竞争权中的垄断权与正当竞争权，以及与竞争权相对应的消费者权的规定，都要坚持"法定原则"。例如，在反垄断法领域，对构成垄断的标准要在法律上作出界定，以明确哪些垄断为法律所不容，哪些主体可以享有垄断权；在反不正当竞争法领域，有关不正当竞争行为的类型、适用除外、执法机构等，也都需要"法定"。总之，"法定原则"可以贯穿于整个经济法制度，并成为促进经济法专门立法的一项基本原则。

（二）调制适度原则

调制适度原则的基本要求是，调制行为必须符合规律，符合客观实际，要兼顾调控和规制的需要与可能，保障各类主体的基本权利。调制适度原则体现了经济法的经济性和规制性的特征，它与调制法定原则密切相关，包括调控适度和规制适度两个方面。

调控适度，要求调控权的行使、调控手段的选择、调控性规范的变易等，都要适度。适度就是要"合规律""合比例"，充分考虑市场主体的对策行为，力争将对国民财产权的"合法侵害"降至最低。调制适度强调，国家的鼓励、促进或限制、禁止措施，都要"适中"，不过分，尽量"止于至善"或力争"最优"；而其中的"度"，则需要通过"法定"来体现，它与人类或立法者的认识水平直接相关。

规制适度,更强调对市场主体的权利保护以及各类主体之间的利益平衡。例如,对于垄断的规制,涉及大企业与中小企业的利益平衡;对于不正当竞争行为的规制,既涉及正当竞争者权利的有效保护,也涉及经营者与消费者之间利益的均衡保护。这些方面,都要求在总体上进行适度规制,否则可能会影响经济发展和社会总体福利。

要实现调制适度,必须注意总体上的平衡。衡量调制是否适度,要看是否有利于实现平衡,包括经济指标的平衡、社会分配的公平,特别是法律对各类主体法益保护的均衡,等等。要实现平衡或均衡,就要注意协调,尤其是各类调制手段之间的协调,或相关调制制度之间的协调。因此,适度与平衡协调直接相关,适度的调制,才能更好地实现经济法的宗旨。

此外,调制适度原则也可与诚实信用原则、情势变更原则相兼容。在调制中强调诚信,实际上是更为重视实质正义,这也是调制适度原则的应有之义;同时,强调情势变更、"因时而化"或"与时俱进",正是调控应有的精神。因此,统一适用于公法和私法的诚实信用原则和情势变更原则,同样可以渗透于经济法的基本原则之中。

(三)调制绩效原则

兼顾效率与公平,是经济法调整的重要目标,因而追求调制的效果或称绩效,追求总量的平衡和社会总福利的增长,在经济法领域会成为一种普遍的价值和原则。这与调制法定原则和调制适度原则的目标也是一致的。

经济法具有经济性的特征,解决经济运行过程中的各类问题,是其主要目标,因而当然要考虑经济效益。此外,由于经济法具有突出的政策性,许多经济问题同时也是社会问题,因而经济法的调整当然也要考虑社会政策、社会公益和社会效益。经济法对于经济效益和社会效益的追求,就是对调制绩效的追求,并且,这种追求要贯穿于经济法的宗旨、原则和各类具体规则之中,从而使调制绩效原则也可以成为一项基本原则。

在现实的世界中,失衡和失调的问题普遍存在。要实现调制的绩效,同样离不开平衡协调。而平衡协调,无论是作为一种调制手段,还是作为一种调制目标,都需要有微观基础,包括个体意义上的经济法主体的经济活动,以及相关法律的基础性调整等。平衡协调,作为建立在微观基础之上的调制,更能体现经济法的"高级法"特点。

总之,从形式上看,在上述三项基本原则中,调制法定原则更强调内容法定和程序法定,调制适度原则更强调符合规律和公平有效,调制绩效原则更强调调整目标和平衡协调,三大原则之间存在着极为密切的内在关联。其中,调制法定是调制适度和调制绩效的基础,能否适度,以及能否实现绩效目标,在很大程度上取决于"法定"的状态,取决于法治的程度;调制适度在一定意义上是对"调制法定"的展开,它在执法层面更有意义,是调制绩效得以实现的手段;而无论是调制法定,还是调制适度,都是为了实现调制绩效的总体目标,或者说是为了实现经济法的宗旨和价值。

从法律意义上说,调制法定原则,体现了依法规范调制行为的必要性,它力图给调制行为设定法制轨道和法制边界;调制适度原则,体现了对调制手段、措施、力度等方面的要求;而调制绩效原则,则要以上述两类原则的贯彻为前提,它是对经济法调整目标的原则体现。

本 章 小 结

经济法的价值论,是有关经济法价值的一系列理论的有机构成。本章着重介绍了经济法价值论中的主要理论,即经济法的价值、经济法的宗旨和经济法的基本原则。这些理论相互之间存在着内在关联。对于经济法价值论的研究,不仅是对本体论研究的进一步深化,而且也是深刻理解经济法的规范论和运行论的基础。

对经济法价值的研究,是经济法价值论研究的基础。结合已有的主观效用说、客观属性说、相互关系说等理论,运用经济分析、语义分析等方法,可以把经济法的价值确立为两类,即内在的客观功用价值,以及外在的主观评判价值,从而形成一种内部与外部相结合,主观与客观相统一,功用与评判相联系的"二元价值"。为此,必须注意两类价值之间的内在联系,包括在理论上的联系以及制度建设方面的关联。如何有效保护各类主体的利益,关系到经济法的功用价值的实现;如何均衡地保护各类主体的不同利益,则关系到经济法的评判价值的实现。

对经济法宗旨的研究,在整个价值论中具有承上启下的作用,具有重要的理论价值和现实意义。在确立经济法的宗旨时,既应注意独特性标准、普遍性标准、包容性(或称开放性)标准,也应注意矛盾分析、系统分析和语义分析等方法的运用,以通过问题定位、功能定位来进行目标定位,找到确立经济法宗旨的现实基础。

与经济法的基本价值、基本矛盾、基本问题等相联系,经济法的宗旨同样具有"双重性",即其调整目标体系中存在着经济目标和社会目标、基本目标和最高目标等双重目标。依据上述的宗旨确立标准,可以对经济法"双重宗旨"确立的合理性进行检验。

在经济法原则的确立方面,本章提出了三项确立标准、两种确立方法,并由此提炼出了经济法的三项基本原则,即调制法定原则、调制适度原则和调制绩效原则,以求经济法的基本原则的提炼更简明,更有法律性和经济法特色,更能在经济法领域具有普遍意义,更能体现出各项原则之间的内在联系。

此外,在进行上述的理论提炼的基础上,还应当关注经济法基本原则的实践问题,包括基本原则在经济法立法中的应用和体现,基本原则对具体法律实施的指导意义,以及基本原则同其他适用原则的协调、同经济法的部门法上的相关原则的协调,等等。近些年来,对于经济法的相关部门法的原则,如税法的基本原则及其适用的问题、反不正当竞争法的基本原则及其适用问题等已有较多研究,但对于整个经济法的基本原则的实践问题关注还很不够。相信随着经济法理论和实践的发展,对经济法基本原则的研究也会逐渐深入,并会对经济法理论和实践的发展产生积极的推动作用。

第四章

经济法规范论

经济法的规范论,主要包括经济法的主体理论、行为理论、权义结构理论、责任理论等,涉及对主体及其行为的规范、主体的权义结构安排以及责任承担等问题,这些都是直接影响经济法制度建设的重要问题。本章分为四节,分别介绍上述四种重要理论。

第一节 主体理论

主体理论是经济法规范论的重要组成部分,主体要素在经济法规范中非常重要。事实上,经济法的一切制度安排,都是为了规范相关主体的行为,调整这些主体之间发生的社会关系,保护各类主体的合法权益。

一、经济法主体的界定

一般认为,经济法主体是依据经济法而享有权力或权利,并承担相应义务的组织体或个体。这里的组织体,可能是立法机关或执法机关,也可能是各类企业或非营利组织等;这里的个体,即法律上的非组织体,如本国公民、外国人,等等。可见,经济法的主体可以由传统法上的各类主体转化而来。

事实上,同一主体因受不同法律的规制,其角色可能发生转变。例如,市场主体,在经济学上是指企业和消费者,或者是可以转化为企业和消费者的其他主体(如某些情况下的第三部门),这些市场主体可以成为民法上的民事主体,也可以成为商法上的商事主体、行政法上的行政相对人、诉讼法上的诉讼主体,等等。据此,这些市场主体可参加到不同的法律关系中,成为不同部门法的主体,担当多种角色,其行为会受到不同法律的规范。依此类推,上述市场主体同样可成为经济法主体,无论其在经济法的各个具体部门法中被唤作何名、称谓如何,如纳税人、商业银行、证券公司、保险公司或者其客户,或者是经营者、消费者、竞争者,等等,只要依据经济法来享有权利和承担义务,就是经济法的主体。

上述"角色理论",也可适用于与市场主体相对应的广义政府,即政府同样可以多种角色参与到多种法律关系中,成为不同的法律主体。例如,政府不仅是行政法的主体,它同样

---

① 经济学领域对政府的理解往往是广义上的(包括了立法机关、行政机关和司法机关等),这同公法、公权力、公共物品的提供等相对应。当然,还有更为广义的理解,认为由财政负担经费的各类公共部门,甚至各类非营利机构,都可归属于政府部门。可参见国际货币基金组织编著:《财政透明度》,人民出版社2001年版,第2页。

可以成为民商法主体、社会法主体、诉讼法主体,等等,当然,也可作为宏观调控主体或市场规制主体,成为经济法上的主体。

可见,现实生活中的各类主体,无论其名称如何,都可具有多种角色或多种身份,成为多个法的主体。这是各类法律从不同角度对同一主体进行法律规范的结果。因此,传统部门法的主体同样可成为经济法的主体,并可能在经济法中获取新的称谓。

明确经济法的主体是非常重要的,因为只有主体存在,才可能存在主体的行为及相应的权义和责任,才能谈到经济法的宗旨和价值的实现等问题。但由于事实上各类主体所从事的行为和相应的权义、责任等是不尽相同的,因此,有必要对各类经济法主体先进行分类。

二、经济法主体的分类

从经济学上说,参与市场运行的主体可以分为国家、企业和个人,它们通过市场来连接。国家通过市场来引导企业,企业通过市场来与消费者进行交换;同时,企业、居民的需求又通过市场反映给国家。这种主体的分类为经济法的调整提供了基本的框架。

经济法的主体也是由调整对象来决定的。依据对调整对象的二元划分,可将经济法主体分为宏观调控法主体和市场规制法主体两类。其中,宏观调控法主体可分为调控主体和调控受体,市场规制法主体可分为规制主体和规制受体。上述调控主体与规制主体是主导者,但调控受体和规制受体也具有一定的独立性和主动性,并非完全被动地受控或受制于人。由于调控是一种广义上的规制,规制也是一种广义上的调控,两者在根本上是一致的,具有很多共性,因而可将调控行为和规制行为合称为调制行为,由此可将经济法主体分为调制主体和调制受体两类。

对上述的调制主体也可以从其他角度进行分类。例如,调制主体还可进一步分为调制立法主体和调制执法主体等,这样,在宏观调控方面享有立法权或准立法权的国家机关,就可以成为经济法的调制主体。在我国,通常人们较为关注的调制主体主要包括财政部、国家税务总局、中国人民银行、国家发展和改革委员会、商务部以及国家市场监督管理总局、国家金融监督管理总局[①],等等。需要强调的是,不能把调制主体完全等同于行政机关或政府部门,因为调制主体并不仅限于行政性调制主体,同时,政府的职能和角色是多元化的,它并不只是担负传统的政治职能,而是越来越要承担经济职能和社会职能。因此,政府部门所执行的法,并不仅限于行政法,或者说,政府所执行的并不都是行政法,它同时还要执行经济法和社会法等。反过来说,并非所有的行政机关都是调制机关,因为有许多行政机关并不担负国家的宏观调控或市场规制的职能。

调制受体即依法接受调制的主体,包括作为市场主体的企业和居民等(第二部门如果从事生产经营活动也属之)。如纳税人、商业银行或其他行业的企业、消费者等,都可以成为经济法上的调制受体。第三部门的情况较为复杂,如果第三部门从事生产经营活动,提供私人物品,则当然也属于调制受体,要接受国家的宏观调控和市场规制;如果第三部门不从事生

---

① 这些主体是重要的宏观调控执行主体,在某些方面还负有准调控立法权,在现实经济生活中发挥着重要作用,因而人们普遍关注。

产经营活动,从而与其非营利性的特征相一致,就不会以市场主体的身份而成为调制受体。[①]由此可见,第三部门虽然有时可以成为经济法的调制受体,但因其自身的特殊性,它并不会成为经济法最主要的主体。

三、经济法上的主体组合

(一) 不同类型的主体组合

对主体进行不同的分类,不仅是为了有针对性地研究其权利、义务、权力、责任等问题,而且也是为了从不同的分类中,发现不同类型的主体是如何组合起来并共同发挥其整体功效的。

事实上,不同的部门法有不同的主体组合。例如,民法的主体组合是"自然人、法人与非法人组织",基于均质性和无差异性的假设,民法的各类主体都被认为具有平等地位,并主要通过民事行为来联系。又如,行政法的主体组合是"行政主体与相对人",或者"行政主体与监督主体",基于权源的非同一性和层级性假设,行政法各类主体被认为具有主从关系,它们主要是通过行政管理行为和行政监督行为来联系的。

与上述各类主体组合不同,经济法的主体组合是"调制主体与调制受体",具体又包括"调控主体与调控受体",以及"规制主体与规制受体"这两类主体组合。它们之间的联系主要是通过调制行为来实现的,其地位是非平等的。在不同的主体组合中,主体的地位、权义、责任等是不尽相同的,因为在不同的法律关系中,主体的角色是不同的。

考察主体组合,有助于区分不同主体在不同部门法中所担负的角色及其具体的权利和义务,也有助于发现各个部门法不同的"权义结构",以及相应的责任等方面的区别。由于各个部门法都有自己不同于其他部门法的主体组合,因而主体组合也是各个部门法既相区别又相联系的一个重要方面。

主体组合本身,也说明了特定的结构与特定的功能之间的关系。各个部门法基于自己的调整对象和特征,都形成了自己的特殊主体组合。而这些组合所形成的特定结构,必然会产生特定的功能,从而形成一个部门法的特殊功用和重要价值。从结构与功能分析方法看,结构与功能的紧密联系是很值得重视的。事实上,立法的主要目标就是解决新问题,为此,就要求新的立法具有特殊的功能,能够实现特定的调整目标,为此,就要求法律具有能够产生特定功能的结构,包括主体结构、权义结构和责任结构等。其中,主体结构表现为主体组合,它决定了具体的权义结构和责任结构。可见,主体组合是经济法学乃至各个部门法学都应研究的重要问题。

(二) 主体组合中的主体差异

在各个部门法中,各类主体之间的差异,以及进而形成的主体组合上的差异,恰恰可能带来主体行为、权义、责任等诸多不同,从而会使相关制度存在较大差异。

传统民商法在主体上的一个重要假设,就是均质性假设,它强调主体在经济能力、认知能力、信息能力等方面的无差异性,因而主体才是"平等"的,并由此设计和发展出了一系列

[①] 从营利性和收益性的角度观察,有助于判断某个主体(特别是第三部门)能否成为经济法的调制受体。这在税法上就可得到验证。可参见张守文:《略论对第三部门的税法规制》,载《法学评论》2000年第6期,以及《论税法上的"可税性"》,载《法学家》2000年第5期。

民商法制度。而经济法则正好相反,主要强调主体的差异性。基于经济法上的一系列重要假设,如利益主体假设、有限理性假设、两个失灵假设等,不难发现,经济法上的各类主体,都有自己的利益追求,由于"利令智昏"等多种原因,各类主体的理性都是有限的。在信息偏在、外部效应等市场失灵的因素普遍存在的情况下,主体的认知能力、信息能力等本已相差很多,更何况经济法主体还分布于千差万别的地域,基于经济法主体之间存在的差异性,经济法要更多地体现实质正义,而不仅是形式正义。

在经济法领域,合伙、不具有法人资格的社团、企业的分支机构或内部组织等,都可成为经济法的调制受体,并具体成为税法、银行法、竞争法等领域的主体,它们既可是义务主体和承责主体,也可是权利主体,其行为不仅会影响第三人利益,也会影响国家利益、社会公益和市场秩序,因此,必须对上述主体的行为进行有效规制。

四、经济法主体资格取得的多维性与特殊性

主体资格的取得问题,就是主体产生的依据问题,与之相关的理论可称为主体依据理论。经济法主体资格的取得有别于其他部门法,具有多维性和特殊性,并由此形成了各类经济法主体之间的差异性。

(一)经济法主体资格取得的多维性

调制主体与调制受体取得经济法主体资格的法律依据是不同的,并且,具体的调制主体和调制受体都有各自不同的法律依据。例如,财政调控主体和金融调控主体,计划调控主体与竞争规制主体等,其权源、具体的法律依据等都不同。同样,作为调制受体,虽然在总体上都是市场主体,但其具体身份往往也要随具体法律而定,也会存在一定差别。上述各类主体在法律依据上的不同,说明经济法主体在资格取得上具有多维性或多源性。这与各类主体地位的非平等性、各自的职能和任务的差异性等有关。

通常,调制主体都是重要的国家机关,在立法和执法活动中都负有宏观调控和市场规制的职权和职责,其资格需依据宪法和法律的规定,特别是专门的组织法或体制法的规定才能取得。例如,中央银行、公平交易委员会之类的调控或规制机关,都需要有专门的法律授权规定,相关法律要对其任务、职权与职责等作出专门规定。此外,调制受体通常是从事生产经营活动的市场主体,其资格取得的基本条件应当是一视同仁的,一般不需要由专门的法律作出特别规定,因此,其资格取得主要是依据反映主体平等精神的民商法,但在经济法领域,也不排除对某些特殊行业的市场主体作出特殊要求,这主要还是基于社会公益的考虑。如对于银行、保险、证券等领域的特殊要求;对某些领域的产业政策的特别调整等,都反映了经济法在市场准入方面对社会公益的考虑。

一般认为,在调制受体中,企业是最重要的;在企业中,公司是最重要的。正因如此,有学者认为商法的实质就是企业法;也有人提出了经济法理论中的企业法论。其实,企业与平等主体的经济关系,尤其需要民商法调整;企业与国家的经济关系,尤其需要经济法的调整。在市场经济条件下,企业与国家的经济关系,主要是收入分配关系和竞争规制关系,对这些关系的经济法调整,有助于使市场主体在受到一定约束的同时,充分享有自由竞争的权利。

(二)经济法主体资格取得的特殊性

经济法作为高层次的法,与基础性的部门法有密切的联系,这在主体资格取得方面也有体现。例如,调制主体的资格取得主要源于宪法和法律,特别是一些专门的组织法或体制法,这使其与宪法、行政法等有一定关联,而调制受体的主体资格取得则主要依据传统民商法。可见,经济法主体资格的取得具有多源性或称非单一性,这既是经济法特殊性的重要体现,也是经济法同传统部门法密切联系的具体写照。

不仅如此,经济法主体资格取得的特殊性还表现在:第一,虽然调制主体的资格取得源于宪法和法律,但与一般行政主体的资格取得还是有所不同,特别是在主体职权方面,更强调有关宏观调控和市场规制职权的落实。如中央银行、反垄断机构的职能、职权等,都有专门法律作出具体规定。第二,虽然调制受体主要由民商法确定其资格,但不排除在市场准入等方面,基于产业政策的考虑,由专门的经济法规范对其主体的资格或资质条件等作出专门的限定,如对商业银行设立条件或开业区域等方面的限制,等等。这既有助于实现国家的经济政策,确保调控或规制目标的实现,保障社会公益等,也体现了经济法主体资格取得方面的特殊性。

五、经济法主体的二元结构

经济法主体的组合,像其他部门法的主体组合一样,都与主体的产生依据直接相关。而建立在一定的法律依据之上的主体组合,就会形成主体体系的特殊结构。

从总体上看,经济法主体的构成体现为一种"二元结构",即可以分为调制主体与调制受体,并可以进一步分为调控主体与调控受体,以及规制主体与调制受体。当然,经济法主体还有其他具体的二元划分方法,这些二元划分之间存在着一定程度上的类同性。

上述的主体二元结构,会体现在各个具体部门法中。例如,在各类财政法中,人们要关注财政收入的征收主体与缴纳主体、财政支出的拨付主体与受益主体;在具体的财政法中,也会存在各类重要的二元主体,如预算法中有预算审批主体与预算执行主体,国债法中有国债的权利主体与义务主体、发行主体与承购主体,转移支付法中有转移支付发动主体与转移支付受益主体,税法中有征税主体与纳税主体,等等。可见,主体的"二元结构"会体现在经济法各个层次的部门法中。在经济法各个部门法中体现出的多个层次的主体"二元结构",体现了经济法主体的"复杂性"。事实上,传统部门法涉及的主体往往在性质和称谓上较为单一,因而可以用较为统一的一套制度进行相关调整。但经济法上的各类主体在性质上并非同一,称谓也可能因种种原因而变化多端,从而使相关的制度安排也变得更为复杂。

从形式上看,经济法所涉及的主体主要有两类,一类就是传统的公法主体,而另一类则是传统的私法主体。由于经济法要为公权力作用于市场经济提供约束和保障,因而必须有效平衡传统公法主体与传统私法主体的权力与权利、公益与私益等诸多冲突,规范两类主体的行为。经济法需要把两类主体统一起来进行规范,并将其转变为经济法的主体,从而形成经济法主体上的"二元结构"。

在数字经济时代,无论是作为一般经济组织的企业,还是作为特殊经济组织的政府,都存在或搭建平台、或融入平台的"平台化"趋势。主体的平台化,会使经济法的主体结构变得更为复杂。因此,在经济法主体理论中,不仅要关注一般意义上的政府和市场主体,还要关注两类主体的"平台化",探讨由此带来的主体角色和相关职能的转变,以及主体能力的提升和相应的法律调整,这更有助于丰富和完善经济法的主体理论。

六、经济法主体的能力

以往的主体理论研究,比较关注主体的权利能力、行为能力、责任能力、诉讼能力等诸多能力,这在传统的民法、程序法等领域最为显见。在经济法领域,由于存在着主体的"二元结构",因而各类主体并不具有同一的能力,同时,主体在权能、权源等方面的不同,会使其地位和能力各异。

例如,调制主体要进行调制,必须具有调制能力,包括宏观调控主体的财税调控能力、金融调控能力、计划调控能力等,也包括市场规制主体的竞争规制能力或秩序维持能力等。这些能力的取得,离不开法律对调控主体或规制主体的调控权或规制权的专门规定,因为只有具备这些专属的调控权或规制权,才具备相应的"行权资格";同时,上述能力的实现,也离不开这些主体的宏观调控行为和市场规制行为,因为没有这些特定的行为,相关主体的意志就无法转化为现实。

在经济法的各个部门法领域,都要关注相关主体的能力。例如,在财政法上,要关注各类征缴主体汲取财政的能力、财政支出的能力、发债的能力与偿债的能力、转移支付的能力;在税法上要关注征管能力;在金融法上要关注货币发行量的调节能力、金融监管能力;在竞争法上要关注竞争规制能力;等等。

此外,调制受体的能力也很重要。调制受体要同调制主体进行博弈,就必须具有博弈能力。这是调制受体遵从或不遵从的基础,会直接影响调制的效果。例如,在税法领域,从税收公平的角度说,应当量能课税,即对纳税能力强的人应当多征税,对纳税能力弱的人应当少征税。因此,纳税能力的强弱,也会直接影响纳税人的博弈。

另外,企业的竞争能力也是如此。竞争法的重要目标是维持公平、正当的竞争秩序,其实现要以企业的竞争能力为前提。通常,如果企业的竞争能力相当,则竞争就会持续;反之,如果某个企业的竞争能力过强,其他企业的竞争能力较弱,则可能涉及垄断的问题。可见,对市场主体的竞争能力需要特别关注。

无论是纳税能力还是竞争能力,或者是某类经济法主体的其他能力,都是该部门法制度领域里的重要范畴。这些能力不仅在各类主体的横向比较上很重要,在纵向比较上也有重要价值,它们直接影响国家调制的有效性。

总之,主体能力事关其权利或权力,也影响其行为,进而可能关系到主体的责任。因此,能力是一个综合、概括的范畴,它是经济法主体理论尚需深入研究的重要问题。

第二节 行 为 理 论

一、行为理论的研究价值

行为是社会科学的重要研究对象。经济学、政治学、社会学等,都在从各自不同的角度研究行为。[①] 法学也被视为关于行为的规范科学。如果说传统法学侧重于研究规范、规范体

---

① 由于各个学科都是"人学",因而自然都要研究人的行为,包括经济行为、政治行为、社会行为等。在法学领域里,当然要研究广义上的法律行为。此外,还有专门的行为科学研究。这些学科都是从不同角度来研究行为。

系及其结构,那么,现代法学的焦点则是通过观察、揭示法律行为来揭示法律现实。

法律的调整对象是一定的社会关系,而社会关系的建立则离不开人与人之间的交互行为。没有主体之间的交互行为,就没有社会关系。因此,也有人认为,法律的调整对象就是行为。或者说,行为是法律直接的调整对象,而社会关系则是法律的间接调整对象。

在法学的各个分支学科中,行为是非常重要的范畴。例如,刑法学上的犯罪行为、民法学上的民事行为、行政法学上的行政行为等,这些范畴都有各自的理论价值和实践价值。在各个部门法学科中,都有自己的行为范畴和行为理论,这是一个学科成熟的标志。研究经济法学的行为理论,具有如下多方面的意义和价值:

首先,行为理论是整个经济法理论中的重要组成部分,缺少行为理论的经济法理论是不完整的。如前所述,行为是主体与其权利、义务的媒介,是主体之间建立相应社会关系的桥梁。从一定意义上说,没有经济法主体的行为,就没有相关主体之间的社会关系,经济法就会因缺少调整对象而失去存在和发展的必要。因此,在经济法理论中需要研究本领域的行为问题,并形成一套有效的行为理论。

其次,任何成熟的行为理论,都需要有自己的行为范畴。研究经济法的行为理论,有助于确立经济法学的行为范畴。各个成熟的部门法学都有自己的行为范畴,经济法学也不例外。行为范畴的有效提炼,可以作为观察和研究经济法的一个重要视角,同时,也可以作为分析主体权利、义务的一个重要入口,这在理论研究上具有重要意义。

最后,研究行为理论,提炼行为范畴,有助于使相关主体的权利进一步明晰。因为按照法律和社会公众的角色期待,不同的主体会从事不同的行为,而行为是否得当,是否合法,是否合理,则需要进行评价。评价可以有多种标准,这些标准最终都会影响法律的评价。从法律评价的角度,来对行为的合法性等问题作出判断,对于利益分配、权利配置、责任承担等问题的研究,以及对相关主体进行恰当有效的定位,都很有裨益。

此外,在行为理论的研究过程中,通过研究一般的行为理论、法律行为的一般原理,以及经济法主体行为的特殊性等问题,还有助于促进经济法规范论的总体研究。因为现代的规范论研究,尤其应将具体规范同主体行为有机结合起来,找到行为合法性的衡量标准,对行为作出法律上的评价和判断。可见,把规范与行为这两个方面结合起来非常必要。

二、行为的属性与类别

行为理论中所要研究的行为,都是特定主体的行为。经济法学的行为理论,以经济法主体的行为为研究对象。经济法主体是多元的,其资格、能力、地位等都不尽相同,因而其从事的行为也各异其趣。对于纷繁复杂的经济法主体的行为应当作出界定,并对其具体类别作出区分,因为不同主体的行为可能与不同的权利、义务或职权、职责相关联,并与相应的责任承担相勾稽。为此,应当将普遍性与特殊性相结合,分别从一般法律行为的普遍性,以及经济法主体行为的特殊性两个维度,对经济法主体行为的属性和具体类别作出辨别和厘定。

(一)经济法主体行为的属性

人们从事的行为是多种多样的,如政治行为、经济行为等,它们是政治学、经济学等学科的研究对象。在法学领域,人们最为关注的是各类法律行为。"法律行为"一词,在德语中的原初语义是合法的表意行为,但在苏联的法学理论体系中,法律行为则是一个广义概念,包括一切有法律意义和属性的行为,我国学者一般也都在广义上使用此概念,把法律行为视为

"有法律意义和法律属性的行为",使其成为能够概括和反映人们在法律领域全部活动的概念。法律行为并非都是合法行为,与法律行为相对应的概念是"非法律行为",而不是"违法行为"。①

依据对法律行为的广义理解,可以认为,经济法主体的行为亦属于法律行为,具有法律行为的一般属性。首先,它具有社会性,会对相关主体产生社会影响,是经济法所调整的社会关系得以产生的桥梁,从而构成了经济法调整的前提;其次,它具有法律性,是具有法律意义或能够发生法律效果的行为,能够引起经济法主体之间的权利、义务的发生、变更和消灭,并可以依法作出评价;最后,它具有表意性,体现或表达了行为者的意思或意志,包括国家一方的意志和市场主体一方的意思,尽管这些意志或意思未必一致。

经济法主体的行为,作为特定主体的特定行为,同样要体现出主体的特殊意志或意思,反映主体的不同利益追求和价值目标。其中,国家一方所从事的行为,是国家为了实现国家利益和社会公共利益所从事的宏观调控行为和市场规制行为;而市场主体一方所从事的行为,则是体现其自身利益追求的相关对策行为。这些行为,不仅会产生社会效应,而且也会产生法律效果,从而会涉及法律评价,因而完全符合法律行为的突出特征。

作为具有法律意义的、能够产生法律效果的法律行为,经济法主体行为的合法性需要依法作出评判。经济法主体所从事的行为,可能是合法的行为,也可能是违法的行为;可能是经济法鼓励的,也可能是经济法禁止的。因此,需要对各种类型的行为进行具体分析。

(二) 经济法主体行为的类别

经济法主体的行为,主要集中在宏观调控和市场规制领域。如前所述,发动和实施宏观调控和市场规制的主体,为调制主体,其所从事的行为,可称为"经济调制行为"或"调制行为";与调制主体相对应的另一方,为调制受体,对于调制主体所作出的调制行为,调制受体可以选择是否接受或遵从,其行为可称为"市场对策行为"或简称"对策行为"。由此可见,各类经济法主体的行为可以在总体上分为两大类,即调制行为和对策行为。

1. 调制行为的分类

所谓调制行为,就是调制主体所从事的调控、规制行为,其目的是在宏观上通过调节来控制,在微观上通过规范来制约,从而在总体上通过协调来制衡。② 由于调制行为是经济法主体为了特定的经济目的而在经济领域实施的,因而其全称应当是经济调制行为。

对于调制主体的调制行为,还可以从不同的角度作出多种分类。例如,依据调制行为的具体领域,可分为宏观调控行为和市场规制行为。其中,宏观调控行为又可分为财税调控行为、金融调控行为、计划调控行为等;市场规制行为可以分为一般市场规制行为和特殊市场规制行为等。

上述各类调制行为,还可进一步作出分类,如财税调控行为,还可分为预算调控行为、国债调控行为、税收调控行为等;金融调控行为还可分为银行调控行为、证券调控行为等;计划调控行为还可分为产业调控行为、价格调控行为等。又如,一般市场规制行为可分为不公平竞争的规制行为、不正当竞争的规制行为等;特殊市场规制可分为金融市场规制行为、电信市场规制行为、石油市场规制行为、房地产市场规制行为等。当然,上述调制行为,仍可以进

---

① 参见张文显:《法哲学范畴研究》(修订版),中国政法大学出版社2001年版,第67页。
② 相关具体探讨可参见张守文:《略论经济法上的调制行为》,载《北京大学学报(哲学社会科学版)》2000年第5期。

一步细分。

可见,在经济法领域,调制行为是非常重要的、具有主导地位的行为,对其可以细分为诸多种类,对不同类别的调制行为加以规范,恰恰是经济法调整的重点。

2. 对策行为的分类

所谓市场对策行为,是市场主体所从事的具有经济法意义的博弈行为,它可以分为横向对策行为和纵向对策行为两类。

所谓横向对策行为,是市场主体在市场竞争中从事的各类行为。这些行为如果是公平竞争行为和正当竞争行为,则经济法要予以保护;如果是破坏市场经济秩序的垄断行为和不正当竞争行为,以及侵害消费者权益的行为,则其将在经济法上得到否定的评价,并要承担相应的法律责任。

所谓纵向对策行为,是市场主体针对国家的调制行为所实施的博弈行为,既包括对国家调制行为的遵从、合作行为(如依法纳税),也包括对国家调制行为的规避、不合作行为(如逃税、避税);前者一般会得到经济法上的肯定评价,而后者则可能会受到经济法的制裁。

尽管调制行为在经济法上具有主导地位,但市场对策行为亦不应被忽视。事实上,既然调制受体可以从事对策行为,就意味着并非只是被动地接受调制,而是可依据自己的利益追求和可能的选择,从事相关博弈行为。而调制行为的效果如何,则在很大程度上与调制受体的对策行为有关。因此,如何确保调制行为能够得到调制受体的有效遵从,尽量减少其不合作行为产生的消极影响,同样是法律调整需要解决的重要问题。

上述的经济调制行为和市场对策行为,是经济法主体行为的两大基本类型。调制行为与对策行为所构成的二元结构,体现了经济法主体行为的基本构成。尽管对于经济法主体的行为,也可从其他角度进行分类,但上述基本分类更为基本,更有助于解决法制实践中的相关问题。

(三) 对经济法主体行为的其他分类

上述经济法主体行为的分类,是能够从经济法的调整对象、体系、主体等理论中推演出来的基本分类。由于经济法主体的行为也属于法律行为,因而有必要将其置于法律行为的一般分类中,以便从不同角度,揭示经济法主体行为的其他分类与定位。

1. 从主体角度作出的分类

从主体的角度,可将法律行为分为角色行为和非角色行为、单方行为和非单方行为、自为行为和代理行为。[①] 这些分类对于经济法主体行为也是适用的,易言之,经济法主体的行为亦可归属于上述不同类型。

通常,法律行为可以分为角色行为与非角色行为。依据角色理论,角色是主体在特定的社会或团体中所占据的一定地位或拥有的身份,每个主体只要在社会上担当了一定的法律角色,就有一套与其角色相应的权利和义务。担当一定角色的主体,按照法律为其规定的权利和义务进行的活动,就是角色行为,反之,超越或背离法律规定所从事的与自己身份无关的行为,就是非角色行为。上述区分对于确认行为的法律效力或责任意义重大。依据经济法领域的调制法定原则,具有特定法律地位的主体,只有依照特定的权利和义务行事,才是有效的,否则,就是无效的,甚至因违反角色期待而需要承担相应的"角色责任"。

---

① 参见张文显:《法哲学范畴研究》(修订版),中国政法大学出版社 2001 年版,第 84—89 页。

此外,单方行为与非单方行为的分类,在经济法上也是适用的。一般说来,调制行为是国家单方的法律行为,不需要在形式上与调制受体达成合意。但从目标实现的角度来说,单方的行为需要得到其他主体的配合、响应和支持。此外,市场主体的市场对策行为当然可以是非单方的行为。

另外,从自为行为与代理行为的分类看,调制行为,特别是调制立法行为,往往需要贯彻法律保留原则,因而一般应当是自主的、独立的自为行为,但也不排除在法律允许的情况下进行授权立法;市场主体的市场对策行为,则有较大的灵活度,因而既可以是自为的行为,也可以是代理行为。

2. 从行为对象角度作出的分类

依据行为对象,可将法律行为分为抽象行为和具体行为。其中,抽象行为是针对不特定对象作出的,具有普遍法律效力的行为;而具体行为则是针对特定对象作出的,仅具有一次性法律效力的行为。例如,调控行为往往被视为抽象行为;而对策行为则一般属于具体行为,市场主体的对策往往是针对特定对象分散作出的。

调制行为因其事关重大,直接影响相关主体的利益保护和理性预期,对经济和社会发展影响重大,因而不仅是抽象行为,一般也是要式行为;而市场主体的对策行为则主要影响自身利益,因而传统部门法未必对其作特别的形式要求,但在经济法上可能会涉及一些特别的形式要求。

3. 从行为效果角度作出的分类

法律行为可以分为积极行为与消极行为。对于调制行为究竟是积极行为还是消极行为,究竟应当强调作为还是不作为,不能一概而论,而应根据经济规律,依调制的需要而定。因此,调制行为既可能有积极的,也可能有消极的。市场主体的对策行为也与此相类似。

此外,法律行为还可以分为合法行为与非合法行为。上述的调制行为和对策行为,从合法性的角度看,既可能合法,也可能非合法。如某些对策行为,可能是一种"法不责众"的"失范行为",但从性质上说,也是一种违法行为;又如,某些调制行为,可能是违法的作为或违法的不作为,也可能是不当作为,即在行使调制权的过程中采取了不适当的方式,这些行为同样涉及合法性评价问题。

与上述分类类似,法律行为还可分为有效行为与无效行为。经济法主体的哪些行为有效,哪些行为无效,都需要根据一定的要件,或行为构成要素来加以衡量。例如,征税行为就需要符合税法规定的课税要件,若征税不符合课税要件,则行为无效。

上述法律行为的一般分类,不仅有助于揭示调制行为与对策行为的某些特征,同时,也可以从不同侧面对经济法主体行为的类别加以细化,从而有助于提高法律规制的针对性,因而是有其理论价值和现实意义的。

三、行为分析的主观要素与客观要素

在对经济法主体的行为进行具体分析时,应当关注主观要素与客观要素,下面就简要介绍这两类要素。

(一) 主观要素

在各类主观要素中,通常人们较为关注的,是行为目的和认知能力。

经济法主体的行为目的,作为主体力求实现的目标和结果,对于各类主体的行为都很重要。事实上,调制主体在从事调制行为时,调制受体在从事对策行为时,都会将其追求的目标融入行动之中。从调制主体看,其调制行为首先要实现一定的经济目标,并进而实现一定的社会目标;同时,不仅要实现基础性的目标,还要实现高层次的目标,这些目标与经济法的调整目标是一致的。从调制受体看,其市场对策行为的目标,主要是实现利润的最大化或效用的最大化,同时,在同调制主体的博弈过程中,也要力图实现自身利益的最大化,对效率、利益的追求,恰恰是其进行相关对策行为的动因。

此外,在认知能力方面,调控主体或规制主体的认知能力,以及企业或消费者的认知能力等,不仅会直接影响调制行为的有效性,也会影响市场主体的利益。考察某些主体行为或主体能力时,应着重关注其认知能力。此外,主体的行为是否超乎认知能力,还涉及其是否应承担某种责任,以及相关竞争行为是否合法有效等。如果经营者的行为超过了一般消费者的认知能力,并且利用消费者认知能力上的弱势来从事违法行为,就可能涉及责任问题。

对于调制主体的认知能力应当特别强调,它关系到对经济规律、对客观形势的分析和把握,关系到调制行为的成败得失。因此,要规范经济法主体的行为,就要对主体的认知能力予以特别关注,如计划制订的科学化与民主化,财政政策、货币政策的调整,市场主体的竞争行为以及消费者的消费行为等,都涉及认知能力的问题,需要在经济法的各个部门法领域加以体现。

(二)客观要素

在各类客观要素中,通常人们较为关注的,是行为手段和行为结果。

手段作为实现主体行为目的的具体方式和方法,直接影响相关主体行为目的的有效实现。要实现调制行为目的,必须采取与之一致的手段,如财政手段、税收手段、金融手段等,从而形成了宏观调控和市场规制的各种手段。而这些手段的法律化,则构成了经济法的重要内容。其实,经济法之所以能够具有突出的经济性和规制性特征,同这些手段本身所具有的经济性和规制性特征直接相关。对于调制主体的调制手段和调制受体的对策手段的研究,应当在经济法学研究中占有重要地位。

结果是行为完成的一种客观状态,它可能与预期目标一致,也可能同所希望实现的目标有较大差距。经济法主体无论实施调制行为抑或对策行为,都力图实现其行为目的,希望行为结果与行为目标能够一致,因此,行为结果恰恰是行为主体非常关注的。经济法主体的行为绩效如何,是否有经济效益或社会效益,直接涉及对行为的评价;同时,已经实施的行为所产生的结果,也存在合法与否等法律评价问题。这些评价都与行为外在的客观方面相关。

上述主观要素和客观要素,构成了行为分析的"主客二元结构",为深入、具体地研究各类经济法主体的行为提供了一个重要的框架,从而有助于丰富经济法上的行为理论。该框架体现了各类要素之间的内在关联,即经济法主体基于一定的"认知能力",为实现一定的"目的",而采取一定的"手段",会在客观上形成一定的"结果"。上述主观要素与客观要素,有助于分析经济法主体行为的合理性与合法性,从而有助于丰富经济法上的行为理论,促进相关行为问题的分析和解决。

四、经济法主体行为的层级性

经济法的主体结构是一种非对称的二元结构,它会影响经济法主体的行为结构,使其呈现出层级性。事实上,经济法主体的行为性质并非同一,同一经济法主体也可能因其具有多种角色而从事不同的行为,从而形成行为的不同层级。从层级上说,经济法主体的行为可以分为两大类,即基础行为和高层次行为,这与主体行为目的的不同有关。例如,调制主体要实现其调制目标,必须以一些基础行为的实施为基础,从而使调制行为具有了高层次性,这与经济法的高级法特征也是一致的。

经济法主体行为的层级二分,在经济法上是普遍存在的。这是因为经济法具有多元调整目标,面对复杂性问题,经济法领域需要形成环环相扣的行为组合。这种行为组合与权力束或权利束的存在是一致的。经济法所面对的问题具有多面性,权力或权利的安排以及行为的组合也是多样化的,需要通过基础行为的实施,来实现高层次的调制目标。

例如,在财政法领域,预算的收支行为、国债的发行行为等都是基础行为,而在预算收支、国债的发行与偿还中体现的调控,则是高层次行为;在税法领域,税收的征收行为是基础行为,而税收调控行为则是高层次行为。又如,在金融法领域,各类金融交易行为是基础行为,而通过对货币市场、资本市场等金融市场上的交易行为的调整,实施整体的金融调控,则是高层次行为。在计划法领域,计划的具体实施是基础行为,据此推动计划调控目标实现的行为,则是高层次行为。上述的行为层级结构,与经济法调整的多元目标直接相关。

此外,在市场规制法领域,市场行为或市场对策行为是基础行为,而维护整体市场秩序的规制行为则是高层次行为。对垄断和不正当竞争行为的规制,对消费者的保护,对公平竞争的保障,都是建立在市场行为基础之上的。由此可以理解,在反垄断法、反不正当竞争法、消费者保护法的立法中,为什么会有大量关于经营者、消费者等市场主体的权利和义务的规定,为什么会有大量市场行为的基本规范,这些规范都是实现规制目标的基础。

由于经济法领域存在着复杂的行为构成,因此,不能像民法那样单独生成"民事行为"或"民事法律行为"之类的概念。民法对主体的假设是均质的、平等的,其主体行为的性质是单一的;而依据经济法领域的差异性原理,主体的行为恰恰具有差异性和非均质性,主体地位和行为目的都不同,因而对调制主体的调制行为和调制受体的对策行为,必须分别研究。

五、对经济法主体行为的评价

由于经济法主体从事各类行为都是为了实现一定的目标,因而对行为需要作出评价。在评价标准方面,可以有政治标准、经济标准、法律标准等,但从经济法的角度看,法律评价是非常重要的。

经济法上的调制行为,由担负特定的调制职能的调制主体作出,其体现的经济目标和社会目标,与国家利益和社会公益直接相关,并影响政府的合法化能力,因而会涉及政治评价问题,这在宏观调控、保障稳定方面尤其重要。此外,经济法主体的行为,还往往会涉及经济评价,如经济增长率、通货膨胀率、宏观税负、预算赤字的高低、多少,都与调控行为相关;而市场自由度等经济指标,则涉及营商环境,与规制行为相关。

当然,对经济法主体的各类行为,都可以进行法律评价,这是其法律行为的属性使然。法律评价是综合性的,因而可能涉及其他的评价标准,但又与其他标准有所不同。立法者在立法时可能要考虑多种标准,而法律一旦出台,就应依照法律标准来进行评判,强调法律的独立性和权威性。

法律评价的重心,是对行为的合法性作出判断。调制行为和对策行为都涉及合法性的问题,包括形式上的合法性和实质上的合法性。调制行为虽然由行使调制权的主体作出,但未必都具有合法性。如果调制行为违法,其所造成的危害可能更大,因而其法律评价更重要。此外,市场主体不合作的行为甚至违法的对策行为大量存在,对上述对策行为加强规制,有助于实现宏观调控和市场规制的目标。需要强调的是,对经济法主体行为进行法律评价的目的,是为了更好地对行为进行法律规范,以使相关主体能够更好地把握可为、当为、必为和禁为的事项及程序,从而可以依法作为或不作为。由于合法的肯定性的评价与违法的否定性的评价所产生的激励作用不同,因而在经济法上,应当有效利用相关手段,利用法律的评价,约束、引导调制主体与调制受体的行为。

目前,各类行为的法律评价受到普遍关注。例如,基于宏观调控行为的影响面,市场主体普遍关注其法律约束问题;同时,对市场主体的对策行为,如垄断行为、不正当竞争行为等,如何加强法律规制更受关注,这与国情、经济法治的发展阶段等诸多因素都有关系。对各类行为的法律评价是否恰当,会直接影响相关法律的调整效果,以及对相关主体的法律保护。

第三节 权义结构理论

一、权义结构的提出及其价值

权利与义务,向来是法律制度结构中的核心,也是部门法研究的中心问题。[①] 由于权利与义务总要归属于特定的主体,而在各个部门法中,有关各类主体的权利、义务的规范在质与量上各异,导致权利与义务会形成不同的排列与组合,从而构成各不相同的"权义结构"。

所谓"权义结构",是指各类法律主体的权利、义务的分配与组合。它是各类法律研究中都不能回避的核心问题。各类法律领域的主体结构、主体的行为结构不同,其"权义结构"与责任结构也各不相同。这些"结构"上的差异,带来了各类法律制度或部门法之间的差异,从而确立了各类法律制度或部门法的重要价值,也形成了它们在调整社会关系方面的互补性。

上述的权利与义务,是一种广义上的说法,其中包含相关主体可能享有的职权和应当履行的职责。例如,在经济法上的权义结构中,就包含了经济法主体享有的职权和权利,以及应当履行的职责和义务。

由经济法学的主体理论和行为理论可知,经济法主体及其行为具有非均质性或称差异性,其中,调制主体可以享有特定的职权,依法从事调制行为,依法履行调制职责;而调制受体则可以享有相关的权利,依法从事对策行为,同时,也要履行相关的法律义务。上述主体的职权与职责、权利与义务,在其排列、分布、组合上具有经济法的特殊性,由此形成了经济法独特的"权义结构"。

从理论价值上说,"权义结构"直接涉及法学领域的核心范畴和核心问题。经济法主体享有哪些职权与权利,应履行哪些职责和义务,既是经济法制度中的核心问题,也是经济法规范论中的重要问题。事实上,权义结构理论,同主体理论、行为理论、责任理论等规范论的各个重要组成部分,存在着密切的关联。从实践意义上看,深入研究经济法主体的职权与权

---

① 在20世纪90年代,已经有许多学者从法学范畴的角度强调权利、义务的重要性。尽管学者对法学的基石范畴的择定并不一致,但并不会影响权利、义务在部门法学研究中的核心地位。

利、职责与义务等问题,对于完善相关立法,解决执法过程中存在的超越职权或滥用职权、侵害市场主体权利的问题,以及市场主体规避法律的问题,等等,无疑会有诸多助益,因而对于完善经济法的法治建设甚为重要。

由于就某类主体自身而言,其职权与职责、权利与义务存在着一定的对应关系;同时,在调制主体的职权与调制受体的义务,调制主体的职责与调制受体的权利之间,都存在着一定的对应关系,因此,对调制主体的职权与调制受体的权利的集中研究,有助于揭示相关主体的职责与义务。

二、权义结构理论的法理分析

依据一般法理,经济法主体的职权,是调制主体依经济法所享有的调控或规制的权力,是必须依法行使且不可放弃的。经济法主体的权利,是调制受体依经济法而可以为或不为一定行为,或要求其他主体为或不为一定行为的可能性,这种权利是可以放弃的。在两类主体自身的"权义结构"方面,调制主体既有职权,也有职责;而调制受体则既有权利,也有义务。上述结构,有助于在两类主体的权益保护方面形成一定的均衡,有助于形成有效的经济法秩序。

经济法主体的职权或权利,是其从事合法行为的依据。没有相应的职权或权利,其相关行为就可能得不到肯定的法律评价。某类主体依法可以从事某类行为,实际上就是指该主体可以依据法律赋予的职权或权利去行事,因此,职权与权利同行为及其合法性关系十分密切。[①]

如前所述,经济法主体的行为可以分为两类,即调制主体的经济调制行为和调制受体的市场对策行为。两类行为分别对应于不同的职权或权利。例如,调制主体依据宏观调控权和市场规制权,可以从事经济调制行为;而调制受体则可以根据调制主体提供的调控信号和规制措施,在不违反强行法的情况下,有权利根据自己的判断作出对策,自主地从事理性的市场行为。这是调制受体"经济自由权"的体现。

上述的职权与权利固然重要,但与其相对应的职责与义务,也不容忽视。因此,不仅在法律上要规定经济法主体的职权和权利,还应当对相关职责与义务作出明晰规定,从而形成具有可操作性的"权义结构"。就现实的法律实践而言,必须对相关主体的职责和义务作出尽量明确的规定,以便于判定相关行为的合法性。

无论是上述的职权与权利,抑或职责与义务,都会通过不同的组合,形成特定的"权义结构"。经济法上的"权义结构"的形成,是为了解决经济法所面临的基本矛盾和基本问题,这些矛盾和问题同其他部门法都不同,由此便产生了经济法同其他部门法的差别,以及经济法特殊的功用价值。

三、调制主体的权义结构分析

与调制主体及其调制行为相对应,调制主体的职权与职责及其所构成的"权责结构",在整个经济法主体的"权义结构"中亦居于重要地位。为此,下面有必要对调制主体的具体职

---

① 例如,某类主体是否享有宏观调控权,对于判断该主体可否从事宏观调控行为,以及其行为的合法性,是非常重要的。参见张守文:《宏观调控权的法律解析》,载《北京大学学报(哲学社会科学版)》2001年第3期。

权与职责等问题分别做具体分析。

(一) 职权的分类与职权法定

调制主体的职权可以总称为"经济调制权",简称"调制权"。由于调制主体可以分为宏观调控主体和市场规制主体,因而调制主体的调制权相应地可分为宏观调控权和市场规制权两大类。这与宏观调控行为和市场规制行为、宏观调控法和市场规制法等分类都是一致的。

调制主体的宏观调控权,可以分为宏观调控立法权和宏观调控执法权两类,同时,还可根据具体调控领域、具体调控方式等标准,做更为具体的分类。例如,可以将宏观调控权再分为财政调控权、金融调控权、计划调控权等。其中,财政调控权又可分为财政收入权和财政支出权,前者包括征税权、发债权等;后者包括预算支出权、转移支付权等。此外,金融调控权,可以分为货币发行权、利率调整权等;计划调控权,可以包括产业调控权和价格调控权等。

调制主体的市场规制权,可以分为市场规制立法权和市场规制执法权两类。从具体领域看,主要包括对垄断行为、不正当竞争行为、侵害消费者权利行为的规制权,特别是对价格、质量、广告、滥用市场支配地位,以及其他违反商业道德等行为的规制权。上述的市场规制权,是传统的一般市场规制权。此外,随着市场经济的发展,以及一些新型制度的产生,又出现了特殊市场规制权(或称特别市场规制权),如金融市场规制权、房地产市场规制权、能源市场规制权,等等。①

上述调制主体的宏观调控权和市场规制权,要具体地规定于各类经济法的法律、法规之中,尤其要具体体现于经济法的"体制法"中,这也是"职权法定原则"的要求。事实上,经济法同其他部门法的一个很大的区别,就是在"体制法"方面。经济法上的"体制法",包括了宏观调控体制法和市场规制体制法,它们要对宏观调控和市场规制方面的职权分配作出具体规定。

调制主体的调制权应当首先在宪法上加以明确。从各国的宪法规定看,许多国家在宪法上都对预算权、征税权、发债权、货币发行权、反垄断权等有明确规定;此外,许多国家还在相关组织法或经济立法中对调制权予以具体化,从而形成了一系列体制法。在这些体制法规范中,需要对相关调制主体的特定职权作出专门规定,同时,对该主体履行职责的法律程序、权力界限等亦应有相关规定。例如,对于财税机关、中央银行、计划部门、规制竞争的专门机构等的职权,都应当通过专门立法或专门规范作出明确规定。

(二) 调制权的分割与配置

调制主体的调制权法定,是经济法的"调制法定原则"的要求。由于调制权的种类各异,各个调制主体作为负有特定职能的部门,其享有的职权也各不相同,由此形成了调制权的"特定化""专属化"问题。其中,调制立法权在采行"独享模式"的情况下,主要由立法机关行使;在采行"分享模式"的情况下,一般可由国家立法机关与行政机关分享。此外,调制执法权主要由政府的各个职能部门分别行使,例如,财税调控权一般主要由国家财税部门行使,金融调控权一般主要由中央银行行使,等等。

---

① 特殊市场规制权在总体上与一般市场规制权是一致的,但也有一些特殊之处,即不仅与特殊的市场、特别的授权等相关,还与一定的宏观调控权的行使联系密切。

目前，在调制立法权方面，我国实际上实行的是"分享模式"。由于多种原因，在宏观调控和市场规制领域，不仅全国人大享有立法权，国务院也可依法制定行政法规，甚至国务院的某些职能部门都可能行使一定的立法权。例如，财政部、国家税务总局、国家发展和改革委员会、中国人民银行、商务部、海关总署、国家市场监督管理总局等，都可能在一定程度上享有调制立法权，这在相关部门规章甚至相关部委局署的一些"通知""批复"中，都有一定的体现。

在调制执法权方面，一般由相关职能部门行使专属的调制权。我国在历经多次机构改革后，曾将国务院所属职能部门分成两类，一类是宏观调控部门，一类是专业经济管理部门。[①] 其中，宏观调控部门在当时被界定为国家发展和改革委员会、国家经济贸易委员会（现已主要并入商务部）、财政部、中国人民银行，它们属于国务院所属的部、委、行。此外，国家税务总局、海关总署在事实上担负着税收调控的职责。在市场规制方面，目前我国主要由国家市场监督管理总局、国家金融监督管理总局等规制机构享有市场规制权，某些相关部委也可能依法分享市场规制权。

在调制权的享有方面，某类主体，可能既享有调控权，又享有规制权。如国家发展和改革委员会既享有价格调控权，可进行价格总水平的调控，又具有微观的市场价格规制权，有权规范具体的市场价格行为。

可见，不宜简单说某类主体就一定（只）是宏观调控主体或市场规制主体，因为某些主体可能同时行使调控权和规制权。由于现实中的主体从名称到职能都可能发生变化，因此，不能仅依现行的机构设置来确定经济法上的调控主体或规制主体，而应当依据具体调制职能，来确定行使调制权的主体。

考虑到现实中的机构变动情况，在经济法的相关立法中，在立法技术上已经作出了相关处理。例如，在规定具体行使某种调制执法权的机构时，一般只规定国务院的某类职能部门，而不直接用现实中正在使用的某个部委的名称。这对于从法学角度提炼相关主体及其调制权的范畴，也是有启发意义的。

（三）调制主体的主要职责

各类调制主体在享有调制权的同时，也要履行相关职责。这些职责主要包括贯彻调制法定原则、依法调制、不滥用或超越调制权、不得弃权等等，核心是依法调制。

调制法定原则是经济法的基本原则，也是调制主体必须贯彻和遵守的原则。在调制立法权的行使方面，应特别强调调制法定。基于调制权对国民财产权等基本权利的影响，有关调制权的规定应当严格贯彻"法律保留原则"和"议会保留原则"，这在《立法法》上已经有所体现。[②] 目前存在的突出问题，是调制法定原则尚未得到全面贯彻。因此，对调制权进行法律上的限定，防止调制立法对国民财产权利造成损害，确保调制主体全面地履行职责，恰恰是经济法的重要任务。

此外，依法调制，也是相关调制主体的重要职责。调制主体应依据法律规定行使调制权，而不能滥用或超越自己的调制权。在经济法的立法技术上，可为调制主体保留一定的行使调制权的空间，以供其依据具体情况和法律精神作出裁量，但调制主体绝不能滥用调制权

---

① 参见罗干：《关于国务院机构改革方案的说明》，载《人民日报》1998年3月7日。
② 我国《立法法》第11条第6项和第9项所规定的相关法律保留的事项，主要涉及经济法的调整。

或者超越调制权,去从事与法律的精神不相符合的行为。

另外,依法调制的职责,不仅要求不得滥用调制权和超越调制权,而且在广义上也包括适当地行使调制权,以及不能放弃调制权。调制主体必须审时度势,根据具体情况,选择调制的方向、力度等,以实现灵活调制。由于调制权直接关系到国家的基本利益和国民的基本权利,因此,该调制的时候必须调制,不能违法地不作为,或者消极等待,因为调制权的行使是其职责,该职责是不能放弃的。

总之,调制主体担负着提供公共物品的重要职能,即依法进行宏观调控和市场规制,要履行上述职能就必须有相应的权力,做到有职有权,从而形成职权;同时,履行上述职权也是其应尽之责。对于调制主体来说,不能该管的不管,不该管的乱管,而恰恰应尽职尽责,忠于职守。

四、调制受体的权义结构分析

对应于调制主体的职权与职责,调制受体也享有一系列权利和义务,并形成了调制受体的"权义结构"。对于其中涉及的各类权利和义务,同样需要分门别类地进行类型化研究,从中亦可提炼出一些基本原理和范畴。

(一)调制受体的权利

调制受体依法享有法律赋予的一切基本权利,这些权利可以统称为"经济自由权",其具体形态包括企业的"竞争权"和居民的"消费者权利"等。调制受体的经济自由权,在市场经济条件下非常重要。按照市场经济的一般原理,市场调节是基础性调节,凡是市场能够解决的问题,就应当由市场解决;只有在市场不能有效解决,以致出现市场失灵等问题时,才需要由政府解决。因此,在通常情况下,对调制受体的"经济自由权"一般是不加限定的,若要限制则必须依法作出。国家实施的宏观调控和市场规制,在一定程度上会构成对"经济自由权"的限制,为了有效保障调制受体的经济自由权,国家的调制行为必须依法作出。调制受体要求调制主体依法进行宏观调控和市场规制的权利,可视为一种公法上的请求权。

调制受体所享有的经济自由权,在实质上是一类"市场对策权"(或称"经济博弈权")。调制受体只有充分享有相应的"市场对策权",依法从事相关的市场对策行为,对调制主体和其他市场主体的行为采取有效的应对策略,才能更好地实现其经济目标。

依据"市场对策权"或"经济自由权",对于调制主体的某些非强制性的调制,调制受体有权选择遵从或不遵从,即调制受体可以享有接受或拒绝调控主体的非强制性调控的权利,也可以享有拒绝非法调制行为的权利。这些"拒绝权"是市场对策权的具体体现。[①]

上述的"市场对策权",在平等的市场主体之间,可以体现为相关企业的竞争权,包括公平竞争权和正当竞争权。企业的竞争权,是企业进行市场交易和市场竞争的必不可少的权利,如果因垄断行为使公平竞争权受到侵害,就要反垄断;如果因不正当竞争行为使正当竞争权受到侵害,就要反不正当竞争,由此确立了竞争法对各类竞争权的保护。通常,相关企业的竞争权是隐性地、潜在地规定在经济法的相关法律、法规之中,且在立法技术上往往强

[①] 如我国企业的摊派拒绝权,就是市场主体拒绝权的一种体现。拒绝权是市场主体所享有的一种宪法性权利,它体现了对市场主体基本的财产权、经营自由权等权利的保护。随着市场经济的发展和法治思想日益深入人心,拒绝权的具体形态还会更为多样化。

调在消极层面上进行"逆向规制",即将规制重点定为典型的不公平竞争行为和不正当竞争行为。同时,上述两类行为都会影响消费者权利,因而还要注意加强消费者权利的保护。

消费者权利,包括消费者的知情权、选择权等基本权利,是消费者从事市场对策行为必不可少的。消费者权利是对经营者的经营自由权的一种限定。经营自由权与消费者权利都属于调制受体的经济自由权,两类权利的协调共存和均衡保护是经济法调整的重要目标。

在经济法的各个部门法领域,调制受体的具体权利是不尽相同的。例如,上述的企业或消费者,当其作为纳税人时,还享有"纳税人权利"(这也是调制受体的一类重要权利),无论是纳税人整体抑或纳税人个体,都可依法享有一定的纳税人权利。其实,这类权利也是纳税人作为市场主体所享有的针对国家税收调控行为的"市场对策权",它存在于非平等的主体之间。可见,随着调制受体在经济法不同部门法上的角色的变化,所享有的权利也会发生变化。

总之,经济自由权,作为调制受体从事市场经济活动的一种自由权,在实质上体现为调制受体的"市场对策权"[1],并可进一步分为平等的市场主体之间的对策权,以及市场主体对调制主体的对策权两大类,因而在具体形态上,可能体现为竞争权(如公平竞争权、正当竞争权)、消费者权利、纳税人权利等,只有有效保护调制受体的各项具体权利,才能使调制受体的经济自由权得到全面的保障和实现。

（二）调制受体的义务

对于一般的市场主体的义务,在民商法等传统部门法领域已有大量研究。当这些市场主体成为经济法上的调制受体时,还要同时承担经济法规定的相关义务。这些义务主要有两类:一类是接受调制的义务,一类是依法竞争的义务。

第一,接受调制的义务,是指调制受体应当接受调制主体依法作出的调制,遵从那些具有法律约束力的调制。从一般的法理上说,调制主体依法作出的调制,至少具有形式上的合法性,因而调制受体通常是应当接受的。如国家立法机关依法调整税率、利率,国家征税机关依法征税,中央银行依法调整存款准备金率等,只要是依法进行的,调制受体就不能拒绝或反抗,这是其基本义务,否则,就难以形成有效的"经济法秩序"。

调制受体虽然享有经济自由权,但对于那些具有法律约束力、强制执行力的调制,调制受体是不能拒绝的。例如,国家确定的税率、金融监管规则等,都是有法律约束力的。如果调制受体不遵从既有规定,逃避自己的义务,如从事相关税收逃避行为,或规避金融监管行为,则构成对法定义务的违反,应当承担相应的法律责任。此外,调制受体的权利行使既具有一定的被动性,也具有明显的主动性。调制受体是否接受调制,在多大程度上接受调制,都会影响调制的实效。因此,不仅要重视调制受体的经济自由权,也要强调其接受国家依法调制的义务,只有把这两个方面有机地结合起来,才能更好地实现经济法的宗旨。

第二,上述的接受调制的义务,主要涉及纵向对策领域。在横向对策领域,还涉及依法竞争的义务。"依法竞争"不仅涉及市场主体与其竞争者之间的关系,还可能涉及消费者权利保护的问题。[2] 如前所述,市场主体在其行使竞争权的过程中,不能采取不公平的方式或者不正当竞争的手段,损害其他竞争主体的利益,这是依法竞争的基本要求。为此,各类调

---

[1] 从经济学家的研究看,市场主体在经济市场、政治市场上都可能从事对策行为,而且对于其对策行为,国家必须高度重视,因为这些博弈行为恰恰是影响国家政策和法律实效的重要因素。

[2] 例如,垄断行业对消费者的损害是有目共睹的。铁路、民航、电信等垄断企业或行业的定价,曾引起广泛关注,其中涉及的消费者权利保护问题,也已引起广泛热议。此外,不正当竞争对消费者权利的损害,更是非常普遍的问题。

制受体都不得从事危害公平竞争的行为,也不得从事违反诚实信用、公序良俗和公认的商业道德的行为。这是经济法对调制受体规定的消极义务。一旦调制受体违反这些义务,就要承担经济法责任。

调制受体的依法竞争义务,还可能随着认识的发展而被赋予新的含义。在市场竞争日趋激烈的今天,各类企业都试图通过各种手段来获取竞争优势,一些企业极可能通过税收逃避、非法集资、虚假上市等手段获得一时的"竞争优势",这就违反了依法竞争的义务。因此,对于依法竞争的义务,要做广义理解。

从角色理论的角度看,各类主体都可能成为竞争者。[①] 消费者个人一旦从事经营性活动,也就成了经营者,同样要履行依法竞争的义务。也就是说,从主体的角度看,对依法竞争的义务主体也要做动态的、广义的理解。可见,依法竞争的义务,是各类调制受体都应当履行的。

五、经济法权义结构的特殊性

以上分别探讨了调制主体和调制受体的"权义结构",从中不仅可以发现两类主体的职权与职责、权利与义务的内在关联和一定的对应性,也可以观察到职权与义务、职责与权利之间的内在联系,这不仅有助于把握整体上的"权义结构"的"有机构成",而且也有助于发现"权义结构"的特殊性。

"权义结构"的特殊性,可以从权义配置、规范分布、对应程度等方面来提炼。例如,从权义配置看,如果把职权和职责分别归入广义的权利与义务之中,则经济法主体的权利与义务配置存在着不均衡性。其具体体现为:在经济法的各个部门法中,有关调制主体和调制受体的权利与义务的规范分布是不均衡的。在宏观调控法的部门法中,往往是有关调控主体的权利规定较多,而对调控受体的权利规定较少;在市场规制法中,往往是对从事市场经营活动的规制受体的义务规定较多,而对规制主体和不从事市场经营活动的非营利性主体的权利规定较多。这在反不正当竞争法、消费者保护法的具体立法中都有突出体现。

与上述权义配置的不均衡性相关联,在规范分布方面,权利义务配置上的不均衡性,还会演化为权利规范和义务规范在主体分布上的倾斜性,即权利规范的分布更趋于向调制主体倾斜,而义务规范的分布则更多地趋于向调制受体倾斜。这从经济法的许多立法中都可以得到实证。当然,上述的归纳只是一种简单枚举和大致描述。

此外,从权义的对应程度看,经济法主体的权利义务是不对等的。由于调制主体与调制受体并非平等主体,因而不能像民商法主体那样权义对等,其权利与义务也不能可等量等质地互换。同时,与行政法主体之间的权义不对等相比,经济法主体之间的权义不对等还要更"温和"一些。因为在调整手段上,经济法毕竟不像行政法那么多地用直接手段,而恰恰在很多方面要依赖间接手段的运用。

可见,经济法的"权义结构"存在多种特殊性,这与经济法的特征密切相关,其存在正是实现经济法的宗旨和职能的需要。这也是经济法区别于其他部门法的重要方面。

[①] 如果把各类主体都视为理性的"经济人",则各类主体都可能为了自身的利益而从事竞争活动。因此,在某些情况下,属于第三部门的各类主体,同样可能成为竞争者,因而也要履行依法竞争的义务。从广义上说,国家之间也存在着竞争(如"税收竞争"非常引人瞩目),只不过在这里着重探讨的是调制受体的义务问题。

第四节 责任理论

一、经济法责任的一般法理分析

经济法责任,或称经济法主体的法律责任,是经济法主体因实施了违反经济法规定的行为而应承担的法律后果,或者说,是因实施了违法行为,侵害了经济法所保护的法益,而应受到的经济法上的制裁。

（一）经济法责任的分类

经济法主体的法律责任,可以依据不同的标准,作出不同的分类。例如,依据违反的经济法的具体门类的不同,可以先分为违反宏观调控法的责任和违反市场规制法的责任两类;依据违法主体的不同,可以分为调制主体的法律责任和调制受体的法律责任;等等。

上述法律责任,当然又可以作进一步的划分。例如,违反宏观调控法的责任,可分为财政法律责任、税收法律责任、金融法律责任、计划法律责任等,同时,每类责任又可以再进一步的细分。例如,财政法律责任,可以再分为预算法律责任、国债法律责任等;而金融法律责任,则可以再分为银行法律责任、证券法律责任等。上述各类责任是违反相应的调控法律制度而应承担的违法后果,因此,并不是传统的行政责任或民事责任。

此外,对各类主体的法律责任,也可以作进一步划分。由于在经济法领域,主体的责任都是"角色责任",不同的经济法主体都要具体地扮演不同的法律角色,享有不同的职权或权利,履行不同的职责或义务,因此,各类主体实际承担的责任并不相同。调制主体或调制受体在违反不同经济法规范时,可能承担不同类型的法律责任。据此,虽然同为调制主体,但计划主体、征税主体、中央银行等所承担的经济法责任可能在依据、类型等方面各不相同;虽然同为调制受体,但纳税主体、竞争主体等所承担的经济法责任也存在诸多不同。在经济法主体呈现"差异性"或处于不同角色的情况下,主体的责任与主体所从事的行为直接相关,并可能会因违反不同的法而承担不同的责任。

经济法主体所承担的责任,不仅因主体的角色不同而不同,同时,还因对各自具体法定义务规定的不同,而在法律责任的规定上各异。因此,经济法责任不仅是角色责任,而且也是法定责任。

例如,在某些宏观调控法律规范中,如果是以规定调控主体的义务为主,则有关调控主体的法律责任的规定也应较多,这样才能保障法律的有效实施,使主体义务的履行落到实处。同理,如果在市场规制法中对规制受体的义务规定较多,则其法律责任的规定也应较多。其实,这与经济法"权义结构"的非均衡性、非对等性也是内在一致的。

（二）经济法责任的独立性

以往曾有人将经济法主体的责任分为民事责任、行政责任和刑事责任,并认为经济法责任不具有独立性;也有人认为,经济法责任包含上述三类责任,体现了经济法责任的特殊性。随着相关理论的发展,人们越来越关注经济法责任的独立性问题。

如前所述,经济法是为解决现代问题而产生的高层次的法,因而它必然要以传统部门法的发展为基础,并与之存在密切关系,不应人为地割断其内在联系。但是,这并不意味着经济法没有自己的责任形式,也不意味着经济法主体的责任只是传统部门法各类责任的简单相加或随机综合。

事实上,经济法主体的责任同其他部门法主体的责任有明显不同。例如,同民事责任相比,由于调制主体与调制受体并非处于同一层面,而是各自负有不同的职责和义务,因而它们所承担的法律责任必然与平等的民事主体所承担的民事责任有很大区别。并且,不同类别的经济法主体所承担的法律责任可能各不相同,而民事主体所承担的民事义务和相应的法律责任则一般是无差别的。

又如,同行政责任相比,由于调制主体与调制受体的权利义务同行政法主体的权利义务亦不相同,它不是在行政管理过程中发生的,因而相应的责任也不同于一般的行政责任。也就是说,调制主体与调制受体所需要承担的法律责任,并不是行政法上的行政责任。

其实,法律主体既然具有多种法律角色,在不同的法律领域,就可能承担不同的法律责任。只要承认经济法与传统的民法、刑法、行政法、诉讼法等是不同的部门法,就应当承认违反上述不同的法所应当承担的法律责任也是不同的。因此,在一定的部门法体系之下,就必然会有各个部门法上的具体责任。据此,经济法作为一个独立的部门法,应当有自己独立的责任,或者说,经济法责任在整个责任体系中,应当有其独立的地位。

经济法理论需具有内在自足性,以使经济法理论的各个部分自成体系,并在总体上构成一个内在和谐统一的系统。从系统自足性的角度看,应当考虑经济法的责任理论与其他理论的衔接,如本论中的调整对象理论、体系理论,价值论中的宗旨理论、基本原则理论,尤其是规范论中的主体理论、行为理论、权义结构理论等。这样,才能实现整体的理论自足,对责任理论作出恰当的定位,促进责任理论的深入研究。

(三) 经济法主体承担法律责任的特征

经济法主体在法律责任的承担方面,具有双重性和非单一性的特征,由于对这些特征的认识,有助于解决经济法责任的独立地位问题,化解经济法责任理论方面存在的诸多认识分歧,因而有必要作简要分析。

经济法主体承担法律责任的双重性,是指其具体承担的法律责任,可能由"本法责任"和"他法责任"构成。其中,"本法责任"是经济法主体违反了经济法规范所应当承担的法律责任,此即经济法责任;而"他法责任"是指经济法主体在违反了经济法规定的同时,也违反了其他部门法规范,从而也应承担相应的法律责任,这些责任不属于经济法责任,如民事责任、行政责任等。

譬如在宏观调控法中,调控主体如果不能依法有效进行宏观调控,就需要承担宏观调控法所规定的法律责任,因其同时也违反了相关组织法甚至宪法的规定,故也应当承担相应的责任。

在我国现行立法中,由于诸多原因,对调控机关或规制主体本身的责任一般不直接规定,而往往是通过规定调控主体的相关工作人员的行政责任甚至刑事责任来体现。这主要是因为在经济法上的调控中抽象行为的特征更明显;同时,作为非营利的组织体,调制主体在保障公共利益方面负有连续的责任,需要持续对社会公众负责,因而往往难以追究相关机关的直接责任。于是,其工作人员的行政责任就往往成为代其承担责任的具体形式,而调制主体本身则主要承担政治责任。

在经济法主体责任的承担上,本法责任是第一位的,他法责任是第二位的。没有本法责任,就谈不到他法责任。在经济法的具体立法上,并未区分两种责任,这使人不易察觉和确定经济法本法责任的存在及其形式。为此,需要转变传统法学观念,以发现问题的实质。

其实,同上述的双重性特征密切相关,如果从实证的角度看,经济法主体在责任承担上具有"非单一性"的特征,即经济法主体所承担的责任并非单一,表现为存在着多种责任的竞合。这是因为经济法主体的违法行为不仅会侵害具体的个体利益,而且还会侵害公共秩序和公共利益。因此,经济法主体往往不仅要承担民事责任和行政责任,而且还可能受到刑事制裁。从中外经济法的具体立法看,在税法、金融法、反垄断法、反不正当竞争法、消费者保护法等立法中,都可能有刑事责任方面的规定。

上述承担责任的双重性或非单一性,与法律责任的社会性有关。经济法上的法律责任制度与其所保护的社会公益密切相关,经济法对违法行为的制裁,是站在全社会的高度上的。由于经济法主体的违法行为不仅可能侵害第三人利益,还会侵害社会公益,因此,经济法主体的违法责任应当比民事责任和行政责任的规定更加严格。其责任承担的目标、内容、方式,不仅有经济性的,而且有社会性的;不仅有补偿性的,还有惩罚性的,从而要更多体现对社会成本的补偿。

(四) 从经济法的特征看经济法责任

经济法具有经济性、规制性的特征,这是其区别于其他部门法的基本特征,由此也使经济法责任具有一定的特殊性,现简略说明如下:

1. 从经济性看经济法责任

经济法具有突出的经济性,因而经济法上的责任主要是经济性的责任。在传统的法律制度中,经济性责任被分散到民事、行政和刑事责任中,但其共有的经济性往往被忽视。在经济法上,尤其应当关注责任的经济性,因为经济法主要是通过引导人们趋利避害的行为来实现其调整目标,通过追究经济性责任更好地规范相关主体的行为,并确保经济法的实效。经济性既是说明经济法责任与传统法责任的内在联系的纽带,也是论证经济法责任独立性的重要角度。

2. 从规制性看经济法责任

经济法具有突出的规制性。由于经济法的调整要把积极的鼓励促进和消极的限制禁止结合起来,它并不单纯强调传统法上的限制或禁止,因而经济法上的法律后果,并非只是消极的法律后果,而是也可能包括积极的法律后果。事实上,积极的"励进"和消极的"限禁",是相得益彰的。消极的"限禁"与经济法责任相一致,而积极的"励进"则与经济法褒奖相统一。因此,在研究经济法责任的同时,还可以从其反面研究经济法上的褒奖。

经济法责罚是由于违反经济法上的义务而受到经济法的问责与处罚;经济法褒奖,是由于积极地履行经济法上的义务而受到经济法的褒扬与奖励。因此,经济法上的责罚与经济法上的褒奖,进一步体现了经济法的规制性。

从规制性的角度看,经济法上的评价不仅有责罚,而且还有褒奖。因此,可结合相关褒奖研究责罚问题。事实上,某些经济法制度中规定的惩罚性赔偿,就涉及对相关主体的奖励,由此将对一方的责罚与对另一方的褒奖结合起来,这更有助于实现经济法的规制目标。例如,市场规制法规定的多倍惩罚性赔偿,就被认为是对受害主体的一种奖励。从规制性的角度看经济法责任,有助于更为全面地理解经济法责任的独立性。

二、对传统责任理论的超越

从形成较为晚近的经济法的角度看,囿于时代和制度约束,传统的责任理论不可避免地会存在褊狭和缺失,其局限性已日益突出。只有超越传统理论,才能实现对传统法律责任理论的拓展和补漏,同时,也才能实现对经济法责任理论的拓补。此外,"超越"并不是抛弃,"超越"的前提恰恰是承认部门法的适当划分的合理性,因为如果彻底抛弃了部门法的划分,也就不存在部门法意义上的经济法责任问题。因此,应当在吸纳传统理论的合理成分的基础上,超越传统的部门法理论和责任理论,进行"类型化研究",构建与新兴的现代法相适应的责任理论。

根据传统的责任理论,法律责任的具体形态可能有多种,其中,最为重要的是民事、刑事、行政这三种责任形态,有时还可能追加违宪责任,从而形成所谓"三大责任"或"四大责任"。这样的分类主要是以行为人所违反的三个或四个主要部门法为基础的。但由于部门法并不仅限于上述几个,上述分类并未穷尽,且部门法的划分本身就存在诸多问题,因此,以所谓"三大责任"或"四大责任"的分类去套用于各类法律,自然会出现问题。由于部门法的划分在整体上是一种"异面"划分,不仅会有许多遗漏,而且在局部上还可能存在一些交叉,因此,不能仅囿于传统的分类,而是必须有所突破,有所超越。

其实,如果承认责任是违反法定义务所应承担的法律后果,那么,依据该后果的具体情况,就可以有不同的分类。除了通常按照所违反部门法的属性来进行分类以外,还可以按照承担责任的主体、追究责任的目的、承担责任的性质等标准,提出一些同样有重要价值的分类:

首先,按照承责主体的不同,在经济法领域,可以按照经济法的"主体组合",把经济法上的责任分为调制主体的责任和调制受体的责任,或者细分为国家责任、企业责任、社团责任、个人责任,等等。

其次,按照追究责任的目的,可以把法律责任分为赔偿性责任(或称补偿性责任)和惩罚性责任。这在各个部门法上都可以广泛适用。例如,民法上的损害赔偿、税法上的滞纳金等,一般都被视为赔偿性或称补偿性责任的形式;而财产罚、自由罚、声誉罚等,无论是侧重于物质还是侧重于精神,无论是体现为传统的刑罚还是行政罚,抑或新型的某种"罚",往往会被看作惩罚性责任的形式。同理,经济法主体可能承担的诸多责任,既可能是对私人主体和公共主体损失的一种补偿,也可能是对违法行为人的一种惩罚。因此,赔偿性责任并非都是民事责任,惩罚性责任也并非都是行政责任或者刑事责任。

最后,依据责任的性质,还可以把法律责任分为经济性责任和非经济性责任,或财产性责任和非财产性责任。由于明确责任的重要目的在于"定分止争",而各类纷争实际上都与一定的利益相关联,因此,要使法律保护的法益不受侵害,就必须注意经济上的补偿或惩处,从而使罚款、罚金、没收财产等经济性责任的追究较为普遍。但除此之外,非经济性的责任也很重要,如政治责任、社会责任、道义责任等,若已体现在具体的立法上,则同样亦属经济法研究需予关注的重要责任类型。

可见,法律责任的分类标准是多方面的,并非只是单一的"三大责任"或"四大责任"。不同类型的责任之间可能存在一定的交叉和内在关联,各个不同的部门法可能只是更为侧重某类责任形式,但未必要排除其他责任类型。无论是赔偿性的还是惩罚性的责任,也无论是经济性的还是非经济性的责任,同样可能体现或贯穿于多个部门法的责任体系。

例如,从赔偿性责任和惩罚性责任的分类看,在违反民法所要承担的法律责任中,损害赔偿就具有赔偿性或称补偿性,而惩罚性的违约金则具有惩罚性;在违反行政法所要承担的法律责任中,国家赔偿就具有补偿性,而罚款则具有惩罚性;等等。

此外,经济性责任与非经济性责任的分类,也可以适用于诸多部门法。例如,在因违反民法而可能承担的法律责任中,经济性的责任可以是损害赔偿、违约金等形式,而非经济性的责任则可以是赔礼道歉、消除影响、具结悔过等;在违反行政法所承担的法律责任中,经济性的责任可以是罚款、没收财产等;非经济性的责任则可以是记过、开除等形式;在违反刑法所承担的法律责任中,所受的自由罚是非经济性的责任,而所受的财产罚则是经济性的责任;等等。当然,经济性责任同非经济性责任也存在内在关联。

三、不同主体的责任差异与可诉性

由于经济法的两类主体的权源不同,其权利或权力的法律依据不同,相应的义务各异,因而所需承担的违法责任也不同。这是"责任法定"的体现。

事实上,经济法主体的角色不同,其身份和地位、行为目标和宗旨有别,法律待遇或权利与权力各异,决定了其违法责任的不同,从而形成了不同的"角色责任"。例如,调制主体的权力和义务来源于宪法性的组织法或称体制法,并在经济法上加以明确,其违反法定义务所需承担的责任,就不可能是民事主体承担的私法性质的责任,而应当是公法性质的责任,甚至是违宪责任。

由于调制主体与调制受体的责任存在差异,对其能否追究责任以及如何追究责任,在法律规定上会有所不同,因而在可诉性方面也有很大不同。通常,调制受体的责任,同一般的市场主体在其他法域中应承担的责任在"形式"上并无大异,因而在可诉性方面并不存在特别的问题。但在调制主体责任领域,则无论在制度设计还是理论研究方面,都还存在着很多盲点与难点,这在可诉性的问题上体现得尤其突出。

从经济法的部门法领域看,在市场规制法领域,由于相关主体及其责任一般是可以特定化的,因而可诉性问题并不突出。但在宏观调控法领域,由于调制主体的行为往往被归入抽象行为,并因而在现行制度上不具有可诉性,要追究其责任比较困难。由于调制主体本身的角色就具有多重性(如既是调制主体,又可能是行政主体或立法主体,等等),它在保障经济和社会稳定发展,保障社会公共利益,或者是其他的公共物品提供方面,具有十分重要的作用,因而一般难以让它歇业、关闭,或者处以自由罚;同时,调制主体的运转离不开财政支撑,其处罚的经济后果最终还是要由纳税人来承担,一般也难以对其进行有实际意义的经济处罚,因此,通常只能由相关直接责任主体承担法律责任,而由调制主体承担政治责任(如内阁辞职或阁员辞职等),并由此付出"合法性减损"或"信用减等"的代价。

在宏观调控法领域,与调制受体有关的情况可能有两类。第一,在调制受体可以特定化的情况下,相关损害或所造成的侵害是易于明确、可以计量的,如对具体的预算单位、纳税人、银行作出的违法行为等,此类情况是可以归责的;同时,调制主体对于各类具体主体可能造成的损害,也是大略可以计量的。第二,当调制受体为不确定的多数人,且具体的个体足够多,以及调控主体并无过错但却造成了客观损害时,在可诉性上存在着一定的问题。是否要追究调控主体的责任,以及如何追究其责任,往往是制度设计上的重要难题。

四、经济法责任的具体形态

如前所述,经济法的责任形态,既可能是赔偿性责任,也可能是惩罚性责任;既可能是经济性责任或称财产性责任,也可能是非经济性责任或称非财产性责任;既可能外现于一些实然规定,也可能内潜于一些应然形态。在各类责任形态中,有些形态已经引起了人们的关注,如国家赔偿、超额赔偿、实际履行、信用减等、资格减免、引咎辞职,等等[①]。下面着重以赔偿性责任与惩罚性责任为例,来分析经济法具体责任形态的特殊性。

(一) 赔偿性责任

经济法主体可能承担的赔偿性责任,主要有两类:一类是国家赔偿,一类是超额赔偿。国家赔偿的主体是国家,但又与行政法上的国家赔偿不同;超额赔偿的主体是市场主体,但又不是一般的民事主体,因为经济法上的责任都是"角色责任"。

经济法上的国家赔偿,不是狭义上的行政赔偿或司法赔偿,而可能主要是立法赔偿,因为在严格的"调制法定原则"的约束之下,调制主体的调控失当,往往与立法上的失误或者立法性决策的失误有关,因而当其给国民造成损害时,就应当给予立法赔偿。这与传统的国家赔偿的发生原因、存在领域、制度目标、法律依据、赔偿对象、基本理念等,都是不同的。

与国家的赔偿性责任相关联,国家还可能承担一种"实际履行"的责任。因为国家或政府的主要责任,就是提供公共物品,如公平竞争制度的确立、营商环境的优化、市场秩序的维持、必要的宏观调控,等等。如果政府不作为,有时就会对调制受体产生不良影响,因而在上述公共物品提供的领域,需要政府"实际履行"。

国家赔偿责任主要是由调制主体来承担的。除了国家的赔偿性责任以外,在经济法上还必须关注调制受体之间存在的超额赔偿。通常,各类法律制度所涉及的赔偿责任,主要包括等额赔偿、少额赔偿、超额赔偿三种类型。其中,民事责任中的损害赔偿一般要求等额赔偿,因而具有补偿性;狭义的国家赔偿制度,一般实行少额赔偿(即受偿主体往往不能得到等额或足额补偿);而在经济法领域,则涉及超额赔偿,包括市场规制法中的多倍赔偿制度等[②]。由于经济法上的赔偿责任,不仅强调对私人成本进行补偿,还要求对违法行为导致的社会成本也要进行补偿,由此同传统的赔偿相比,就看似是一种超额赔偿。这也是经济法责任同传统法律责任的不同之处。

上述的超额赔偿责任,也有人称之为惩罚性赔偿(punitive damages),其称谓表明,它带有一定的惩罚性,因此,它在一定的意义上,反映了赔偿性责任与惩罚性责任的结合,反映了人类在责任运用和责任创新方面的发展;同时也说明,研究赔偿性责任的同时,也必须关注惩罚性责任。

(二) 惩罚性责任

通常,在给私人造成损害的情况下,只要依据私法的规定来确立和追究赔偿责任,就可

---

① 对于经济法新型责任形态的具体探讨,可参见张守文:《经济法新型责任形态的理论拓掘》,载《法商研究》2022 年第 3 期。

② 我国的《消费者权益保护法》等法律都规定了多倍赔偿制度。例如,我国《食品安全法》第 148 条中规定:生产不符合食品安全标准的食品或者经营明知是不符合食品安全标准的食品,消费者除要求赔偿损失外,还可以向生产者或者经营者要求支付价款 10 倍或者损失 3 倍的赔偿金。这些赔偿制度也被称为惩罚性赔偿制度。经济法学界普遍认为这是经济法上比较有特色的一种责任形式。

以使私人损害得到补偿。但是,如果违法者损害了社会公共利益,给更多的或不特定的主体,造成了更大范围的秩序损害,就必须在尽量补偿私人损害的同时,对其予以更为严厉的惩戒和处罚,使其承担惩罚性责任。这在市场规制法中体现得尤其突出。

由于违法主体不同,其所受经济或财政方面的约束不同,所能够承担的责任及其具体形式,以及权利人所获得的补救也不同。随着法律的发展,对违法者的惩罚,就不仅限于罚款、罚金,也不仅限于金钱罚或自由罚,而是还可以包括资格罚、能力罚、声望罚等,这些惩罚直接影响市场主体的行为能力,因而会对其产生根本性的甚至是致命的影响。

与上述的资格、能力、声望等方面的惩罚性责任相对应,经济法上的信用减等、资格减免等惩罚性措施,也有着不同于传统责任形态的特点。

例如,在资格减免方面,国家可以通过对经济法主体(特别是调制受体)的资格减损或免除,来对其作出惩罚。因为在市场经济条件下,主体的资格非常重要,它同主体的存续、收益等都紧密相关。因此,取消各种资格(如吊销营业执照、褫夺其某种经济法主体的资格),使其失去某种活动能力,特别是进入某种市场的能力,无疑是对经济法主体的一种重要惩罚。

在信用减等方面,由于市场经济通常被称为"信用经济",因此,如果对某类主体减降信用等级,则同样是一种较重的惩罚。在普遍实行的信誉评估制度、纳税信息公告制度、各种"黑名单"制度等相关制度中,都可能涉及信用减等措施。此外,国家信用的下降或减等,也可以视为一种广义上的责任形式。

此外,在惩罚性责任中,罚款是一种很常用的形式。对于罚款、惩罚性的违约金、罚金等责任形式,过去人们过于强调其部门法归属,但它们在经济实质上是没有区别的,因而不能认为罚款就是行政法所特有的责任形式,在经济法上,同样可以有罚款的责任形式。

本 章 小 结

经济法的规范论,在经济法理论中居于十分重要的地位。本章着重介绍了主体理论、行为理论、权义结构理论和责任理论,这些理论有助于理解经济法制度,也有助于指导经济法的制度建设。

在经济法的主体理论方面,本章在对经济法主体的具体分类作出抽象概括的基础上,提出不同类型主体的"主体组合"问题,并透过这些主体组合去发现经济法主体资格取得方面的多源性,揭示经济法主体与其他部门法主体,以及经济法主体之间的特殊性和差异性,从而进一步提炼出经济法主体上的"二元结构",以及与主体结构直接相关的主体能力问题,进而可以进一步提炼出经济法上的"差异性原理"。[①]

通常,经济法主体理论,可以包括经济法的主体分类理论、经济法的主体组合理论、经济法的主体依据理论、经济法的主体结构理论、经济法的主体能力理论。这几类理论是紧密地联系在一起的。其中,理论或制度上的主体分类,直接影响着经济法上的主体组合;而主体组合的形成,又与主体产生的依据有关;在一定的产生依据之上形成的主体组合,会形成经济法主体的特定结构,而这种结构,与各类主体的能力又有关联。

经济法主体的行为,是经济法调整的直接对象,易言之,经济法就是规范经济法主体行

---

① 参见张守文:《经济法原理》(第二版),北京大学出版社2020年版,第8—11页。

为的法，这使得行为理论在经济法理论中亦居于重要地位。从一般的意义上说，经济法主体的行为，主要可以分为调制主体的调制行为和调制受体的对策行为两大类，这两大类行为又可以分别做层层分解，从而形成经济法主体行为的诸多类别。在分析诸多类别的经济法主体行为时，应该关注各类要素所形成的"主客二元结构"；同时，经济法主体行为的多元性和复杂性所带来的"层级二元结构"，也很值得研究。对于上述各类经济法主体的行为，可以进行多种评价，但最为重要的，还是法律评价。

权义结构理论是经济法规范论中不可或缺的重要组成部分。本章着重从经济法的角度，对"权义结构"进行了法理分析，并在此基础上分别探讨了调制主体与调制受体的"权义结构"，对两类主体的职权与职责、权利与义务等问题进行了梳理，提炼出了一系列权利范畴，从而为揭示经济法"权义结构"的特殊性以及经济法责任的特殊性奠定了基础。

经济法的责任理论与传统法理论不同。本章介绍了经济法责任的重要分类，责任的独立性、特殊性，以及超越传统责任理论的必要性，并对经济法责任的具体责任形态进行了分析。从中不难发现，经济法责任理论，同经济法主体理论、行为理论、权义结构理论，都存在内在关联；同时，与经济法的本体论、价值论、运行论等也都密不可分。只有打通经济法理论的各个部分，才能更好地理解经济法的责任理论。

第五章

经济法运行论

学习和研究经济法理论,不仅应关注静态的规则,而且也要关注制度的动态运行。因此,除了前面的本体论、价值论和规范论以外,还应关注经济法的运行论。

经济法的运行,涉及经济法的立法、执法、司法、守法等各个环节,并由此构成了一个动态的运行系统;经济法的实际运行,有其具体的适用范围,关系到经济法的实效;此外,经济法的运行,同样有其独特的程序。上述几个方面,分别涉及经济法的运行系统问题、经济法的适用范围问题,以及经济法的程序问题,它们构成了经济法运行论的重要内容。下面将分三节加以介绍。

第一节 经济法的运行系统

经济法的运行系统,由多个子系统即多个环节构成,具体包括经济法的立法系统、执法系统、司法系统和守法系统等。整个经济法系统的运行,就是子系统相互影响、相互作用的过程。影响经济法运行的因素有很多,如经济、社会、文化、政治、法律等,其中,法律因素又可以具体地分解为立法因素、执法因素、司法因素和守法因素等。要分析经济法的运行,就要研究上述各类因素的具体影响,把经济法的运行作为一个动态系统去看待和考察。

经济法的运行态势,可以分为良性、中性和恶性三种。经济法的良性运行,有助于实现经济法的宗旨,因而应当是立法者、执法者、守法者所追求的基本目标。为此,就要消除影响经济法良性运行的一些障碍或称负面因素。下面将着重探讨相关法律因素对经济法运行系统的影响。

一、立法因素的基础性影响

从经济法的运行来说,立法是运行的起点,没有经济法的立法,就没有经济法的运行。由于在经济法领域强调调制法定原则,大量立法都要实行"法律保留"原则,因而在经济法的运行方面,立法对于经济法运行尤其重要。

经济法的立法环节同执法等环节密切相关,表现为立法要从执法、司法、守法等环节发现问题,并通过多层次的信息反馈,形成完善立法的方略。可以说,经济法的法制实践,以及实践中所存在的诸多问题及其解决方案,是经济法立法的重要源泉。同时,经济法的立法又是进一步的执法和司法、守法等各个环节的基础,它对于经济法的运行具有基础性影响。

在经济法的立法过程中,严格贯彻法定原则,是确保经济法有效运行的重要前提。为此,需要明确哪些实体问题和程序问题必须法定。依据经济法的法理,经济法主体的调制职权必须法定,其各类调制行为都应符合相关法定要件,为此,调制行为要件法定、调制行为内容明确、调制行为程序合法,是必须反复强调和申明的。在经济法各部门法领域,都应当强调具体宏观调控行为和市场规制行为应符合法定要件,注意对调制主体权力的限定。

在立法方面,还应当注意立法模式的选择。通常,经济法的立法模式可以有两种:一种是独享模式,一种是分享模式。在独享模式之下,立法权由立法机关独享,从而能够比较充分地体现法定原则。与此同时,由于经济领域的立法较为复杂,专业性、技术性很强,因而立法机关极可能授权政府部门进行相关立法,以满足市场经济迅速发展的现实要求,从而形成事实上的"分享模式"。在分享模式之下,尤其应当注意防止行政机关滥用立法权的问题。

纵观经济法的运行现实,一个较为突出的问题,就是行政机关立法过多、过滥。由于政府及其各个职能部门都在事实上承担着较为重要的法律解释甚至直接立法的职能,从而会影响经济法的生成,因此,从数量和实际应用的情况看,政府及其职能部门的立法恰恰非常重要,是经济法的重要渊源。这在财税法、金融法、竞争法等领域都有突出体现。特别是相关政府规章,以及政府职能部门的解释、通知、批复等等,往往会更直接地影响具体主体的权益,影响市场主体的公平竞争,以及经济法宗旨的实现。

此外,立法的数量、质量、协调性等问题也很值得关注。我国经济法立法的总体数量不少,但落实到各个具体法律领域,却存在很多不足。甚至在一些重要领域,还缺少基本的法律。例如,在国债领域,还没有《国债法》;在税收领域,还没有《税法总则》;在财政收支划分或分税制方面,还没有一部基本法律;在计划方面,还没有《计划法》;等等。这些都说明在立法数量上还是不够的。不仅如此,经济法的立法质量也还有待提高。由于相关主体的认知能力等诸多问题,各类经济法的立法质量还有较大改良空间。另外,由于调制主体的角色各不相同,其立法上的权力和内容各异,可能导致"部门立法"问题突出,如何提高协调性,已成为经济法立法的一大问题。

上述问题的存在,都是影响经济法运行的消极因素。事实上,立法数量不足,就不能解决有法可依的问题,经济法的运行也就失去了应有的前提;立法质量欠佳,就会影响经济法的执法质量;立法的协调性差,本身就与立法的一般要求相悖,无疑会妨碍经济法的有效运行。因此,必须重视立法因素对于经济法运行的重要影响,解决好立法领域存在的各类问题,为经济法的实施提供良好的制度基础。[①]

近年来,为了加强重点领域、新兴领域、涉外领域立法,随着信息化、网络化、数字化的发展,我国制定了《网络安全法》《数据安全法》《个人信息保护法》《电子商务法》等,其中都涉及大量经济法规范。为了在法治轨道上全面建设社会主义现代化国家,全面推进国家各方面工作法治化,我国还需要在经济法领域持续推进立法,并不断提升立法质量。

二、执法因素的特殊重要性

"法律的生命在于实施",执法环节是法律运行的核心环节,执法因素对经济法运行的影响非常巨大。依据调制法定原则,调制主体必须依法办事,切实做到依法调制。

---

① 在所谓法典化的时代,经济法的立法路径如何选择已成为重要问题,相关探讨可参见张守文:《经济法的立法路径选择》,载《现代法学》2023年第1期。

由于经济法的实施主体主要是政府,而不是法院,经济法的实施更侧重于积极的执法,而不是消极的执法,因此,政府是最主要的执法主体。在经济法的实施过程中,政府性的调制主体扮演着极为重要的角色,从而使执法因素在经济法运行中具有特殊的重要性。

政府性的调制主体在执法活动中,一般都拥有准立法权、准司法权,它不仅可自行制定或解释相关经济法,还可进行经济法的某些准司法活动,其执法行为会对经济法的运行产生十分重要的影响,为此,必须对其行为设定法律上的边界。

在经济法运行过程中,政府性调制主体超越职权或滥用职权的问题较为突出。要严格实行"调制法定原则",就必须明确哪些立法权应当完全由立法机关行使,而不能交出政府性的调制主体行使。同时,在执法主体对某些立法享有解释权的情况下,也必须对其进行限制,以免对经济法的良性运行产生负面影响。

在实践中,无论是财政部门、税收部门、中央银行、金融监管部门,还是涉及价格、质量、技术等方面的市场监管部门,都需要注意依法调控,合法规制,全面贯彻依法调制原则。根据前述的行为理论,调制主体的行为可能既包括基础行为,也包括高层次的行为。而一些基础行为,如预算支出、转移支付、政府采购、税收征纳、银行存贷等方面存在的不规范性行为或违法问题,会影响调制行为的合法性,从而影响经济法的有效运行。

上述基础行为,在实践中往往可能被看成是政府的具体行政行为,特别是税收征管、银行监管、价格规制、质量监管等,都可能被视为政府行为,这些行为能否依法实施,都会直接影响经济法的运行。

从总体上说,政府对于经济法的运行是非常重要的。在传统的民法、刑法、诉讼法等领域,政府的作用并不突出,这是由各个部门法所产生的时代、所要解决的问题等决定的。而在经济法的运行方面,政府性调制主体的作用是非常突出的。如果没有调制主体从事的基础行为,就不可能有高层次的调制行为,以及真正意义上的经济法运行。

在执法阶段,有一系列因素会影响经济法的运行,包括经济法的立法,以及相关经济政策、社会政策等。上述政策在一定时期中,不仅可能成为未来立法的重要内容,还可能在现实中具体填补法律的立法空白或漏洞。事实上,财政政策对预算、国债、转移支付等调制行为的影响,税收政策对税收征管的影响,货币政策对金融调控的影响,竞争政策对市场规制的影响等,都是非常巨大的。这是经济法的现代性特征在经济法运行方面的重要体现。

此外,经济法的制定与实施有时还会存在很大的距离,即使是在法制比较健全的国家,也不乏其例。学者的研究表明,美国1890年的《谢尔曼法》是一种妥协的结果,小商人和普通的中产阶级公民要求对托拉斯采取行动,大企业则进行反抗,国会只是在纸面上使托拉斯成为非法,但在法规中却没有建立执行法律的任何机制。[①] 在这种情况下,自然会对反托拉斯法的实施产生负面影响。这也是对经济法运行产生负面影响的重要实例。

三、司法因素影响的弱化

对传统法的运行而言,司法因素是至为重要的,但对于经济法的运行而言,司法因素的影响却相对被弱化。这是因为市场失灵问题作为经济法所面对的基本问题,主要是在执法

---

① 参见〔美〕弗里德曼:《法律制度——从社会科学角度观察》,李琼英、林欣译,中国政法大学出版社1994年版,第114页。

阶段通过依法实施宏观调控和市场规制来解决,这就需要经济法领域的积极执法。此外,传统的法律纠纷主要是在法院解决,但在经济法等现代法领域却并非如此。一方面,在经济法领域存在的可诉性问题,可能影响法院对相关案件的审理;另一方面,由于政府权力膨胀或基于效率的考虑,政府部门往往通过准司法权前置等制度安排,使司法因素的影响"缩水",从而使司法因素对经济法运行的影响相对弱化。司法环节是整个经济法运行的重要一环。司法仍然是经济法领域的最终救济手段,没有法院等司法机构对经济法的适用,整个经济法的运行机制就是有问题的。由于立法、执法、司法体制、认知能力等诸多原因,法院审理的经济法领域的案件相对较少;随着经济法立法的日益完备,特别是有关法律责任制度的日益完备,司法因素对于经济法运行的影响必将会越来越大。

如前所述,司法因素对经济法运行的影响相对弱化,是因为在经济法的某些领域存在可诉性问题。事实上,对于市场规制领域的调制受体和调制主体而言,经由诉讼而获得救济的渠道是畅通的,因而可诉性问题并不突出;相对说来,宏观调控主体的抽象行为,往往在立法上欠缺可诉性。但这并不是一种应然的状态。随着法治的发展,各类体制(特别是司法体制)的完善,调控主体的抽象行为也可能被逐渐纳入司法审查之列,从而在司法领域可以更广泛地追究调制主体的责任。那时,所谓经济法上的可诉性问题,就能在很大程度上得到解决。此外,基于效率等诸多方面的考虑,现代社会的纠纷解决,越来越多地会采用非诉讼的解决方式,如协商、复议、调解、仲裁等,从而使许多经济法上的纠纷,也可能在司法程序之外得以解决。由于在经济法相关规范中往往有大量程序性的规定,相关调制主体因此享有一定的纠纷处理权,从而更有可能使一些纠纷在司法程序之外被解决。上述各种因素都会导致司法因素对于经济法运行的影响相对降低。

四、守法因素的特别效应分析

在影响经济法运行实效的诸多因素中,守法因素的重要性日渐突出。事实上,经济法的运行状况或态势如何,与守法的情况直接相关。守法因素对于经济法运行具有特别效应。

在守法因素中,需要关注的问题主要是守法主体的法律意识以及对法律的遵从度,它们与经济法的合法性,特别是其实质意义上的合法性有关。

首先,在法律意识方面,经济法主体的法律意识普遍有待提高。概而言之,调制主体的行政法意识相对较强,而宪法意识、经济法意识、民商法意识则相对较弱。这当然同调制主体的特殊情况及其历史传承等有关。此外,调制受体的民商法意识相对较强,宪法意识、经济法意识、行政法意识等则相对匮乏。因此,从总体上看,对于各类经济法主体而言,都必须大力提高其宪法意识和经济法意识。只有具备这些方面的法律意识,才有可能在守法方面取得更好的经济法运行实效。

其次,经济法的运行实效,在很大程度上取决于守法主体的遵从。如果相关主体不守法、不遵从,则经济法的运行实效就可能丧失殆尽。因此,在经济法的运行过程中,必须有效解决主体的遵从问题,努力提高经济法的运行实效。

经济法上的遵从体现为多个方面,例如,税法上的纳税人遵从问题,金融法上的商业银行、证券公司或保险公司等金融机构的遵从问题,竞争法上的经营者遵从问题,等等,都是应关注的重要问题。如果不解决这些问题,经济法的良性运行也就无从谈起。

经济法主体对经济法的遵从,可能受制于文化因素,也可能受到第三种力量影响,或者两者兼而有之。为此,曾有学者关注诸如道德、良心、宗教等因素对遵从行为的影响。[①] 事实上,影响经济法主体遵从的因素有很多,其中,利益或合法性尤为重要。

经济法主体作为理性的"经济人",都有自己的利益追求。如果经济法的实施有利于某类主体的利益实现,则相关主体会乐于遵从;如果经济法的实施同其利益追求相左,则相关主体就可能从事逃避或其他不遵从行为。因此,利益是非常核心的影响因素。经济法的实施,必须兼顾各类主体的利益。只有兼顾各类主体的利益,经济法的立法和实施,才可能因取得"合法性"而呈现"良性"。

经济法的运行必须符合合法性的要求,不仅要严格执行经济法的有关规定从而体现形式上的合法性,还要体现实质上的合法性,即经济法必须真正平等地保护各类相关主体的利益,与宪法和法律的基本精神保持一致。只有这样,经济法才能得到普遍遵从,经济法的实施效益也才会更好。

总之,除了上述的立法、执法、司法、守法等因素外,法治体系的外部因素,如经济因素、政策因素、社会因素等,对经济法的运行也很重要。要研究这些问题,需要对经济法进行更广阔的法律社会学分析。

第二节 经济法的适用范围

经济法的适用范围,通常也被称为经济法的效力范围,人们一般是从时间、空间和主体这三个维度,来对其加以界定。上述三个基本维度,同时也是经济法适用的"约束条件"。为此,下面着重从这三个维度,来介绍经济法的适用范围。

一、从时间维度看经济法的适用范围

从时间维度看,经济法的适用范围,也就是经济法的时间效力问题。经济法的时间效力,体现为各类经济法规范从制定到变更或废止的期间内所具有的约束力。由于一般认为时间是一维的、不可逆的,法律的调整是指向未来的,因而经济法的适用在时间维度上也不能溯及既往。这是有关经济法的时间效力的一般原理或适用原则。

事实上,时间是研究各类法律问题的一个重要维度,它是影响相关主体权利与义务、职权与职责的重要因素,也是限定相关主体行为的重要因素。时间因素对于经济法适用有重要影响,它直接关系到市场主体权利义务的有无,以及政府行使宏观调控和市场规制职权的合法性问题。经济法上的时间,在具体法律上可能体现为一定的时点、时段(期间、期限)的规定,由于这些时点或时段影响相关主体的权利与义务,或者职权行使的合法性,并且,在经济法上同样会有时效、除斥期间、履行期限等制度,因此,应当关注与时间有关的制度,注意相关制度的时间效力问题。

经济法的时间效力,体现了时间对于经济法效力发生或实现的约束、限定。在时间对效力的影响上,不仅有经济法立法上的立、改、废、释、纂所带来的不同"时段"上的法律效力问题,也有经济法主体行为的不同"时点"所引起的法律效力问题。对于经济法的各个具体部

---

① 参见〔美〕弗里德曼:《法律制度——从社会科学角度观察》,李琼英、林欣译,中国政法大学出版社1994年版,第142—147页。

门法,如财税法、金融法、竞争法等,都可以从时点、时段的角度,对相关主体行为的效力展开分析。

在时间效力方面,还有很多问题值得注意。在传统法领域,法律在时间维度上的适用一般是无差别的,在同一时段内,法律对于所有主体在适用上应当是一致的。但在经济法领域,由于主体、主体的行为、主体行为的空间,可能存在着很多的不同,即使在同一时段内,经济法对于不同主体的适用也可能存在诸多不同,因此,对于经济法的时间效力,也不能一概而论,而应当"具体问题具体分析"。

二、从空间维度看经济法的适用范围

从空间维度看经济法的适用范围,通常人们关注的是经济法适用的空间效力。一般说来,法律主要是在立法者的管辖权所及领域内适用,不同层级的立法适用的空间范围也各不相同。这些原理对于经济法也是适用的。

除此以外,经济法的适用情况更为复杂。它不仅涉及一国国内领域的法律适用问题,还涉及"域外适用"问题;不仅涉及一国的全境适用问题,还涉及局部地区的"特别适用"或"除外适用"问题;不仅涉及一国同外国在法律适用上的"国际冲突",也涉及一个主权国家内部的"区际冲突";等等。另外,数字经济的飞速发展,也带来了管辖权方面的新问题。因此,在经济法的空间效力方面,既存在传统法律适用的一般问题,也有基于经济法自身的特殊性而产生的一系列问题[1]。

例如,由于经济法主体、主体的行为或者行为的效果,都可能会跨越国境,从而产生跨国影响,并可能会侵害相关主体的利益,由此就产生了"域外适用"的问题。事实上,在税法、反垄断法、金融法、反倾销与反补贴法等领域,都可能存在"域外适用"问题[2]。随着全球化和相关制度的发展,"域外适用"的问题还会受到更多重视。

在一国存在多种管辖权的情况下,可能产生管辖权的冲突。事实上,经济法上的各种调制权就是不同领域的管辖权。由于各国体制有别,调制权可能在相关不同国家机关之间,或者不同级次的国家机关之间进行分解与配置,因此,可能形成管辖权冲突。此外,在一国独立性较强的各个区域之间,也可能存在管辖权或调制权的冲突问题。

我国有多种类型的特殊区域,尤其是特别行政区、经济特区(如曾经在对外开放方面起到重要作用的经济特区)等,也会使经济法的适用也会受到影响。例如,许多国家都设有保税区或自贸区,在这种"国家保留征税权力的区域",征税权的行使依循"境内关外"的模式,只要商品在"关境"之外,则尽管其已进入"国境"之内,相关税法规范也不适用,或者暂停适用。这说明经济法的适用与区域的特殊性直接相关。

其实,只要存在着诸多层次或不同类型的管辖权,就可能发生相关管辖权冲突,从而会带来一国境内的经济法适用上的区际冲突。我国为了解决这些"区际冲突",在内地与香港、澳门等地区之间,已经由有关部门进行相关的"安排",这些"安排"对于解决相关经济法领域

---

[1] 相关具体分析可参见张守文:《数字经济与经济法的理论拓展》,载《地方立法研究》2021年第1期。
[2] 例如,我国《证券法》第2条第4款规定:"在中华人民共和国境外的证券发行和交易活动,扰乱中华人民共和国境内市场秩序,损害境内投资者合法权益的,依照本法有关规定处理并追究法律责任。"《反垄断法》第2条规定:"中华人民共和国境内经济活动中的垄断行为,适用本法;中华人民共和国境外的垄断行为,对境内市场竞争产生排除、限制影响的,适用本法。"

的区际冲突问题,具有一定的积极意义。

无论是上述经济法的"域外适用",还是境内的"区际冲突",都是从空间维度研究经济法适用问题时需要关注的重要问题。此外,空间因素就像时间因素一样,也是对相关主体权利义务或职责权限的限定,同样会对法律效力产生重要影响,有时还是导致法律效力减损的重要因素。

例如,宏观调控法的调整通常是覆盖全国的空间,而市场规制法的调整,则通常要考虑具体的"市场空间",针对不同的"市场空间",再作出不同的判定,这对于反垄断法尤其重要。类似的问题,在反不正当竞争法中也同样存在。例如,对于驰名商标的界定与保护等很多问题,都涉及空间范围的问题。

一般说来,随着空间范围的扩大,法律的效力往往还会呈现一种递减的趋势。例如,法律在城市与乡村的实施,会有不同,在"山高皇帝远"的地方,国家法律的效力可能会递减;在跨越国界的地方,法律的适用更会受到极大影响。在不同的地区,经济法适用会存在很大差别,与区域发展的不平衡也有关,因此,应针对现实问题,不断完善制度设计,提升经济法治水平。

三、从主体维度看经济法的适用范围

从主体维度上看,经济法的适用范围,体现为经济法对哪些主体具有法律效力。通常,确定法律所适用的主体范围,主要是依据两个基本原则,即属地原则和属人原则。其中,属地原则的核心是地域,强调凡是在法律效力所及地域上的一切主体,无论其身份归属如何,都要适用该法;而属人原则的核心则是人身,强调只要其身份符合法律规定,则无论该主体处于何地,都要适用该法。依据这两个基本原则所确立的管辖权,就是属地管辖权和属人管辖权,它们在经济法的各个部门法上还会衍生出多种具体的管辖权。

依据上述原则和管辖权,相关主体的具体权利义务可能有区别。例如,在税法上,依据属地原则或收入来源地管辖权,使相关纳税人仅负有限的纳税义务,即仅就其源于该国境内的收入纳税;而依据属人原则或居民管辖权,相关居民要负无限纳税义务,即不仅就其源于该国境内的所得纳税,还要就其源于世界各地的"寰球所得"纳税。可见,在依据不同原则或不同管辖权的情况下,经济法对于主体的具体适用也会有所不同。

如前所述,经济法更强调实质正义,因而要根据实际情况,对各类主体进行差异化调整,从而会形成主体效力上的差异。例如,税法上的减免制度,对中小企业的扶持制度,对作为弱者的消费者的保护,等等。上述制度对于促进整个市场经济的健康发展,无疑甚有裨益。此外,为了有效体现经济法的宗旨,在主体上还可能有其他的制度安排,例如,主体的适用除外制度,对特殊主体的优惠制度,等等。主体的适用除外制度在税法、反垄断法等领域都有体现;对特殊主体的优惠制度,如税收优惠制度、贷款优惠制度、产业优惠制度等,在经济法的多个领域更是不乏其例,这与经济法的规制性特征密切相关。

不同的主体制度或相关安排会影响经济法的具体适用。主体的资格、能力、地位等,可能存在诸多差异,这些差异会在一定程度上影响经济法的适用,影响经济法的效力。例如,在资格和能力方面,调制主体与调制受体显然有很大差别,这对于经济法的有效适用恰恰非常重要。因此,面对不同的主体,不仅要在经济法立法上做到区别对待,在具体的法律适用上,还要根据对不同主体的不同规定来正确地适用法律,从而对不同主体会产生不同的法律

效力。

四、经济法的普适性问题

经济法能否得到普遍适用，与经济法的适用范围直接相关，同时，也关系到法治目标能否有效实现，因此，需关注经济法的普适性问题。

一般认为，法律的普适性其实就是法治的基本要求。一项有效的制度必须具备相对的普适性，这种普适性应具备三个方面的特征，即普遍性、确定性和开放性。其中，普遍性即法律在适用上的普遍性，是最为基本的。而确定性和开放性，则主要是对立法提出的要求，强调立法要简洁透明，相对稳定，因时而化，因为制度只有在内容上是确定的，才能真正实现实质上的普遍适用；制度只有开放，才能顺应时势变化作出相应的调适，才能更广泛、更持久、更稳定地得到普遍适用。无论是适用的普遍性、立法的确定性还是开放性，对于经济法都很重要。

强调经济法的普适性，是因为它直接关系到经济法适用的公正性，事关对相关主体的普遍和平等适用。如果经济法制度违背普适性原理，就会削弱人们对制度的遵从，从而会提高奉行费用，降低社会的整体福利，影响社会公共利益。正因如此，才需要强调经济法的普适性及其重要价值。

强调经济法的普适性，尤其应注意对具备法律规范所假定条件的各类主体，原则上都应一体适用，一视同仁，而不应厚此薄彼，或分亲疏远近。为此，在经济法适用上就既要考虑形式公平，又要考虑实质公平，既要关注横向公平，又要关注纵向公平。

强调经济法的普适性，有助于在"总体上"解决主体利益的均衡保护问题。但是，由于立法、执法、法律意识等多方面的局限，从现实看，无论是经济法适用的时空维度还是主体维度，同理想的普适性的要求都还存在一定距离。因此，应当对影响经济法普适性的各类因素进行客观分析，以不断提高经济法领域的法治水平。

此外，从制度构成看，经济法规范包括"核心规范"与"边缘规范"，前者是相对稳定、不宜频繁变动的部分，因而适用范围较广、确定性较强，从而具有突出的普适性；而后者则具有易变性，也是国家据以进行宏观调控或市场规制的部分，它有时不具有普遍的适用性。这与经济法的特定宗旨和职能是密切相关的。

第三节 经济法的程序问题

如同各个部门法一样，经济法的运行，也离不开相应的程序。所谓程序，通常是一定的程式展开的顺序。从语义上说，程序通常被解释为"事情进行的先后次序"或"按时间先后依次安排的工作步骤"。程序可以分为自然性程序和社会性程序两类，法律程序属于社会性程序。但无论是哪类程序，其最基本的要素都包括时间和空间，并由此使时间因素和空间因素构成了相关的程序法要素。当然，在具体的社会性程序中，还涉及重要的主体因素，否则就不能称为社会性程序。可见，时间、空间和主体这三个基本维度，不仅影响经济法的适用范围，也直接影响经济法的程序展开，由此使经济法运行论的各个部分形成了紧密的内在关联。

程序对于复杂性活动非常重要。人类的涉法活动，是典型的复杂性活动，因而应当依照一定的程序进行。由于相关主体从事的具有法律意义的活动,体现为按一定程式展开的动态过程,并且在法律上要求其"过程有序""程式合序",因而才有了"程序"和相应的"程序法"。

事实上,在现代社会,尤其要求相关主体的活动要遵循相关的程序和程序法。程序和程序法对于确保主体实体法权利的有效实现,实现程序正义,提高当事人的自觉遵从度等,都具有重要作用。这些共识对于研究经济法上的程序问题也是适用的。

一、经济法上的不同程序及其地位

在现代社会,所涉及的程序和程序法问题,要比过去复杂和广泛得多。经济法所涉及的程序,不仅有诉讼程序,而且还包括许多非诉讼程序;不仅包括传统的非诉讼程序,还可能包括"调控和规制"的程序;不仅包括一些正式的程序,还可能包括一些非正式的程序;等等。可见,经济法领域所涉及的程序复杂而多样,这同传统部门法有很大不同。经济法领域涉及的程序有多种类型。如经济法的立法程序、执法程序与司法程序,以及调制程序与诉讼程序,等等。下面仅选取其中有代表性的程序类型,来说明经济法程序方面的特殊性。

(一)诉讼程序与非诉讼程序

对于诉讼程序,特别是对传统的"三大诉讼",学界以往研究较多。此外,人们对于非诉讼程序的重视度也日益提高。例如,对于仲裁程序的深入研究,对于替代性纠纷解决方式(ADR)的全方位探讨,对于行政程序价值的关注,等等,都体现了人们对于程序认识的深化。

上述的两类程序在经济法上都可能涉及。在诉讼程序方面,经济法方面的纠纷在诉诸法院后,所运用的往往是民事诉讼程序和行政诉讼程序。由于经济法上的纠纷和争议,可以通过传统的诉讼程序来解决,因此,有人认为经济法没有必要构建自己的诉讼制度;但也有人认为经济法的程序还有其特殊性,应当确立经济法的诉讼制度,或者构建经济法上的特别诉讼制度,以形成经济法特殊的诉讼程序。

经济法上的诉讼程序问题,与法院的受案范围直接相关。通常,经济法方面的哪些案件要由法院来受理,还涉及经济法的司法活动与执法活动之间的协调,以及司法权与调制权的界定和平衡,直接决定哪些纷争可进入司法程序,哪些行为具有可诉性等。

此外,在非诉讼程序方面,经济法上的许多纷争,都是通过非诉讼程序解决的,许多调制行为都是依循非诉讼程序来完成的。与传统部门法相比,经济法的一个重要特色,就是其实体法规范与程序法规范熔于一炉,且不可分割,从而具有突出的"自足性"。事实上,在经济法的执法环节,调制主体要进行调制行为,就必须遵循基本的实体规范和程序规范,缺少程序规范,调制行为就无法有效进行。为此,在计划法、预算法领域有计划、预算(也是一种计划)的编制、审批、执行、调整、决算等程序;在税法领域有税收征收管理程序;在金融法领域有金融调控程序;等等。此外,在市场规制法领域,特别是在反垄断法、反不正当竞争法领域,相关执法机构也都有专门的执法程序等。

由于调制主体都有特殊的职能和专属的调制权,这些调制权的行使必须依据一定的调制程序来进行。当然,各类主体所依据的具体调制程序各不相同,这不是一部《行政程序法》能解决的。可见,在经济法领域,不仅传统的诉讼程序很重要,非诉讼程序,特别是调制程序,同样非常重要。这也是经济法在程序上的特殊之处。

总之,从诉讼程序与非诉讼程序的分类看,在经济法领域,不仅涉及诉讼程序,还涉及大量非诉讼程序,并且,非诉讼程序往往在各类具体程序中占据主导地位。由于经济法的重要任务是规范调制行为,因此,规定调制行为所需遵循的程序,以实现"调制有序",就自然会成为经济法的重要内容。上述调制程序都是非诉讼程序,且在经济法的各个部门法中都存在,因而在整个经济法领域,非诉讼程序的比重会更大,这也是经济法不同于民法、刑法等传统部门法的一个重要特点。

(二)正式程序与非正式程序

除了上述的诉讼程序和非诉讼程序以外,在经济法领域,正式程序与非正式程序的分类也值得关注。

所谓正式程序,通常是指法律上有严格规定的、关涉具体经济法主体权义的程序;正式程序以外的程序,即为非正式程序。

上述的两类程序,可以贯穿于程序的其他分类之中。例如,在经济法的立法程序方面,如果法律规定对于经济法的立法草案必须进行"三读"审议,则该审议程序就是一种正式程序;如果法律并未规定立法要向社会公众征求意见,而立法机关根据具体情况不拘形式和范围地征求民意,则属于一种非正式程序。

其实,调制法定原则作为经济法的基本原则,本身就要求调制权的行使,都要严格遵循法定程序——调制程序。这些调制程序大都属于正式程序。例如,预算的编制、审批程序,税收的减免程序、出口退税程序,计划的编制、审批程序,货币或股票的发行程序,等等,因相关法律一般都有明确规定,且需要严格执行,故一般被归入正式程序。至于经济法主体所参与的仲裁程序、诉讼程序等,更是包含多种正式程序。要有效实施调制目标,必须严格遵循上述正式程序,体现程序的基本价值。此外,经济法领域的各类非正式程序也很值得重视,如金融调控领域的道义劝告或窗口指导等。由于经济和社会的发展非常迅速,经济法的某些程序仍处于形成之中,这些程序在未被相关法律作出正式规定之前,主要以非正式程序的形式存在,它们不仅能成为正式程序的重要补充,还可成为形成正式程序的源泉。

总之,按照调制法定原则的要求,必须强调正式程序的重要性。当然,基于调制效益的考虑,在具体调制手段方面,也可灵活运用一些非正式程序。而无论是哪类程序,都应当有助于保障经济法的有效运行,保障相关主体的合法权益。

二、经济法上的可诉性问题

在经济法的诸多程序中,有一类旨在保护主体权益的救济程序。而权益能否得到有效救济,则与可诉性问题直接相关。因此,学习和研究经济法上的程序问题,还需要关注可诉性问题。

从一般的法理上说,法的可诉性,是指法律规范所具有的、可由一定主体请求法院或仲裁机构等法定机构通过一定的程序来判断和解决争议的属性。经济法上的可诉性问题,是指对经济法主体行为的不满可否向法定机构倾诉(如提起诉愿或起诉),以使法益获得保障的问题。

经济法上的可诉性问题在不同的领域有不同的体现。如前所述,在市场规制法领域,可诉性问题并不突出,因为相关主体可以通过民事诉讼程序或行政诉讼程序,或者相关的复议程序等实现自己的法益保护。在宏观调控法领域,由于对调控受体的义务和责任规定较多,因而调控主体对于调控受体的责任追究也是没有问题的。通常,只是调控受体对调控主体的责任追究方面,可诉性问题较为突出,因为客观上存在着经济、法律、政治等诸多方面的困难。据此,有许多人认为宏观调控行为不具有可诉性,或者可诉性较为欠缺;也有人认为随着司法审查范围的逐渐扩大,随着法治水平的提高,以及司法体制改革的深化,宏观调控法领域的可诉性问题亦会不断得到解决。

经济法上的可诉性问题应当如何解决,究竟应当采取什么对策,确实应当仔细斟酌。从历史上看,我国自改革开放以来,真正从法律上赋予市场主体对政府的起诉权,最早是从税法开始的。① 它对于整个经济法领域的可诉性问题的解决,具有特殊的意义。

目前,对于经济法上的程序立法问题,人们关注较多的还是诉讼程序的立法,且尚未达成共识。例如,有人认为从经济法的发展看,应当有一部独立的诉讼法,有人则认为可以有一部以民事诉讼法为基础的特别诉讼法,还有人认为完全没有必要搞一部独立的诉讼法或者特别诉讼法。

应当说,经济法在不同的发展阶段,对诉讼程序的要求是不同的。在经济法的初步形成时期,相关规范还不完备,许多纠纷尚无法进入诉讼,能够进入诉讼的纠纷,一般通过传统诉讼程序也能解决,因此确无必要制定一部单独的诉讼法。随着经济法的进一步发展,大量复杂的、各具特色的经济法纷争可能进入诉讼,这时可能单靠既有程序规定已不敷其用,也许就需要考虑有一个特别的经济法程序制度,对经济法程序方面的特殊问题做特别规定。随着经济法更进一步的发展,经济法是否要像行政法那样,有一个与之相对应的程序法,则需要根据那个时期的各个方面的情况来综合考虑。因此,对于程序立法问题,应当从发展的角度去考察。

此外,经济法上的可诉性问题的解决,不仅涉及诉讼阶段的问题,更涉及诉讼前的问题;不仅涉及程序问题,也涉及实体问题。就目前经济法的具体立法而言,要解决可诉性问题,首先需要解决实体法上的问题,尤其应当对相关主体的权利、义务与职权、职责等作出明确规定,同时,还要对其违反相关职责或义务的法律责任作出规定,以使相关的法定机构可依法追责,这样,才能解决可诉性方面的基本问题。如果没有实体法上的相关规定,对于相关主体行为的不满仍然不可向法定机构倾诉,则即使程序法方面有再好的规定,也无法启动相关的程序,因而还是不能解决可诉性的问题。

另外,基于经济法领域纠纷解决途径的多样化和特殊性,对于诉讼外的纠纷解决机制及相关程序,恰恰要给予注意。鉴于调制主体一般都具有化解相关不满或解决相关纠纷的职能,对其解决纠纷的程序应当作出全面规定,这有助于更好地解决经济法上的可诉性问题。

三、经济法上的公益诉讼问题

为了更好地解决经济法上的可诉性问题,许多学者对公益诉讼给予了较多关注,并认为这是解决经济法上的可诉性问题的重要途径。所谓公益诉讼,就是根据法律的授权,任何组织和个人都可以针对侵犯公益的违法行为向法院提起的诉讼。

从历史上看,在古罗马时期,就已经有了公益诉讼和私益诉讼之分。对于旨在保护公共利益的公益诉讼,除法律另有规定者外,任何市民均可依法提起;而对于旨在保护个人私利

---

① 20世纪80年代我国颁布的《中外合资经营企业所得税法》和《外国企业所得税法》曾专门规定:合营企业、外国企业对我国税务机关的行政行为不服或者纳税决定不服,可以到法院提起诉讼。

的私益诉讼,则只能由有利害关系的特定人提起。由于诸多原因,私益诉讼发展迅速,尤其在民事诉讼、行政诉讼中得到了充分巩固,而公益诉讼并未能像私益诉讼那样蓬勃发展,这也许与公益诉讼同公共利益、公共物品的密切关联有关。

公益诉讼,在不同国家的不同时期,又被称为公共诉讼、民众诉讼、罚金诉讼等。其中,公共诉讼,主要是指那些在涉及大量利害关系人的公共政策问题上发生了争议并要求法院作出司法判断的诉讼;而民众诉讼的称谓,更强调享有起诉权的主体的广泛性;罚金诉讼的称谓,则更注重对侵害公益行为的惩罚以及对起诉主体的褒奖。它们都体现了公益诉讼的基本精神。

从立法上看,公益诉讼不仅存在于宪法、行政法等传统公法领域,也存在于经济法等领域。例如,德国、法国、意大利等国家的反不正当竞争法、消费者保护法规定的"团体诉讼"等,就属于经济法意义上的公益诉讼。此外,即使是英美法系国家,在市场规制法领域也存在公益诉讼。例如,美国1890年的《谢尔曼法》就规定,对于违法的公司,任何个人和团体都可以提起诉讼;作为《谢尔曼法》的补充,美国1914年的《克莱顿法》也规定,不只是受害人和检察官,任何组织和个人都可以起诉要求违法者停止违法行为。这些都属于有关公益诉讼的规定。当然,在美国的相关立法中还涉及其他类型的公益诉讼,如纳税人诉讼,即纳税人有权以私人身份,请求法院禁止违法支出公共资金行为的诉讼。上述各类公益诉讼,对于确保竞争法、财税法等调整目标的实现,具有重要意义。

对于公益诉讼,还有很多问题值得研究。例如,公益诉讼所涉及的"公益",是指什么?哪些是经济法应当保护的"公益"?哪些是需要经济法特别保护的"公益"?此外,公益诉讼,作为一种特殊的诉讼形式,同传统的"三大诉讼"并非处于同一层面,它们的分类标准是不同的。由于公益诉讼主要强调法益保护的公共性,因此,其提起主体可能具有普遍性。但就具体的公益诉讼而言,原告究竟由谁来担当更为合适,即使是排除了诉讼利益的相关性,突破传统的适格理论,从诉讼效率或实效的角度考虑,是否要对原告的身份作出具体的区分或限定?[①]

除了上述的起诉目的、起诉主体等问题以外,起诉的对象或内容也很重要,直接关系到经济法上的可诉性问题的解决。如前所述,对调控主体作出的抽象行为是否可起诉,会直接影响相关主体的权益保护。因此,扩大对宏观调控等抽象行为的司法审查权,应当是解决经济法上的可诉性问题的一个重要途径。

四、经济审判及其发展

经济审判是以经济法为重要依据而进行的司法活动,它同经济法的诉讼程序、可诉性问题等密切相关,同时,也是经济法运行系统中的重要环节。研究经济法的适用问题或运行程序问题,应当关注经济审判及其未来发展的问题。

(一)经济法与经济审判的关系

我国的经济法与经济审判都是伴随着改革开放的推进而产生和发展起来的。从历史上看,我国的经济改革、经济法、经济审判都是在摸索中前进。在其各自的发展过程中,由于缺

---

① 我国《民事诉讼法》《行政诉讼法》等都有对公益诉讼的专门规定,"如何进一步完善公益诉讼制度"已成为多个部门法领域需要关注的重要问题。检察公益诉讼的不断推进,也为解决经济法领域的公益诉讼问题提供了新的路径。

少明确的设计和全面的理论准备,因而许多人以为凡标有"经济"字样的概念在内涵上都是同一的,或在根本上是一体的。在经济法与经济审判的关系上也是如此。

在很长的一段时期,许多人认为经济审判就是运用经济法进行的审判,法院的经济审判庭就是专门从事经济案件审判工作的机构。这种理解在经济庭设立之初是比较普遍的,那时人们对于经济法的界定、经济庭的职能等认识并不清晰,因而普遍对经济法、经济庭作广义理解。但随着我国改革开放事业的迅猛推进,市场化、信息化、全球化和法治化的急遽发展,特别是经济法理论的重构和经济法制度的变迁,以往对经济法和经济庭的广义理解,对它们的应然状态和实然状态的认识,也必然要发生变化。人们逐渐认识到:经济法与经济庭并非"一一对应"的关系,经济审判并非全部依据经济法对案件进行审理和判决。

其实,随着经济法理论的日益严谨,经济法不再被简单地看成"与经济有关的法",并非直接调整平等主体之间的经济关系的法,但经济审判工作并未受到经济法理论迅速发展的影响,实际上仍然主要是在解决平等主体之间的经济纠纷,并大量适用民商法规范;同时,由于经济法领域存在着一定的可诉性问题,也影响了经济法性质的纷争进入诉讼环节。

(二) 经济审判的发展

随着国际、国内经济实践的发展,以及经济法理论的发展,经济审判也必须随之作出适当的调适。

考虑到整个社会经济可以分为私人经济和公共经济,经济纠纷可能在两种"经济"中展开,可以把经济审判分为"私经济审判"和"公经济审判"。随着市场经济制度的日益完善,以及经济全球化的迅速发展,随着人们对国家作用、对公共物品的认识和需求不断提高,诸如垄断、不正当竞争和侵害消费者权益等方面的案件,以及财税、金融等方面的案件都会增加,这些案件不仅关系到经济秩序和社会秩序,影响经济社会的稳定和发展,甚至可能关乎国运和本国经济的兴衰,因而必须依法加强经济审判,在经济审判中不仅要保护私权,而且也应注意运用经济法保护公共利益[①]。

本 章 小 结

经济法的运行论,侧重于从动态的角度来研究经济法的运行。对于经济法的运行问题,既可以进行系统分析,考察影响系统运行的各类要素,也可以从实体法和程序法的角度,分别研究运行过程中存在的各类问题。为此,本章着重在三个方面进行探讨:

(1) 对经济法的运行进行了系统考察。在将整个经济法的运行视为一个动态系统的情况下,就不仅要考虑经济法的生成(特别是立法的问题),还要考虑经济法的实施(特别是经济法的执法、司法和守法等问题);不仅要考虑经济法系统内部各个系统之间的相互关联,还要考虑经济法的运行系统同外部的经济、社会、文化、政治等诸多因素的密切关联。

本章着重介绍了影响经济法运行的各类主要法律因素,特别是立法、执法、司法、守法等因素,从中亦可发现在经济法运行过程中存在的诸多问题,特别是立法权缺位、行政权膨胀和司法权的弱化,以及守法主体的逆法博弈等问题,只有对此提出有效的对策,才能提高经济法的运行实效。

---

① 具体分析可参见张守文:《经济法司法理论之拓补》,载《法学论坛》2017 年第 5 期。

从系统的角度看,经济法的运行不仅直接受到相关法律因素的影响,而且同经济、社会、文化等诸多外部因素亦关联密切,因而还需要从法律经济学、法律社会学等角度进行研究。例如,经济体制、经济活动对经济法的产生和发展的影响;儒家文化、道家文化对经济法规范形成和适用的影响(如对于调制适度、保障市场机制有效发挥作用等方面的影响)等。

(2)从时间、空间和主体的维度,分析了经济法的适用范围问题。除了关注一般意义上的时间效力、空间效力和主体效力等问题以外,还特别关注了时间因素、空间因素和主体因素对经济法适用的具体影响,从而揭示经济法在适用上的特点,以及在制度上应当作出的特殊安排。

上述三个基本维度,都是对经济法适用的约束和限制,经济法的运行就是在这基本的三维界域中展开。其中,空间维度和主体维度尤其能够体现出经济法适用上的差异性。如前所述,经济法与传统的民商法不同,它更强调差异性。在空间和主体维度上的差异,是调制主体有效实施调制行为的基础,也是经济法调整的基础,如果没有差异,就无法进行调制。其实,"没有区别就没有政策",既然经济法是经济政策的法律化,当然就要围绕差别,追求实质正义。

(3)对经济法的程序问题进行了简要的介绍,主要涉及经济法领域应关注的主要程序类型、经济法上的可诉性问题、公益诉讼问题以及经济审判的发展问题等。其中,是否具有可诉性,并非仅限于进入诉讼或审判领域,而是也应包括进入其他司法性程序;同时,经济法上的可诉性较弱的问题并非普遍存在,解决可诉性局部相对较弱的问题,不仅需要考虑诉讼制度的变革,而且也需要非诉讼程序的完善;不仅需要考虑程序法的完善,还需要考虑实体法的完善。

此外,在各国经济法具体制度中已有的涉及公益诉讼的规定,为探讨公益诉讼问题提供了重要的制度基础。对于公益诉讼的研究,有助于推动经济法上的可诉性问题以及诉讼制度改革等问题的研究。

另外,经济审判的变易同经济与社会的发展,同对经济法理论认识的变迁等都有关联。本章对经济法理论与经济法审判实践的偏离及其原因略作简析,提出了"公经济审判"和"私经济审判"的划分,这对于理解经济审判的变易,以及未来经济审判的发展趋势,也许会有一定的助益。

总之,研究经济法的运行论,必须关注经济法的程序问题,而相关的程序研究,则需要随着实体法和程序法的发展而不断地深化。强调经济法的实体法与程序法的有机结合,对于提高经济法理论和制度的自足性,以及经济法上的可诉性和运行实效,都至为重要。

第二编 | 宏观调控法

第六章　宏观调控法基本原理
第七章　财政法律制度
第八章　税收法律制度
第九章　金融法律制度
第十章　计划法律制度

第六章

宏观调控法基本原理

宏观调控法与市场规制法共同构成了我国经济法体系。本章是宏观调控法编的基本原理部分,统摄宏观调控法编的其他各章。本章集中阐述宏观调控的含义、宏观调控法的概念和体系、原则、调整方法、宏观调控权及其配置等基础理论和宏观调控综合协调法律制度。

第一节 宏观调控法概述

一、宏观调控的含义

在社会主义市场经济体制下,既要发挥市场在资源配置中的决定性作用,同时也要搞好宏观调控,更好地发挥政府的作用。我国《宪法》第 15 条明确规定:"国家实行社会主义市场经济。国家加强经济立法,完善宏观调控。国家依法禁止任何组织或者个人扰乱社会经济秩序。"党的二十大提出"健全宏观经济治理体系,发挥国家发展规划的战略导向作用,加强财政政策和货币政策协调配合,着力扩大内需,增强消费对经济发展的基础性作用和投资对优化供给结构的关键作用。健全现代预算制度,优化税制结构,完善财政转移支付体系。深化金融体制改革,建设现代中央银行制度,加强和完善现代金融监管,强化金融稳定保障体系,依法将各类金融活动全部纳入监管,守住不发生系统性风险底线。"[1]为此,"必须坚持法治思维、增强法治观念,依法调控和治理经济"[2],建立和健全宏观调控法体系。

要阐明宏观调控法问题,必须先了解宏观调控的含义。所谓国家的宏观调控,是指国家运用各种手段对国民经济进行的调节和控制。宏观调控的对象范围是宏观经济运行中的经济总量,是总供给和总需求;目的是促进总需求和总供给的基本平衡,以保证现有资源得到充分利用。宏观调控是市场经济高度发展必然产生的经济总量失衡的产物,是市场经济发展的内在要求,是现代市场经济条件下国家特有的经济职能。宏观调控和市场机制,是社会主义市场经济体制的两个相辅相成、不可或缺的重要方面。宏观调控的手段主要包括经济手段、法律手段和必要的行政手段。上述内容可以使我们明确以下几个特点:

第一,国家主导性。宏观调控,是国家对国民经济总量的调控,它必然要根据国民经济

---

[1] 习近平:《高举中国特色社会主义伟大旗帜 为全面建设社会主义现代化国家而团结奋斗——在中国共产党第20次全国代表大会上的报告(2022年10月16日)》,人民出版社2022年版,第29—30页。
[2] 习近平:《提高党领导经济工作法治化水平》(2014年12月9日),载《论坚持全面依法治国》,中央文献出版社2020年版,第129页。

协调发展和均衡增长的要求,在市场经济运行的基础上,综合运用经济、法律和行政的手段,对国民经济总量运行进行调控,以使总供给与总需求趋于基本平衡,有效地实现发展和增长目标。因为唯有国家(主要由国家最高权力机关和最高行政机关来代表),才有可能反映总量运行的经济要求,并制定克服总量失衡的宏观经济政策、制度及相应措施,所以实施宏观调控国家居于主导地位。宏观调控是国家的经济职能的体现。

第二,目标的平衡性与稳定性。宏观调控目标的平衡性与稳定性表现为:(1)总供给与总需求的均衡发展。这是总量的均衡,是最基本的平衡。(2)经济结构优化。(3)就业充分。(4)国际收支平衡。此外还有收入分配公平、经济稳定持续发展和生态环境友好等目标。

第三,调控手段的综合性。宏观调控作为国家对整个国民经济综合的总量的调控,其调控手段必然是综合性的,既包括法律手段,也包括经济手段、行政手段等多种手段。这是宏观调控的职能及目标的客观要求。当然,在市场经济条件下,宏观调控手段在原则上应以经济手段、法律手段等间接的手段为主,行政手段等直接的手段只能限定在必要的范围之内,根据国民经济运行的失衡状况有针对性地采用。

二、宏观调控法的调整对象及特征

宏观调控法的调整对象是宏观调控关系,或称宏观经济调控关系,它是国家对国民经济和社会发展运行进行调节和控制过程中发生的经济关系,它涉及现实社会中的国民经济整体利益、社会公共利益和国家根本与长远利益。其内容十分广泛,主要包括以下几类宏观调控关系:

(一)计划调控关系

在社会主义市场条件下,经济运行要以市场为主,充分发挥市场配置资源的决定性作用,更好地发挥政府作用。这就不能排斥政府计划或规划的作用。中共中央《关于建立社会主义市场经济体制若干问题的决定》指出:"宏观调控主要采取经济办法,近期要在财税、金融、投资和计划体制的改革方面迈出重大步伐,建立计划、金融、财政三者相互配合和制约的机制,加强对经济运行的综合协调。"2018年中共中央、国务院发布的《关于统一规划体系更好发挥国家发展规划战略导向作用的意见》,全面理顺了规划关系,提出了统一的规划体系,对更好发挥国家发展规划的战略导向作用,为创新和完善宏观调控、推进国家治理体系和治理能力现代化,提供了有力的理论和政策支撑。计划调控关系是国家宏观调控关系体系的组成部分。因此,宏观调控法应当调整好国家计划调控关系。

(二)财税调控关系

财政作为一种以国家为主体的在全社会范围内的集中性分配活动,同社会再生产有着密切的联系。随着社会经济的发展,财政已从单纯的组织收入以满足政府活动的需要,发展为对国民经济运行实行调控的有力手段。政府运用财政调控手段,其中包括预算支出结构的安排、税率的高低调整、国家信用、财政补贴等,能够更好地实现宏观调控的目标。所谓财政(包括税收)关系是一种以国家权力为依托的对社会产品和国民收入进行分配和再分配所产生的特殊分配关系。它是宏观调控法的调整对象。

(三)金融调控关系

由金融活动产生的金融关系,是在与货币流通和银行信贷相联系的经济活动中形成的一类经济关系。货币调控和信贷资金的调控是国家调控经济的极为重要的手段。因此,调整货币发行和资金流通中形成的金融调控关系,是宏观调控法的重要任务。

上述三类关系,在宏观调控关系中居于重要的基础地位。此外,与上述的计划调控关系等密切相关的,还包括如下几类具体的调控关系:

(四)产业调控关系

国家通过对产业结构、产业组织形式和产业区域布局的规划和安排,达到对经济建设的总体的合理的布局,是宏观调控的目标之一。因此,应当将产业调控关系纳入宏观调控法的调整范围。

(五)投资调控关系

固定资产投资膨胀,是造成国民收入超分配的重要原因。要保持经济总量的基本平衡和国民经济的协调发展,必须优化投资结构、控制固定资产投资规模,同时不影响国家重大建设项目的安排。因此,对于投资调控关系的调整,也是宏观调控法的任务。

(六)储备调控关系

国家为了实现总需求与总供给均衡的宏观调控目标,需要在特殊领域实施战略性物资储备制度,如中国粮食储备制度、棉花储备制度、外汇储备制度、土地储备制度、石油储备制度,等等。战略物资储备制度中存在的储备功能定位、储备规模标准控制以及参与主体等问题,既是宏观调控的重要内容,也是宏观调控法必须解决的法律问题。因此,战略物资储备调控关系也应当是宏观调控法的调整范围。

(七)涉外经贸调控关系

《关于建立社会主义市场经济体制若干问题的决定》指出:"国家主要运用汇率、税收和信贷等经济手段调节对外经济活动。"《关于完善社会主义市场经济体制若干问题的决定》又要求"完善对外开放的制度保障""建立健全外贸运行监控体系和国际收支预警机制,维护国家经济安全",同时要对少数实行数量限制的进出口商品的管理,按照公平、效益和公开的原则,实行配额招标、拍卖或规范化分配。为保持对外经济贸易活动的健康发展,保持国际收支平衡,国家需要对涉外经济贸易活动进行必要的宏观调控和监管。因此,由国家宏观调控措施作用产生的对外宏观经济关系,应当由宏观调控法调整。

上述各类宏观调控关系,涉及宏观调控目标的实现,体现国家宏观调控的意志,具有许多共同的特点:

其一,各类宏观调控关系,都具有经济活动内容,属于经济关系的范畴。因为经济管理本身就是一种经济活动,宏观调控关系的产生和发展直接受客观经济规律的支配,也就是说在宏观调控关系中起决定性作用的是经济规律,而不是行政首长们的主观意志;在宏观调控关系中,作为主体一方的国家与对方当事人,虽然地位不平等,但是双方之间存在的经济利益是主要纽带,组织上的联系是为经济目的服务的。宏观调控关系主体之间体现的是一种经济利益,而主要不是政治利益。因此,就其本质而言,宏观调控关系是一种经济关系。

其二,各类宏观调控关系,体现着国家干预经济生活的特征。国家干预既有直接的干预,也有间接的干预;在市场经济条件下,主要采取经济办法,即间接调控手段。我国实行社会主义市场经济,要转变政府管理经济的职能,建立以间接手段为主的宏观调控体系。因此,间接调控关系是宏观调控法的主要对象。

其三,在宏观调控关系中,国家始终是主导性主体(即调控主体),调控主体与被调控主体(调控受体)之间的关系,既存在着命令与服从的性质,也存在着协调、合作的性质。

其四,在实践中,宏观调控关系已经纳入我国经济法调整的轨道。例如,预算法、税法、中国人民银行法、对外贸易法等都已成为政府进行宏观调控的法律依据。发展规划法、金融稳定法等也曾被列入经济立法规划。上述情况表明,宏观调控关系已经形成一类独立的社会关系体系,应当由宏观调控法统一调整。同时,宏观调控关系的经济性、国家干预性的基本特征表明,宏观调控法是经济法体系中的主要组成部分。

三、宏观调控法的概念和体系

科学的宏观调控行为和调控手段需要法律保障,宏观调控关系需要法律调整。因此,适应宏观调控需要法律调整的客观要求,各国宏观调控法(尽管名称上未冠以"宏观调控法")也应运而生。

根据前面对宏观调控法的调整对象及特征的分析,可以认为,所谓宏观调控法,就是调整宏观调控关系的法律规范的总称。它是经济法体系中的重要部门,是国家管理宏观经济的主要法律手段之一。根据宏观调控法的调整对象和定义,我国宏观调控法的基本内容或体系包括以下主要法律制度:财政法、税法、金融法、计划法等。

四、宏观调控法形成的客观条件

任何一种新的法律或法律部门,都有其形成的客观条件或产生的一般原因。宏观调控法形成的客观条件主要体现为如下几个方面:

(一)宏观调控法是社会化大生产的需要

人类社会物质资料生产的历史表明,随着社会生产力的发展和以此为基础而产生的社会分工的发展,社会生产逐渐由一般的简单协作发展到与社会分工相联系的较高级的复杂协作,继而发展到系统的社会化大生产。在这种大生产条件下,要保证社会经济正常运行,保持社会再生产的合理比例和基本平衡,避免或者减少大的波动,客观上就需要对经济活动进行管理。为了使社会化大生产的管理和调控能规范有序地进行,一方面需要公司法、企业法、合同法等调整微观经济活动的经济法律制度,另一方面还需要体现国家对生产过程、宏观经济行为进行引导、调控和监督的宏观调控法律制度,以协调和管理社会再生产各环节之中的经济活动,使之服务于宏观经济效益的统一目标。

(二)宏观调控法是市场经济发展的要求

实行市场经济体制,强化市场机制的作用,有利于解放和发展生产力,但同时我们也要认识到市场有其自身的弱点和消极作用。首先,市场机制本身不能够解决社会公正问题,有时还会对社会公正造成严重的损害,激发社会矛盾;其次,市场机制无法承担公共职能;再次,市场经济的调节作用具有一定的盲目性、事后性和惯性;最后,市场还会造成垄断、不正当竞争等其他的市场失灵现象。对于上述种种弊端,如果不采取一些宏观调控的措施加以防止和纠正,则非但市场自身无法有效地发挥作用,而且会给整个国民经济带来严重的后果。政府对市场经济的运行施加宏观调控措施,把"看得见的手"与"看不见的手"有效结合起来,是保证国民经济持续、快速、健康发展的前提条件。所谓市场经济,就是法治经济,规范市场主体行为、维护市场秩序、实施宏观调控方面的法律是必不可少的。因此,许多现代市场经济发达的国家都制定了预算法、税法、中央银行法等宏观调控法律制度,以维护市场经济的健康发展。

（三）宏观调控法是国家经济管理职能转变的集中反映

随着经济的发展和经济关系的复杂化，国家管理经济的职能越来越重要。20世纪以来，不同国家都以不同方式在不同程度上改变了不介入经济生活的做法，更多地注意发挥"有形之手"（即国家干预）的调节作用。宏观调控是政府最主要的经济职能，这种经济职能发挥作用需要一定的法律保障，如税收杠杆作用的发挥离不开税法强制力。由于国家管理经济的职能需要借助法律形式，宏观调控法便应运而生。无论哪个国家的宏观调控法，都集中体现了经济职能的要求。

第二节　宏观调控法的原则

宏观调控法的原则，是在宏观调控法的制定、执行以及主体参加宏观调控下的具体经济活动中所必须遵循的基本准则，是各项宏观经济法律制度和全部规范的总的指导思想。我国宏观调控法的基本原则是国家宏观调控政策的集中反映，是宏观调控法的本质特征和基本精神的体现，同时也是宏观调控法区别于市场规制法等其他经济法制度的显著的标志。宏观调控法的原则有以下几项：

一、总量平衡与结构优化原则

宏观调控的主要目标，就是要保持经济总量的基本平衡和经济结构的优化。所谓经济总量的平衡，就是社会总供给与社会总需求的价值总量的平衡，是社会经济运行保持协调状态的前提条件。一个国家一定时期的国民经济活动总成果可以用一定的总量指标来反映。世界上多数国家所采用的反映国民经济活动总量的指标主要有：社会总产值、工农业总产值、国民收入、国民生产总值等。经济结构是指国民经济诸组成要素相互联系、相互作用的内在形式和方式。经济结构的内容非常广泛，包括产业结构、投资结构、市场结构、消费结构、劳动力结构等。经济总量的平衡是经济结构赖以实现的基础，经济结构优化是宏观调控目标的实质内容。

经济总量的基本平衡和经济结构的优化，是宏观调控的目标和重要原则。宏观调控法是宏观调控关系的法律形式。形式必须反映内容。宏观调控法必须确认平衡与优化原则，从而调动宏观调控法的一切调整手段，发挥宏观调控法各项法律制度的功能，促进经济总量的基本平衡和经济结构的优化。

二、调控行为法定原则

宏观调控行为必然涉及资源的配置与利益的调节，尤其是财政、税收、中央银行和物价部门的调控行为直接涉及生产经营者和公民的财产权益，必须有法律的明确授权。为了保障市场机制活力，更大程度地发挥市场在资源配置中的决定性作用，切实维护企业与公民的利益，宏观调控行为应受宏观调控法实体性、程序性规范的约束，控制在法律允许的范围之内，将之纳入法制轨道。在宏观调控法中确认调控行为法定原则，其基本要求是：宏观调控主体资格法定，明确它们各自的法律地位；各类不同的宏观调控主体所享有的宏观调控权力法定，严格要求宏观调控主体在法律赋予的调控权范围内活动，禁止假借调控之名，侵害调控受体的权益,保障宏观经济健康运行和市场经济秩序;宏观调控方式与程序的法定,这是保证宏观调控法有效实施的基本要求。

三、调控适度原则

调控适度原则是宏观调控法律制度的设计和实施都应当遵循的基本准则之一。它的基本要求是:宏观调控权的行使、宏观调控手段的选择、宏观调控规范的制定和实施都应当符合调控适度的原则,将宏观经济调控行为约束在宏观经济发展的最佳区间或幅度内,努力实现宏观调控综合效果的最优化。所谓调控适度,其内涵有三层意思:一是宏观调控行为不得冲击和削弱市场机制作用的发挥,应当促进和保护市场机制调节功能的充分发挥;二是宏观调控行为必须尊重客观经济规律,依法有序进行调控;三是宏观调控行为或手段一般不得直接干预企业等市场主体的具体生产经营活动。

四、注重宏观效益原则

对宏观经济的调控涉及的经济利益是全局性的利益,如生产者全体的利益、消费者全体的利益、国家利益或社会公共利益。经验告诉我们,总合起来的经济行为不等于单个主体活动的总和,某一单个企业的高经济效益,不一定有助于宏观经济效益的提高,相反,可能有损于宏观经济效益。因此,宏观调控的着眼点是如何提高宏观经济效益,而不直接过问某个企业的经济效益。宏观调控法调整宏观调控关系,目的就是要激励、促进和保护宏观经济效益的提高。为实现这一目的,就必须确定促进宏观经济效益的提高为宏观调控法的基本原则,使宏观经济主体的一切经济行为都有利于宏观经济效益的增长。

上述对宏观调控法的基本原则的概括,同前述有关经济法的基本原则的概括是内在一致的,同时,也融入了有关经济法宗旨的考虑。

第三节 宏观调控法的调整方法

一、宏观调控法调整方法的概念和分类

宏观调控法的调整方法,或称宏观调控法的调整方式,它是指对宏观调控法的调整对象(即对宏观调控关系)施加有影响力和法律后果的方式、手段的总和。宏观调控法的调整方法,不仅要与法律的调整方式、法律规范的特点相适应,还要以宏观调控自身的特点和方法为基础。研究宏观调控法的调整方法问题,主要是解决如何将宏观调控的调控方法、手段、技术转化为法律调整方法的问题。加强和改善宏观调控要增强针对性和灵活性,提高宏观调控的科学性和预见性。由于划分的标准不同,宏观调控法的调整方法的分类也不同。考虑到宏观经济政策是宏观调控的主要手段和工具,可以以宏观经济政策的作用、功能和业务范围等为标准,来划分宏观调控法调整方法。

从宏观经济政策涉及的业务范围看,宏观经济政策可以分为财政政策、货币政策、产业政策、价格政策和对外经济政策等,相应地,宏观调控法可以使用的调整方法,就有法律化的财政调控方法、货币调控方法、产业政策调控方法、价格政策调控方法、对外经济政策调控方法等。

以调控对经济行为影响的力度与方式为基础,宏观调控法的调整方法可以分为利益诱导方法、计划指导方法、强行控制方法等。下面就分别介绍宏观调控法的具体调整方法。

二、以宏观经济政策业务范围为基础确立的调整方法

按照宏观经济政策业务范围为基础确立的调整方法,主要包括:

(一) 财政调控方法

财政调控方法是指利用法定的财政工具(如财政预算、税收、国债等财政收入手段以及转移支出等财政支出手段),对宏观经济关系施加影响力和法律后果的方法。这是宏观调控法的主要调整方法之一。宏观调控法通过运用财政调控方法可以改变收入分配或利益格局,影响宏观经济关系,维护社会财富分配公平,实现宏观调控法的目标。

(二) 货币调控方法

货币调控方法是指利用法定的货币工具(如存款准备金、利率、再贴现、再贷款、公开市场操作、信用控制等),对宏观经济关系施加影响力和法律后果的方法。宏观调控法通过运用货币调控方法可以控制和调节货币供应量,影响宏观经济关系,维护币值与金融的稳定,实现宏观调控法的目标。货币调控方法是宏观调控法的主要调整方法之一。

(三) 产业政策调控方法

产业政策调控方法是指利用法定产业政策对资源合理配置和加速产业结构优化,进而影响宏观经济关系的方法。一般认为产业政策主要由产业结构政策、产业组织政策、产业技术政策和产业布局政策等部分组成。宏观调控法通过运用产业政策调控方法,可以发挥资源配置结构的导向功能、经济运行态势的协调功能和经济运行机制的组合功能,影响宏观经济关系,实现宏观调控法的目标。

(四) 价格政策调控方法

价格政策调控方法是指利用法定宏观价格政策对价格总水平实施调控,以实现物价总水平的基本稳定,进而影响宏观经济关系的方法。价格政策按层次来划分,可以分为宏观价格政策和微观价格政策。宏观调控法的价格调控方法主要运用宏观价格政策的功能,来实现宏观调控法的目标。

(五) 对外经济政策调控方法

对外经济政策调控方法是指利用法定对外经济政策措施,以实现优化进出口贸易、利用外资和国际收支基本平衡,进而影响宏观经济关系的方法。对外经济政策调控方法也是宏观调控法的一种调整方法。

三、以对经济行为影响的力度与方式为基础确立的调整方法

(一) 利益诱导方法

利益诱导方法,是指采用法律确认的经济利益诱导方式,从而对宏观经济关系施加影响力和法律后果的方法。它具体包括国家通过确定法定利率、税率、汇率、价格和工资标准等经济参数来调节经济活动的多种方法。因为经济参数是一系列变量,这些变量的上下变化,不断改变着经济主体之间的经济利益关系,从而调节各种生产要素,以实现宏观经济目标要求的合理配置和组合。

之所以将经济诱导方法称为宏观调控法的法律调整方法,是因为经济参数在一定时期

的确定与变化,须通过经济立法程序确认和公布,全体经济主体都必须执行,而且必须由享有宏观调控权的国家机关掌管和运用。例如,税率、汇率、利率的确定都是法律规定的,可称之为法定参数,它们分别由税务机关、外汇管理机关和中央银行掌管和运用,任何个人和其他机关都不得擅自变动。应当注意的是,诱导不是一般意义的引导,而是通过法律中介转换的诱导,它属于宏观调控法特有的调整方法,而不是民事方法,因为其体现政府的意志。

（二）计划指导方法

计划指导方法,是指通过直接作用于经济活动的经济计划指标来影响宏观调控关系的方法,其影响力要比经济参数作用直接得多。计划指导不同于一般的经济诱导方法,但也不是计划部门的行政指令,而是通过计划法确定的原则和程序来制订、修改经济计划,一切计划执行主体必须依法实施计划,完不成计划确定的约束性指标、重大工程项目和公共服务、生态环保、安全保障等领域任务,要承担一定的法律责任。因此,这种计划指导不是一种行政手段,而是一种法律化的经济手段。计划指导方法应是宏观调控法特有的方法之一。它不是行政手段,因为它不是偶然的、一次性适用的、临时的行政指令。

（三）强行控制方法

强行控制方法,是指政府依法对经济行为进行某种限制或禁止,从而对宏观调控关系施加强制影响力的方法。这里包含三层意思:一是施行这种方法的主体只限于政府或政府授权的机关;二是必须依照事先制定的法律、法规和政府规章;三是强行控制的目的是限制或禁止与宏观调控目标相背离的行为和损害宏观经济整体效益的行为。在宏观调控法中,运用强行控制方法既可促进公正分配、经济稳定增长、经济总量和结构平衡等,也可禁止地区封锁、部门集团垄断、损害消费者利益等行为。

四、宏观调控法的调整方式[①]

（一）一般禁止式的调整方式

宏观调控法针对和治理在市场经济出现周期性经济波动或危机时靠市场自身力量无法解决危机而产生的经济法现象。当国家"有形之手"介入宏观经济运行,显然要使市场主体的行为纳入宏观调控的范围,就应设定一些一般禁止的行为。例如,依法禁止任何市场主体或个人破坏国家计划、预算、税收、货币政策等扰乱社会经济秩序的行为。

（二）积极义务式的调整方式

设定积极义务的条款,在宏观调控法律中非常普遍。宏观调控主体应当根据国民经济运行中宏观经济存在的总量、结构、就业和收支等方面的问题,积极主动而又审慎严谨地运用宏观调控手段,适时、适度地进行反周期调控。以货币政策为例,当经济下行压力加大,宏观经济相关指标显现增长乏力、后劲不足时,中国人民银行、财政部和国家发展和改革委员会等宏观调控部门就需要及时调研,提出可以采取的宏观调控措施及力度的建议。可以采取的手段包括适度降低存款准备金率和贴现率,同时,适度加大积极财政政策的力度。显然,在法治国家中,上述行为应当作为积极义务条款在有关宏观调控的法律中规定下来。事实上,我国有关的金融法、财税法中规定有相应的条款。拟制定的《发展规划法》,也应当规定上述义务。

[①] 参见《经济法学》编写组编,张守文主编:《经济法学》(第三版),高等教育出版社2022年版,第136—137页。

（三）有条件的一般允许式的调整方式

宏观调控行为是双向式的,既有在经济过热时的抑制行为,也有在经济不景气时的促进行为。虽然宏观调控法不会像民法那样普遍设定一般允许式的条款,但可以根据需要,在一般禁止式的调整方式和积极义务式的调整方式的前提下,对市场主体的特定行为予以允许。比如,中国人民银行依法规定基础利率后,允许各金融机构在一定区间内上下浮动。为了实现宏观调控的目标,有时还需要将有条件的允许式扩展为鼓励式。

第四节 宏观调控权及其配置

宏观调控权的界定及其配置,是宏观调控法中的核心问题。因此,有必要阐述宏观调控权的基本理论,尤其是宏观调控权的概念及其权力配置等基本问题。

一、宏观调控权的概念

宏观调控权是指国家为确保社会总需求与社会总供给之间的平衡,实现国民经济持续、稳定、协调增长的目标,而运用经济、法律和行政的手段对社会经济运行进行调节与控制而授予宏观调控主体的法定职权。宏观调控权是国家权力在经济管理领域的具体化,是国家权力的组成部分。从根本上说,宏观调控权是全体人民通过国家机构(如国务院)代表人民行使的一项管理经济与社会事务的权力。

宏观调控权是一项独立的、新型的国家权力,不能简单地认为其是行政权膨胀的结果。宏观调控权产生的根本原因在于现代社会化大生产的发展和现代市场经济的形成,以及"市场失灵"现象严重阻碍社会经济运行,从而需要国家经济治理职能转变,这也要求其调控方式作相应的转换,即由单纯依靠行政权力手段,转化为主要采取间接调控手段。我国实行社会主义市场经济,要转变政府治理经济的职能,建立以间接手段为主的宏观调控体系,也必须确立一项独立的、新型的国家权力,即宏观调控权。

根据宏观调控的主要手段和权力的强制力不同,可以对宏观调控权进行分类:一是以宏观调控方式为标准,可以将宏观调控权分为财政调控权、税收调控权、金融调控权和计划调控权等。根据我国现行体制,从国务院部门层面,财政调控权主要由财政部行使;税收调控权主要由财政部、国家税务总局和海关总署行使;金融调控权主要由中国人民银行行使;计划(含产业结构、投资、价格等)调控权主要由国家发展和改革委员会等部门行使。二是根据权力的强制力不同,可以将宏观调控权分为指令性调控权和指导性调控权。比如,发展规划确定的约束性指标、重大工程项目和产业调控部门对重大投资行为的审批权,属于指令性调控权;而国家发展和改革委员会等调控部门发布产业政策指导目录,则是其指导性调控权的体现。指令性调控权具有强制力,调控受体必须执行,否则将承担法律责任;指导性调控权的强制力弱或无强制力。[①]

二、宏观调控权的配置

宏观调控权的配置是关乎宏观调控权行使主体的重要问题。宏观调控权作为一种权

---

① 参见《经济法学》编写组,张守文主编:《经济法学》(第三版),高等教育出版社2022年版,第141页。

力,必须对其进行有效配置,使各类宏观调控主体的权力明晰,职责明确,这样才能更好地解决集权与分权等问题,才能更有效地进行宏观调控。如果"配置不明晰,或配置失当,就会产生如同私人产权配置不清一样的问题。而私人的交易成本的加大,在一定程度上只会影响到相关私人主体的私人利益;但若调控主体的权力配置出现问题,则会直接影响国家利益和社会公共利益。其负面影响无疑是非常巨大的"。[①] 宏观调控权的配置涉及纵向与横向两个层面的问题。

（一）宏观调控权的纵向配置

宏观调控权的纵向配置,就是宏观调控权在中央和地方之间的划分。目前有两种观点:一种是认为中央和地方均享有宏观调控权;另一种是认为只有中央才享有宏观调控权,地方不享有宏观调控权。应当说,中央与地方关系问题的核心是如何解决集权与分权,这也是我国和其他一些国家历史上始终存在的重要问题。这个问题如果解决不好,就会带来很多问题,甚至形成历史上的"治乱循环"。

在宏观调控权的行使主体方面,我们主张只有中央级次的国家机关才享有宏观调控权,地方不享有宏观调控权。因为:第一,从宏观经济的角度讲,宏观经济只能是一国范围内的宏观经济,只能是一个国家的"宏观"。只有宏观调控权集中在中央级次的国家机关,才能从国家的高度,从"全国一盘棋"的大局出发,保证宏观调控目标的实现。第二,从公共物品的角度看,宏观调控是公共物品,而公共物品是分级次的。不同级次的公共物品从提供的效率来看,是不尽相同的。一般来说,中央级次的物品应当由中央政权来提供,而具有地方特色的物品,应由地方来提供。但如果将宏观调控作为一项公共物品,则只能是中央级次的公共物品,其主体只能是国家的最高政权机构,而不是基层的政权机构,否则就不能说是"宏观"调控。因此,对于宏观调控权的纵向配置应当有一个合理的界定:实施宏观调控的主体,只能是国家的中央政权,而地方政权不能实施。也就是说,尽管宏观调控同微观市场主体的活动和利益相关,但它是一种中央级次的公共物品,只能由中央政权来提供。[②]

（二）宏观调控权的横向配置

宏观调控权的横向配置,就是宏观调控权在中央政府各宏观管理部门之间的配置。一般说来,国务院,即中央人民政府拥有宏观调控权。与此同时,我国的国家发展和改革委员会、财政部、中国人民银行、商务部等政府职能部门在具体地、大量地行使着宏观调控权,实施着宏观调控行为。例如,我国在进行大规模的政府机构改革以后,曾明确与计划、财政、金融三大调控手段有关的国家发展和改革委员会、财政部、中国人民银行等机构,为宏观调控部门。这实际上是对宏观调控主体的进一步明确和宏观调控权的横向配置。

关于宏观调控权的横向配置,需要注意:第一,司法机关没有宏观调控权。因为宏观调控权是相关机关审时度势对宏观经济加以干预的权力,是一种无须相对人申请就于事前、事中、事后主动地提供公共物品的权力,而这与司法权的被动性大异其趣。因此,司法机关不应享有宏观调控权。第二,应对各类具体的宏观调控权作出具体的划分。例如,在中央政府的相关职能部门之间,就涉及如何更好地划分宏观调控权的问题。第三,在最高立法机关和行政机关之间,还可能存在授权立法的问题。特别是在我国,由于诸多原因,在授权立法方

[①] 张守文:《宏观调控权的法律解析》,载《北京大学学报(哲学社会科学版)》2001年第3期。
[②] 参见邢会强:《宏观调控权运行的法律问题》,北京大学出版社2004年版,第24—25页。

面存在的问题非常突出。如何很好地解决这些问题，还需要深入研究，这对于理论和实践的发展，对于国家的法治水平的提高，都非常重要。[①]

总之，宏观调控权的配置是关乎宏观调控主体的重要问题，特别是对国务院的各个职能部门的宏观调控权的赋予，还缺少充分、明确的法律根据；在宏观调控权的权限不够明晰的情况下，越权、弃权、争权、滥权等情况都可能存在，会在一定程度上影响宏观调控权的实施，从而影响宏观调控的具体效果，为此，必须通过法律的形式明确各类宏观调控政策、措施、制度，并加强彼此之间的协调；必须遵循"调控权法定"的法治原则，慎重配置宏观调控权。

第五节 宏观调控综合协调法律制度

一、宏观调控综合协调的必要性

"健全宏观经济治理体系，发挥国家发展规划的战略导向作用，加强财政政策和货币政策协调配合，着力扩大内需，增强消费对经济发展的基础性作用和投资对优化供给结构的关键作用。"[②]《中华人民共和国国民经济和社会发展第十四个五年规划和2035年远景目标纲要》指出："坚持规划定方向、财政作保障、金融为支撑、其他政策相协调，着力构建规划与宏观政策协调联动机制。"[③]在我国宏观调控体系中，国家的国民经济和社会发展计划、货币金融、财政税收、产业政策是我国常用的宏观调控主要手段，同时需要就业、产业、投资、消费、区域等政策的协同发力。近年来国家之所以日益重视各种宏观调控手段的综合运用，是因为从系统观念看，构建高水平社会主义市场经济体制需要健全宏观经济治理体系。而建设规范稳定的宏观经济治理体系，就需要将各种调控政策手段制度化、法治化，这在客观上决定了我国建立健全宏观调控综合协调法律制度的必要性和重要性。

（一）计划与财政政策、金融政策需要相互协调

在我国现代市场经济体制下，国民经济和社会发展计划必须经过最高权力机关批准，其作用不仅是为市场主体提供一种经济信息，而且还是引导企业作出符合国家计划的决策和行为，其中一部分内容对市场主体具有直接的强制约束力。国家计划（含规划）的特点是战略性、宏观性、政策性、一定的强制性和综合性。因此，计划的地位和作用却不容忽视，它是财政政策和货币政策制定和调整的依据，同时，计划的实现也要依靠财政、货币政策。计划通常都指明了财政政策和货币政策的目标和方向。例如，计划提出某一时期的经济增长速度，就需要金融、财政从资金平衡的角度制定相应的政策措施；同样，金融、财政对资金的运用，必须以支持国民经济和社会的发展为前提。这是计划与财政、货币政策必须协调的依据。

（二）产业政策的实现也需要财政和货币政策的支持

产业政策包括产业组织政策、产业结构政策、产业技术政策、产业布局政策。国家财政

[①] 参见张守文：《宏观调控权的法律解析》，载《北京大学学报（哲学社会科学版）》2001年第3期。
[②] 习近平：《高举中国特色社会主义伟大旗帜 为全面建设社会主义现代化国家而团结奋斗——在中国共产党第二十次全国代表大会上的报告（2022年10月16日）》，人民出版社2022年版，第29页。
[③] 《中华人民共和国国民经济和社会发展第十四个五年规划和2035年远景目标纲要》第六十五章第三节"强化政策协同保障"，载中国人大网，http://www.npc.gov.cn/npc/kgfb/202103/bf13037b5d2d4a398652ed253cea8eb1.shtml，最后访问日期：2023年8月10日。

的投资规模和投资结构、税收政策、财政补贴、财政的转移支付等都会影响到产业政策。中央银行确定的信贷规模以及指导商业银行的贷款资金流向,都会对产业政策产生影响。因此,国家产业政策的成功实现,必须依靠财政政策和货币政策。产业政策的制定部门必须与财政、货币宏观调控部门协商,取得支持。财政政策和货币政策的制定和实施,也要符合国家计划和独立的产业政策立法所确定的产业政策。

(三) 财政政策和货币政策之间也需要相互配合

所谓货币政策,主要指的是通过中央银行,对货币和信贷的发放以及贷款利率实行管理和调节所依据的一系列行动准则。所谓财政政策,主要是指财政收入政策(主要是税收政策)和财政支出政策。两者需要相互协调和配合的理由有三点:一是各自调节范围的不同要求二者协调配合。财政政策和货币政策都是以调节社会总需求为基点来实现社会总供求平衡的政策,但二者的调节范围不尽相同。财政政策对社会总需求的影响主要是通过税收增减、发行国债、调整支出规模和结构来实现的,其主要在分配领域实施调节。货币政策对社会总需求的影响主要是通过影响流通中的货币量来实现的,其调节行为主要发生在流通领域。二者的调节都有一定的局限性,因此必须相互配合。二是各自的侧重点不同要求二者协调配合。财政政策与货币政策都对总量和结构进行调节,但在资源配置和经济结构上,财政政策比货币政策更强调资源配置的优化和经济结构的调整,具有结构特征。而货币政策的重点是调节社会需求总量,具有总量特征。三是各自的时滞性不同要求二者协调配合。财政政策的制定需要通过立法机关,并交有关执行机关执行,决策程序复杂;但一旦实施,将直接影响社会的有效需求。货币政策一般由中央银行制定和实施,决策程序简单;但其对社会总需求的影响是间接的。财政政策和货币政策是宏观调控中的两大支柱,很多国家都非常重视二者之间的配合和制约。如德国和美国都在法律中确立了二者的协调制度。

(四) 宏观调控权行使的外部性也决定了我们必须建立宏观调控综合协调制度

依法治国的核心理念就是依法限制政府权力的行使,政府权力应当受到监督和制约,宏观调控领域也不例外。宏观调控部门拥有巨大的宏观调控权,宏观调控权作为国家的一项重要权力,其行使过程中产生的外部性,其对经济的影响、对市场主体和普通民众的影响,都是人所共知的。宏观调控所针对的是经济总量的平衡和经济结构的优化,其使用的变量如利率、汇率、税率、国债和货币供应量都是非常敏感的。这些变量决定了成本、价格、利润的变动,从而进一步引起总供给与总需求的变动及资源在产业部门之间、地区之间、进出口之间的变动,真可谓"牵一发而动全身"。因此,建立综合协调制度有利于在不同的宏观调控部门之间形成一种监督,防止宏观调控各部门滥用权力而不受制约。正如孟德斯鸠所言:"从事物的性质上说,要防止滥用权力,就必须以权力约束权力。"[1]在市场经济高度发达的今天,政府的职能日益扩大,"赋予治理国家的人以巨大的权力是必要的,但是也是危险的。它是如此的危险,致使我们不愿只靠投票箱来防止官吏变成暴君"。[2] 只有在不同的宏观调控部门之间建立协调的法律机制,才能保证政策的制定和实施从国家的最高利益出发,而不致为了维护一己私利、部门利益,置国家经济大局和百姓经济利益于不顾。

---

[1] 〔法〕孟德斯鸠:《论法的精神》(上册),张雁深译,商务印书馆1961年版,第54页。
[2] 〔美〕詹姆斯·M.伯恩斯、杰克·W.佩尔塔森、托马斯·E.克罗宁:《美国式民主》,谭君久、楼仁煊、孙心强、王胜明等译,谭君久、朱鸿恩、陈佩荃等校,中国社会科学出版社1993年版,第189页。

由此可见，单一的宏观经济政策或者调控手段由于本身的特点和局限性是无法实现宏观调控目标的，宏观调控的综合协调是国民经济本身的内在要求和客观需要，这早已为各国宏观调控的实践所证明。而且，无论是经济学的理论还是法治国家的理念，都要求我们建立宏观调控的综合协调制度，只有这样，才能保证宏观经济目标的实现和防止宏观调控部门滥用或者弃用宏观调控权，最大限度地实现宏观调控的预期目标。

二、我国宏观调控综合协调的现状及其法律调整

我国宏观经济管理部门，主要由国家发展和改革委员会、财政部、中国人民银行、国家金融监督管理总局等组成。宏观调控部门的主要职责是：保持经济总量平衡，抑制通货膨胀，优化产业结构，实现经济持续、快速、健康发展；健全宏观调控体系，完善经济、法律手段，改善宏观调控体制。鉴于宏观调控专门部门的重要性，有必要对宏观经济部门的法律地位和职权作出明确的法律规定。例如，未来我国的《发展规划法》《财政法》都应当对国家发展和改革委员会、财政部等的职权作出规定。

明确宏观调控部门各自的职责权限是建立综合协调机制的前提，没有明确的分工，综合协调机制就无法建立起来。与此同时，建立宏观调控各部门之间相互配合和制约的协调机制同样重要。尤其是当各自权限职责不明确、不完善时，综合协调机制的重要性就凸显出来。因为这些部门之间的职能及其业务各有优势和侧重，并有各自的体系，代表着不同的利益关系，难免产生各自的部门偏好，缺乏合作精神。与宏观调控部门各自的地位和职权不清相比，宏观调控部门彼此之间缺乏沟通，缺少合作，相互之间无法监督的问题更为突出。例如，国债作为弥补财政收支缺口的基本来源，直接制约着财政运行；作为货币供应的一个重要工具，对货币市场和资本市场都有重要影响。长期以来，在国债问题上，各部门基本上是各搭各的台，各演各的戏，致使国债发行成本居高不下。因此，只有建立宏观调控的综合协调法律制度，才能明确在制定和实施哪些事项和政策措施之前，主管部门必须与其他部门进行沟通，以阐明这些政策措施将对其他部门产生的影响，或者征得其他部门的配合；才能明确这些跨部门决议的法律效力；才能建立起相应的制约制度，保证这些部门之间的相互监督；才能建立起一套科学、高效的协调和协商机制；才能使调控中的随意、偶然的协调和协商成为依照法律程序和实体规定，依法实施的法律行为，而具有法律的根据和效力。

"继续推进实践基础上的理论创新，首先要把握好新时代中国特色社会主义思想的世界观和方法论，坚持好、运用好贯穿其中的立场观点方法。"[①]在这些科学思想方法中，我们"必须坚持系统观念。万事万物是相互联系、相互依存的。只有用普遍联系的、全面系统的、发展变化的观点观察事物，才能把握事物发展规律"[②]。因此，宏观调控综合协调制度的建立有赖于系统观念或思维和"增强立法系统性、整体性、协同性、时效性"的要求，运用经济法理念，应尽快制定《宏观经济调控法》或《国民经济稳定发展法》。因为，经济法的产生恰恰是国家干预、调控、参与经济的结果，是保障实现国家经济职能的法律形式。经济法从社会整体利益出发，遵循平衡协调等原则；主张国家和市场主体的合作与互动，国家部门之间的协调，

---

① 习近平：《高举中国特色社会主义伟大旗帜　为全面建设社会主义现代化国家而团结奋斗——在中国共产党第二十次全国代表大会上的报告（2022年10月16日）》，人民出版社2022年版，第18页。

② 同上书，第20页。

以达到各方利益的平衡。经济法既关注市场主体的实体权利义务,又授予政府经济治理的权力,同时又对行政机关行使权力的范围和程序作出规范约束。经济法的本质之一是"确认和规范政府干预经济之法"。具备系统性、整体性、协同性、时效性、调控权力法定等理念的《宏观经济调控法》或《国民经济稳定发展法》也就能够承担起建立宏观调控综合协调法律制度的重任。因为,唯有该法可以超出单一的宏观经济政策或者调控手段,对规划或计划以及财政、金融、产业等宏观经济政策制定和实施的基本制度作出原则规定,以作为发展规划、财政、金融、产业政策等各自领域立法的依据和指导;而且,更为重要的是,只有该法可以明确发展规划、财政、金融、产业政策等几者之间的关系,建立起彼此之间相互配合、相互制约的综合协调制度,保证宏观经济政策的协调和统一,这是单个《中央银行法》或者《财政法》《税法通则》《产业政策基本法》无能为力的。

从某种意义上说,保证宏观经济政策之间的协调和统一,完善不同宏观调控部门之间的综合协调制度,是《宏观经济调控法》或《国民经济稳定发展法》的独特价值及核心价值,也是制定该法的主要意义所在。此外,《宏观经济调控法》或《国民经济稳定发展法》在建立宏观调控综合协调制度时,应当吸收行政法"控权"的思想,其具体制度的设计应当保证政府权力受到制约和监督。

三、国外宏观调控综合协调法律制度的立法实践

为了实现经济增长、充分就业、稳定物价和国际收支平衡等宏观经济目标,推进国家管理经济的法治化,德国和美国分别制定了《经济稳定与增长促进法》(1967年)和《充分就业和平衡增长法》(1978年)。这两部法均高度重视宏观经济政策的综合协调,并且建立了具体的制度,其制度设计值得我国借鉴。从这两部法律中,我们深深体会到,不管是美国所谓的"自由市场经济",还是德国的"社会市场经济",都存在着政府对经济的干预,而且政府干预经济要纳入法治的轨道。德国早就制定了《联邦银行法》《财政管理法》《联邦预算法》等;美国也制定了《联邦储备法》《财政收入法》《税制改革法》等。制定《经济稳定与增长促进法》等综合性宏观调控法律,并不排斥它们同时制定《中央银行法》等单行法律,而《经济稳定与增长促进法》等是统帅宏观调控各自领域的宏观经济单行法律的龙首法。由此可见,《宏观经济调控法》或《国民经济稳定发展法》并非可有可无。我们应该充分借鉴德国等国家的立法经验,在我国的社会主义市场经济体制下,建立起完善的宏观调控法律体系和完善的宏观调控综合协调制度。

(一)德国的宏观调控综合协调制度

德国的《经济稳定与增长促进法》第3条规定了"一致行动的指导方针",即在发生危及其第1条所规定的宏观调控四大目标时,联邦政府应立即制定"指导方针",使各级政府、各同业公会以及企业联合会采取同时互相配合的行动。这种指导方针应特别说明在这种形势下整个经济的各方面之间的相互关系。

该法第18条所规定的"国家经济平衡发展委员会"更具典型意义,是国家建立专门的机构协调宏观经济政策。该法规定,联邦政府设立国家经济平衡发展委员会,委员会由联邦经济部长、财政部长,每州代表1人,乡镇与县的代表4人组成;联邦经济部长为国家经济平衡发展委员会主席。国家经济平衡发展委员会根据议事规则,定期开会,讨论为实现该法所确定的经济增长、高度就业、物价稳定和外资平衡目标所必需的一切经济平衡发展措施。联邦

银行有权参加国家经济平衡发展委员会的会议。① 该制度很有借鉴意义,是一种典型的宏观调控的综合协调制度。由联邦经济部长、财政部长、联邦银行共同开会商讨宏观经济政策,这一制度意义重大,将有助于国家计划、产业政策、财政政策和货币政策的统一和协调。在国家经济平衡发展委员会中包括州和地方代表也是很有必要,这有利于联邦政府了解地方的经济情况,听取和了解他们的意见,保证政策制定的科学性,同时也有助于这些经济政策在地方的实施。

总之,《经济稳定与增长促进法》高度重视政府与行业管理机构、联邦政府与地方政府、不同政府经济管理部门之间的协调和配合。

(二) 美国的宏观调控综合协调制度

美国的《充分就业和平衡增长法》虽未明确在联邦政府内建立一个跨部门的宏观调控协调机构,但该法的许多零散规定,也建立了美国独具特色的综合协调制度,其制度颇为新颖,也值得我们借鉴。该法要求美国联邦储备委员会理事会主席每年必须向国会作两次报告。在报告中,理事会主席必须就其货币、信贷计划与总统确立的短期目标之间的关系作出评论。此举主要是为了加强政府的财政政策和中央银行的货币政策之间的协调。这一制度极为重要。美国中央银行货币政策的制定和实施是独立于政府的,这主要是为了使中央银行保持独立性,以对政府形成一定的监督和制约,防止政府为片面地追求经济增长和充分就业而实施过分扩张的经济政策,从而引发通货膨胀。

此外,该法指出,仅仅依靠货币政策和财政政策是不能实现预期的宏观经济目标的,必须同时采取其他相应的措施,比如,要确定明确的短期和中期经济目标;同时要加强总统、国会、联邦储备委员会之间的协调。这一规定强调了计划和财政政策、货币政策的协调以及政府、中央银行和立法机关的协调。该法还要求召开国家就业会议,由小企业、大企业、工人、政府、其他利益关系人参加;要求总统为了治理失业率高的问题,要采取相应的计划和政策,或者向国会提出法案,以加强联邦政府、地区、州和地方,以及私人部门之间的协调。

总之,《充分就业和平衡增长法》十分重视财政、金融等不同经济政策之间的协调,重视联邦政府和州、地方政府之间的协调,重视政府部门和私人部门之间的协调。这种理念和制度,值得我们学习与借鉴。

四、建立我国的宏观调控综合协调法律制度

为了实现国家治理体系和治理能力现代化,健全宏观经济治理体系,必须按照坚持党的全面领导、坚持以人民为中心、坚持优化协同高效、坚持全面依法治国的原则,借鉴德国等国家的经验,通过制定《宏观经济调控法》或《国民经济稳定发展法》确立国家宏观调控综合协调制度,以加强各宏观调控部门之间的配合和制约,从法律上保证各部门之间的合作。《宏观经济调控法》或《国民经济稳定发展法》,应着重解决以下问题:

(一) 设立国民经济宏观调控委员会,明确其议事规则及其权限

我国未来的《宏观经济调控法》或《国民经济稳定发展法》应当明确规定中国共产党中央

---

① 谢怀栻译:《联邦德国〈经济稳定与增长促进法〉》,载史际春主编:《经济法总论(教学参考书)》,法律出版社 2000 年版,第 213 页。

财经委员会的法律地位。[①] 党中央对宏观经济调控工作集中统一领导,负责国民经济稳定和发展的顶层设计、统筹协调、整体推进、督促落实,研究审议宏观经济领域重大政策、重大问题等。国务院应设立国民经济宏观调控委员会;国民经济宏观调控委员会应是国务院集中行使宏观经济调控权的常设机关。国民经济宏观调控委员会应按照议事规则,定期召开会议。国民经济宏观调控委员会应在充分发扬民主的基础上,实行首长负责制。至于国民经济宏观调控委员会的议事规则,则由该法明确授权国务院制定。

国民经济宏观调控委员会的权力内容,应当符合我国《宪法》《立法法》,以及进行相应修改的《国务院组织法》《预算法》《中国人民银行法》等法律,同时应考虑宏观调控本身的经济属性,建立科学的、民主的、高效的宏观调控决策法律制度。因此,必须明确,国民经济宏观调控委员会应召开会议,讨论下列事项并作出决议:(1)根据国内外经济形势和党中央的经济工作重大决策,确定近期国家实行的财政政策、货币政策和产业政策等宏观经济政策;(2)国家发展规划制订中的重大问题;(3)中央财政预算编制中的重大问题;(4)国家产业结构调整的重大问题;(5)国债发行规模和用途;(6)年度货币供应量;(7)中央财政出资的数额特别巨大的拟建设项目;(8)国务院确定的其他事项。

国民经济宏观调控委员会决议应当具有强制力,国务院经济主管部门、地方各级人民政府和政府经济主管部门应当执行;依照法律、行政法规需经其他机构批准或者同意的,经批准或者同意后执行。

(二)建立宏观调控的综合协调机制

制定《宏观经济调控法》或《国民经济稳定发展法》,应当明确规定不同经济调控部门之间相互制约和监督的制度。在法律中应当作出以下规定:(1)国家发展和改革委员会、财政部、中国人民银行、商务部等调控部门相互之间可以就国家国民经济和社会发展规划或计划以及经济政策的制定或者实施提出意见和建议;(2)一方认为其他方计划或者经济政策的制定或者实施违反国务院或者国民经济宏观调控委员会的决议时,应当及时向总理报告,并可以向总理提请召开国民经济宏观调控委员会会议;(3)一方认为其计划或者经济政策的制定和实施需要其他方配合时,可以向总理提请召开国民经济宏观调控委员会会议。

总之,宏观调控综合协调制度,主要是提供不同经济调控部门之间政策、措施协调的程序和方式,形成稳定的协调机制,避免宏观调控部门各自为政,以提高宏观调控决策的效率;同时也可提供一种解决不同部门之间争议的途径,在不同部门之间形成一定的制约和监督,避免宏观经济政策彼此之间的相互冲突和抵消,削弱宏观调控的功能及影响宏观调控目标的实现。

本 章 小 结

宏观调控,即宏观经济调控,是指国家为实现社会总需求与社会总供给之间的平衡,保证国民经济持续、稳定、协调增长,而运用经济的、法律的和行政的手段对社会经济运行的调节与控制。

---

① 中国共产党中央财经委员会是 2018 年 3 月中国共产党中央委员会根据《深化党和国家机构改革方案》由原中央财经领导小组改成的中共中央直属议事协调机构。

第六章　宏观调控法基本原理

宏观调控关系涉及国民经济运行全过程,主要包括以下几类:(1) 计划调控关系;(2) 财税调控关系;(3) 金融调控关系;(4) 产业调控关系;(5) 投资调控关系;(6) 储备调控关系;(7) 涉外经贸调控关系。

宏观调控法,是指调整宏观调控关系的法律规范的总称,它是经济法体系中的重要部门,是国家管理经济的主要法律手段之一。根据宏观调控法的调整对象和定义,我国宏观调控法的基本内容或体系主要包括财政法、税法、金融法、计划法等法律制度。

宏观调控法的原则包括:(1) 总量平衡与结构优化原则。(2) 调控行为法定原则,其基本要求是:宏观调控主体资格法定;各类不同的宏观调控主体所享有的宏观调控权力法定,严格要求宏观调控主体在法律赋予的调控权范围内活动,禁止假借调控之名,侵害调控受体的权益,保障宏观经济健康运行和市场经济秩序;宏观调控方式与程序的法定,这是保证宏观调控法有效实施的基本要求。(3) 调控适度原则。其内涵有三层意思:一是宏观调控行为不得冲击和削弱市场机制作用的发挥;二是宏观调控行为必须尊重客观经济规律,依法有序进行调控;三是宏观调控行为或手段一般不得直接干预企业等市场主体的具体生产经营活动。(4) 注重宏观效益原则,即宏观调控的着眼点是如何提高宏观经济效益,而不是直接过问某个企业的经济效益。

宏观调控法的调整方法,是指对宏观调控法的调整对象施加有影响力和法律后果的方式、手段的总和。由于划分的标准不同,宏观调控法的调整方法的分类也不同。如果以宏观经济政策业务范围为基础,宏观调控法可以使用的调整方法有财政调控方法、货币调控方法、产业政策调控方法、价格政策调控方法、对外经济政策调控方法等。如果以对经济行为影响的力度与方式为基础,则宏观调控法的调整方法可以分为利益诱导方法、计划指导方法、强行控制方法等。宏观调控法也可使用公法所采用的一般禁止式的调整方式、积极义务式的调整方式,辅之以有条件的一般允许式的调整方式等调整方法。

宏观调控权是指国家为确保社会总需求与社会总供给之间的平衡,实现国民经济持续、稳定、协调增长的目标,而运用经济、法律和行政的手段对社会经济运行的调节与控制而授予宏观调控主体的法定职权。宏观调控权的配置是关乎宏观调控权行使主体的重要问题。宏观调控权的配置涉及纵向与横向两个层面的问题。宏观调控权的纵向配置,就是宏观调控权在中央和地方之间的划分。实施宏观调控的主体,不能是地方政权,而只能是国家的最高政权。宏观调控权的横向配置,就是宏观调控权在中央政府各宏观管理部门之间的配置。宏观调控权的横向配置包括宏观调控权力的初次分配与再分配问题。宏观调控的立法权应归属于全国最高的立法机关;而宏观调控的执法权则应归属于全国最高的行政机关及其职能部门;司法机关不享有宏观调控权。这是对宏观调控权的一次分配。与此同时,在中央级次的立法机关、行政机关之间存在着对宏观调控权的再分配。

宏观调控综合协调法律制度,主要是提供不同经济调控部门之间政策、措施协调的程序和方式,形成稳定的协调机制,避免宏观调控部门各自为政,以提高宏观调控决策的效率;同时也可提供一种解决不同部门发生争议的途径,在不同部门之间形成一定的制约和监督,避免宏观经济政策彼此之间的相互冲突和抵消。因此,经济法治理念或者法治国家的理念,都要求建立宏观调控的综合协调法律制度,只有这样,才能保证宏观经济目标的实现,防止宏观调控部门滥用或者弃用宏观调控权,最大限度地实现宏观调控的预期目标。

第七章

财政法律制度

第一节 财政与财政法概述

一、财政的一般原理

(一) 财政的概念

财政,是国家为满足公共欲望而取得、使用和管理资财的活动的总称。它包括中央财政和地方财政。财政是国家参与国民收入分配和再分配的重要手段,在宏观调控和保障经济社会稳定发展方面都具有重要作用。

财政作为一个经济范畴,是与私人经济相对立的,它在很大程度上影响着社会财富的分配;财政作为一个历史范畴,是与国家的产生和发展形影相随的。没有国家,就没有财政;同时,没有财政,国家也难以存续。财政是保障国泰民安的重要手段。

(二) 财政的特征

整个社会经济可分为两类:一类是各种市场主体之间的经济活动,此即私人经济;另一类是国家或政府相互之间及其与市场主体相互之间的经济活动,此即公共经济。这种分类对于理解财政问题具有重要意义。

财政作为公共经济,与私人经济中的企业财务、私人家计等有许多不同。财政的基本特征是:(1) 财政的主体是国家,它以国家的强制力为保障,同时,财政活动需以国家的法律为依据,促进国家自身职能的实现。(2) 财政的目的是满足公共欲望,实现公共需要。(3) 财政的内容包括财政收入、财政支出、财政管理三个部分,其涉及领域广阔,并围绕满足公共欲望这一中心展开。上述特征,是私人经济所不具备的。

基于上述财政的基本特征,还可以概括出财政的如下引申特征:(1) 强制性。与私人经济的资财转移不同,在公共经济领域,国家从私人经济领域取得资财是依其主权地位和所有者地位,并且是以强制、无偿取得为主,而不是靠私人的自愿奉献,因此,必须以国家强制力为后盾,依强行法为之。(2) 非营利性。财政具有公共目的性,与私人经济以利润最大化为目标不同。财政收支、管理活动主要是为了向社会提供公共物品,增进社会福利,而不是以营利为目的。因此,"取之于民,用之于民",是财政的根本要义。(3) 永续性。在存续时间上,财政与国家并存,通常被假定为具有永久连续性,不像私人经济那样容易出现非连续性。

(三) 财政的职能

财政的职能是财政所内含的基本功能。财政的职能主要有如下三种：

1. 分配收入的职能

由于财政的内容是财政收入、支出和管理活动，即集中部分社会财富而后再进行分配，因此，分配收入是财政最原初、最基本的职能。

财政分配收入的职能，具体地表现为对分配关系的调节，即财政能够调节国家、企业、居民等各分配主体之间的物质利益关系。在整个社会分配体系中，财政分配占有重要地位，它包括公共经济领域以及公共经济与私人经济之间的分配。

财政分配活动包括两个阶段：其一，是国家凭借主权地位或所有者地位占有一定数量的社会产品的财政收入阶段；其二，是国家按照一定的政治经济原则，将占有的社会产品用于社会生产和生活的财政支出阶段。两者构成了财政参与国民收入分配和再分配的总体。财政收支规模及财政活动领域的广狭，决定了财政分配收入职能发挥作用的深度和广度。

2. 配置资源的职能

财政配置资源的职能，或称宏观调控的职能，就是通过资源的分配，引导人力和物力的流向，以形成一定的资产结构和产业结构，实现资源的有效配置和宏观调控的目标。财政能够把社会的资源在政府部门与非政府部门之间进行分配；同时，还能够根据国家的经济和政治原则，调节积累和消费等比例关系。

通常，税收、预算支出、国债、转移支付等财政手段都是资源配置的有效手段，其运用的过程也就是对资源进行配置和宏观调控的过程。正因如此，财政手段是各国用以进行宏观调控、实现资源有效配置的重要杠杆。

3. 保障稳定的职能

财政保障稳定的职能，与上述两项职能密切相关。具体说来，在经济层面上，在各类经济主体之间有效分配收入、配置资源，有助于保障经济领域的公平和效率，从而有助于保障宏观经济各项目标的实现，实现经济的稳定增长；在社会层面上，上述两项财政职能的实现，不仅有助于保障经济公平，更有助于保障社会分配领域里的社会公平，保障基本人权，从而也有利于社会稳定。

财政的上述三项基本职能是层层递进的。其中，分配收入的职能是前提、基础；配置资源的职能建立在分配收入职能的基础之上，并日渐受到重视；而保障稳定的职能则是以前两大职能为基础的。

(四) 财政存在的必要性

财政为什么会存在？其存在有何理由和必要？对此有多种解释。通常，在经济学或财政学上，主要倾向于用公共物品理论来解释财政存在的必要性。

一般认为，财政之所以会存在，是因为社会公众对公共物品存在公共欲望，这些公共欲望不能从市场主体那里得到满足，而只能由国家来满足；相关公共物品不能由私人经济提供，而只能由公共经济提供。于是，为了满足公共欲望、提供公共物品，就需要有为财政。

与公共经济、私人经济的区别相似，人类的欲望也可分为两类，即私人欲望和公共欲望。前者是指个人能够独自满足的需求，是具有排他性的欲望；而后者则是公众可以共同享有的需求，是不具有排他性的欲望。公共欲望是存在于私人经济中的无数私人欲望中的共同欲望。一般说来，私人欲望可以通过私人个体在市场上选购商品和劳务而得到满足；而公共欲望则不能通过市场主体的活动来得到满足,因为市场不能有效提供公众都需要的公共物品,即在提供公共物品方面市场是失灵的。只有公共经济部门提供公共物品才是更有效率的,才能更好地满足公共欲望。

上述的公共物品(或称为公共品、公共产品等),是私人物品的对称。私人物品的产权是明晰的,具有独占性、排他性和可转让性的特点;而公共物品则具有消费的非排他性和非竞争性。由于对于公共物品无论是否付费和付费多少,其消费主体都能获得等量、等质的消费,且一个主体的消费既不影响他人消费,也不能排除他人消费,因此,私人对公共物品的消费普遍存在"搭便车"的心理,都不愿意投资于公共物品领域,从而使市场不能有效提供公共物品。为此,公众普遍需要的公共物品,只能由或政府来提供。而政府是非营利的组织,其提供公共物品所需的资金只能来自财政,由此,财政的存在甚为必要。

二、财政法的概念

财政法,是调整在国家为了实现公共职能而取得、使用和管理资财过程中发生的社会关系的法律规范的总称。它是经济法的重要部门法,在宏观调控和保障社会公平方面具有重要作用。

(一)财政法的调整对象

财政法的调整对象,是在国家取得、使用和管理资财的过程中发生的社会关系,亦即在财政收入、财政支出、财政管理的过程中发生的社会关系。这些社会关系统称为财政关系。因此,财政法就是调整财政关系的法律规范的总称。

财政法所调整的财政关系包括以下几个方面:(1)财政收支管理关系,即在财政活动中形成的最主要、最广泛的社会关系。它包括财政收入关系、财政支出关系以及财政管理关系。(2)财政活动程序关系,即在依法定程序进行财政活动的过程中形成的社会关系。(3)财政管理体制关系,即在相关的国家机关之间进行财政管理权限的横向和纵向划分过程中发生的社会关系。它是上述两类财政关系存在的前提。

(二)财政法的特征

财政法的特征是财政法区别于其他部门法的特点或称特有的征象。它反映财政法的本质,是对财政法概念的进一步揭示。

财政法的特征因分析角度和比较对象不同,可以作不同的概括。在财政法的定义中,实际上已经蕴含了财政法的特征。对此可概括为以下几个方面:(1)国家主体性。国家在财政关系中始终是主体的一方,且在财政活动中居于主导地位,从而使财政法具有公法的性质,并明显区别于私法。(2)法域特定性。财政法作用于财政领域,这与刑法、行政法等公法的其他部门法的法域是不同的。这种法域的特定性,使财政法的宗旨、原则、调整方法等都有自己的独特性,由此使其能够与公法领域的其他部门法相区别。(3)调整对象的独特性。财政法的调整对象是财政关系,是其他部门法都不调整的,由此不仅可以使其区别于公法中的其他部门法,也能够区别于经济法中的其他部门法。

可见,与私法的各个部门法相比,财政法属于公法,具有公法的共性特征;与经济法以外的公法的部门法相比,财政法不仅有自己独立的调整对象,而且在法域、宗旨等方面都不同,从而可以与经济法以外的其他部门法相区别;与经济法的各个部门法相比,财政法有自己独特的调整对象,从而可以使其与联系最为密切的经济法的各个部门法相区别。

三、财政法的地位

依据一般法理,要判定财政法的地位,主要看财政法能否成为一个独立的法律部门,是否具有不可替代的理由和价值。

由于财政法有独立的调整对象,即财政关系,并且这种关系是其他部门法都不调整的,因此,财政法的调整与其他任何部门法的调整都既不存在交叉,也不存在冲突,从而有其不可替代的理由和价值。由于拥有自己独立的调整对象、性质相同的法律规范就可以组成一个部门法,因此,财政法能够成为一个独立的法的部门,在整个法的体系中有自己独立的位置。

尽管财政法可以成为一个独立的法的部门,但还需要明确其究竟属于哪个类型或层次的部门法。例如,曾有人认为它属于行政法,多数人认为它属于经济法,也有人认为它是与经济法、行政法、民法等相并列的一个独立的法律部门。考虑到财政法在特征、宗旨、本质等各个方面,在总体上都与经济法一致,并且,现代财政法在宏观调控方面具有重要作用,由此可以认为:财政法是经济法的部门法,并且是经济法的宏观调控法中的重要部门法。

财政法作为法律体系中的一个独立部门法,同与其相邻近的部门法之间既存在着明显的区别,也存在着密切的联系。特别是财政法与宪法、行政法、民法等的密切联系,都是值得重视和需要深入研究的。

四、财政法的体系

财政法的体系是财政法的各类法律规范所组成的和谐统一的整体。它应当是内外协调的,即对外要求财政法与其他部门法要和谐共处,对内要求组成财政法的各类法律规范要协调互补。

财政法的体系取决于其调整对象。由于财政法的调整对象是财政关系,因而财政法的体系就应当是由调整各类财政关系的法律规范构成的和谐统一的整体。从财政法理论上说,既然财政关系可以分为财政管理体制关系、财政收支管理关系以及财政活动程序关系,则调整财政关系的法律规范也相应地可以分为三类,即财政管理体制法律规范、财政收支管理法律规范、财政活动程序法律规范,它们都是财政法体系不可缺少的组成部分。

由于经济法具有"自足性",即在立法中普遍将实体法规范与程序法规范熔于一炉,因此,在形式意义上的财政法中,往往也是上述三种调整财政关系的法律规范并存。由于财政法的实体法规范与程序法规范密切关联,且有关财政收支的规范与有关财政管理的规范亦存在内在联系,因而在立法上不应将上述三类规范割裂开来。

在财政法体系的内部结构方面,从财政收入的角度说,由于税收和国债是财政收入的重要来源,因此,调整税收关系和国债关系的税法和国债法,也是调整财政收入管理关系的主要部门法;从财政支出的角度说,由于财政支出的主要途径是政府采购和转移支付,因而政府采购法和转移支付法应当是调整财政支出管理关系的重要部门法。此外,由于预算法对预算关系的调整既涉及财政收入,又涉及财政支出,是从总体上规范财政收支活动的法,因此,它是财政法中的核心法。这样,上述的预算法、税法、国债法、政府采购法和转移支付法等就构成了财政法的体系。该体系从一定意义上可以视为财政政策体系的法律化。

上述的财政法体系是广义上的。狭义上的财政法体系,是不包括税法的财政法体系。

考虑到税法的诸多特殊性以及税法在保障财政收入和宏观调控方面的重要地位,本书将专章介绍税法,因此,本章在后面主要探讨狭义上的财政法体系的相关问题。

第二节 预算法律制度

一、预算和预算法概述

(一)预算和预算法的概念

预算,在此指国家预算,它是国家对会计年度内的收入和支出的预先估算。它包括中央预算和地方预算。

"预算"一词往往会被在多种语境中使用。国家的预算在形式上体现为反映财政收支的特定表格,但在实质上,它反映的是国家预算的编制、议定和执行等一系列活动,它反映了政府活动的范围、方向和政策目标。

预算法,是调整在国家进行预算资金的筹集、分配、使用和管理过程中发生的经济关系的法律规范的总称。

预算法的调整对象,是在国家进行预算资金的筹集、分配、使用和管理的过程中发生的经济关系,简称预算关系。它包括预算程序关系和预算实体关系两个方面。前者是预算主体在履行预算的编制、议定、执行等程序过程中发生的经济关系,后者是在组织、取得和分配使用预算资金过程中发生的经济关系。这两类预算关系是密切相关的。

预算和预算法既有区别又有联系。预算作为一种活动,是整个国家财政活动的重要内容,是国家筹集和分配财政资金的重要手段;而预算法则是调整预算关系的法律规范的总称。因此,预算活动作为预算法规范的对象,必须依预算法的规定来进行。此外,预算作为一种法律文件,是指经过国家权力机关批准的预算,或称预算文件,它具有法律约束力,是一种广义上的预算法,但只在特定时期才具有法律约束力。国家每年通过具体预算文件的内容变动,可以对经济与社会运行进行宏观调控。

(二)预算法的地位

在财政法体系中,预算法是核心法、骨干法。由于财政活动的主要内容是进行预算资金的筹集、分配、使用和管理,并且,财政工作的主要任务就是组织和实现立法机关批准的财政收支计划,因此,从某种意义上说,没有预算就没有财政。预算的这种地位也决定了预算法在财政法中的核心地位。由于财政法的基本原理和基本精神主要是从预算法中概括出来的,因而也有人认为预算法就是狭义上的财政法。

正由于预算法极为重要,因而各国都非常重视预算立法。许多国家不仅在宪法上对基本的预算体制作出规定,而且还专门制定形式意义上的预算法。我国在确立实行市场经济体制以后,第八届全国人大第二次会议于1994年3月22日通过了《中华人民共和国预算法》(以下简称《预算法》),自1995年1月1日起施行。其后,全国人大常委会分别于2014年8月31日、2018年12月29日对《预算法》作修正[①]。《预算法》在我国财政法立法体系中

[①] 与我国《预算法》相配套,《预算法实施条例》于1995年11月22日由国务院发布施行,并于2020年8月3日修订。

至为重要,其宗旨是规范政府收支行为,强化预算约束,加强对预算的管理和监督,建立健全全面规范、公开透明的预算制度,保障经济社会的健康发展。基于上述宗旨,该法规定了各类预算法律制度,这些制度是本节着重阐述的内容。

二、预算的体系

（一）预算的横向结构

预算由预算收入和预算支出组成。为了全面规范政府的收支行为,加强对预算的管理和监督,我国强调实行"全口径预算",即政府的全部收入和支出都应当纳入预算。依据《预算法》规定,我国的预算分为四类,即一般公共预算、政府性基金预算、国有资本经营预算、社会保险基金预算。上述各类预算应当保持完整、独立。其中,政府性基金预算、国有资本经营预算、社会保险基金预算应当与一般公共预算相衔接。

一般公共预算是对以税收为主体的财政收入,安排用于保障和改善民生、推动经济社会发展、维护国家安全、维持国家机构正常运转等方面的收支预算。它分为中央和地方两个层次。

中央一般公共预算包括中央各部门（含直属单位,下同）的预算和中央对地方的税收返还、转移支付预算。其预算收入包括中央本级收入和地方向中央的上解收入。其预算支出包括中央本级支出、中央对地方的税收返还和转移支付。

地方各级一般公共预算包括本级各部门（含直属单位,下同）的预算和税收返还、转移支付预算。其预算收入包括地方本级收入、上级政府对本级政府的税收返还和转移支付、下级政府的上解收入。其预算支出包括地方本级支出、对上级政府的上解支出、对下级政府的税收返还和转移支付。

上述中央和地方各级一般公共预算中所包含的本级各部门预算,由本部门及其所属各单位预算组成。

政府性基金预算是对依照法律、行政法规的规定在一定期限内向特定对象征收、收取或者以其他方式筹集的资金,专项用于特定公共事业发展的收支预算。此类预算应当根据基金项目收入情况和实际支出需要,按基金项目编制,做到以收定支。

国有资本经营预算是对国有资本收益作出支出安排的收支预算。此类预算应当按照收支平衡的原则编制,不列赤字,并安排资金调入一般公共预算。

社会保险基金预算是对社会保险缴款、一般公共预算安排和其他方式筹集的资金,专项用于社会保险的收支预算。此类预算应当按照统筹层次和社会保险项目分别编制,做到收支平衡。

（二）预算的纵向结构

预算的纵向结构与国家的政权结构相对应,它是划分各级预算管理权限的前提条件,同时,也为加强对预算的管理和监督提供了制度保障。

依据财政法原理中的"一级政权,一级财政"的原则,我国《预算法》规定,国家实行一级政府,一级预算。据此,根据我国的政权结构,可以把我国的预算分为五级,即（1）中央预算;（2）省、自治区、直辖市预算;（3）设区的市、自治州预算;（4）县、自治县、不设区的市、市辖区预算;（5）乡、民族乡、镇预算。这五级预算,可以进一步分为两大类,即中央预算和地方预算。

全国预算由中央预算和地方预算组成。地方预算由各省、自治区、直辖市总预算组成。地方各级总预算由本级预算和汇总的下一级总预算组成；下一级只有本级预算的，下一级总预算即指下一级的本级预算。没有下一级预算的，总预算即指本级预算。

由于乡级预算没有下一级预算，因而其总预算就是指本级预算。

上述预算的横向结构和纵向结构，为政府的预算活动提供了基本的框架。事实上，预算法确定的各类预算主体的地位及其职权与职责、权利与义务，以及预算活动的程序等各项制度，均与其直接相关。

三、预算管理职权

与上述预算体系密切相关的是预算管理体制。所谓预算管理体制，是指国家机关之间、中央与地方之间在预算管理职权方面的划分。其主要内容就是预算管理职权在同级的或不同级别的相关国家机关之间的横向和纵向的分配。我国《预算法》对预算管理职权主要有以下规定：

（一）各级权力机关的预算管理职权

1. 各级人大的预算管理职权

县级以上各级人大的预算管理职权是：(1) 审查权。即有权审查本级总预算草案及本级总预算执行情况的报告。(2) 批准权。即有权批准本级预算和本级预算执行情况的报告。(3) 变更撤销权。即有权改变或者撤销本级人大常委会关于预算、决算的不适当的决议，县级以上地方各级人大还有权撤销本级政府关于预算、决算的不适当的决定和命令。

此外，乡级人大有权审查和批准本级预算和本级预算执行情况的报告；监督本级预算的执行；审查和批准本级预算的调整方案；审查和批准本级决算；撤销本级政府关于预算、决算的不适当的决定和命令。

2. 各级人大常委会的预算管理职权

县级以上各级人大常委会的预算管理职权是：(1) 监督权。即有权监督本级总预算的执行。(2) 审批权。即有权审批本级预算的调整方案以及本级政府的决算。(3) 撤销权。全国人大常委会有权撤销国务院和省级人大及其常委会制定的同宪法、法律相抵触的关于预算、决算的行政法规、决定和命令以及地方性法规和决议；地方人大常委会有权撤销本级政府和下一级人大及其常委会关于预算、决算的不适当的决定、命令和决议。

（二）各级政府机关的预算管理职权

县级以上各级政府的预算管理职权是：(1) 编制权。即有权编制本级预算、决算草案以及本级预算的调整方案。(2) 报告权。即有权向本级人大作关于本级总预算草案的报告；有权将下一级政府报送备案的预算汇总后报本级人大常委会备案；有权向本级权力机关报告本级总预算的执行情况。(3) 执行权。即有权组织本级总预算的执行。(4) 决定权。即有权决定本级预算预备费的动用。(5) 监督权。即有权监督本级各部门和下级政府的预算执行。(6) 变更撤销权。即有权改变或撤销本级各部门和下级政府关于预算、决算的不适当的决定、命令。

此外，乡级政府的预算管理职权主要是编制权、报告权、执行权、决定权，其具体内容同上。

（三）各级财政部门的预算管理职权

各级财政部门是各级政府具体负责财政工作的职能部门，其预算管理职权是政府相关职权的进一步具体化，主要有：(1) 编制权。即有权具体编制本级预算、决算草案以及本级预算的调整方案。(2) 执行权。即有权组织本级总预算的执行。(3) 提案权。即有权提出本级预算预备费动用方案。(4) 报告权。即有权代其向本级政府和上一级政府财政部门报告本级总预算的执行情况。

四、预算收支的范围

基于上述预算的横向结构和纵向结构以及预算管理职权的划分，还要进一步明确预算收支的范围，这对于预算的编制、审批、执行和调整等都非常重要。

预算的收支范围，与各级政府的财权、事权划分，以及相关的收支能力都密切相关。我国《预算法》规定，国家实行中央与地方分税制，这对于稳定中央与地方的预算收入，充分调动各级政府预算管理的积极性，增强财政的宏观调控能力，提高国家的竞争力等，都有重要意义。

由于各类预算的收支范围不同，因此，《预算法》主要对一般公共预算的收支范围作出了规定，并强调其他各类预算的收支范围，按照法律、行政法规和国务院的规定执行。

（一）预算收入的范围

我国《预算法》规定，一般公共预算收入包括各项税收收入、行政事业性收费收入、国有资源（资产）有偿使用收入、转移性收入和其他收入。

上述预算收入的范围，体现了各类收入来源的不同。其中，税收收入是预算收入中最主要的部分，在各国预算收入中的占比都较高，我国亦然。由于税收对于国家极为重要，因此调整税收关系的税法也备受重视，本书将设专章加以介绍。此外，国有资源（资产）有偿使用收入，是国家依据其所有者的地位而获得的收益，它虽然与行政事业性收费收入的取得依据不同，但都属于"非税收入"。上述各类收入与转移性收入、其他收入一起，构成了总体的预算收入。

另外，依据分税制的要求，预算收入的范围包括中央预算收入、地方预算收入、中央和地方共享收入三类。根据1994年实行分税制时的设想[①]，中央固定收入主要包括关税、消费税收入等，中央与地方的共享收入包括增值税收入等。除上述中央固定收入和共享收入中属于中央预算收入部分以外的税收收入，属地方预算收入。

（二）预算支出的范围

从预算支出的功能或经济性质的角度，可以对预算支出作出不同的分类，而这些不同类型的预算支出，则构成了预算支出的范围。

依据《预算法》规定，一般公共预算支出按照其功能分类，可以分为：(1) 一般公共服务支出；(2) 外交、公共安全、国防支出；(3) 农业、环境保护支出；(4) 教育、科技、文化、卫生、体育支出；(5) 社会保障及就业支出；(6) 其他支出。此外，一般公共预算支出按照其经济性质分类，还可以分为：(1) 工资福利支出；(2) 商品和服务支出；(3) 资本性支出；(4) 其他

[①] 参见国务院于1993年12月15日发布的《关于实行分税制财政管理体制的决定》。近些年来，各类收入的具体范围又有微调。

支出。

另外,从预算层级的角度,预算支出还可分为中央预算支出和地方预算支出。前者主要用于提供中央级次的公共物品,包括有关国家安全、外交和主要国家机关运转所需经费及实施宏观调控所需支出等。后者主要用于提供地方层级的公共物品,包括本地区政权机关运转所需支出及本地区经济、事业发展支出等。

五、预算管理程序

预算管理程序,是国家在预算管理方面依序进行的各个工作环节所构成的有秩序活动的总体。它由预算的编制、审批、执行和调整等环节组成。

(一) 预算的编制

预算的编制,是指国家制定取得和分配使用预算资金的年度计划的活动。它是一种基础性的程序。在这一阶段编制的预算,实际上是预算草案,因而还不具有法律效力。

预算的编制必须强调科学性和严肃性,即必须在符合实际的基础上进行科学预测和可行性分析,以力求反映客观规律的要求。同时,必须严格依法定程序编制。为此,预算的编制应遵循以下原则:

1. 真实合法原则

各级预算收入的编制,应当与经济社会发展水平相适应,与财政政策相衔接。同时,各级政府、各部门、各单位应当依照《预算法》规定,将所有政府收入全部列入预算,不得隐瞒、少列,以体现预算的完整性。

2. 节约统筹原则

各级预算支出应当依照《预算法》规定,按其功能和经济性质分类编制。同时,各级预算支出的编制,应当贯彻勤俭节约的原则,严格控制各部门、各单位的机关运行经费和楼堂馆所等基本建设支出。此外,各级一般公共预算支出的编制,应当统筹兼顾,在保证基本公共服务合理需要的前提下,优先安排国家确定的重点支出。

3. 调控绩效原则

各级预算应当根据年度经济社会发展目标、国家宏观调控总体要求和跨年度预算平衡的需要,参考上一年预算执行情况、有关支出绩效评价结果和本年度收支预测,按照规定程序征求各方面意见后,进行编制。此外,各级政府依据法定权限作出决定或者制定行政措施,凡涉及增加或者减少财政收入或者支出的,应当在预算批准前提出并在预算草案中作出相应安排。

4. 控制债务原则

中央一般公共预算中必需的部分资金,可以通过举借国内和国外债务等方式筹措,举借债务应当控制适当的规模,保持合理的结构。国务院财政部门具体负责对中央政府债务的统一管理。此外,地方各级预算按照量入为出、收支平衡的原则编制。对于地方政府举借债务的规模、用途、偿还、程序等,国家严格控制。

依据上述原则,各级政府、各部门、各单位应当按照国务院规定的时间编制预算草案。各部门、各单位应当按照国务院财政部门制定的政府收支分类科目(其中,收入分为类、款、项、目;支出按其功能分为类、款、项,按其经济性质分为类、款)、预算支出标准和要求,以及绩效目标管理等预算编制规定,根据其依法履行职能和事业发展的需要以及存量资产情况,编制本部门、本单位预算草案。省级政府应当按照国务院规定的时间,将本级总预算草案报国务院审核汇总。

(二)预算的审批

预算的审批,是指国家各级权力机关对同级政府所提出的预算草案进行审查和批准的活动。它是使预算草案转变为正式预算的关键阶段。经过人大批准的预算,非经法定程序,不得改变。

1. 预算草案的初审

(1)初审主体

全国人大财政经济委员会,设区的市以上各级人大有关专门委员会,对本级预算草案初步方案及上一年预算执行情况、本级预算调整初步方案进行初步审查,提出初步审查意见;未设立专门委员会的,由本级人大常委会有关工作机构研究提出意见。

县、自治县、不设区的市、市辖区人大常委会对本级预算草案初步方案及上一年预算执行情况进行初步审查,提出初步审查意见;其有关工作机构对本级预算调整初步方案研究提出意见。

(2)初审时间

国务院财政部门应当在每年全国人大会议举行的45日前,将中央预算草案的初步方案提交全国人大财政经济委员会进行初步审查。

设区的市以上的地方政府财政部门应当在本级人大会议举行的30日前,将本级预算草案的初步方案提交本级人大有关专门委员会进行初步审查,或者送交本级人大常委会有关工作机构征求意见。

县级政府应当在本级人大会议举行的30日前,将本级预算草案的初步方案提交本级人大常委会进行初步审查。

报送各级人大审查和批准的预算草案应当细化。本级一般公共预算支出,按其功能分类应当编列到项;按其经济性质分类,基本支出应当编列到款。本级政府性基金预算、国有资本经营预算、社会保险基金预算支出,按其功能分类应当编列到项。

2. 预算草案的审查和批准

中央预算由全国人大审查和批准。地方各级预算由本级人大审查和批准。

(1)各级人民代表大会的审查

国务院在全国人大举行会议时,向大会作关于中央和地方预算草案以及中央和地方预算执行情况的报告。地方各级政府在本级人大举行会议时,向大会作关于总预算草案和总预算执行情况的报告。

全国人大和地方各级人大对预算草案及其报告、预算执行情况的报告重点审查下列内容:① 上一年预算执行情况是否符合本级人大预算决议的要求;② 预算安排是否符合《预算法》的规定;③ 预算安排是否贯彻国民经济和社会发展的方针政策,收支政策是否切实可行;④ 重点支出和重大投资项目的预算安排是否适当;⑤ 预算的编制是否完整,是否符合《预算法》的规定;⑥ 对下级政府的转移性支出预算是否规范、适当;⑦ 预算安排举借的债务是否合法、合理,是否有偿还计划和稳定的偿还资金来源;⑧ 与预算有关重要事项的说明是否清晰。

(2) 各级人大专门委员会的审查结果报告

全国人大财政经济委员会向全国人大主席团提出关于中央和地方预算草案及中央和地方预算执行情况的审查结果报告。设区的市以上人大有关专门委员会，县级人大常委会，向本级人大主席团提出关于总预算草案及上一年总预算执行情况的审查结果报告。

上述审查结果报告应当包括下列内容：① 对上一年预算执行和落实本级人大预算决议的情况作出评价；② 对本年度预算草案是否符合预算法的规定，是否可行作出评价；③ 对本级人大批准预算草案和预算报告提出建议；④ 对执行年度预算、改进预算管理、提高预算绩效、加强预算监督等提出意见和建议。

(3) 预算的备案

乡级政府应当及时将经本级人大批准的本级预算报上一级政府备案。县级以上地方各级政府应当及时将经本级人大批准的本级预算及下一级政府报送备案的预算汇总，报上一级政府备案。

县级以上地方各级政府将下一级政府依照规定报送备案的预算汇总后，报本级人大常委会备案。国务院将省级政府依照规定报送备案的预算汇总后，报全国人大常委会备案。

国务院和县级以上地方各级政府对下一级政府报送备案的预算，认为有同法律、行政法规相抵触或者有其他不适当之处，需要撤销批准预算的决议的，应当提请本级人大常委会审议决定。

(4) 预算的批复

各级预算经本级人大批准后，本级政府财政部门应当在20日内向本级各部门批复预算。各部门应当在接到本级政府财政部门批复的本部门预算后15日内向所属各单位批复预算。

县级以上各级政府财政部门应当将批复本级各部门的预算和批复下级政府的转移支付预算，抄送本级人大财政经济委员会、有关专门委员会和常务委员会有关工作机构。

(三) 预算的执行

预算的执行，是指各级财政部门和其他预算主体组织预算收入和划拨预算支出的活动。它是将经过批准的预算付诸实施的重要阶段。在我国，各级预算由本级政府组织执行，具体工作由本级政府财政部门负责。此外，各部门、各单位是本部门、本单位的预算执行主体，负责本部门、本单位的预算执行，并对执行结果负责。

1. 特殊时段的预算执行

我国预算实行历年制，预算年度自公历1月1日起，至12月31日止。依据《预算法》规定，自预算年度开始后至本级人民代表大会批准前这段"特殊时段"，在各级预算草案中可以安排下列支出：(1) 上一年度结转的支出；(2) 参照上一年同期的预算支出数额安排必须支付的本年度部门基本支出、项目支出，以及对下级政府的转移性支出；(3) 法律规定必须履行支付义务的支出，以及用于自然灾害等突发事件处理的支出。此外，根据上述规定安排支出的情况，应当在预算草案的报告中作出说明。

2. 批准后的预算的执行

预算经本级人大批准后，按照批准的预算执行。各级预算的收入和支出实行收付实现制。特定事项按照国务院的规定实行权责发生制的有关情况，应当向本级人大常委会报告。

在预算收入方面，预算收入征收部门和单位，必须依照法律、行政法规的规定，及时、足额征收应征的预算收入。不得违反法律、行政法规规定,多征、提前征收或者减征、免征、缓征应征的预算收入,不得截留、占用或者挪用预算收入。此外,各级政府不得向预算收入征收部门和单位下达收入指标。

在预算支出方面,各级政府财政部门必须依照法律、行政法规和国务院财政部门的规定,及时、足额地拨付预算支出资金,加强对预算支出的管理和监督。此外,各级政府、各部门、各单位的支出必须按照预算执行,不得虚假列支,同时,应当对预算支出情况开展绩效评价。各部门、各单位的预算支出应当按照预算科目执行。严格控制不同预算科目、预算级次或者项目间的预算资金的调剂,确需调剂使用的,按照国务院财政部门的规定办理。

各级政府应当加强对预算执行的领导,支持政府财政、税务、海关等预算收入的征收部门依法组织预算收入,支持政府财政部门严格管理预算支出。此外,上述征收部门在预算执行中,应当加强对预算执行的分析;发现问题时应当及时建议本级政府采取措施予以解决。另外,各部门、各单位应当加强对预算收入和支出的管理,不得截留或者动用应当上缴的预算收入,不得擅自改变预算支出的用途。

3. 国库制度

上述的预算收入、支出均须通过国库来进行。国库是预算执行的中间环节,是国家进行预算收支活动的出纳机关。依据《预算法》规定,国家实行国库集中收缴和集中支付制度,对政府全部收入和支出实行国库集中收付管理。政府的全部收入应当上缴国家金库(简称"国库"),任何部门、单位和个人不得截留、占用、挪用或者拖欠。对于法律有明确规定或者经国务院批准的特定专用资金,可以依照国务院的规定设立财政专户。

县级以上各级预算必须设立国库;具备条件的乡、民族乡、镇也应当设立国库。中央国库业务由中国人民银行经理,地方国库业务依照国务院的有关规定办理。各级国库应当按照国家有关规定,及时准确地办理预算收入的收纳、划分、留解、退付和预算支出的拨付。

各级国库库款的支配权属于本级政府财政部门。除法律、行政法规另有规定外,未经本级政府财政部门同意,任何部门、单位和个人都无权冻结、动用国库库款或者以其他方式支配已入国库的库款。各级政府应当加强对本级国库的管理和监督,按照国务院的规定完善国库现金管理,合理调节国库资金余额。

已经缴入国库的资金,依照法律、行政法规的规定或者国务院的决定需要退付的,各级政府财政部门或者其授权的机构应当及时办理退付。按照规定应当由财政支出安排的事项,不得用退库处理。

4. 预算稳定调节基金

各级一般公共预算年度执行中有超收收入的,只能用于冲减赤字或者补充预算稳定调节基金。各级一般公共预算的结余资金,应当补充预算稳定调节基金。

省级政府一般公共预算年度执行中出现短收,通过调入预算稳定调节基金、减少支出等方式仍不能实现收支平衡的,省级政府报本级人大或者其常委会批准,可以增列赤字,报国务院财政部门备案,并应当在下一年度预算中予以弥补。

(四)预算的调整

在预算的执行过程中,如果发生情势变更,则需要进行预算调整。这是因特殊情况而在预算执行中对原来收支平衡的预算所作出的部分调整和变更。通常,在预算执行中,各级政府一般不制定新的增加财政收入或者支出的政策和措施,也不制定减少财政收入的政策和措施;必须作出并需要进行预算调整的,应当在预算调整方案中作出安排。

1. 应当进行预算调整的情况

依据《预算法》规定,经全国人大批准的中央预算和经地方各级人大批准的地方各级预算,在执行中出现下列情况之一的,应当进行预算调整:(1)需要增加或者减少预算总支出的;(2)需要调入预算稳定调节基金的;(3)需要调减预算安排的重点支出数额的;(4)需要增加举借债务数额的。

各级政府对于必须进行的预算调整,应当编制预算调整方案。预算调整方案应当说明预算调整的理由、项目和数额。在预算执行中,由于发生自然灾害等突发事件,必须及时增加预算支出的,应当先动支预备费;预备费不足支出的,各级政府可以先安排支出,属于预算调整的,列入预算调整方案。

2. 预算调整初步方案的初审

国务院财政部门应当在全国人大常委会举行会议审查和批准预算调整方案的30日前,将初步方案送交全国人大财政经济委员会进行初审。

设区的市以上政府财政部门应当在本级人大常委会举行会议审批预算调整方案的30日前,将初步方案送交本级人大有关专门委员会进行初审,或者送交本级人大常委会有关工作机构征求意见。

县级政府财政部门应当在本级人大常委会举行会议审批预算调整方案的30日前,将初步方案送交本级人大常委会有关工作机构征求意见。

3. 预算调整方案的审批和执行

中央预算的调整方案应当提请全国人大常委会审批。县级以上地方各级预算的调整方案应当提请本级人大常委会审批;乡级预算的调整方案应当提请本级人大审批。未经批准,不得调整预算。

经批准的预算调整方案,各级政府应当严格执行。未经法定程序,各级政府不得作出预算调整的决定,否则,本级人大及其常委会或者上级政府应当责令其改变或者撤销。

此外,地方各级政府在预算执行中因上级政府增加不需要本级政府提供配套资金的专项转移支付而引起的预算支出变化,不属于预算调整。地方各级预算的调整方案经批准后,由本级政府报上一级政府备案。

六、决算制度

决算,在形式上是对年度预算收支执行结果的会计报告;在实质上则是对年度预算执行结果的总结。决算制度主要包括决算草案的编制和审批两个方面的内容。

(一) 决算草案的编制

决算草案由各级政府、各部门、各单位,在每一预算年度终了后按照国务院规定的时间编制。编制决算草案的具体事项,由国务院财政部门部署。

编制决算草案,必须符合法律、行政法规,做到收支真实、数额准确、内容完整、报送及时。据此,应当遵循以下原则:(1)合法原则。即编制草案必须符合法律、行政法规的规定,不得与之相抵触。(2)准确完整原则。即草案中涉及的收支数额必须真实、准确,且内容必须完整。(3)报送及时原则。即必须严格按照规定的期限,把握好编制的进度,在相关环节之间依法及时报送。

决算草案应当与预算相对应,按预算数、调整预算数、决算数分别列出。一般公共预算支出应当按其功能分类编列到项,按其经济性质分类编列到款。

各部门对所属各单位的决算草案,应当审核并汇总编制本部门的决算草案,在规定的期限内报本级政府财政部门审核。各级政府财政部门对本级各部门决算草案审核后发现有不符合法律、行政法规规定的,有权予以纠正。

（二）决算草案的审批

决算草案只有经过权力机关依法定程序审查和批准,政府在预算年度内的预算执行责任才能得以免除,一个预算年度的预算管理程序才告结束。

1. 决算草案的初审

设区的市以上政府财政部门应当在本级人大常委会举行会议审批本级决算草案的30日前,将上一年度本级决算草案提交本级人大财经委或有关专门委员会进行初审,或者送交本级人大常委会有关工作机构征求意见。

县级政府财政部门应当在本级人大常委会举行会议审批本级决算草案的30日前,将上一年度本级决算草案送交本级人大常委会有关工作机构征求意见。

2. 决算草案的审查与批准

根据《预算法》的规定,决算草案的审批主体是各级权力机关,具体为:(1)县级以上各级政府财政部门编制本级决算草案,经本级政府审计部门审计后,报本级政府审定,由本级政府提请本级人大常委会批准。(2)乡级政府编制本级决算草案,提请本级人大审查和批准。

各级权力机关对本级决算草案应重点审查下列内容:(1)预算收入情况;(2)支出政策实施情况和重点支出、重大投资项目资金的使用及绩效情况;(3)结转资金的使用情况;(4)资金结余情况;(5)本级预算调整及执行情况;(6)财政转移支付安排执行情况;(7)经批准举借债务的规模、结构、使用、偿还等情况;(8)本级预算周转金规模和使用情况;(9)本级预备费使用情况;(10)超收收入安排情况,预算稳定调节基金的规模和使用情况;(11)本级人大批准的预算决议落实情况;(12)其他与决算有关的重要情况。

3. 决算的批复与备案

各级决算经批准后,财政部门应当在20日内向本级各部门批复决算。各部门应当在接到本级政府财政部门批复的本部门决算后15日内向所属单位批复决算。

地方各级政府应当将经批准的决算及下一级政府上报备案的决算汇总,报上一级政府备案。县级以上各级政府应当将下一级政府报送备案的决算汇总后,报本级人大常委会备案。

此外,县级以上各级政府对下一级政府报送备案的决算,认为有同法律、行政法规相抵触或者有其他不适当之处,需要撤销批准该项决算的决议的,应当提请本级人大常委会审议决定;经审议决定撤销的,该下级人大常委会应当责成本级政府依照《预算法》规定重新编制决算草案,提请本级人大常委会审查和批准。

七、预算与决算监督

预算与决算的监督,是指对各级政府实施的预算与决算活动所进行的监督。县级以上各级人大及其常务委员会对本级和下级预算、决算进行监督。乡级人大对本级预算、决算进行监督。

我国《预算法》将预算监督和决算监督并提,并从监督主体的角度将预算与决算监督分为立法监督、行政监督、政府专门机构的监督。

(1) 在立法监督方面,各级立法机关的监督职权主要是组织调查权和询问质询权。其中,各级人大和县级以上各级人大常委会有权就预算、决算中的重大事项或者特定问题组织调查,有关的政府、部门、单位和个人应当如实反映情况和提供必要的材料。

此外,各级人大和县级以上各级人大常委会举行会议时,人大代表或者常委会组成人员,依照法律规定程序就预算、决算中的有关问题提出询问或者质询,受询问或者受质询的有关的政府或者财政部门必须及时给予答复。

另外,县级以上各级政府应当在每年6月至9月期间向本级人大常委会报告预算执行情况

(2) 在行政监督方面,各级政府监督下级政府的预算执行;下级政府应当定期向上一级政府报告预算执行情况。

(3) 在政府专门机构的监督方面,主要是财政部门和审计部门的监督。各级政府财政部门负责监督检查本级各部门及其所属各单位预算管理有关工作,并向本级政府和上一级政府财政部门报告预算执行情况。而县级以上政府审计部门则依法对预算执行、决算实行审计监督。对预算执行和其他财政收支的审计工作报告应当向社会公开。这与我国《宪法》和《审计法》的相关规定是一致的。

另外,政府各部门负责监督检查所属各单位的预算执行,及时向本级政府财政部门反映本部门预算执行情况,依法纠正违反预算的行为。公民、法人或者其他组织发现有违反《预算法》的行为,可以依法向有关国家机关进行检举、控告。

八、违反预算法的法律责任

违反预算法的法律责任,简称预算法律责任,是指预算法主体违反预算法规定的义务所应承担的法律后果。

针对相关主体的预算违法行为,我国《预算法》对其法律责任有多方面的规定,主要体现为以下方面:

1. 违反预算管理程序规范的法律责任

各级政府及有关部门有下列行为之一的,责令改正,对负有直接责任的主管人员和其他直接责任人员追究行政责任:(1) 未依照《预算法》规定,编制、报送预算草案、预算调整方案、决算草案和部门预算、决算以及批复预算、决算的;(2) 违反《预算法》规定,进行预算调整的;(3) 未依照《预算法》规定对有关预算事项进行公开和说明的;(4) 违反规定设立政府性基金项目和其他财政收入项目的;(5) 违反法律、法规规定使用预算预备费、预算周转金、预算稳定调节基金、超收收入的;(6) 违反《预算法》规定开设财政专户的。

2. 违反预算收支实体规范的法律责任

各级政府及有关部门、单位有下列行为之一的,责令改正,对负有直接责任的主管人员和其他直接责任人员依法给予降级、撤职、开除的处分:(1) 未将所有政府收入和支出列入预算或者虚列收入和支出的;(2) 违反法律、行政法规的规定,多征、提前征收或者减征、免征、缓征应征预算收入的;(3) 截留、占用、挪用或者拖欠应当上缴国库的预算收入的;(4) 违

反《预算法》规定,改变预算支出用途的;(5)擅自改变上级政府专项转移支付资金用途的;(6)违反《预算法》规定拨付预算支出资金,办理预算收入收纳、划分、留解、退付,或者违反《预算法》规定冻结、动用国库库款或者以其他方式支配已入国库库款的。

上述的两类法律责任的分类,只是大略的划分,因为许多程序违法行为与实体违法行为密切相关,因此难以截然分开。在上述对法律责任的一般性规定之外,《预算法》还对一些突出的违法行为的法律责任作出了如下具体规定:

第一,各级政府、各部门、各单位违反该法规定举借债务或者为他人债务提供担保,或者挪用重点支出资金,或者在预算之外及超预算标准建设楼堂馆所的,责令改正,对负有直接责任的主管人员和其他直接责任人员给予撤职、开除的处分。

第二,各级政府有关部门、单位及其工作人员有下列行为之一的,责令改正,追回骗取、使用的资金,有违法所得的没收违法所得,对单位给予警告或者通报批评;对负有直接责任的主管人员和其他直接责任人员依法给予处分:(1)违反法律、法规的规定,改变预算收入上缴方式的;(2)以虚报、冒领等手段骗取预算资金的;(3)违反规定扩大开支范围、提高开支标准的;(4)其他违反财政管理规定的行为。

上述各类法律责任的承担主体,包括各级政府、各级政府的有关部门、各单位以及上述主体的工作人员等,其所涉违法行为是多种多样的,我国现行《预算法》对其违法行为的分类不甚明晰。此外,对于上述主体的违法行为,其他法律对其处理、处罚另有规定的,依照其规定。另外,违反《预算法》规定,构成犯罪的,依法追究刑事责任。

第三节 国债法律制度

一、国债和国债法概述

(一)国债的概念和职能

国债,又称国家公债,它是国家为实现其职能而以国家信用为基础所举借的债务。它是国家筹集财政收入、弥补财政赤字和进行宏观调控的重要手段。

国债具有如下特征:(1)国债作为一种国家债务,其举借具有自愿性和偿还性,需遵守一般的诚实信用原则,因而与税收和罚没收入等不同;同时,其公共目的性又使其与一般私人债务相异。(2)国债作为国家信用的最主要、最典型的形式,与商业信用、银行信用、消费信用等不同,它反映的是以国家或政府为债务人或债权人的借贷关系,以政府信誉作担保;同时,它以信用形式获取收入和进行支出,在重视宏观经济效益的同时兼顾微观经济效益。(3)国债同金融债、企业债相比,其信用度最高,流动性更好,变现力、担保力更强。

一般认为,国债具有如下基本职能:(1)弥补财政赤字的职能。由于用发行国债来弥补财政赤字,比采取增加税收、增发货币或财政透支等方式更好,因而各国均重视通过发行国债来弥补财政赤字。弥补赤字是发行国债的最初动因。但是发行国债的规模必须适度,管理也必须适当。(2)宏观调控的职能。由于国债是财政分配的组成部分,国债收入的取得和使用、偿还等在客观上均具有经济调节的功能,因而运用国债手段可以进行宏观调控。特别是可以调节生产、消费和投资方向,促进经济结构的合理化和经济总量的平衡。

(二) 国债法的概念和主要内容

国债法是调整在国债的发行、使用、偿还和管理的过程中发生的经济关系的法律规范的总称。它是财政法的重要部门法，其许多基本原理与财政法是一致的。

国债法的调整对象是在国债的发行、使用、偿还和管理过程中发生的经济关系，简称"国债关系"。其中，国债的发行关系是因国债发行而产生的国家与其他相对应的权利主体（包括作为债权人的外国政府）之间的经济关系，它是一种基础性的关系；国债使用关系是在国家将取得的国债收入进行使用的过程中发生的经济关系以及国债的权利主体在国债交易活动中发生的经济关系；国债偿还关系是在国家偿还国债本息的过程中发生的经济关系；国债管理关系是在对国债的发行、使用和偿还进行管理的过程中发生的经济关系。

调整上述国债关系的各类法律规范，在总体上构成了国债法律制度。其主要内容是：国债的分类和结构；国债的发行主体、发行对象与发行方式；国债发行的种类、规模或数额、利率；国债的用途、使用原则；国债市场与国债持券人的国债权利；国债还本付息的期限、偿还方式、方法；国债管理机构及其职权、职责；违反国债法的法律责任等。

上述国债的一些基本内容，在相关国家的立法中也有所体现。随着对于国债职能的认识的深化，各国也越来越重视国债立法。例如，美国早在1917年就颁布了《自由公债法》，到1986年时又制定了《政府债券法》。日本在其《财政法》《特例公债法》等相关法律中，对各类公债分别作了规定。韩国在1979年也颁布了《政府债券法》。

我国的国债立法尚不完善。尽管改革开放以来，我国又开始重视运用国债手段，多次颁布《国库券条例》和《特种国债条例》等，但立法级次和适用范围等都离国债发展和国债立法的要求相距甚远。2014年修正的《预算法》虽然增加了有关政府举借债务的规定，但仍不够系统。为此，下面主要结合有关国债法的基本原理和既有规定加以介绍。

二、国债的分类

国债的分类对于国债立法甚为重要。由于有的国家是按照不同种类的国债分别进行立法的，因而国债的分类会直接影响国债法的体系，并且，其本身也是国债法律制度的重要内容，与国债的发行、管理等密切相关。

依据不同的标准，可以对国债作出以下不同的分类：

按偿还期限的不同，可分为定期国债和不定期国债。前者是严格规定还本付息期限的国债，它又可分为短期国债（1年以内）、中期国债（1年至10年）、长期国债（10年以上）；后者是不规定还本付息期限的国债，其债权人可按期取息，但无权要求清偿本金。此类国债曾在英国等少数国家发行过。

按发行地域的不同，可分为国内债务和国外债务，简称内债和外债。前者是在本国境内发行的债务，其债权人一般是本国的企业和居民，且以本国货币支付本息；后者是在本国境外发行的债务，其债权人一般为外国政府、国际组织或外国的企业和居民，且一般以外币支付本息。

按使用途径的不同，可分为赤字国债、建设国债、特种国债。其中，赤字国债是用于弥补财政赤字的国债；建设国债是用于国家经济建设的国债；特种国债是在特定范围内为满足特定需要而发行的国债。

按流通性能的不同，可分为上市国债和不上市国债。前者是可在证券交易所自由买卖的国债,如我国发行的无记名国债,就是不记名、不挂失的可上市国债;后者是不能上市进行自由买卖的国债,如我国发行的凭证式国债,就是可记名、可挂失的不可上市流通的国债。

此外,国债还可按推销方式的不同,分为强制国债与任意国债;按偿付方式的不同,分为普通国债与有奖国债等。

三、国债的发行、使用、偿还与管理

（一）国债的发行

国债的发行,指国债售出或被认购的过程。国债发行的重要问题是发行条件和发行方法。前者涉及国债种类、发行对象、数额、发行价格、利率、付息方式、流动性等内容;后者则关系到国债能否顺利地发行,因而同样是国债发行方面十分重要的问题。

（二）国债的使用

国债的使用包括政府对国债资金的使用以及国债债权人对其债券权利的行使两个方面。其中,政府的国债资金的使用途径主要是弥补财政赤字,进行经济建设和用于特定用途。而国债债权人对其债券权利的行使,主要是体现在证券的转让、抵押等方面。随着国债交易市场的日益开放,国债交易愈加活跃,交易方式更加多样。这对于进行公开市场操作,有效实施宏观调控,甚有裨益。

（三）国债的偿还

国债的偿还是国家依法定或约定,对到期国债还本付息的过程。偿还国债本息的资金来源可以是预算盈余,或者是专门的偿债基金、预算拨款,也可以是借新债还旧债。在偿还方法方面,可以是直接由政府或其委托的金融机构进行偿还,也可以通过市场收购来偿还,还可以通过抽签等方法来偿还。

（四）国债的管理

国债管理是为调控国债的规模、结构、利率等所采取的各种措施。它贯穿于国债的发行、使用、偿还等各个环节,对于经济的稳定增长和社会安定都甚为重要。

国债管理主要包括:(1)规模管理。衡量国债规模的相对指标主要是国债的依存度(国债发行额与国家财政支出之比)、国债的负担率(国债余额与GDP之比)、国债的偿债率(国债的还本付息额与GDP之比)。(2)结构管理。主要包括期限结构、利率结构、投资者结构等方面的管理。此外,为了加强对外债的统计监测,我国还实行外债登记管理。

四、我国《预算法》有关政府举债的规定

（一）对政府举债的法律限制

根据《预算法》规定,中央一般公共预算中必需的部分资金,可以通过举借国内和国外债务等方式筹措,但举借债务应当控制适当的规模,保持合理的结构。此外,对上述举借的债务实行余额管理,余额的规模不得超过全国人大批准的限额。

经国务院批准的省级预算中必需的建设投资的部分资金,可以在国务院确定的限额内,通过发行地方政府债券举借债务的方式筹措。举借债务的规模,由国务院报全国人大或者全国人大常委会批准。省、自治区、直辖市依照国务院下达的限额举借的债务,列入本级预

算调整方案,报本级人大常委会批准。举借的债务应当有偿还计划和稳定的偿还资金来源,只能用于公益性资本支出,不得用于经常性支出。除上述情况外,地方政府及其所属部门不得以任何方式举借债务。

此外,国务院建立地方政府债务风险评估和预警机制、应急处置机制以及责任追究制度,由国务院财政部门对地方政府债务实施监督。除法律另有规定外,地方政府及其所属部门不得为任何单位和个人的债务以任何方式提供担保。

(二) 在预算、决算审批环节对政府举债的重点审查

根据《预算法》规定,全国人大和地方各级人大对预算草案及其报告、预算执行情况的报告需要重点审查的内容是:预算安排举借的债务是否合法、合理,是否有偿还计划和稳定的偿还资金来源。

此外,县级以上各级人大常委会和乡级人大对本级决算草案需要重点审查的内容是:经批准举借债务的规模、结构、使用、偿还等情况。

(三) 与举债有关的法律责任

根据《预算法》规定,各级政府、各部门、各单位违反该法规定举借债务或者为他人债务提供担保的,责令改正,对负有直接责任的主管人员和其他直接责任人员给予撤职、开除的处分。

第四节　财政支出法律制度

财政支出法律制度主要包括两类:一类是政府采购制度;另一类是转移支付制度。下面就简要介绍这两类制度:

一、政府采购法

(一) 政府采购及其重要作用

所谓政府采购,也称公共采购,是指政府为了实现公共目的,按照法定的方式和程序,以购买者身份购进货物、工程和服务的行为。

政府采购制度作为财政制度的重要组成部分,在西方国家确立较久。在市场经济条件下,政府是最大的消费者,其采购支出的数额十分巨大。各国纷纷建立政府采购制度,是因为该项制度主要具有以下重要作用:一是它能够强化对财政支出的管理,提高财政资金流向的透明度和财政资金的使用效率。[①] 二是它同相关经济政策和社会政策相配合,能够调节国民经济运行,影响经济结构调整和经济总量平衡;能够保护本国经济,提高国际竞争力;能够通过存货吞吐来弥补市场缺陷,维护企业和消费者的合法权益;能够促进充分就业和环境保护。三是它有助于加强财政监督,促进反腐倡廉。

在国际层面,早在 1979 年,在关税及贸易总协定(GATT)的"东京回合"谈判中,相关国家就缔结了《政府采购协议》,并把 GATT 的最惠国待遇原则、国民待遇原则等基本原则引入了政府采购领域。此后,一些国家和国际经济组织也相继建立了相应的政府采购制度或

---

① 依据国际公认的经验数据,政府采购可使资金使用效益提高 10%。目前,我国的政府消费约占 GDP 的 15%,因此,如果真正实行政府采购制度,可以使政府支出大为节约。

订立协议,强调政府采购领域的市场准入,建立公平的、非歧视的政府采购制度[①]。

随着市场经济的发展和财政体制的改革,我国对政府采购立法日益重视。《中华人民共和国政府采购法》(以下简称《政府采购法》)已由全国人大常委会于 2002 年 6 月 29 日通过,自 2003 年 1 月 1 日起施行。近年来,在简政放权、转变政府职能的背景下,全国人大常委会于 2014 年 8 月 31 日对该法作出了修正。[②]《中华人民共和国政府采购法实施条例》也于 2014 年 12 月 31 日由国务院常务会议通过,自 2015 年 3 月 1 日起施行。另外,财政部还发布过一些配套规章[③],它们与上述的法律、法规一起构成了我国的政府采购法律制度。

(二)我国政府采购制度的基本内容

1. 政府采购法的立法宗旨

根据《政府采购法》的规定,其立法宗旨包括五个方面:(1)规范政府采购行为;(2)提高政府采购资金的使用效益;(3)维护国家利益和社会公共利益;(4)保护政府采购当事人的合法权益;(5)促进廉政建设。

上述五个方面的宗旨,是密切相关的。其中,规范政府采购行为,是该法最为直接的调整目标。其理由如下:第一,只有有效规范政府采购行为,才可能有效避免在财政支出方面存在的各种问题,提高政府采购资金的使用效益;在此基础上,才能更好地维护国家利益,保障国家可以更好地提供公共物品,维护社会公共利益。第二,只有有效规范政府采购行为,才能有效保护政府采购当事人的合法权益,实现各方利益的均衡保护。第三,只有有效规范政府采购行为,才能使政府采购更加公开、公平和公正,从而更有效防止和避免寻租或腐败问题,促进廉政建设。

2. 政府采购的法律定义

根据《政府采购法》规定,所谓政府采购,是指各级国家机关、事业单位和团体组织,使用财政性资金采购依法制定的集中采购目录以内的或者采购限额标准以上的货物、工程和服务的行为。

上述定义中所说的"采购",是指以合同方式有偿取得货物、工程和服务的行为,包括购买、租赁、委托、雇用等。

从上述定义中可以看出,政府采购的标的包括三大类,即货物、工程和服务。所谓货物,是指各种形态和种类的物品,包括原材料、燃料、设备、产品等;所谓工程,是指建设工程,包括建筑物和构筑物的新建、改建、扩建、装修、拆除、修缮等;所谓服务,是指除货物和工程以外的其他政府采购对象。

3. 政府采购法的原则

政府采购法的原则,是整个政府采购法的立法、执法等各个环节都应遵循的基本准则。它在总体上同经济法的基本原则是一致的,具体包括如下几个方面:

---

① 例如,早在 1966 年,当时的欧共体就在《欧共体条约》中对政府采购作出了专门规定。后来欧盟又相继颁布了关于公共采购各领域的《指令》,包括 1992 年的《关于协调授予公共服务合同的程序的指令》和 1993 年的《关于协调授予公共供应品合同的程序指令》以及《公用事业指令》,等等。此外,联合国国际贸易法委员会还在 1994 年第 27 届年会上通过了《关于货物、工程及服务采购的示范法》。

② 参见全国人大常委会 2014 年 8 月 31 日通过的《关于修改〈中华人民共和国保险法〉等五部法律的决定》。

③ 例如,自 2020 年 3 月 1 日起施行的《政府采购信息发布管理办法》、自 2022 年 3 月 1 日起施行的《政府采购框架协议采购方式管理暂行办法》等等。

(1) 采购法定原则。即政府采购的各项基本要素都要严格法定,包括实体要素法定和程序要素法定两个方面。其中,前者主要指采购主体法定、采购客体法定、采购资金法定等;后者主要是指采购程序法定,具体包括招投标法定等。基于采购法定原则的要求,我国《政府采购法》规定,在采购资金的使用方面,政府采购应当严格按照批准的预算执行;在采购范围方面,政府采购实行集中采购和分散采购相结合。属于中央预算的政府采购项目,其集中采购目录由国务院确定并公布;属于地方预算的政府采购项目,其集中采购目录由省级人民政府或者其授权的机构确定并公布。纳入集中采购目录的政府采购项目,应当实行集中采购。此外,采购人必须按照该法规定的采购方式和采购程序进行采购。

(2) 保障公益原则。政府采购不同于私人采购的重要特点,就是它具有突出的公共性、公益性、公法性。因此,政府采购要保障国家利益和社会公共利益,要有利于经济、社会的良性运行和协调发展。我国《政府采购法》中突出体现了上述原则的要求。例如,该法规定,政府采购应当有助于实现国家的经济和社会发展政策目标,包括保护环境,扶持不发达地区和少数民族地区,促进中小型企业发展等。政府采购当事人不得相互串通损害国家利益、社会公共利益和其他当事人的合法权益。此外,对因严重自然灾害和其他不可抗力事件所实施的紧急采购,涉及国家安全和秘密的采购以及军事采购,均不适用该法。

(3) 公平交易原则。公平交易原则,是微观层面的具体采购活动所需要遵循的原则。它包括下列具体原则:首先,政府采购应当遵循公开透明原则,这是对财政支出透明度和财政资金使用效益的重要保障。据此,应确保社会公众能够及时地获取与采购相关的信息,包括采购的标准和结果等方面的信息。其次,政府采购应当遵循公平竞争原则。由于政府是最大的消费者,因此,政府采购领域也是厂商之间展开竞争的重要领域。如何确保厂商之间的公平竞争,如何在厂商的公平竞争中来取得价廉物美的货物、工程和服务,提高财政资金的使用效益,就显得非常重要。为此,我国《政府采购法》规定,任何单位和个人不得采用任何方式,阻挠和限制供应商自由进入本地区和本行业的政府采购市场。此外,政府采购当事人不得以任何手段排斥其他供应商参与竞争。再次,政府采购应当遵循独立公正原则。为了确保政府采购在程序或实体制度上的公正,需要建立回避制度以及采购代理机构独立于政府的制度。对此,我国的《政府采购法》都有相关规定。最后,政府采购应当遵循诚实信用原则。政府采购既然涉及"采购",当然会涉及基本的买方和卖方的利益以及其他相关主体的利益,以及相关主体的诚实信用问题,因此,同样适用诚信原则。

4. 政府采购法的主体

(1) 从事政府采购活动的主体。即政府采购当事人,是在政府采购活动中享有权利和承担义务的各类主体,包括采购人、供应商和采购代理机构等。上述的采购人,是指依法进行政府采购的国家机关、事业单位、团体组织。上述的采购代理机构,是根据采购人的委托办理采购事宜的非营利事业法人。上述的供应商,是指向采购人提供货物、工程或者服务的法人、其他组织或者自然人。另外,作为政府采购活动重要主体的供应商,应具备下列法定条件:具有独立承担民事责任的能力;具有良好的商业信用和健全的财务会计制度;具有履行合同所必需的设备和专业技术能力;有依法缴纳税收和社会保障资金的良好记录;参与政府采购活动前3年内,在经营活动中没有重大违法记录;法律、行政法规规定的其他条件。

(2) 监管政府采购活动的主体。政府采购活动必须有专门的监管,这是其与私人采购的一个重要的不同。由于政府采购活动涉及财政支出,涉及纳税人的钱怎么花的问题,因此,以财政部门为监管主体相对更为适宜。此外,如采购活动涉及其他政府部门,则其他政府部门亦应依法进行监管。为此,我国《政府采购法》第13条规定,各级人民政府财政部门是负责政府采购监督管理的部门,依法履行对政府采购活动的监督管理职责。各级人民政府其他有关部门依法履行与政府采购活动有关的监督管理职责。其中,审计机关应当对政府采购进行审计监督。监察机关应当加强对参与政府采购活动的国家机关、国家公务员和国家行政机关任命的其他人员的监督。

5. 政府采购的方式、程序与合同

(1) 政府采购的基本方式。根据《政府采购法》规定,政府采购采用以下方式:公开招标;邀请招标;竞争性谈判;单一来源采购;询价;国务院政府采购监督管理部门认定的其他采购方式。其中,公开招标作为政府采购的主要采购方式。采购人不得将应当以公开招标方式采购的货物或者服务化整为零或者以其他任何方式规避公开招标采购。

(2) 政府采购的程序。政府采购涉及的程序较多。例如,从政府采购预算的编制、审批、执行,到各类政府采购方式,都有自己的一套程序,应当依据程序要素法定原则,严格按照各类程序的规定办事。在我国的《政府采购法》中,对不同类型的政府采购方式涉及的程序问题,都有相关规定。例如,该法对实行招标方式和邀请招标方式采购的程序问题作出了专门规定;同时,对采用竞争性谈判方式采购应依循的谈判程序,对采用询价方式采购应依循的询价程序等,都作出了较为细致的规定。

(3) 政府采购合同。依据《政府采购法》规定,采购人和供应商之间的权利和义务,应当按照平等、自愿的原则以合同方式约定。政府采购合同应当采用书面形式。政府采购项目的采购合同自签订之日起7个工作日内,采购人应当将合同副本报同级政府采购监督管理部门和有关部门备案。

6. 政府采购制度中的财政法规范

如前所述,由于政府采购制度的出发点和归宿都与财政支出管理直接相关,因此,在政府采购制度中,必然会包含大量的财政法规范。

从我国《政府采购法》的直接规定看,以下几个方面的财政法规范很值得注意:

(1) 在规范预算行为方面,负有编制部门预算职责的部门在编制下一财政年度部门预算时,应当将财政年度政府采购的项目及资金预算列出,报本级财政部门汇总。部门预算的审批,按预算管理权限和程序进行。政府采购应当严格按照批准的预算执行。

(2) 在采购目录确定方面,政府采购实行集中采购和分散采购相结合。其中,属于中央预算的政府采购项目,其集中采购目录由国务院确定并公布;属于地方预算的政府采购项目,其集中采购目录由省级人民政府或者其授权的机构确定并公布。纳入集中采购目录的政府采购项目,应当实行集中采购。

(3) 在限额标准确定方面,属于中央预算的政府采购项目,由国务院确定并公布;属于地方预算的政府采购项目,由省级人民政府或者其授权的机构确定并公布。

(4) 在招标数额的确定方面,公开招标应作为政府采购的主要采购方式。采购人采购货物或者服务应当采用公开招标方式的,其具体数额标准,属于中央预算的政府采购项目,由国务院规定;属于地方预算的政府采购项目,由省级人民政府规定;因特殊情况需要采用公开招标以外的采购方式的,应当在采购活动开始前获得设区的市以上人民政府采购监督

（5）在法律责任方面，采购人对应当实行集中采购的政府采购项目，不委托集中采购机构实行集中采购的，由政府采购监督管理部门责令改正；拒不改正的，停止按预算向其支付资金，由其上级行政主管部门或者有关机关依法给予其直接负责的主管人员和其他直接责任人员处分。此外，对于供应商的责任追究，已经出现了"列入不良行为记录名单"等新的责任形式，这也是经济法责任形式的新发展。[①]

二、转移支付法

（一）转移支付与转移支付法概述

1. 转移支付的概念

财政支出主要可以分为两大类，即购买支出和转移支付。所谓转移支付，又称无偿支出，从广义上说，就是中央政府或地方政府将部分财政收入无偿让渡给其他级次政府时所发生的财政支出，它是宏观调控的一种重要手段。

从转移支付的方向看，政府间的转移支付包括纵向转移支付和横向转移支付。但通常最受关注的，是上级政府对下级政府的纵向转移支付，特别是中央政府对地方政府的转移支付，并且，往往把上级政府对下级政府的转移支付视为狭义的转移支付。

2. 转移支付法的概念

转移支付法是调整在财政转移支付的过程中发生的社会关系的法律规范的总称。它是财政法的重要部门法。

转移支付法与国家的财政体制、经济社会政策等联系至为密切，具有特殊性，它是联结财政法与社会保障法、经济法与社会法的纽带。

转移支付法的调整对象是在转移支付过程中发生的社会关系，而依转移支付法的规定在转移支付主体之间发生的权利义务关系则为转移支付法律关系，这种法律关系是转移支付法着力加以保护的。

3. 转移支付法产生的经济基础

财政支出的划分，历来是各国政府间财政关系中诸多问题的焦点，它反映的是各级政府间的权责关系。一般说来，依据效率原则，中央和地方政府应根据居民的偏好，分别提供不同层次的公共物品。由于各个地区的居民对一定的区域性公共物品的偏好程度和需求量各不相同，因此，地方政府是地方性公共物品的最佳提供者。

中央政府及地方政府提供公共物品，均需要相应的财力支持，但由于体制等诸多原因，各国不同地区的经济状况各异，发展不均衡，因而必然存在"财政失衡"问题。财政失衡包括纵向失衡和横向失衡两个方面。所谓纵向失衡，是指上下级政府间的财政收支状况的不平衡。例如，当一级政府存在财政赤字，而其他级次政府却存在财政盈余时，即为纵向失衡。所谓横向失衡，是指同级政府之间的财政收支状况的不平衡。例如，当较富足的省、市出现财政盈余，而较贫困的省、市出现财政赤字时，即为横向失衡。

在存在财政纵向失衡的情况下，各级政府所能提供的公共物品不同，依据其所掌握的财力来配置资源的能力也不同；在存在财政横向失衡的情况下，各同级地方政府所能提供的公

[①] 具体分析可参见张守文：《经济法新型责任形态的理论拓掘》，载《法商研究》2022年第3期。

共物品的质与量存在差别,从而使各区域的经济和社会发展水平亦存在差异。

一般认为,过度的财政失衡是有害的,它不仅是严重的经济问题,而且易引发严重的社会问题乃至政治问题;不仅会严重地影响经济与社会的良性运行和协调发展,而且会影响国家与社会的安全与安定。为此,必须通过财政转移支付制度来解决财政失衡问题,以使各级政府在自然资源禀赋、人口密度、历史文化、经济结构和经济发展程度存在诸多差异的情况下,能够依其级次提供相应的、差别不大的公共物品,即在基本公共物品的提供方面要大略实现"均等化"[①]。

各国的实践表明,在经济发展不平衡,财政失衡现象普遍存在的情况下,必须建立转移支付制度;而建立转移支付制度,则必须走法治化道路。可见,转移支付法的产生是与经济发展的要求相适应的,有其深厚的经济基础。为此,我国《预算法》规定,国家实行财政转移支付制度。财政转移支付应当规范、公平、公开,以推进地区间基本公共服务均等化为主要目标。中央预算和有关地方预算中应当安排必要的资金,用于扶助革命老区、民族地区、边疆地区、贫困地区发展经济社会建设事业。

(二)转移支付法律制度的基本内容

转移支付法律制度,应当以一部《转移支付法》为基础,再辅之以配套的制度。但我国至今仍未制定《转移支付法》,只是在《预算法》中有若干规定。从应然的角度看,《转移支付法》应包括以下基本内容:(1)立法宗旨;(2)法律的适用范围;(3)法律的基本原则;(4)转移支付的主体及其权利义务;(5)转移支付的形式、方式和条件;(6)转移支付的预算安排;(7)转移支付的监督管理;(8)法律责任。下面着重介绍转移支付的主体、形式、预算安排、监督管理等内容。

1. 转移支付的主体

转移支付的主体包括两类:(1)发动转移支付的主体,包括中央政府和地方政府;(2)接受转移支付的主体,通常为下级地方政府。我国《预算法》规定,财政转移支付包括中央对地方的转移支付和地方上级政府对下级政府的转移支付。可见,《预算法》所规定的转移支付,是狭义上的政府间的纵向转移支付。

2. 转移支付的形式

政府间转移支付的形式主要有如下两类:

(1)一般性转移支付。即按照现行的财政体制所实施的无条件拨款。由于各地区经济、社会发展水平和财力差异较大,各地政府提供公共物品的能力是不尽相同的。为了保证各地各级政府的正常运转和基本公共服务的提供,中央政府必须发挥财政的分配职能,对各地区的可支配财力予以适当调节,调剂余缺,从而形成一般性转移支付,这是政府间转移支付的最基本和最主要形式。

(2)专项转移支付。专项转移支付,是指为了实现某一特定的政治经济目标或专项任务,而由上级财政向下级财政进行的专案拨款,或支付相应的配套财政资金。由于我国地域辽阔,人口众多,财政职能范围广,担负的任务繁杂,因而专项转移支付亦经常发生。尤其在遭遇自然灾害、重大疫情等非常情况,以及国家的重大政策调整影响地方财政利益,或者地

---

① 当前,尤其应通过经济法的有效调整,推进区域协调发展。相关探讨可参见张守文:《区域协调发展的经济法理论拓展》,载《法律科学》2021年第4期。

方担负本应由中央承担的事务的情况下,由中央政府向地方政府进行专项拨款,确实非常必要。

对于上述两类转移支付,也有人从拨款的角度,将其分别称为均衡拨款和专项拨款。从国际经验看,均衡拨款由接受拨款的政府自主使用,上级政府不对其规定具体用途,所以是无条件的转移支付,其目的是实现基本公共服务均等化。而专项拨款则是附条件的、有特定使用范围的,因此又称附条件转移支付。专项拨款可具体分为委托事务拨款、共同事务拨款和鼓励或扶持性拨款。从拨款的目的、条件、用途方面,有助于进一步理解两类转移支付的差别。

目前,我国的转移支付制度尚不够完善,一般性转移支付所占的比重相对较低,而专项转移支付比重偏高,影响了转移支付制度对于区域均衡发展的推动。因此,必须构建规范的转移支付制度,进一步提高转移支付制度的透明度,更好地发挥其宏观调控作用,实现其推进公共物品提供均等化的职能。

依据我国《预算法》规定,为均衡地区间基本财力、由下级政府统筹安排使用的一般性转移支付,是财政转移支付的主体。同时,按照法律、行政法规和国务院的规定可以设立专项转移支付,用于办理特定事项。国家要建立健全专项转移支付定期评估和退出机制,凡市场竞争机制能够有效调节的事项不得设立专项转移支付。

3. 转移支付的预算安排

根据《预算法》规定,在中央和地方各级一般公共预算中,均包括转移支付预算。其中,一般性转移支付应当按照国务院规定的基本标准和计算方法编制。专项转移支付应当分地区、分项目编制。中央对地方转移支付的具体办法,由国务院规定,报全国人大常委会备案。

此外,县级以上各级政府应当将对下级政府的转移支付预计数提前下达下级政府。地方各级政府应当将上级政府提前下达的转移支付预计数编入本级预算。另外,上级政府在安排专项转移支付时,不得要求下级政府承担配套资金。但是,按照国务院的规定应当由上下级政府共同承担的事项除外。

在预算下达时间方面,中央对地方的一般性转移支付应当在全国人大批准预算后30日内正式下达。中央对地方的专项转移支付应当在全国人大批准预算后90日内正式下达。

省级政府接到中央一般性转移支付和专项转移支付后,应当在30日内正式下达到本行政区域县级以上各级政府。县级以上地方各级预算安排对下级政府的一般性转移支付和专项转移支付,应当分别在本级人大批准预算后的30日和60日内正式下达。

对自然灾害等突发事件处理的转移支付,应当及时下达预算;对据实结算等特殊项目的转移支付,可以分期下达预算,或者先预付后结算。

接受增加专项转移支付的县级以上地方各级政府应当向本级人大常委会报告有关情况;接受增加专项转移支付的乡级政府应当向本级人大报告有关情况。

4. 转移支付的监督管理

由于转移支付的资金来自上级财政,因此,上级政府的财政部门是转移支付最主要、最经常的监管主体。

在监管方式上,不同形式的转移支付可以有不同的监管方式。一般性转移支付因其可以就地抵留,成为地方固有财力的组成部分,地方财政可以独立地安排使用,因而对一般性转移支付的监管只能依据《预算法》,通过同级人大和上级财政对预决算的审查和对预算执行的监督来实现。而专项转移支付则可由上级财政部门采用跟踪检查、验收项目等办法进行监管。

我国《预算法》在预算、决算的审批、法律责任的追究等方面,都对转移支付的监督管理作出了规定。例如,在预算审批方面,需要审查"对下级政府的转移性支出预算是否规范、适当";在决算审批方面,"财政转移支付安排执行情况"是决算审查的重点内容。此外,在法律责任方面,"擅自改变上级政府专项转移支付资金用途的",要承担相应的预算法律责任。

本 章 小 结

财政法律制度,是经济法的宏观调控法的重要组成部分,对于确保国家的财政收入,有效实施宏观调控,以及保障社会稳定等,都有重要的作用。为此,本章共分四节,分别介绍财政法律制度的相关基本原理以及具体制度。

财政的一般原理,是财政法律制度的经济理论基础。理解财政的概念、特征、职能以及财政存在的必要性,有助于更好地掌握财政法的基本原理。有关财政法的调整对象、特征、地位、体系等基本原理,是具体的财政法律制度的法学理论基础。

在狭义的财政法律制度中,预算法非常重要。预算是国家总体上的财政收支计划,包括预算收入和预算支出两个方面。与预算在整个财政中的地位相对应,预算法作为整个财政法的骨干法,同样具有重要地位。在预算法律制度中,预算管理职权、预算收支的范围、预算管理程序,以及违反预算法的法律责任等,是非常重要的内容。

从财政收入的角度看,国债作为国家的债务收入,是附条件的收入。国债对于弥补财政赤字,进行宏观调控,都具有重要的价值。在国债法律制度中,非常核心的问题,是国债的分类问题,以及不同类型的国债的发行、使用、偿还与管理的问题。

从财政支出的角度看,最为重要的是政府采购和转移支付。政府采购制度具有多方面的重要价值,在我国的《政府采购法》中,涉及大量的财政法规范。此外,转移支付法对于解决财政失衡问题,保障基本的公共物品的提供,具有重要意义,其制度建设亟待加强。

第八章

税收法律制度

第一节 税收与税法概述

一、税收的概念和特征

（一）税收的概念

税收，或称租税、赋税、捐税等，简称税，是国家为实现其公共职能而凭借其政治权力，依法强制、无偿地取得财政收入的活动或称手段。

税收的上述定义说明，税收的征收主体是国家；国家征税的目的是提供公共物品，实现公共职能；税收的权力依据是国家的政治权力；税收的取得必须依法进行，而依法征税必须有确定的征收标准，同时又必然带有强制性；税收活动是取得财政收入的一种活动或手段，税收收入是财政收入的一种形式，国家取得税收收入是无偿的。

税收活动是国家参与社会产品分配和再分配的重要手段，税收杠杆是国家进行宏观调控的重要工具，税收收入是国家财政收入的最主要的来源。没有税收，国家机器就不能有效运转，公共物品也不能有效供给，国家也将难以存续。正因如此，税收具有非常重要的地位。

（二）税收的特征

税收的特征是税收与其他财政收入形式相比较而表现出来的、反映税收本质的特有征象。由于税收的特征反映了税收与其他事物相区别的本质特点，是对税收概念的解析和深化，且有助于更好地理解和概括税收的定义，因而备受关注。对于税收的特征，一直有不同的概括。例如，以往税收的特征往往被概括为"三性"，即强制性、固定性和无偿性。这种概括在相当程度上反映了税收的特征，但是，税收的"三性"仅具有相对的意义，不能作绝对的理解。

基于上述有关税收的概念，可以对税收的特征作以下概括：

(1) 国家主体性。即在征税主体方面，国家是税收的主体，征税权属于国家并由中央政府或地方政府具体行使；国家在税收活动中居于主导地位。税收的国家主体性特征非常重要，它在很大程度上影响了税收其他特征的形成。

(2) 公共目的性。即在税收的目的方面，税收作为提供公共物品的最主要的资金来源，以满足公共欲望、实现国家的公共职能为直接目的。为此，税收必须根据纳税主体的负担能力依法普遍课征，但它并不具有惩罚性，因而与罚没收入是不同的。

(3) 政权依托性。在权力依据方面，税收须以政权为依托，它所依据的是政治权力而不是财产权利或称所有者权利。由于税收收入是资财从私人经济部门向公共经济部门的强制转移,只有以政权为依托才能有效实现。因此,它与财政收入中的奉献性收入、契约性收入等有明显的不同。

(4) 单方强制性。在主体意志方面,税收并不取决于纳税主体的主观意愿或征纳双方的意思表示,而只取决于征税主体的认识和意愿,因而具有单方强制性。这一特征使税收区别于国有资产收入等非强制性的财政收入。同时,由于单方的强制性可能会使纳税人的利益受到损害,因而征税必须依法进行,实行税收法定原则。[①]

(5) 无偿征收性。在征税代价方面,税收是无偿征收的。即国家征税既不需要事先支付对价,也不需要事后向各个纳税人作直接、具体的偿还。在国家与纳税人之间不存在私法上的等价有偿的交换关系,同时,纳税人缴纳税款的多少与其可能消费的公共物品的数量亦无直接关系。因此,就具体的、特定的时空而言,税款的征收是无偿的。这一特征体现了税收与规费收入的不同。

(6) 标准确定性。在征收标准方面,税收的征收标准是相对明确、稳定的,并体现在税法有关课税要素的规定中,从而使税收具有标准确定性或称固定性的特征。税收与税法的一一对应关系,税收法定原则的普遍采行,征纳双方的合法权利的均衡保障等,都与税收的这一特征密切相关。

了解税收的上述特征,有助于进一步深化对税收概念的认识。在税收的概念和特征中,已经涉及税收与经济、政治、社会的密切关系,以及税收与法律的内在联系,这是学习和研究税收与税法问题的前提和基础。

二、税收的分类

税收如何分类,不仅事关一国的税收体系和税制建设,也影响一国的税收立法、执法和法学研究。对于税收究竟应如何分类,自亚当·斯密以来,许多学者就一直在研究。在税收理论上,依据不同的标准,可以对税收作出如下较为重要的分类:

(一) 直接税与间接税

依据税负能否转嫁,税收可以分为直接税和间接税。凡税负不能转嫁给他人,而是由纳税人直接来承担税负的税种,即为直接税。如各类所得税即属之。凡税负可以转嫁他人,纳税人只是间接承担税负的税种,即为间接税。如各类商品税即属之。这种分类对于研究税收归宿、税法实效等问题具有重要意义。

(二) 从量税与从价税

依据税收计征标准的不同,税收可分为从量税和从价税。凡以征税对象的数量、重量、容量等为标准从量计征的税种,为从量税,或称"从量计征"。如消费税等税种中的一些税目就实行从量计征。凡以征税对象的价格为标准从价计征的税种,为从价税,或称"从价计征"。多数税种,如增值税等都是实行从价计征。这种分类有利于研究税收与价格变化的关系,便于国家相机实行相应的经济政策。

---

① 税法的基本原则是税收法定原则、税收公平原则和税收效率原则。其中,税收法定原则对于推动税收法治现代化尤其具有重要意义。

（三）商品税、所得税和财产税

依据征税对象的不同，税收可以分为商品税、所得税和财产税，这通常被认为是税收最重要、最基本的分类。由于征税对象是税制的核心要素，是区分不同税种的主要标准，它直接影响相关税种的特征、作用和征管方法等，因而历来深受重视，许多国家和地区、国际组织以及学者都较为认同以征税对象作为税收分类的最重要的依据，从而使上述分类在税收法治建设中亦具有重要地位。

（四）中央税和地方税

依据税权归属的不同，税收可分为中央税和地方税。凡税权（特别是税收立法权和税收收益权）归属于中央政府的税收，为中央税，也简称国税。凡税权归属于地方政府的税收，为地方税，也简称地税。此外，某些税种的税收收入由中央政府和地方政府按分成比例共同享有，可以统称为中央与地方共享税。这种分类与一国的税收管理体制密切相关，且直接影响着税收的征管。

（五）价内税和价外税

依据税收与价格的关系，税收可分为价内税和价外税。凡在征税对象的价格中包含税款的，为价内税。如我国过去的营业税即属之。凡税款独立于征税对象的价格之外的税，为价外税，如我国现行的增值税即属之。这种分类有助于认识税负转嫁和重复征税等问题。

（六）独立税和附加税

依据课税标准是否具有依附性，税收可分为独立税和附加税。凡不需依附于其他税种而仅依自己的课税标准独立课征的税，为独立税，也称主税。多数税种均为独立税。凡需附加于其他税种之上课征的税，为附加税。独立税可以单独征收，而附加税只能附加征收。

除了上述分类以外，税收还可分为对人税与对物税、实物税和货币税、经常税和临时税、财政税和调控税、累进税和累退税等。此外，在我国的税收实务中，还曾按照征收机关的不同，把税收分为工商税收和关税税收等。

上述的税收分类对于研究税制的模式选择、结构、税法体系等问题都很有价值。学习和研究税收的分类，有助于理解税收的基本原理，明晰税法理论和实践中的诸多问题。

三、税法的概念和体系

（一）税法的概念

税法是调整在税收活动中发生的社会关系的法律规范的总称，它是经济法的重要部门法，在经济法的宏观调控法中居于重要地位。

为了更好地理解税法的概念，有必要了解税法与税收的关系、税法的调整对象等问题。

1. 税法与税收的关系

税法与税收存在着密切的联系，表现在：税收活动必须严格依税法的规定进行，税法是税收的法律依据和法律保障。在现代法治国家，税收与税法是一一对应的，税收必须以税法为其依据和保障，而税法又必须以保障税收活动的有序进行为其存在的理由和依据。

此外，税法与税收亦有区别。税收作为一种经济活动，属于经济范畴；而税法则是一种法律制度，属于法律范畴。国家和社会对税收收入与税收活动的客观需要，决定了与税收相对应的税法的存在；而税法则对税收活动的有序进行和税收目的的有效实现具有极为重要的反作用。

2. 税法的调整对象

由前述税法的概念可知,税法的调整对象是在税收活动中发生的社会关系,简称税收关系。它可以分为两大类,即税收体制关系和税收征纳关系。前者是指各相关国家机关因税收方面的权限划分而发生的社会关系,实质上是一种权力分配关系;后者是指在税收征纳过程中发生的社会关系,主要体现为税收征纳双方之间的关系。同时,税收征纳关系还可进一步分为税收征纳实体关系和税收征纳程序关系两类。

对税法的调整对象进行解析,不仅有助于理解税法的概念,而且也有助于认识税法的体系。

(二)税法的体系

税法的体系是指各类税法规范所构成的协调、统一的整体,其结构与分类同税法的调整对象直接相关。

由于税法的调整对象包括税收体制关系和税收征纳关系,因此,调整税收关系的法律规范也可以综合为两类,即税收体制法和税收征纳法。同时,税收征纳法又可进一步分为税收征纳实体法和税收征纳程序法。其中,税收征纳实体法依其所涉及税种的不同,又可以进一步分为商品税法、所得税法和财产税法,它们在整个税法体系中都占有重要地位,需要适时变动,以保障宏观调控的有效实施。

在税法体系的各个组成部分中,税收体制法是规定税收权力分配的法律规范的总称,它在税法体系中居于基础和主导地位。没有税收体制法,就不可能有税收征纳法。此外,在税法体系中,税收征纳实体法居于主体地位,税收征纳程序法居于保障地位。各个组成部分都是税法体系不可或缺的重要内容。

总之,上述三个方面的法律规范是相互补充、相辅相成的,它们共同构成了和谐、统一的整体。

四、税法的构成要素

(一)税法的构成要素的概念及其分类

税法上的课税要素,也称课税要件,是税法规定的国家课税必须具备的条件。有关课税要素的规定,是税法必不可少的最核心的内容,因而这些法定要素同时也是税法的构成要素。对于税法的构成要素,可以依不同的标准作出不同的分类。例如,依据各类要素是否具有普遍意义,可将其分为一般要素和特别要素。前者是各类税法都必须具备的共同要素;后者仅是某类税法必备的要素。通常,一般要素往往更受关注,并可以分为人的要素、物的要素和关系要素。

除了上述分类以外,更为重要、更为通常的一种分类,是将其分为实体法要素和程序法要素。下面着重介绍实体法要素和程序法要素中公认的一般要素。

(二)实体法要素

税法中的实体法要素,是构成税收征纳实体法的必不可少的内容。这些要素是决定征税主体能否征税和纳税主体的纳税义务是否成立的必要条件[①]。实体法要素主要包括以下几个：

1. 税法主体

税法主体是在税收法律关系中享有权利和承担义务的当事人。包括征税主体和纳税主体两类。

从理论上说，征税主体是国家，因为征税权是国家主权的一部分。在具体的征税活动中，国家授权政府的职能部门来实际行使征税权。各国一般是由税务机关和海关来具体负责税收征管。

纳税主体又称纳税义务人，简称纳税人，是依照税法规定直接负有纳税义务的自然人、法人和非法人组织体。对纳税主体在具体税法中还可能有其他分类。例如，在增值税法中，有一般纳税人和小规模纳税人的区分；在所得税法中，有居民纳税人和非居民纳税人的区分；等等。

2. 征税客体

征税客体，也称征税对象或课税对象，是指征税的直接对象或称标的。它说明对什么征税的问题。

征税客体在税法的构成要素中居于十分重要的地位。它是各税种相区别的主要标志，也是进行税法分类的最重要依据，同时，还是确定征税范围的核心要素。依据征税对象性质的不同，可将其分为商品、所得和财产三大类。在具体的税法中，需要通过税目和计税依据来对其加以具体化。

3. 税目与计税依据

税目与计税依据，是对征税对象在质与量上的具体化。所谓税目，就是税法规定的征税的具体项目。它是征税对象在质的方面的具体化，反映了征税的广度。所谓计税依据，也称计税标准、计税基数，简称税基，是指根据税法规定所取得的用以计算应纳税额的依据，亦即用以计算应纳税额的基数。它是征税对象在量的方面的具体化，直接影响纳税人最终税负的承担。

4. 税率

税率是应纳税额与计税基数之间的数量关系或比率。它是衡量税负高低的重要指标，是备受关注的核心要素；它反映国家征税的深度和国家的经济政策，是极为重要的宏观调控手段。

税率可分为比例税率、累进税率和定额税率，这是税率的一种最重要的分类。

所谓比例税率，是指对同一征税对象，不论其数额大小，均按照同一比例计算应纳税额的税率。

所谓累进税率，是指随着征税对象的数额由低到高逐级累进，所适用的税率也随之逐级提高的税率。即按征税对象数额的大小划分若干等级，每级由低到高规定相应的税率，征税对象数额越大，适用的税率越高。累进税率可分为全额累进税率、超额累进税率、超率累进税率等。其中，全额累进税率因其违背公平原则，故一般已不采用。

[①] 参见〔日〕金子宏：《日本税法原理》，刘多田、杨建津、郑林根译，胡志新、刘多田校，中国财政经济出版社1989年版，第93页。

所谓定额税率,是指按征税对象的一定计量单位直接规定的固定的税额,因而也称固定税额。一般适用于从量计征。

5. 税收特别措施

税收特别措施包括两类,即税收优惠措施和税收重课措施。前者以减轻纳税人的税负为主要目标,并与一定的经济政策和社会政策相关;后者是以加重纳税人的税负为目标而采行的措施,如税款的加成、加倍征收等。

由于税法具有规制性,因而两类措施在税法中都会存在。但通常税收优惠措施采行更为普遍,如税收减免、税收抵免、亏损结转等,在广义上均属于税收优惠。其中,税收减免运用得最为广泛。

(三) 程序法要素

税法中的程序法要素,作为保障税收征纳实体法有效实施的必不可少的要件,同样非常重要。在此类要素中,较为公认的一般要素是纳税时间和纳税地点。

1. 纳税时间

纳税时间,是指在纳税义务发生后,纳税人依法缴纳税款的期限,因而也称纳税期限。纳税期限可分为纳税计算期和税款缴库期。前者说明纳税人应多长时间计缴一次税款,反映了计税的频率;后者说明应在多长期限内将税款缴入国库,它是纳税人实际缴纳税款的期限。

2. 纳税地点

纳税地点,是纳税人依据税法规定向征税机关申报纳税的具体地点。它说明纳税人应向哪里的征税机关申报纳税,以及哪里的征税机关有权进行税收管辖的问题。通常,在税法上规定的纳税地点主要是机构所在地、经济活动发生地(如生产地、销售地、消费地)、财产所在地、报关地等。

除上述的纳税时间和纳税地点外,还有学者认为纳税环节、计税方法、处罚程序等也属于程序法要素,但它们在总体上是属于特别要素,不像纳税时间和纳税地点那样在税法中规定得那么普遍。

五、税收体制改革

税收体制,是指在相关国家机关之间划分税收方面的权力的各种制度。它主要包括税收的立法体制和税收的征管体制。

相关的国家机关在税收方面的权力,简称税权,主要包括税收立法权、税收征管权和税收收益权(或称税收入库权)。一国的税收体制是否合理,主要看上述的税权在相关国家机关之间的配置是否合理。如果税权配置不合理,就需要进行改革。

我国在改革开放以后,曾多次进行税制改革。其中,1984年和1994年的两次税制改革规模最大。1994年进行的规模空前的税制改革,不仅涉及税收征纳实体法的变革,而且在税收体制法、税收征纳程序法方面,也涉及颇多。自2014年以来,我国高度重视落实税收法定原则,因而税收立法大大提速,许多领域的税法制度亦有较大变化[①]。

目前,我国实行分税制的财政管理体制,将税种统一划分为中央税、地方税、中央与地方

---

① 具体梳理可参见张守文:《税制变迁与税收法治现代化》,载《中国社会科学》2015年第2期。

共享税,并建立中央税收和地方税收体系,在2018年前还曾分设中央与地方两套税务机构分别征管。上述制度安排与税收征管权和税收收益权的划分直接相关。[1]

此外,在税收立法方面,我国近些年来仍然强调税收立法权高度上收中央,因而税收立法权主要由国家立法机关及其授权的国家行政机关来行使。

第二节 税收征纳实体法律制度

一、税收征纳实体法律制度概述

整个税法体系,主要包括税收体制法和税收征纳法两个部分。其中,税收体制法是调整税收体制关系的法律规范的总称。由于有关税收体制法的立法目前尚不健全,同时,对于税收体制法的内容,前面已有所涉及,故本节对于税收体制法的内容不再展开介绍。

税收征纳实体法在整个税法体系中居于主体地位,税收征纳实体法规范在税收立法中数量最多。它具体包括商品税、所得税和财产税三个方面的法律制度。其中,由于商品税与所得税一般都是各国的主体税种,因而商品税法律制度和所得税法律制度也更受重视。此外,财产税一般都是地方税,在国家税收收入中占比不高,但因其与个人利益密切相关,因而财产税法律制度也越来越受到关注。

税收征纳实体法律制度在实现税法的宗旨方面具有重要作用。本节着重阐述税收征纳实体法律制度,下面将着重介绍商品税、所得税、财产税法律制度。

二、商品税法律制度

商品税是以商品(包括劳务)为征税对象,以依法确定的商品流转额为计税依据而征收的一类税,在国际上也通称"货物与劳务税"。此外,因其是以一定的流转额为计税依据,故也有人称之为流转税。

商品税主要包括增值税、消费税和关税,是我国税收收入的主要来源,商品税法律制度在整个税法体系中也占有重要地位。在我国,随着"营改增"的全面推进,营业税制度已被废止。此外,商品税法律制度已经实现了内外两套税制的统一,即对于外商投资企业等同样是适用的。

(一)增值税法律制度

增值税是以应税商品或劳务的增值额为计税依据而征收的一种商品税。它是商品税中的核心税种,对于保障财政收入、避免重复征税、保护公平竞争等具有特别重要的意义。随着我国"营改增"试点的全面完成,原来征收营业税的项目改征增值税。基于"营改增"的实践,2017年10月30日,国务院通过了《关于废止〈中华人民共和国营业税暂行条例〉和修改〈中华人民共和国增值税暂行条例〉的决定》。下面就以修改后的《增值税暂行条例》为依据,介绍我国的增值税法律制度。

---

[1] 参见国务院于1993年12月发布的《关于实行分税制财政管理体制的决定》。此外,在我国2018年的机构改革过程中,原来分设的国税和地税两套机构被合并。

1. 税法主体

我国增值税的征税主体是税务机关(进口环节的增值税由海关代征);纳税主体是在我国境内销售货物、提供应税劳务,销售服务、无形资产、不动产以及进口货物的单位和个人。其中,单位是指企业、行政单位、事业单位、军事单位、社会团体及其他单位;个人是指个体工商户和其他个人。

此外,从税法地位和税款计算的角度,增值税的纳税主体还可以分为两类,即一般纳税人和小规模纳税人。其中,后者是指年销售额在规定标准以下,并且会计核算不健全,不能按规定报送有关增值税的税务资料的纳税主体,以及税法规定视同小规模纳税人的纳税主体。小规模纳税人以外的其他纳税主体,即为增值税的一般纳税人。

一般纳税人可以使用增值税专用发票,可以用"扣税法"进行税款抵扣;而小规模纳税人则不得使用增值税专用发票,只能用简便的方法来计税。

2. 征税范围

我国增值税的征税范围包括两大类,第一类是销售货物、提供应税劳务、进口货物,这些在"营改增"之前就属于增值税的征税范围;第二类是销售服务、无形资产、不动产,这些过去属于营业税的征税范围。依据规定,纳税人销售货物、劳务、服务、无形资产、不动产的行为,统称应税销售行为,现分述之。

第一,销售货物,是指有偿转让货物的所有权。这里的"货物"是指有形动产,包括电力、热力和气体等。除了一般意义上的销售货物外,视同销售货物和混合销售的行为,也要依法征收增值税。

据此,销售货物包括:(1)一般销售,即销售有形动产;(2)视同销售,包括税法列举的各个项目,如销售代销货物,将自产的货物用于非应税项目,或者用于集体福利、个人消费、无偿赠送他人等;(3)混合销售,是指一项销售行为如果既涉及货物又涉及服务的情形。从事货物的生产、批发或者零售的单位和个体工商户的混合销售行为,按照销售货物缴纳增值税;其他单位和个体工商户的混合销售行为,按照销售服务缴纳增值税。

第二,提供应税劳务,在"营改增"之前,包括提供加工、修理修配劳务。单位或者个体工商户聘用的员工为本单位或者雇主提供加工、修理修配劳务,不属于提供应税劳务。

第三,进口货物,实际上是货物销售的一个特殊环节,在货物报关进口时,同样要征收进口环节增值税。由于货物在出口环节多不征税,因而税法未直接规定出口货物亦属于其征税范围。但在某些情况下,出口货物也应征收增值税。

第四,销售服务,指提供交通运输服务、邮政服务、电信服务、建筑服务、金融服务、现代服务、生活服务。各类服务的范围如下:

交通运输服务,包括陆路运输服务、水路运输服务、航空运输服务和管道运输服务。

邮政服务,包括邮政普遍服务、邮政特殊服务和其他邮政服务。

电信服务,包括基础电信服务和增值电信服务。

建筑服务,包括工程服务、安装服务、修缮服务、装饰服务和其他建筑服务。

金融服务,包括贷款服务、直接收费金融服务、保险服务和金融商品转让。

现代服务,包括研发和技术服务、信息技术服务、文化创意服务、物流辅助服务、租赁服务、鉴证咨询服务、广播影视服务、商务辅助服务和其他现代服务。

生活服务,包括文化体育服务、教育医疗服务、旅游娱乐服务、餐饮住宿服务、居民日常服务和其他生活服务。

第五,销售无形资产,指转让无形资产所有权或者使用权的业务活动。无形资产,是指不具实物形态,但能带来经济利益的资产,包括技术、商标、著作权、商誉、自然资源使用权和其他权益性无形资产。

其中,技术,包括专利技术和非专利技术。自然资源使用权,包括土地使用权、海域使用权、探矿权、采矿权、取水权和其他自然资源使用权。其他权益性无形资产,包括基础设施资产经营权、公共事业特许权、配额、经营权(包括特许经营权、连锁经营权、其他经营权)、经销权、分销权、代理权、会员权、席位权、网络游戏虚拟道具、域名、名称权、肖像权、冠名权、转会费等。

第六,销售不动产,指转让不动产所有权的业务活动。这里的不动产,是指不能移动或者移动后会引起性质、形状改变的财产,包括建筑物、构筑物等。

其中,建筑物,包括住宅、商业营业用房、办公楼等可供居住、工作或者进行其他活动的建造物。构筑物,包括道路、桥梁、隧道、水坝等建造物。转让建筑物有限产权或者永久使用权的,转让在建的建筑物或者构筑物所有权的,以及转让建筑物或者构筑物时一并转让其所占土地的使用权的,按照销售不动产缴纳增值税。

3. 税率

我国增值税税率结构较为复杂,包括13%、9%、6%、0%四个档次[1],分别适用于不同的领域和情形。

(1) 纳税人销售货物、劳务、有形动产租赁服务或者进口货物,除另有规定外,适用13%的税率。

(2) 纳税人销售交通运输、邮政、基础电信、建筑等服务,销售不动产,转让土地使用权,税率为9%。

此外,销售或者进口下列货物,税率亦为9%:

(a) 粮食等农产品、食用植物油、食用盐;

(b) 自来水、暖气、冷气、热水、煤气、石油液化气、天然气、二甲醚、沼气、居民用煤炭制品;

(c) 图书、报纸、杂志、音像制品、电子出版物;

(d) 饲料、化肥、农药、农机、农膜;

(e) 国务院规定的其他货物。

(3) 纳税人销售金融服务、增值电信服务、现代服务、生活服务、无形资产,除另有规定外,税率为6%。

(4) 除国务院另有规定外,纳税人出口货物,以及境内单位和个人跨境销售国务院规定范围内的服务、无形资产,适用零税率。

我国的增值税制度一直处于变动之中,在税率方面还在不断进行结构调整,同时,国务院近年来一直推动减税降费,从而有助于减轻相关纳税人的实际税负。

---

[1] 相关税率调整情况可参见财政部、税务总局、海关总署《关于深化增值税改革有关政策的公告》(中华人民共和国财政部、国家税务总局、中华人民共和国海关总署公告2019年第39号)。

4. 增值税应纳税额的计算

增值税应纳税额的确定分为三种情况：其一是一般纳税人从事应税销售行为的应纳税额的确定；其二是小规模纳税人从事应税销售行为的应纳税额的确定；其三是一般纳税人、小规模纳税人进口货物应纳税额的确定。这三种情况所适用的计算公式各不相同，现分别介绍如下：

（1）一般纳税人应纳增值税额的确定

一般纳税人销售货物、劳务、服务、无形资产、不动产（以下统称应税销售行为），应纳税额为当期销项税额抵扣当期进项税额后的余额。应纳税额计算公式：

$$应纳税额＝当期销项税额－当期进项税额$$

上述的当期销项税额，是指当期从事应税销售行为的纳税人，依其销售额和法定税率计算并向购买方收取的增值税税额。其计算公式为：

$$当期销项税额＝销售额×税率$$

上述的当期进项税额，是指纳税人购进货物、劳务、服务、无形资产、不动产支付或者负担的增值税额。进项税额符合法定条件的，可以从销项税额中抵扣。纳税人由此享有重要的抵扣权。

另外，当期销项税额小于当期进项税额不足抵扣时，其不足部分可以结转下期继续抵扣，由此形成了增值税的留抵制度[①]。

（2）小规模纳税人应纳增值税额的确定

小规模纳税人销售货物或者应税劳务，其应纳增值税额的计算不适用"扣税法"，而是实行按照销售额和征收率计算应纳税额的简易办法，并不得抵扣进项税额。其计算公式为：

$$应纳税额＝销售额×征收率$$

上述公式中的征收率统一为3%，国务院另有规定的除外。小规模纳税人的具体标准由国务院财政、税务主管部门规定。此外，非企业性单位、不经常发生应税行为的企业可选择按小规模纳税人纳税。

（3）进口货物应纳增值税额的确定

进口货物的纳税人，无论是一般纳税人还是小规模纳税人，均应按照组成计税价格和规定的税率计算应纳税额，不得抵扣进项税额。其计算公式为：

$$组成计税价格＝关税完税价格＋关税＋消费税$$

$$应纳税额＝组成计税价格×税率$$

5. 税收减免

我国增值税的税收减免仍然较多，例如，农业生产者销售的自产农产品、古旧图书、直接用于教学、科研的进口仪器和设备、销售自己使用过的物品等，都属于免税项目。此外，个人的销售额未达到规定的起征点的，也免征增值税。

（二）消费税法律制度

消费税是以特定的消费品的流转额为计税依据而征收的一种商品税。它在各国开征亦较为普遍，具有特定的财政意义、经济意义和社会意义。

---

① 根据财政部、税务总局、海关总署《关于深化增值税改革有关政策的公告》的规定，自2019年4月1日起，全面试行增值税期末留抵税额退税制度。

我国的消费税法律制度主要体现为《消费税暂行条例》及与之配套的相关法规、规章的规定，其实体法规范的主要内容是：

在税法主体方面，消费税的征税主体是税务机关（进口环节的消费税由海关代征）；纳税主体是在我国境内从事生产、委托加工和进口应税消费品的单位和个人。此处"单位和个人"的具体范围与增值税的相关规定相同。

消费税的征税范围可以概括为以下几类消费品：(1) 过度消费会对人类健康、社会秩序和生态环境等造成危害的消费品，包括烟、酒、鞭炮和焰火、木制一次性筷子、实木地板、电池、涂料等税目。(2) 奢侈品、非生活必需品，包括贵重首饰及珠宝玉石、化妆品、高尔夫球及球具、高档手表、游艇等税目。(3) 高能耗的高档消费品，包括小汽车、摩托车等税目。(4) 石油类消费品，包括成品油一个税目，下设汽油、柴油、石脑油、润滑油、燃料油等多个子目。①

在税率方面，消费税的税率包括两类，即比例税率和定额税率。在应纳税额的计算方面，适用比例税率的消费品的计算公式为：

$$应纳税额＝销售额×税率$$

同增值税类似，上述销售额的确定也是较为复杂的。在进口应税消费品等方面，往往要用到组成计税价格，限于篇幅，不再展开介绍。

此外，适用定额税率的消费品的应纳税额的计算公式为：

$$应纳税额＝销售数量×定额税率$$

在税收减免方面，消费税的减免项目很少，主要是纳税人出口应税消费品，除国家限制出口的以外，免征消费税。此外，纳税人自产自用的应税消费品，用于连续生产应税消费品的，不纳税。

（三）关税法律制度

关税是以进出关境的货物或物品的流转额为征税对象而征收的一种商品税。作为一种较为古老的税种，它在各国开征十分普遍，且具有较强的政策性。关税可分为进口税、出口税和过境税，但各国一般主要是征收进口税，且以对进口货物征税为主，因为进口税对于国际经济和一国的国内经济发展影响更大。我国的关税法律制度主要体现为《关税法》《海关法》等相关的法律、法规的规定②。

在征税范围方面，关税的征税范围包括我国准许进出口的货物、进境物品。其中，货物是指贸易性的进出口商品，物品则包括非贸易性的下列物品：(1) 入境旅客随身携带的行李和物品；(2) 个人邮递物品；(3) 各种运输工具上的服务人员携带进口的自用物品；(4) 馈赠物品以及以其他方式入境的个人物品。

在纳税主体方面，关税的纳税主体是进口货物的收货人、出口货物的发货人、进境物品的携带人或者收件人。

在税率方面，我国关税实行差别比例税率。其中，进口关税设置最惠国税率、协定税率、特惠税率、普通税率；出口关税设置出口税率。对实行关税配额管理的进出口货物，设置关

---

① 2008年12月18日，国务院发布了《关于实施成品油价格和税费改革的通知》，强调依托现有的消费税制度来实现成品油税费改革，而不是再新设立燃油税。由此使成品油税目及其税率调整备受瞩目。

② 2024年4月26日，全国人大常委会通过了《中华人民共和国关税法》（以下简称《关税法》），自2024年12月1日起施行，《进出口关税条例》也同时废止。此外，全国人大常委会于1987年1月22日通过《中华人民共和国海关法》，曾于2000年、2013年、2016年、2017年、2021年作出过修正。

税配额税率。对进出口货物在一定期限内可以实行暂定税率。

在税率的适用方面,上述各类税率分别有各自的适用对象,例如:

(1) 原产于共同适用最惠国待遇条款的世界贸易组织成员的进口货物,原产于与中华人民共和国缔结或者共同参加含有相互给予最惠国待遇条款的国际条约、协定的国家或者地区的进口货物,以及原产于中华人民共和国境内的进口货物,适用最惠国税率。

(2) 原产于与中华人民共和国缔结或者共同参加含有关税优惠条款的国际条约、协定的国家或者地区且符合国际条约、协定有关规定的进口货物,适用协定税率。

(3) 原产于中华人民共和国给予特殊关税优惠安排的国家或者地区且符合国家原产地管理规定的进口货物,适用特惠税率。

(4) 原产于上述(1)(2)(3)项规定以外的国家或者地区的进口货物,以及原产地不明的进口货物,适用普通税率。

在关税的计征方式方面,关税实行从价计征、从量计征、复合计征的方式征收:(1) 实行从价计征的,应纳税额按照计税价格乘以比例税率计算。(2) 实行从量计征的,应纳税额按照货物数量乘以定额税率计算。(3) 实行复合计征的,应纳税额按照计税价格乘以比例税率与货物数量乘以定额税率之和计算。

进口货物的计税价格,以成交价格以及该货物运抵中华人民共和国境内输入地点起卸前的运输及其相关费用、保险费为基础确定。出口货物的计税价格,以该货物的成交价格以及该货物运至中华人民共和国境内输出地点装载前的运输及其相关费用、保险费为基础确定。

在税收减免方面,主要包括关税的免征、减征等。例如,下列进出口货物、进境物品,免征关税:(1) 国务院规定的免征额度内的一票货物;(2) 无商业价值的广告品和货样;(3) 进出境运输工具装载的途中必需的燃料、物料和饮食用品;(4) 在海关放行前损毁或者灭失的货物、进境物品;(5) 外国政府、国际组织无偿赠送的物资;(6) 中华人民共和国缔结或者共同参加的国际条约、协定规定免征关税的货物、进境物品;(7) 依照有关法律规定免征关税的其他货物、进境物品。

此外,下列进出口货物、进境物品,减征关税:(1) 在海关放行前遭受损坏的货物、进境物品,应当根据海关认定的受损程度办理减税事宜;(2) 中华人民共和国缔结或者共同参加的国际条约、协定规定减征关税的货物、进境物品;(3) 依照有关法律规定减征关税的其他货物、进境物品。

除上述的法定免税、减税规定外,根据维护国家利益、促进对外交往、经济社会发展、科技创新需要或者由于突发事件等原因,国务院可以制定关税专项优惠政策,报全国人民代表大会常务委员会备案。

三、所得税法律制度

所得税是以所得为征税对象,向获取所得的主体征收的一类税。所得税主要可以分为企业所得税(或称公司所得税)和个人所得税两类。由于我国在企业所得税领域长期实行内外有别的两套税制,因而内资企业所得税和涉外企业所得税也一直长期并存。直到2007年3月16日,第十届全国人大第五次会议才通过了《中华人民共和国企业所得税法》(以下简称《企业所得税法》,该法自2008年1月1日起实施),从而实现了企业所得税法律制度的统一。①

(一) 企业所得税法律制度

1. 纳税主体

(1) 纳税主体的范围

依据《企业所得税法》规定，在中华人民共和国境内，企业和其他取得收入的组织（以下统称企业）为企业所得税的纳税人。

企业所得税的纳税人包括两类，一类是企业，一类是其他取得收入的组织。其中，企业既包括国有企业、集体企业、私营企业等，也包括外商投资企业和外国企业。各种类型的内资企业和涉外企业，是企业所得税的最重要的纳税主体。此外，企业所得税的纳税主体并不只是企业，也包括其他取得收入的各类组织，如事业单位、社会团体等。由于这些组织有收入，具备征税的必要条件，因此，税法亦将其规定为企业所得税的纳税主体。

另外，《企业所得税法》还规定，个人独资企业、合伙企业不适用本法。我国已从 2001 年 1 月 1 日起，对个人独资企业和合伙企业停止征收企业所得税，对投资者的生产经营所得，比照个体工商户的生产、经营所得征收个人所得税。

(2) 纳税主体的分类与纳税义务的承担

依据税法原理和税法制度实践，我国《企业所得税法》将纳税主体分为两类，即居民企业和非居民企业。其中，居民企业是指依法在中国境内成立，或者依照外国（地区）法律成立但实际管理机构在中国境内的企业。可见，在居民企业的划分标准上，我国同时适用注册地标准和实际管理机构地标准，即凡是在中国境内注册成立的企业，不管是内资企业，还是外商投资企业，都是我国税法上的居民企业；凡是依照外国（地区）法律成立的企业，尽管其属于外国（海外）企业，但只要其从事跨国经营，且实际管理机构在我国境内，即为我国税法上的居民企业。

在上述企业居民的判断标准中，涉及实际管理机构。所谓实际管理机构，是指对企业的生产经营、人员、账务、财产等实施实质性全面管理和控制的机构。

除了上述居民企业以外，在《企业所得税法》中，还有一类纳税主体，就是非居民企业。所谓非居民企业，是指依照外国（地区）法律成立且实际管理机构不在中国境内，但在中国境内设立机构、场所的，或者在中国境内未设立机构、场所，但有来源于中国境内所得的企业。本来，由于这些企业并非依照中国法律成立，且实际管理机构也不在中国境内，因而当然不是中国的居民企业，它们之所以也被确定为中国企业所得税的纳税主体，是因为它们在中国境内设立了机构、场所，或者在中国境内虽未设立机构、场所，但有来源于中国境内的所得。

对纳税主体进行居民企业和非居民企业的分类，具有重要的法律意义。我国《企业所得税法》规定，居民企业应当就其来源于中国境内、境外的所得缴纳企业所得税。非居民企业在中国境内设立机构、场所的，应当就其所设机构、场所取得的来源于中国境内的所得，以及发生在中国境外但与其所设机构、场所有实际联系的所得，缴纳企业所得税。此外，非居民企业在中国境内未设立机构、场所的，或者虽设立机构、场所，但取得的所得与其所设机构、场所没有实际联系的，应当就其来源于中国境内的所得缴纳企业所得税。

---

① 《企业所得税法》于 2017 年、2018 年由全国人大常委会作了两次修正。《企业所得税法实施条例》于 2007 年 11 月 28 日经国务院第 197 次常务会议通过，自 2008 年 1 月 1 日起施行。2019 年 4 月 23 日，国务院对该《条例》作了修订。

2. 征税范围与税率

企业所得税的征税范围,包括纳税主体以货币形式和非货币形式从各种来源取得的收入,如营业收入、劳务收入、投资收入、捐赠收入等。具体包括销售货物收入、提供劳务收入、转让财产收入、股息、红利等权益性投资收益、利息收入、租金收入、特许权使用费收入、接受捐赠收入以及其他收入等。

但是,有些收入是不纳入征税范围的,这些收入属于不征税收入。根据《企业所得税法》规定,不征税收入包括:(1)财政拨款;(2)依法收取并纳入财政管理的行政事业性收费、政府性基金;(3)国务院规定的其他不征税收入。

在税率方面,我国《企业所得税法》将企业的税率分为两类:一类是一般税率,一类是预提所得税税率。其中,一般税率为25%,在国际上属于中等偏下水平;预提所得税税率为20%,适用于某些非居民企业缴纳企业所得税的情况。

3. 应税所得额的确定

应税所得额是企业所得税的税基,其确定较为复杂,但其正确确定是有效适用企业所得税法的基础,因而需要重点加以介绍。

(1)应税所得额的总体确定

我国《企业所得税法》的规定是一致的。依据该法规定,企业每一纳税年度的收入总额,减除不征税收入、免税收入、各项扣除以及允许弥补的以前年度亏损后的余额,为应纳税所得额。

可见,为了确定应税所得额,必须分别确定收入总额和各项应从收入总额中减除的项目的金额。

(2)应税所得额的具体确定

依据《企业所得税法》规定,企业以货币形式和非货币形式从各种来源取得的收入,为收入总额,包括前述征税范围中涉及的各类收入。在法律日益健全的情况下,在具体确定应税所得额时,收入总额的确定以及不征税收入和享受税收优惠的收入的确定,都相对较为容易,较为复杂的是准予扣除项目金额的确定,因此,哪些项目允许扣除,哪些项目不许扣除,对于正确确定应税所得额是非常重要的。

第一,根据《企业所得税法》的规定,企业实际发生的与取得收入有关的合理的支出,包括成本、费用、税金、损失和其他支出,准予在计算应纳税所得额时扣除。这是一个总的原则。但在成本、费用、税金、损失和其他支出的具体扣除方面,还有一系列的特殊规定,并非无条件地都可以扣除。因此,必须关注税法有关固定资产折旧、无形资产摊销费用、捐赠支出扣除等方面的具体规定。例如,在捐赠支出扣除方面,企业发生的公益性捐赠支出,在年度利润总额12%以内的部分,准予在计算应纳税所得额时扣除。这个扣除比例较以往有了很大的提高。

第二,根据《企业所得税法》规定,在计算应纳税所得额时,下列支出不得扣除:向投资者支付的股息、红利等权益性投资收益款项;企业所得税税款;税收滞纳金;罚金、罚款和被没收财物的损失;上述公益性捐赠支出以外的捐赠支出;赞助支出;未经核定的准备金支出;与取得收入无关的其他支出。

第三,企业在汇总计算缴纳企业所得税时,其境外营业机构的亏损不得抵减境内营业机构的盈利。也就是说,境外与境内的营业机构不得通过合并纳税来实现盈亏相抵,这对于贯彻独立纳税原则和属地纳税原则,对于保障国家的税收收入,都是很重要的。

第四,我国《企业所得税法》还规定了亏损结转制度,即企业纳税年度发生的亏损,准予向以后年度结转,用以后年度的所得弥补,但结转年限最长不得超过5年。对于相关企业来说,亏损结转制度是一种税收优惠,对于提高企业的竞争力,促进其持续发展有积极的促进意义。

(3) 预提所得税应税所得额的确定

上述有关准予扣除、不准扣除,以及亏损结转等方面的规定,并不适用于非居民企业缴纳预提所得税时的应税所得额的确定。根据我国《企业所得税法》的规定,非居民企业在中国境内未设立机构、场所的,或者虽设立机构、场所,但取得的所得与其所设机构、场所没有实际联系的,属于一类特殊的情况,不能适用上述有关扣除或不准扣除等规定,而应当按照下列方法计算其应纳税所得额:

第一,股息、红利等权益性投资收益和利息、租金、特许权使用费所得,以收入全额为应纳税所得额;

第二,转让财产所得,以收入全额减除财产净值后的余额为应纳税所得额;

第三,其他所得,参照上述两类方法计算应纳税所得额。

4. 应纳税额的计算

在企业的应税所得额确定以后,用该应税所得额乘以适用税率,减除依照《企业所得税法》关于税收优惠的规定减免和抵免的税额后的余额,即为应纳税额。

5. 税收优惠制度

税收优惠的类型是多种多样的,除了税收减免(包括直接免税和裁量减免)外,还包括税率优惠、加计扣除、所得抵扣、加速折旧、减计收入、税额抵免等类型,这些类型,有的是税率上的优惠,有的是税基上的优惠,还有的是直接的税额上的优惠。

第一,免税收入。

根据《企业所得税法》规定,企业的下列收入为免税收入:国债利息收入;符合条件的居民企业之间的股息、红利等权益性投资收益;在中国境内设立机构、场所的非居民企业从居民企业取得与该机构、场所有实际联系的股息、红利等权益性投资收益;符合条件的非营利组织的收入。

第二,免征减征。

根据《企业所得税法》规定,企业的下列所得,可以免征、减征企业所得税:从事农、林、牧、渔业项目的所得;从事国家重点扶持的公共基础设施项目投资经营的所得;从事符合条件的环境保护、节能节水项目的所得;符合条件的技术转让所得;非居民企业应缴纳预提所得税的所得。

此外,民族自治地方的自治机关对本民族自治地方的企业应缴纳的企业所得税中属于地方分享的部分,可以决定减征或者免征。自治州、自治县决定减征或者免征的,须报省、自治区、直辖市人民政府批准。

第三,税率优惠。

各类企业在通常情况下,适用的是25%的一般税率,但国家为了体现相关的产业政策,还规定了如下优惠税率:符合条件的小型微利企业,减按20%的税率征收企业所得税;国家需要重点扶持的高新技术企业,减按15%的税率征收企业所得税。

第四,加计扣除。

为了体现国家的相关经济政策和社会政策,企业的下列支出,可以在计算应纳税所得额时加计扣除:一是开发新技术、新产品、新工艺发生的研究开发费用。这与对创新的鼓励,与研发的特殊性直接相关。二是安置残疾人员及国家鼓励安置的其他就业人员所支付的工资。这与国家对残疾人员的就业保障等社会政策直接相关。

第五，所得抵扣。

创业投资企业从事国家需要重点扶持和鼓励的创业投资，可以按投资额的一定比例抵扣应纳税所得额。

第六，加速折旧。

资产的税务处理，对于企业而言是一个非常重要的问题，特别是在折旧方面，是否允许加速折旧，对于企业的生产经营和投资选择都有重要影响。为此，《企业所得税法》规定，企业的固定资产由于技术进步等原因，确需加速折旧的，可以缩短折旧年限或者采取加速折旧的方法。

第七，减计收入。

减计收入会直接导致税基减少，从而减轻企业的纳税负担。为了鼓励能源的综合利用，《企业所得税法》专门规定：企业综合利用资源，生产符合国家产业政策规定的产品所取得的收入，可以在计算应纳税所得额时减计收入。

第八，税额抵免。

在绿色发展的理念之下，对环保、节能等方面的税收优惠也会受到重视。为此，我国《企业所得税法》规定，企业购置用于环境保护、节能节水、安全生产等专用设备的投资额，可以按一定比例实行税额抵免。

此外，企业取得的所得已在境外缴纳的所得税税额，可以依法从其当期应纳税额中抵免，抵免限额为该项所得依照税法规定计算的应纳税额；超过抵免限额的部分，可以在以后5个年度内，用每年度抵免限额抵免当年应抵税额后的余额进行抵补。

以上是《企业所得税法》明确规定的各类税收优惠。另外，根据国民经济和社会发展的需要，或者由于突发事件等原因对企业经营活动产生重大影响的，国务院可以制定企业所得税专项优惠政策，报全国人大常务委员会备案。

6. 特别纳税调整制度

在现实的经济生活中，纳税主体及其经济行为都非常复杂，在有些情况下，可能直接影响税基和应纳税所得额。为此，针对现实经济活动中的一些特殊情况，《企业所得税法》还专门规定了特别纳税调整制度，以确保纳税的真实性，保障国家的税收收入，防止纳税主体从事违法的税收逃避活动。

依据特别纳税调整制度，征税机关享有调整权，可以依照法律规定和具体情况，据实调整或推定调整纳税人的应税所得额或应纳税额。

特别纳税调整制度，主要用于关联企业领域，涉及多方面的内容，如转让定价的税法规制、关联企业的信息披露制度、对通过避税地或资本弱化手段进行避税的规制，等等。由于这些制度的重要目标是反避税，因而也被称为反避税制度。

(1) 对转让定价的反避税规制

为了防止关联企业转让定价，各国一般都要求关联企业在发生经济往来时，必须遵循独立交易原则（理论上也称为独立竞争原则、公平交易原则），即要求关联企业之间的经济交往，就像在它们之间不存在关联关系一样，从而可以按照外部市场的公允定价（而不是内部市场的人为定价）来形成收入，以防止通过转让定价而逃避纳税义务的问题。为此，我国《企业所得税法》规定,企业与其关联方之间的业务往来,不符合独立交易原则而减少企业或者其关联方应纳税收入或者所得额的,税务机关有权按照合理方法调整。

此外,企业与其关联方共同开发、受让无形资产,或者共同提供、接受劳务发生的成本,在计算应纳税所得额时应当按照独立交易原则进行分摊。

基于各国通例和我国的实践情况,我国《企业所得税法》规定,企业可以向税务机关提出与其关联方之间业务往来的定价原则和计算方法,税务机关与企业协商、确认后,达成预约定价安排。

(2) 关联企业的信息披露义务

为了防止关联企业通过关联交易转让定价,税法规定关联企业负有信息披露义务,这体现在报表和资料提供等方面。为此,我国《企业所得税法》规定,企业向税务机关报送年度企业所得税纳税申报表时,应当就其与关联方之间的业务往来,附送年度关联业务往来报告表。此外,税务机关在进行关联业务调查时,企业及其关联方,以及与关联业务调查有关的其他企业,应当按照规定提供相关资料。

另外,企业不提供与其关联方之间业务往来资料,或者提供虚假、不完整资料,未能真实反映其关联业务往来情况的,税务机关有权依法核定其应纳税所得额。

(3) 对避税地的反避税规制

国际避税地或避税港(International Tax Heavens),也被称为"避税天堂",通常是指采取无税或低税政策,从而为其他国家企业提供避税便利的国家或地区。在经济全球化的背景下,一些企业可能会利用国外避税地的低税负,把利润转移到自己设在避税地的关联企业,从而逃避在居民国的纳税义务。为了解决此类问题,在税法上可以采取归属原则,即把居民企业转移到避税地的那些不作分配或少作分配的利润,仍然归属于该居民企业,亦即在法律上不承认其利润的转移,从而并不因其事实上的转移而影响国家的税收收入。

为此,我国《企业所得税法》规定,由居民企业,或者由居民企业和中国居民控制的设立在实际税负明显低于税法规定的税率水平的国家(地区)的企业,并非由于合理的经营需要而对利润不作分配或者减少分配的,上述利润中应归属于该居民企业的部分,应当计入该居民企业的当期收入。此类制度也被称为"受控外国企业反避税制度"。

(4) 对资本弱化的反避税规制

资本弱化(Thin Capitalization),是指企业为实现避税等目的而降低股本(权益性投资)的比重,提高借款(债权性投资)的比重的行为。企业的债权性投资大于权益性投资,在形式上是两者比例(或称资本结构)不合理,使资本弱化,在实质上则会增加企业因举债而发生的利息,从而增加企业所得税的税前扣除,减少股息的所得税,其避税效果是很明显的。

由此可见,当企业从其他关联企业获取的债权性投资增加,而权益性投资下降的时候,该企业不仅存在因自身的资本弱化而带来的风险,而且还要向关联企业支付大量利息,从而会减少其应纳税所得额。因此,一些国家强调应保持债权性投资与权益性投资的比例,对于超过规定比例而发生的利息支出,必须限制其税前扣除。这是在资本弱化方面反避税的重要措施。

为此,我国《企业所得税法》规定,企业从其关联方接受的债权性投资与权益性投资的比例超过规定标准而发生的利息支出,不得在计算应纳税所得额时扣除。

除上述反避税制度安排以外,我国《企业所得税法》还特别规定:企业实施其他不具有合理商业目的的安排而减少其应纳税收入或者所得额的,税务机关有权按照合理方法调整。这一规定也被视为反避税的一般条款,它有利于税务机关更好地开展反避税工作。

(二)个人所得税法律制度

个人所得税是以个人所得为征税对象,并由获取所得的个人缴纳的一种税。它是各国开征十分普遍的一个税种,在保障财政收入和实现社会政策方面具有重要作用。

我国的个人所得税制度表现为全国人大于1980年9月10日通过的《中华人民共和国个人所得税法》[①],以及其他与之配套的法规、规章的规定。其实体法规范的主要内容是:

1. 税法主体

征税主体是税务机关,纳税主体可分为两类,即居民纳税人和非居民纳税人。其中,凡在中国境内有住所,或者无住所而一个纳税年度内在中国境内居住累计满183天的个人,为居民个人。居民个人负无限的纳税义务,应就其从中国境内和境外取得的所得,依法缴纳个人所得税。凡在中国境内无住所又不居住,或者无住所而一个纳税年度内在中国境内居住累计不满183天的个人,为非居民个人。非居民个人负有限的纳税义务,即仅就其从中国境内取得的所得,依法缴纳个人所得税。

2. 征税范围

我国实行综合与分类相结合的所得税制,将属于征税范围的所得分为9个税目,即工资、薪金所得,劳务报酬所得,稿酬所得,特许权使用费所得,经营所得,利息、股息、红利所得,财产租赁所得,财产转让所得,偶然所得。

居民个人取得上述第一项至第四项所得(简称"综合所得"),按纳税年度合并计算个人所得税;非居民个人取得上述第一项至第四项所得,按月或者按次分项计算个人所得税。纳税人取得上述第五项至第九项所得,依法分别计算个人所得税。

3. 税率

个人所得税的税率可分为两类:一类是超额累进税率,适用于综合所得、经营所得;另一类是比例税率,其基本税率均为20%,适用于除上述两类所得以外的其他各类所得。具体规定是:(1)综合所得,适用3%至45%的超额累进税率。(2)经营所得,适用5%至35%的超额累进税率。(3)利息、股息、红利所得,财产租赁所得,财产转让所得和偶然所得,适用比例税率,税率为20%。

4、税基的确定与应纳税额的计算

(1)综合所得的应纳税所得额的确定

居民个人的综合所得,以每一纳税年度的收入额减除费用6万元以及专项扣除、专项附加扣除和依法确定的其他扣除后的余额,为应纳税所得额。非居民个人的工资、薪金所得,以每月收入额减除费用5000元后的余额为应纳税所得额;劳务报酬所得、稿酬所得、特许权使用费所得,以每次收入额为应纳税所得额。

在综合所得中,劳务报酬所得、稿酬所得、特许权使用费所得以收入减除20%的费用后的余额为收入额。稿酬所得的收入额减按70%计算。

(2)分类所得的应纳税所得额的确定。

经营所得,以每一纳税年度的收入总额减除成本、费用以及损失后的余额,为应纳税所

---

① 全国人大常委会分别于1993年、1999年、2005年、2007年、2011年、2018年对该法作出修正。

得额。财产租赁所得,每次收入不超过4000元的,减除费用800元;4000元以上的,减除20%的费用,其余额为应纳税所得额。财产转让所得,以转让财产的收入额减除财产原值和合理费用后的余额,为应纳税所得额。利息、股息、红利所得和偶然所得,以每次收入额为应纳税所得额。

(3) 应纳税额的计算

在应纳税额的计算方面,应首先按税法规定确定应税所得额,然后即可计算应纳税额,其计税公式是:

$$应纳税额 = 应税所得额 \times 税率$$

5. 税收减免

在税收减免方面,我国《个人所得税法》的规定较多,例如,(1) 省级政府、国际组织等颁发的教科文卫体、技术、环保等方面的奖金;(2) 国债和国家发行的金融债券利息;(3) 按照国家统一规定发给的补贴、津贴;(4) 福利费、抚恤金、救济金;(5) 保险赔款;(6) 军人的转业费、复员费、退役金;(7) 按照国家统一规定发给干部、职工的安家费、基本养老金或退休费等,均应免税。此外,残疾、孤老人员和烈属的所得,以及因自然灾害遭受重大损失的,经批准可以减征。

四、财产税法律制度

财产税是以财产为征税对象,并由对财产进行占有、使用或收益的主体缴纳的一类税。财产税的历史非常悠久,但在现代各国一般都不具有主体税种的地位,它主要是地方税收入的主要来源。

我国财产税的税种较多,主要包括房产税、土地使用税、土地增值税、耕地占用税、契税、车船税、资源税等。从总体上看,广义上的财产税立法已经有了很大发展。自2013年国家强调"落实税收法定原则"以来,我国已经制定了《耕地占用税法》《契税法》《车船税法》《船舶吨税法》《印花税法》《资源税法》《环境保护税法》等多部税收法律,但在房产税、城镇土地使用税、土地增值税等方面的立法还没有完成,是否要将相关税种整合开征房地产税,是否应开征遗产税与赠与税,等等,都还存在很多值得研究的问题。限于篇幅,在此不作展开介绍。

第三节 税收征纳程序法律制度

一、税收征纳程序法律制度概述

税收程序法律制度,包括税收征纳程序制度以及与其相关的各项程序制度,但税收征纳程序制度是其核心。

我国的税收征纳程序曾长期处于不受重视的地位,立法也较为滞后。而征纳双方的权利能否得到有效保障,则与税收征纳程序方面的法律规范是否完善密切相关。随着法治建设的持续推进,有关税收征纳程序法律制度的重要性以及程序的独立价值已得到广泛认同。

我国税收征纳程序领域的立法,主要是全国人大常委会于1992年9月4日通过的《中华人民共和国税收征收管理法》(简称《税收征收管理法》),以及与其相配套的《税收征收管理法实施细则》和其他法规、规章。其中,《税收征收管理法》最为重要。①

在适用范围方面,我国《税收征收管理法》规定,凡依法由税务机关征收的各种税收的征收管理,均适用该法。由海关负责的关税及海关代征税收的征管,依照法律、行政法规的有关规定执行。

一般说来,税收征收管理法需要明确有关税收的征收制度、管理制度、稽查制度以及责任制度等内容,因此,我国《税收征收管理法》规定了税务管理制度、税款征收制度、税务检查制度,以及违反该法应当承担的法律责任。这些也是本节要介绍的主要内容。

二、税务管理制度

税务管理是税收征纳的基础和前提,它主要包括三个方面,即税务登记,账簿、凭证管理,纳税申报。

(一)税务登记

企业,企业在外地设立的分支机构和从事生产、经营的场所,个体工商户和从事生产、经营的事业单位(统称从事生产、经营的纳税人)自领取营业执照之日起 30 日内,持有关证件,向生产、经营所在地税务机关申报办理税务登记。上述从事生产、经营的纳税人(以下简称"纳税人")之所以必须在法定期限内依法办理税务登记,是因为税务登记是整个税收征管的首要环节,是纳税人与税务机关建立税务联系的开始。税务登记主要包括设立登记、变更登记、注销登记以及停业、复业登记和外出经营报验登记等。

为了确保税务登记信息的准确完整,防止税收逃避,市场监管机关和金融机构等相关主体依法负有一定的协助义务。一方面,市场监管机关应当将办理登记注册、核发营业执照的情况,定期向税务机关通报。另一方面,银行和其他金融机构应当在从事生产、经营的纳税人的账户中登录税务登记证件号码,并在税务登记证件中登录从事生产、经营的纳税人的账户账号。税务机关依法查询从事生产、经营的纳税人开立账户的情况时,有关银行和其他金融机构应当予以协助。

(二)账簿、凭证管理

所谓账簿、凭证管理,主要包括账簿设置的管理以及账簿、凭证的使用和保存的管理。由于账簿、凭证所反映出的信息,直接影响税基的确定和应纳税额的计算,因此,必须加强账簿、凭证管理,使其反映的会计信息真实、准确、可靠。

依据现行税法规定,纳税人应当自领取营业执照或发生纳税义务之日起 15 日内,按照国家有关规定设置账簿,根据合法、有效的凭证记账进行核算。此外,采用计算机记账的,应当在使用前将其会计核算软件、使用说明书及有关资料报送主管税务机关备案。另外,纳税人应当按照国务院财政、税务主管部门规定的期限(通常为 10 年)保管账簿、凭证,且对于需保管的资料不得伪造、变造或者擅自损毁。对于发票,更应依照《中华人民共和国发票管理办法》等规定严格管理。

(三)纳税申报

由于纳税申报是现行税收征管体制的重要组成部分,是税收征纳的基础,因此,纳税人

---

① 我国《税收征收管理法》曾于 1995 年 2 月 28 日、2001 年 4 月 28 日、2013 年 6 月 29 日、2015 年 4 月 24 日作出过修订或修正。

必须在法定或者税务机关依法确定的申报期限内办理纳税申报,报送纳税申报表、财务会计报表以及税务机关根据实际需要要求纳税人报送的其他纳税资料。即使是享受减税、免税待遇的纳税人,也应当依法办理纳税申报。

纳税人进行纳税申报的内容主要包括:(1)税种、税目;(2)应税项目;(3)适用税率;(4)计税依据;(5)扣除项目及标准;(6)应纳税额;(7)应退税及应减免税的项目及税额;(8)税款所属期限;等等。

此外,纳税人按照规定的期限办理纳税申报确有困难,需要延期的,应在规定期限内向税务机关提出书面延期申请,经税务机关核准,在核准的期限内办理。纳税人因不可抗力,不能按期申报的,可以延期办理,无须事先申请。但应在不可抗力情形消除后,立即向税务机关报告。税务机关应当查明具体事实,决定是否予以核准。

三、税款征收制度

在税收征纳程序制度中,税收管理制度是基础,而税款征收制度则是核心和关键。所谓税款征收,通常是指征税机关依法将纳税人的应纳税款征收入库的各类活动的总称。在税法上涉及税款征收的制度,包括税款征收基本制度、税款征收特别制度、税款征收保障制度等。

(一)税款征收基本制度

税款征收基本制度,是在税款征收方面通行的一般制度,主要包括征纳主体制度、税务管辖制度、征收方式制度、税额确定制度、征纳期限制度、文书送达制度等。

在上述各类制度中,征纳主体制度非常重要。由于征税机关的税款征收活动与纳税人的税款缴纳活动密不可分,因此必须从征纳双方的角度分别规定征纳主体各自的资格、权利、义务等,从而形成征纳主体制度。

通常,实施税务管辖的主体是征税机关。在法律上需要对各类征税机关的管辖权作出尽量明确的划分,这既有助于防止偷漏税,也有助于避免重复征税,因而对于贯彻税收法定原则、税收公平原则和税收效率原则等具有重要意义。

此外,由于纳税人的情况千差万别,因而税款征收方式也不可能整齐划一,而是必须针对不同类别的情况,采取不同的征收方式,以确保国家税款及时足额入库,同时,又要方便纳税人,降低税收成本。

另外,征纳期限也很重要。在纳税期限之前,征税机关不得违法提前征税,纳税主体亦无提前申报纳税之义务;在纳税期限届满后,纳税主体不得违法拖欠税款,否则将被作为税收违法行为而被加收滞纳金。依据我国《税收征收管理法》的规定,纳税人、扣缴义务人未按照纳税期限缴纳或解缴税款的,税务机关除责令限期缴纳外,从滞纳税款之日起,按日加收滞纳税款0.05%的滞纳金。但纳税人因有特殊困难(如遇到不可抗力),不能按期缴纳税款的,经省级税务机关批准,可以延期缴纳税款,但最长不得超过3个月。

(二)税款征收特别制度

税款征收特别制度,是为了解决在税收征纳活动中发生的一些特殊问题而设立的制度。这些制度包括税收减免制度、退税制度、缓征制度和补税制度、追征制度等。

在上述各类制度中,税收减免制度非常重要。税收减免作为一种税收特别措施,既涉及实体法问题,也涉及程序法问题。同时,它与纳税人的切身利益直接相关。

税收减免依其性质和原因,可分为困难性减免和调控性减免。前者是指纳税人因灾情等原因而发生应予照顾的困难时,经征税机关审批而实施的税收减免。后者是指国家为实现一定的经济调控目标而实施的税收减免。调控性的减免还包括补贴性减免和鼓励性减免等。

税收减免依其条件和程序,还可分为法定减免和裁量减免两类。法定减免是指税法已对减免条件作出明确规定,只要符合法定条件即可直接实施的减免。法定减免的项目通常在税法中均予明确列举,除采取列举方式外,在立法上还可采取直接规定起征点和免征额的方式。

裁量减免或称审批性减免,通常是指由纳税人依法向征税机关提出申请,经征税机关审批同意后所实施的税收减免。裁量减免与法定减免不同,是否减免、如何减免,均必须在纳税人申请的基础上,由征税机关依法作出裁量,并作出决定;而法定减免则无需纳税人申请,征税机关可直接依法实施减免。一般说来,法定减免是长期性的,裁量减免是临时性的,审批减免期满即应恢复征税。

我国《税收征收管理法》规定,纳税人可以依照法律、行政法规的规定向税务机关书面申请减税、免税。减税、免税的申请须经法定的审查批准机关审批;地方各级人民政府及其主管部门、单位和个人违反法律、行政法规规定,擅自作出的减税、免税决定无效,税务机关不得执行。

除了税收减免制度以外,我国的税收法律、法规对退税制度亦有规定。例如,我国的《税收征收管理法》规定,退税、补税须依照法律和行政法规的规定执行。纳税人超过应纳税额缴纳的税款,税务机关发现后应当立即退还。此外,该法还规定了行使退还请求权的除斥期间,即纳税人自结算缴纳税款之日起 3 年内发现的,可以向税务机关要求退还多缴的税款并加算银行同期存款利息,税务机关及时查实后应当立即退还。另外,我国《海关法》还规定,海关多征的税款,海关发现后应当立即退还;纳税人自缴纳税款之日起 1 年内,可以要求海关退还。

(三)税款征收保障制度

为了确保税收征纳活动的顺利进行,特别是为了确保应纳税款的及时、足额入库,我国税法还规定了税款征收保障制度,主要包括税收保全制度、强制执行制度、欠税回收保障制度等。

1. 税收保全制度和强制执行制度

所谓税收保全制度,是指为了维护正常的税收秩序,预防纳税人逃避税款缴纳义务,以使税收收入得以保全而制定的制度。

我国《税收征收管理法》规定,为了实现保全税收的目的,税务机关可以依法采取以下依次递进的各项税收保全措施:

(1)责令限期缴纳税款。即当税务机关有根据认为从事生产经营的纳税人有逃避纳税义务的行为时,可以在规定的纳税期之前,责令限期缴纳应纳税款。

(2)责成提供纳税担保。即在上述限期缴纳的期间内,若发现纳税人有明显的转移、隐匿其应税商品、收入或财产的迹象,则税务机关可以责成纳税人提供纳税担保。

(3)通知冻结等额存款。即如果纳税人不能提供纳税担保,则经县以上税务局(分局)批准,税务机关可以书面通知纳税人的开户银行或者其他金融机构,冻结纳税人的相当于应纳税款金额的存款。

（4）扣押查封等额财产。即如果纳税人不能提供纳税担保，则经县以上税务局（分局）批准，税务机关可以扣押、查封纳税人的价值相当于应纳税款的商品、货物或者其他财产。

所谓强制执行制度，是指在纳税主体未履行其纳税义务，在征税机关采取一般税收征管措施仍然无效的情况下，通过采取强制执行措施，以保障税收征纳秩序和税款入库的制度。

依据我国《税收征收管理法》规定，纳税人、扣缴义务人未按照规定的期限缴纳或者解缴税款的，在税务机关责令其限期缴纳，但逾期仍未缴纳时，经县以上税务局（分局）局长批准，税务机关可以采取以下强制执行措施：第一，书面通知被执行人的开户银行或者其他金融机构从其存款中扣缴税款。第二，扣押、查封、依法拍卖或变卖被执行人的价值相当于应纳税款的商品、货物或者其他财产，以拍卖或变卖所得抵缴税款。此外，在采取强制执行措施时，税务机关对被执行人未缴纳的滞纳金亦同时强制执行。这是税法对强制执行措施的种类及实施范围的一般规定。

2. 欠税回收保障制度

欠税回收保障制度由一系列具体制度构成，如离境清税制度、税收优先权制度、欠税告知制度、代位权与撤销权制度等。

（1）离境清税制度

欠缴税款的纳税人或者其法定代表人需要出境的，应当在出境前向税务机关结清应纳税款、滞纳金或者提供担保；未结清税款、滞纳金，又不提供担保的，税务机关可以通知出境管理机关阻止其出境，此即"离境清税制度"。

（2）税收优先权制度

税务机关征收税款，除法律另有规定的以外，税收优先于无担保债权，此即税收的一般优先权。纳税人欠缴的税款发生在纳税人以其财产设定抵押、质押或者纳税人的财产被留置之前的，税收应当先于抵押权、质权、留置权执行。

纳税人欠缴税款，同时又被行政机关决定处以罚款、没收违法所得的，税收优先于罚款、没收违法所得。

（3）欠税告知制度

欠税告知制度，包括纳税人将欠税情况及相关重大经济活动向其权利人的告知或者向税务机关的报告等制度，也包括税务机关对欠税情况的公告制度。该制度有助于充分保护第三人的经济利益和国家的税收利益。

根据我国《税收征收管理法》的规定，纳税人有欠税情形而以其财产设定抵押、质押的，应当向抵押权人、质权人说明其欠税情况。抵押权人、质权人可以请求税务机关提供有关的欠税情况。

此外，纳税人有合并、分立情形的，应当向税务机关报告，并依法缴清税款。纳税人合并时未缴清税款的，应当由合并后的纳税人继续履行未履行的纳税义务；纳税人分立时未缴清税款的，分立后的纳税人对未履行的纳税义务应当承担连带责任。

（4）代位权与撤销权制度

由于税款的缴纳同样是一种金钱给付，因而征税机关同样可以作为税收债权人，行使公法上的代位权和撤销权。据此，在欠缴税款的纳税人因怠于行使到期债权，或者放弃到期债权，或者无偿转让财产，或者以明显不合理的低价转让财产而受让人知道该情形，对国家税收造成损害的情况下,税务机关就可以依法行使代位权、撤销权。同时,欠缴税款的纳税人尚未履行的纳税义务和应承担的法律责任,也并不因此而免除。

四、税务检查制度

(一)税务检查的概念

税务检查通常是指征税机关根据税法及其他有关法律的规定而对纳税主体履行纳税义务的情况进行检验、核查的活动。

税务检查制度是整个税收征管制度的重要组成部分,它由有关税务检查的一系列法律规范所构成,反映了征纳双方在税务检查活动中的权利与义务。在以纳税申报为基础的税收征管模式下,税务检查制度也日显重要。

税务检查制度的有效施行,有利于征税机关及时了解和发现纳税主体履行纳税义务的情况及存在的问题,从而可以及时纠正和处理税收违法行为,确保税收收入足额入库;有利于帮助纳税人严格依法纳税,提高其经营管理水平;有利于发现税收征管漏洞,维护税收秩序,促使税收征管制度进一步优化和完善。

(二)征税机关的税务检查权

征税机关的税务检查权必须依法定的范围和程序行使,不得滥用,也不得越权。依据我国《税收征收管理法》及其《实施细则》规定,税务机关的税务检查权主要包括以下几个方面:

1. 资料检查权

税务机关有权检查纳税人的账簿、记账凭证、报表和有关资料,检查扣缴义务人代扣代缴、代收代缴税款账簿、记账凭证和有关资料。税务机关既可以在纳税人、扣缴义务人的业务场所行使资料检查权,也可以在必要时,经县以上税务局(分局)局长批准,将上述纳税主体以往会计年度的账簿、记账凭证、报表和其他有关资料调回税务机关检查。

2. 实地检查权

税务机关有权到纳税人的生产、经营场所和货物存放地实地检查纳税人应纳税的商品、货物或者其他财产,检查扣缴义务人与代扣代缴、代收代缴税款有关的经营情况。

3. 资料取得权

税务机关有权责成纳税人、扣缴义务人提供与纳税或者代扣代缴、代收代缴税款有关的文件、证明材料和有关资料。

4. 税情询问权

税务机关有权询问纳税人、扣缴义务人与纳税或者代扣代缴、代收代缴税款有关的问题和情况。

5. 单证查核权

税务机关有权到车站、码头、机场、邮政企业及其分支机构检查纳税人托运、邮寄应纳税商品、货物或者其他财产的有关单据、凭证和有关资料。

6. 存款查核权

经县以上税务局(分局)局长批准,凭全国统一格式的检查存款账户许可证明,税务机关有权查核从事生产经营的纳税人、扣缴义务人在金融机构的存款账户。此外,税务机关可以依法查询案件涉嫌人员的储蓄存款。

(三) 税务机关在税务检查方面的义务

税务机关在行使其税务检查权的同时,必须履行相应的义务,而不能滥用职权。依据我国《税收征收管理法》及其《实施细则》的规定,税务机关在税务检查方面的义务主要有以下几项:

1. 资料退还的义务

税务机关把纳税人、扣缴义务人以前会计年度的账簿、记账凭证、报表和其他有关资料调回税务机关检查的,税务机关必须向纳税人、扣缴义务人开付清单,并在3个月内完整退还;若调当年的会计资料,则须于30日内退还。

2. 保守秘密的义务

税务机关派出的人员在进行税务检查时,有义务为被检查人保守秘密。尤其是在行使存款查核权时,税务机关应当指定专人负责,凭全国统一格式的检查存款账户许可证明进行检查,并应为被检查人保守秘密。

3. 持证检查的义务

税务人员进行税务检查时,应当出示税务检查证和税务检查通知书,否则,纳税人、扣缴义务人及其他当事人有权拒绝检查。

第四节 重复征税与税收逃避的防止

一、重复征税概述

重复征税在税法的理论和实践中一直是一个重要的、争论较多的问题。从广义上说,重复征税可以分为三类:(1)税制性重复征税。一个国家只要实行开征多个税种的复合税制,税制性的重复征税就不可避免。(2)法律性重复征税,它是由税收管辖权冲突造成的。只要对同一纳税主体的同一征税对象存在税收管辖权的冲突,则法律性的重复征税就可能发生。(3)经济性重复征税,它是由对不同纳税主体的同一税源征税而造成的。只要不同的纳税主体在缴纳不同的税时,其经济上的税源是同一的,则经济性的重复征税就可能发生。其典型的例子是对公司及其股东的所得的重复征税。

由于各国通行复合税制,因而通常需要避免法律性的重复征税和经济性的重复征税。其中,法律性的重复征税,更是需要着力解决的重要问题。正因如此,各国之间签订了大量的税收协定,其首要目标,就是要解决税收管辖权冲突问题,避免或防止法律性的重复征税(或称双重征税)。

二、防止重复征税的方法

从总体上看,解决重复征税的问题可以有两种方式,一种是单边方式,即通过国内法来单方面地限制本国的税收管辖权的行使;另一种是双边或多边的方式,即通过两个或两个以上的国家进行国际税收协调来避免重复征税,这在避免国际重复征税方面运用得非常普遍。限于篇幅,在此主要介绍避免法律性重复征税的方法。

避免法律性重复征税的方法主要有两种,即免税法和抵免法。免税法也称豁免法,是指对于本国居民源于境外的已纳税的跨国所得,允许从其应税所得中扣除,免予征税,从而避免重复征税的方法。它包括全额免税法和累进免税法两种,但一般多采行后者。由于免税法是以牺牲本国的税收利益为代价,因而实行免税法的国家较少。抵免法或称税收抵免,是指对本国居民在境外已纳的税款,准予在汇总纳税时从其应纳税额中扣除,从而避免重复征税的方法。税收抵免可分为直接抵免和间接抵免,前者适用于同一经济实体的纳税人的税收抵免;后者主要适用于母公司与子公司之间的税收抵免。在准予扣税的数额上,可分为全额抵免和限额抵免。其中,后者适用普遍。在本国税率与外国税率相同的情况下,限额抵免的效果与全额抵免的效果相同。

三、防止税收逃避的制度

税收逃避,是指通过规避税法来全部或部分地逃脱、避免承担纳税义务的各种行为。它与税收征管密切相关。由于税收逃避会使税收大量流失,而且历来是各国规制的重点,因此,各国之间订立的税收协定,除了要避免重复征税以外,还要防止偷漏税。

税收逃避包括逃税、避税等,其行为结果是国家税收的流失。因此,从国家利益、社会公益的角度,应当防止税收逃避行为的发生。但同时也应当注意逃税、避税与节税的区别。简单说来,逃税是通过对法律规定的直接违反来减少或免除纳税义务;避税则是通过利用税法的漏洞或罅隙来减少或免除纳税义务,它虽然不违反法律条文的规定,在形式上是不违法的,但在实质上却是违反税法宗旨的行为;节税也称税收筹划,是通过完全合法的经济或法律安排来降低或免除税负的行为,对上述的避税与节税应加以区别。

为了防止税收逃避,在税法上规定了多种具体制度。从广义上说,整个税收征管制度在保障纳税人权利的同时,许多规范都是为了防止税收逃避而规定的,包括税务管理的各项制度、税款征收中的税收保全、强制执行制度、税务检查制度等,都具有防止税收逃避的重要作用。除此以外,还有专门的防止税收逃避的制度,如关联企业制度(或称反避税制度)、税额调整制度、对税收违法行为的责任追究制度、税务协助制度、税收情报交换制度等。①

第五节 违反税法的法律责任

税法主体违反税收征纳制度,依法要承担多种法律责任,主要包括违反税收征管制度的法律责任、违反发票管理制度的法律责任等。其中,违反税收征管制度的法律责任非常重要,下面就对此类责任择要予以介绍。

依据我国《税收征收管理法》及其《实施细则》的规定,对于违反税收征管法的一般违法行为,其主要的制裁方式是罚款和其他行政处罚;对于违反税收征管法的严重违法行为,其主要的制裁方式则是罚金和其他刑事处罚。对于不同主体的不同违法行为,法律规定了不同的制裁手段,从而使违法主体承担的具体法律责任也各不相同。

一、纳税人违反税法的法律责任

(一)纳税人违反税务管理规定的法律责任

税务管理制度包括税务登记、账簿及凭证管理、纳税申报等具体制度,违反这些具体制

---

① 针对"税基侵蚀与利润转移"(BEPS)问题,二十国集团(G20)和经济合作与发展组织(OECD)均高度重视。与此相关,中国政府已于2013年8月27日正式签署了《多边税收征管互助公约》,该《公约》的重要目标,就是通过开展国际税收征管协作,打击跨境税收逃避行为,维护税收秩序。此外,我国还签署了《实施税收协定相关措施以防止税基侵蚀和利润转移的多边公约》,该《公约》于2022年9月1日对我国生效。

度规定,多属一般违法行为,纳税人即应承担相应的法律责任。

例如,如果纳税人有下列行为之一的,税务机关有权责令其限期改正,可处罚款:(1) 未按照规定的期限申报办理税务登记、变更或者注销登记的;(2) 未按照规定设置、保管账簿或者保管记账凭证和有关资料的;(3) 未按照规定将其全部银行账号向税务机关报告的;(4) 未按照规定的期限办理纳税申报的。

(二) 纳税人违反税款征收规定的法律责任

纳税人违反税款征收规定的行为较为普遍,包括逃税行为、欠税行为、抗税行为、骗税行为等,各类行为人所承担的法律责任也不尽相同。

(1) 逃税行为的法律责任

所谓逃税行为,也称偷税行为,是指纳税人伪造、变造、隐匿、擅自销毁账簿、记账凭证,或者在账簿上多列支出或者不列、少列收入,或者经税务机关通知申报而拒不申报或者进行虚假的纳税申报,不缴或者少缴应纳税款的行为。

对于逃税行为的处罚,有以下两类情况:① 对一般逃税行为的处罚。纳税人逃税未构成犯罪的,由税务机关追缴其不缴或者少缴的税款、滞纳金,并处以不缴或者少缴税款 50% 以上 5 倍以下的罚款。② 对逃税罪的处罚。依据《刑法修正案(七)》的规定,纳税人采取欺骗、隐瞒手段进行虚假纳税申报或者不申报,逃避缴纳税款数额较大并且占应纳税额 10% 以上的,处 3 年以下有期徒刑或者拘役,并处罚金;数额巨大并且占应纳税额 30% 以上的,处 3 年以上 7 年以下有期徒刑,并处罚金。

(2) 欠税、抗税、骗税行为的法律责任

所谓欠税行为,即纳税人在纳税期限届满后,仍未缴或少缴应纳税款的行为。税务机关应责令欠税人限期缴纳并加收滞纳金,逾期仍未缴纳的,可采取强制执行措施。此外,如果欠税人采取转移、隐匿等手段,致使税务机关无法追缴税款,则构成妨碍追缴欠税的行为。未构成犯罪的,除追缴欠款外,处以欠缴税款 50% 以上 5 倍以下的罚款;构成犯罪的,处拘役、有期徒刑并处罚金。

所谓抗税行为,即以暴力、威胁方法拒不缴纳税款的行为。未构成犯罪的,则追缴税款、滞纳金,并处拒缴税款 1 倍以上 5 倍以下的罚款;构成犯罪的,除追缴税款、滞纳金以外,处拘役、有期徒刑,并处罚金。

所谓骗税行为,即骗取出口退税的行为,它是指企事业单位或者个人通过采取对所生产或者经营的商品假报出口等欺骗手段,骗取国家出口退税款的行为。由税务机关追缴其骗取的退税款,并处骗取税款 1 倍以上 5 倍以下的罚款;骗税行为构成犯罪的,应依法追究刑事责任。

二、扣缴义务人违反税法的法律责任

扣缴义务人是税法规定的负有代扣代缴、代收代缴税款义务的单位和个人。扣缴义务人违反其法定义务,同样要承担相应的法律责任,主要包括以下几种情况:(1) 未按规定设置、保管代扣代缴、代收代缴税款的账簿、记账凭证及有关资料的,或者未按规定期限报送代扣代缴、代缴税款报告表和有关资料的,由税务机关限期改正,可以处以 2000 元以下的罚款,情节严重的,可在法定限度内处更高额度的罚款。(2) 扣缴义务人采取逃税手段进行逃税的,应承担的法律责任与纳税人逃税应承担的法律责任相同。(3) 扣缴义务人应扣未扣、应收而不收税款的,由税务机关向纳税人追缴税款,对扣缴义务人处应扣未扣、应收未收税款50%以上、3倍以下的罚款。

三、税务人员违反税法的法律责任

税务人员的违反税法的行为主要有:(1)唆使或协助纳税人、扣缴义务人实施逃税、骗税和妨碍追缴欠税;(2)收受或索取纳税人、扣缴义务人的财物;(3)玩忽职守,不征或者少征税款,致使国家税收遭受重大损失;(4)私分所扣押、查封的商品、货物或者其他财产;(5)违法擅自决定税收的开征、停征或者减免、退补;(6)滥用职权,故意刁难纳税人、扣缴义务人。对于上述的前4项行为,构成犯罪的,依法追究刑事责任;未构成犯罪的,给予行政处分;对于第5项行为,除撤销其决定外,应追究直接责任人员的行政责任;对于第6项行为,应对违法者给予行政处分。

本 章 小 结

税收法律制度是经济法的宏观调控法的重要组成部分,对于确保国家财政收入,实施宏观调控,保障社会稳定,具有重要作用。为此,本章分为五节,分别介绍税收与税法的基本原理以及具体的税法制度。

在税收的基本原理中,着重介绍了税收的概念、特征和基本分类,这些原理有助于理解税法的制度特点和体系结构。在税法的基本原理方面,着重介绍了税法的概念和体系、税法的构成要素和税收体制改革等问题,这些内容有助于增进对税法具体制度的理论基础和现实问题的理解和把握。

在税法的具体制度方面,着重介绍了税收征纳实体制度和税收征纳程序制度。此外,考虑到避免重复征税与防止税收逃避的重要性,以及违反税法的法律责任的复杂性,对这两大类制度也特别予以介绍。

在税收征纳实体制度方面,分别介绍了商品税法律制度、所得税法律制度和财产税法律制度,其中,商品税法律制度中的增值税法律制度、关税法律制度,以及所得税法律制度中的企业所得税法律制度和个人所得税法律制度,更是重中之重,因而着墨相对较多。

在税收征纳程序方面,着重介绍了我国现行《税收征收管理法》的相关规定,其中,税务管理制度、税款征收制度和税务检查制度最为重要。这些制度直接影响征纳双方的权益,以及税法宗旨的具体实现。

在税收征纳的过程中,有两个问题非常重要,一个是如何避免重复征税,一个是如何防止违法的税收逃避,为此,本章对与此相关的法律制度也单独予以介绍。此外,纳税人、扣缴义务人和税务人员,凡从事违反税法规定的行为,都应依法承担相应的法律责任。

第九章

金融法律制度

第一节　金融与金融法概述

一、金融与金融市场及其社会控制

金融，是货币资金融通的简称，具体是指以银行等金融机构为中心的信用活动以及在信用基础上组织起来的货币流通，主要包括货币发行、银行、票据、证券、保险、基金、信托、金融衍生业务、金融租赁、外汇与金银管理、第三方支付、众筹等互联网金融内容。

金融一般分为直接金融和间接金融两种形式。所谓直接金融，是指没有金融机构介入的资金融通形式，如商业信用、企业发行股票和债券，以及企业之间、个人之间的直接借贷。所谓间接金融，是指通过金融机构介入进行的资金融通形式，如银行存款、贷款以及票据、保险等。

金融是现代经济的核心，它在市场经济活动中发挥着越来越重要的作用。这些作用主要表现为：金融是资金运动的"信用中介"；金融是提高生产力的"黏合剂"和"催化剂"；金融是宏观经济调控的重要经济杠杆。

金融市场，是指以金融资产为交易对象而形成的供求关系及其机制的总和。直观而言，它是融通资金、买卖有价证券的场所。按交易标的物划分，金融市场可以分为货币市场、资本市场、金融衍生品市场、外汇市场、保险市场、黄金市场及其他投资品市场。其中，货币市场是指以交易期限1年以内的金融资产为交易标的物的短期金融市场，如同业拆借市场、票据贴现市场、国债回购市场和短期外汇市场等。资本市场是指以交易期限1年以上的金融资产为交易标的物的金融市场，如债券市场和股票市场。金融衍生品市场是指以一份双合约或支付交换协议等金融衍生品为交易标的物的金融市场，可分为场内交易市场和场外交易市场。外汇市场是指由银行等金融机构、自营交易商、大型跨国企业参与的，通过中介机构或电讯系统联结的，以各种货币为买卖对象的交易市场。保险市场是指以保险产品为交易标的物的金融市场，既可以指固定的交易场所，如保险交易所，也可以是所有实现保险商品让渡的交换关系的总和。黄金市场是指买卖双方集中进行黄金买卖的交易中心，提供即期和远期交易，允许交易商进行实物交易或者期权期货交易，以投机或套期保值的金融场所。

任何有序的社会活动均按一定的组织和管理秩序而存在和发展。而这种组织和管理往往又是通过社会规范控制的。社会控制是社会生活各个方面所不可缺少的因素。金融作为一种社会经济活动,是人们社会生活的重要组成部分。因此,对社会金融活动规范指引和对金融关系的有效调整,也必然要借助于以社会规范为中心的社会控制的各种手段。

法律调整是社会控制体系中最具有权威性的控制手段。它通过调整社会成员与社会之间的关系,赋予社会成员以一定权利并使其承担相应的法律义务的方式,进而达到调整或控制社会关系发展的目的。换言之,法律调整是由国家所制定的法律规范及其实现手段,对社会关系施加的有结果的规范组织作用。"金融是国家重要的核心竞争力,金融安全是国家安全的重要组成部分,金融制度是经济社会发展中重要的基础性制度。"[1]而金融法律制度是金融制度的核心内容。本章主要阐述金融法律制度中的金融调控法律制度。

二、金融法的概念

金融调控法是金融法的主要组成部分。要理解金融调控法,首先要明确金融法的概念和体系。金融法是指调整金融活动中所发生的社会关系的法律规范的总称。其调整的对象是金融经营业务关系和金融管理关系。金融经营业务关系是指金融机构或金融企业在从事金融经营活动过程中,与其他政府机构、工商企业、个人之间发生的各种经济关系。金融管理关系是指政府在金融管理活动中与金融机构之间发生的各种金融监管关系和金融调控关系。

金融属于经济范畴,是实体经济社会的产物。金融的本原是实体经济。金融要把为实体经济服务作为出发点和落脚点,把更多金融资源配置到经济社会发展的重点领域和薄弱环节,更好地满足人民群众和实体经济多样化的金融需求。金融是高风险行业,为防范化解金融风险,特别是防范系统性金融风险,需要强化金融监管,加强宏观审慎管理制度建设,加强功能监管和行为监管。金融和金融监管的特点决定了金融法具有经济性、规制性和现代性本质特征,这与经济法的本质特点相吻合。因此,法学界一般将金融法纳入经济法体系。而金融调控法是经济法中宏观调控法的主要法律制度之一。

三、金融法的体系

为了进一步理解金融法的概念,明确金融法的体系是十分必要的。依据不同的分类标准,可以对金融法规范作出不同的分类。按照金融法的调整对象,可将金融法规范分成以下几个部分:

(一)金融机构组织法

金融机构是金融活动的主体,是金融关系的参加者。要调整金融关系,首先就要确认金融机构的法律地位,明确它们的性质、任务、职权、业务范围、机构设置等。金融机构组织法作为金融法体系中的组成部分,就是规范上述金融机构的组织关系的法律规范的总称。以金融机构的不同性质和业务范围为标准,金融机构组织法又可以划分为中央银行组织法(在我国即为中国人民银行法)、商业银行组织法、政策性银行组织法、非银行金融机构组织法和外资金融机构组织法等。这些法律规范散见于《中华人民共和国中国人民银行法》(以下称《中国人民银行法》)、《中华人民共和国商业银行法》(以下称《商业银行法》)、《中华人民共和国证券法》(以下称《证券法》)、《中华人民共和国保险法》(以下称《保险法》)、《信托公司管理

---

[1] 习近平:《习近平谈治国理政(第二卷)》,外文出版社2017年版,第278页。

办法》等金融法律法规之中。

(二) 金融调控法

金融调控法是调整中央银行[①]在控制与调节货币供给量、利率、贷款量等过程中发生的金融宏观调控关系的法律规范的总称。金融调控法律规范集中表现在一国的中央银行法中。《中国人民银行法》是我国金融调控法的主要规范性文件。在我国《商业银行法》《银行业监督管理法》中,为执行货币政策、防范和化解金融风险、维护金融稳定,而对存贷利率、同业拆借、境外借款、系统性银行业风险等作出了规定;在我国《外汇管理条例》中,为执行货币政策、保持国际收支平衡,而对调整人民币汇率和外汇市场调控关系作了规定。上述多方面的规定都是我国金融调控法的表现形式。

(三) 金融监管法

金融监管法是调整金融业监督管理关系的法律规范的总称。我国《银行业监督管理法》中的监管规范,连同《证券法》《保险法》《信托法》《证券投资基金法》《外汇管理条例》等中规定的证券、保险、信托、基金、外汇流通等方面的金融监管规范,构成了我国金融监管的法律体系。

(四) 金融经营法

金融经营法是调整在金融机构从事金融经营业务活动中形成的金融关系的法律规范的总称。金融经营法为金融机构确定了从事金融业务所必须遵守的法律规则,它与金融调控法和金融监管法密切相关,因而在法律渊源上有时也是一致的,主要体现在以下各类金融法规范中:

1. 商业银行经营法

商业银行法是调整商业银行经营关系的法律规范的总称。它是金融法的重要组成部分。商业银行法调整商业银行经营关系的法律规范主要集中表现在《商业银行法》和它的实施条例中。

2. 政策性银行经营法

政策性银行法是调整政策性银行经营关系的法律规范的总称。目前我国尚未制定《政策性银行法》。

3. 证券经营法

证券经营法是调整证券经营关系的法律规范的总称。证券经营法主要规定证券发行、证券交易、证券商经营方面的内容。证券经营法是证券法的主要组成部分。证券融资是金融业的重要组成部分。因此,证券法是金融法的有机组成部分。在我国,调整证券经营业务关系的证券法律规范主要表现在《证券法》之中。

4. 保险经营法

保险经营法是调整保险经营关系的法律规范的总称。保险经营法一般要规定保险合同、保险经营、保险代理人和保险经纪人经营活动等内容。1995 年 6 月 30 日,我国颁布了《保险法》,后经多次修正和修订。保险经营法的主要内容大多规定在《保险法》中,是集中规

---

① 中共中央、国务院印发的《党和国家机构改革方案》指出,组建中央金融委员会,作为党中央决策议事协调机构,设立中央金融委员会办公室,作为中央金融委员会的办事机构,列入党中央机构序列。不再保留国务院金融稳定发展委员会及其办事机构。将国务院金融稳定发展委员会办公室职责划入中央金融委员会办公室。这对加强金融调控具有重要的意义。

范保险活动,调整保险关系的金融法律规范的主要表现形式。

5. 信托经营法

信托经营法是调整信托经营关系的法律规范的总称。它主要规定信托关系当事人、信托财产、资金信托、财产信托、权利信托和公益信托等。当代信托业已发展成为与银行业、保险业、证券业相当的现代金融体系中的四大支柱之一。因此,以信托为规范内容的信托法当然是金融法体系中的重要组成部分。我国的《信托法》已于 2001 年 4 月 28 日颁布,信托经营法律规范主要表现在《信托法》中。

6. 外汇经营法

外汇经营法是调整外汇经营关系的法律规范的总称。它主要规定外汇收支、外汇兑换和外汇进出国境等制度。我国《外汇管理条例》是我国外汇经营法律规范的主要表现形式。

7. 票据法

票据法是调整票据流通关系的法律规范的总称。我国《票据法》集中规定了票据的种类、签发、转让和票据当事人的权利义务等内容,是我国票据法律规范的主要表现形式。

8. 证券投资基金法

证券投资基金法是调整证券投资基金流通关系的法律规范的总称。我国《证券投资基金法》,集中规定了证券投资基金管理人、托管人的权利义务,规定了基金流通等内容,它是我国证券投资基金法律规范的主要表现形式。

9. 期货和衍生品法

期货和衍生品法是调整期货交易关系和衍生品交易关系的法律规范的总称。在我国,于 20 世纪 90 年代开始出现金融衍生品。1992 年 12 月 28 日,国债期货合约率先在上海证券交易所挂牌。1995 年 2 月,中国证券业监督管理委员会和财政部颁布《国债期货交易管理暂行办法》,金融衍生品法律制度开始起步。2022 年 4 月 20 日第十三届全国人大常委会第三十四次会议通过《期货和衍生品法》,是中国第一部调整期货交易关系和衍生品交易关系的专门法律,是我国期货和衍生品法的主要表现形式。

10. 其他非银行金融机构经营法

例如,规范小贷公司、融资租赁公司、网贷公司等经营行为的法规等。

第二节 金融调控法及其调控主体

一、金融调控和金融调控法的概念

金融调控是宏观经济调控的一个非常重要的组成部分,它与财税调控、计划调控、投资调控、价格调控、产业调控等各种调控共同构成宏观调控的体系。为了实现宏观调控的目的,常常需要各种调控共同作用,相互协调,多管齐下。随着中国近年来经济发展中金融地位日益突出,金融创新需求日益旺盛,金融调控在宏观经济调控中已处于核心地位,其调控职能、方式和效力,直接影响着国家宏观经济管理的质量和水平。

金融调控是金融调控当局(一般是指各国中央银行)根据确定的经济发展目标,运用货币政策工具,对货币供应量和信贷总量、结构的调节和控制,以实现总供给与总需求的平衡。金融调控离不开货币政策的制定和实施。货币政策包括金融调控当局为实现特定目标调节和控制货币供应量及处理货币事务的路线、方针、规范和措施等,它是一种宏观性、长期性、调节社会总需求的间接性经济措施。货币政策的制定和实施必须在法律框架内运作,这个法律框架就是金融调控法。

金融调控法是调整中央银行在调控货币供应量、利率等过程中发生的金融宏观调控关系的法律规范的总称。金融调控法律规范集中表现在一国的中央银行法之中。而各国金融调控法律所规定的货币政策的工具,通常既包括存款准备金政策、再贴现政策、公开市场操作等一般性货币政策工具,也包括直接信用管理、间接信用管理、消费信用管理、证券市场信用管理等特殊货币政策工具。对于实施货币政策的目标,各国法律多作出"稳定物价""维持充分就业""促进经济增长""保证国际收支平衡"的表述。

为了健全货币政策和宏观审慎政策双支柱调控框架,要"建设现代中央银行制度,加强和完善现代金融监管,强化金融稳定保障体系,依法将各类金融活动全部纳入监管,守住不发生系统性风险底线。"[①]为此,要修订我国《中国人民银行法》。目前,我国正在加快推进制定《金融稳定法》,该法草案于2024年6月25日提请十四届全国人大常委会第十次会议进行二次审议。这两部法律是我国金融调控法的主要规范性文件。此外,在我国《商业银行法》《银行业监督管理法》中,为执行货币政策、防范和化解金融风险、维护金融稳定,对存贷利率、同业拆借、境外借款、系统性银行业风险等有相关规定;在《外汇管理条例》中,为执行货币政策、保持国际收支平衡,对人民币汇率和外汇市场调控也有相关规定。上述法律、法规也是我国金融调控法的主要表现形式。

二、金融调控的特征

一般说来,金融调控具有如下主要特征:

(1) 金融调控的主体一方是中央银行。从各国的实践经验来看,金融调控的权力主体在各国几乎都局限于中央银行。虽然在实行多元制中央银行的国家,存在依法独立的联邦中央机构与联邦局部区域机构两个级别,但随着时代的演进,区域性中央银行正逐渐沦为中央机构的分支机构,它们的独立性越来越小,金融调控的权力日益集中在中央机构的手中。虽然中央银行在各国的职能与地位颇有差异,但作为货币的发行者和货币供应量的最终调节者,其通过对货币及运行的调节,来实现对宏观经济的强有力调控,并成为宏观调控的主要机构的特征却是一样的。在我国,根据《中国人民银行法》,中国人民银行负责货币政策的制定和实施,依法行使金融调控权。

(2) 金融调控的目的是实现宏观经济总量均衡协调发展。金融调控是中央银行适度干预金融市场的货币供给量,以实现宏观经济总量均衡协调发展的行为和活动。货币政策是一种长期性宏观经济政策,是以调节社会总需求为目标的间接性控制措施。

(3) 金融调控的手段是法定的货币政策工具。金融调控手段是指利用法定的货币政策工具(如存款准备金、利率、再贴现、再贷款、公开市场操作、信用控制等),以实现货币政策为目的,对宏观经济关系施加影响力和法律后果的方法。金融调控通过运用货币调控手段可以控制和调节货币供应量,影响宏观经济关系,达到维护币值与金融的稳定,实现金融调控

---

① 习近平:《高举中国特色社会主义伟大旗帜 为全面建设社会主义现代化国家而团结奋斗——在中国共产党第二十次全国代表大会上的报告(2022年10月16日)》,人民出版社2022年版,第29—30页。

的目标。中央银行的宏观调控职能主要通过制定和实施货币政策来实现,货币政策以整个银行系统的资产运用和负债经营为干预对象,旨在调控货币供应量、信用量和一般利率水平,从而影响整个社会的货币和信用状况。

(4) 金融调控要依法进行。中央银行必须在法定的权限范围内,严格按照法定程序,制定和实施金融调控方案,不能滥用调控权。中央银行在进行公开市场操作时,也应该严格依法行事。只有依法调控,才能实现金融调控的规范性、程序合法并有可预见性,才能进一步保障科学调控。

三、金融调控法与金融监管法的关系

金融调控法与金融监管法同是金融法律体系的组成部分,都体现了国家对经济的干预,二者对于保障金融业健康发展,促进宏观经济目标的实现发挥着举足轻重的作用,但由于产生背景和职能属性的不同,它们在许多方面存在差异。二者的主要区别如下:

(1) 二者分属于经济法的不同领域。金融调控法调整金融调控关系,属于宏观调控法领域,追求实现社会总需求与社会总供给之间的平衡,稳定币值、控制金融风险和抵御金融危机;金融监管法调整金融市场监管关系,则属于市场规制法的范畴,监管微观的金融活动,追求公平竞争的金融市场秩序和金融安全。

(2) 价值目标不同。金融调控法的价值目标是整体效益,这一价值目标主要通过控制货币供应量与实际需要量的平衡一致来实现;金融监管法的价值目标却是金融运行的秩序,即建立和维护金融运行秩序,实现金融业的稳健发展。

(3) 主体不同。在主体方面,金融调控的主体是中央银行,在我国是中国人民银行;而金融监管的主体是多元的,在我国有国家金融监督管理总局,它统一负责除证券业之外的金融业监管,强化机构监管、行为监管、功能监管、穿透式监管、持续监管,统筹负责金融消费者权益保护,加强风险管理和防范处置,依法查处违法违规行为,它是国务院直属机构;中国证券业监督管理委员会负责证券业监管,它也是国务院直属机构。

(4) 管理目标和手段不同。在目标和手段上,金融调控法是以克服个人理性行为的局限性与国民经济发展的宏观性、持续性之间的矛盾,并促进社会总供给与总需求的平衡为目标的,其运用的主要手段是货币政策工具和金融宏观审慎政策,中央银行通过调节货币供应量来校正社会总需求与总供给的偏差,实施金融宏观审慎政策,强化金融稳定保障体系,防控系统性金融风险,为宏观调控目标的实现发挥着不可替代的作用;金融监管法则是以维护金融市场秩序为目标,依法对各类金融活动进行监督和管理,具体的手段往往是在开业、营业、资产分类、资金运用、偿付能力认定等各个金融环节依法进行监管,在危机时期,还频频推出带有强制执行色彩的命令、决定,以保障金融机构市场退出的安全。

四、中国人民银行是金融调控法的调控主体

金融调控法的调控主体,是指在金融调控法律关系中承担调控管理职能的当事人,一般为一国的中央银行。中央银行通常依据一国的中央银行法设立,由法律明确其性质、职能、任务、隶属关系等,承担对金融调控活动的组织、规划、指导、协调、检查、监督、调控等金融调控管理职能。

在我国,中国人民银行充当中央银行的角色。中央银行与一般的银行金融机构既有共

同之处,又有独特之点。因此,各国对中央银行一般采取专门立法,如我国的《中国人民银行法》、美国的《联邦储备法》、德国的《联邦银行法》、菲律宾的《中央银行法》、马来西亚1985年的《中央银行法》等。

(一)中央银行的法定组织形式

从各国中央银行法的内容看,中央银行的法定组织形式有不同特点,归纳起来主要有以下几种类型:

第一,法人型中央银行模式。这种模式的主要特点是将中央银行定位为法人,而不是政府机构。例如,德国《联邦银行法》第2条规定,德意志联邦银行是按公法设立的联邦直接法人。罗马尼亚《国家银行章程》明确规定,国家银行是法人,并实行经济核算原则。

第二,政府型中央银行模式。这种模式的主要特点是把中央银行作为国家的职能部门,负责制定和实施国家货币政策。例如:瑞典《国家银行法》第1条规定,瑞典国家银行是直属国会的官方组织。

第三,混合型中央银行模式。在这种模式下,中央银行既是国家的金融管理机关,又是经营国家银行业务的经济实体,具有独立的法人资格。中国人民银行具有这种双重性质。

(二)中国人民银行的性质、地位、职能与职责

1. 中国人民银行的法律性质与地位

中国人民银行自1948年12月1日在河北省石家庄宣告成立以来,经历了不同的历史阶段,由于国家赋予它的任务和职责发生变化,其性质和地位也随之发生变化。目前,中国人民银行具有双重法律性质或角色,既是国家机关,又是从事法定金融业务的特殊金融机构。

《中国人民银行法》第2条明确规定:"中国人民银行是中华人民共和国的中央银行。中国人民银行在国务院领导下,制定和实施货币政策,防范和化解金融风险,维护金融稳定。"《中国人民银行法》第5章专门规定了中国人民银行对金融市场实施宏观调控,而且还具有对金融机构以及其他单位和个人的监督管理权。这些规定,不仅明确了中国人民银行作为制定和执行货币政策,履行对金融进行管理的国家宏观调控部门的主要性质,而且确立了中国人民银行的中央银行法律地位,为其行使中央银行的各项职权提供了法律依据。

中国人民银行作为政府的综合经济部门,又与一般政府机关不同,它仍然是银行,是发行银行、政府银行和银行的银行,要从事银行的某些业务。对此,《中国人民银行法》第4章专门规定了中国人民银行可以开展的业务。例如,向商业银行提供贷款,在公开市场上买卖国债、其他政府债券和金融债券及外汇等业务。可以进行上述业务,说明中国人民银行具有国有银行的特殊性质。

中国人民银行作为中央银行的特殊法律地位,决定了它制定、执行货币政策,履行职责、开展业务的独立性。因此,《中国人民银行法》第7条明确规定:"中国人民银行在国务院领导下依法独立执行货币政策,履行职责,开展业务,不受地方政府、各级政府部门、社会团体和个人的干涉。"这样,就从法律上强化中央银行的地位和作用,保障中国人民银行在完善宏观调控体系、维护金融稳定中的独立性,创造了良好的金融发展环境。

2. 中国人民银行的职能和职责

中国人民银行的中央银行法律地位,是通过其职能和具体职责体现的。按照《中国人民银行法》的规定,它主要行使三大职能:一是宏观调控职能。通过货币政策的制定与实施,保

持社会总供给和总需求的总量平衡,在此基础上优化国民经济结构。具体来说,要保证货币供应总量的适度增长,使货币供应和货币需求大体上吻合。二是服务职能。为政府服务,即充当政府的银行;为金融机构服务,充当银行的银行。三是监管职能。为执行货币政策和维护金融稳定的需要,可以对包括银行业在内的金融机构进行监督管理。

按《中国人民银行法》第 4 条规定,中国人民银行依法履行下列 13 项职责:(1) 发布与履行其职责有关的命令和规章;(2) 依法制定和执行货币政策;(3) 发行人民币,管理人民币流通;(4) 监督管理银行间同业拆借市场和银行间债券市场;(5) 实施外汇管理,监督管理银行间外汇市场;(6) 监督管理黄金市场;(7) 持有、管理、经营国家外汇储备、黄金储备;(8) 经理国库;(9) 维护支付、清算系统的正常运行;(10) 指导、部署金融业反洗钱工作,负责反洗钱的资金监测;(11) 负责金融业的统计、调查、分析和预测;(12) 作为国家的中央银行,从事有关的国际金融活动;(13) 国务院规定的其他职责。上述职责是实现三大职能的保证。

(三) 中国人民银行的业务限制

中国人民银行作为中央银行是货币发行机关,又是调整银行利率、从事法定金融业务的特殊金融机构。中央银行从事金融业务会对资金供求关系有很大的影响。为了保证中国人民银行有效执行货币政策,《中国人民银行法》规定在其办理业务时,要受到一定的限制:

(1) 禁止中国人民银行向银行业金融机构的账户透支。《中国人民银行法》第 26 条规定,中国人民银行可以根据需要,为银行业金融机构开立账户,但不得对银行业金融机构的账户透支。

(2) 对商业银行贷款期限的限制。《中国人民银行法》第 28 条规定,中国人民银行根据执行货币政策的需要,可以决定对商业银行贷款的数额、期限、利率和方式,但贷款的期限不得超过 1 年。

(3) 禁止中国人民银行对政府财政透支。《中国人民银行法》第 29 条规定,中国人民银行不得对政府财政透支,不得直接认购、包销国债和其他政府债券。

(4) 对地方政府、各级政府部门、非银行金融机构和单位、个人提供贷款的限制。《中国人民银行法》第 30 条规定,中国人民银行不得向地方政府、各级政府部门、非银行金融机构以及其他单位和个人提供贷款,但是国务院决定中国人民银行可以向特定的非银行金融机构提供贷款的除外。

(5) 禁止中国人民银行向任何单位和个人提供担保。

(四) 中国人民银行的组织机构

中国人民银行职能作用的发挥和职责权限的具体落实,必须要有严格的组织机构作保证。因此,《中国人民银行法》用专章对中国人民银行的组织机构作出了具体的规定。

1. 中国人民银行的领导机构

中国人民银行设行长 1 人,副行长若干人。中国人民银行行长的人选,根据国务院总理的提名,由全国人民代表大会决定,全国人民代表大会闭会期间,由全国人民代表大会常务委员会决定,由中华人民共和国主席任免。中国人民银行副行长由国务院总理任免。中国人民银行实行行长负责制。行长领导中国人民银行的工作,副行长协助行长工作。这与国务院组织法规定的国务院各部、各委员会的首长负责制是一致的。它的优点在于职责权限明确,办事效率高。

2. 货币政策委员会

中国人民银行设立货币政策委员会。设立货币政策委员会既是党中央、国务院《关于金融体制改革的决定》所要求的,也是参照其他国家的有益做法提出的一种新的机制。

货币政策委员会有三个特点:第一,货币政策委员会是中国人民银行的内设机构。第二,货币政策委员会不同于中国人民银行的一般内设机构。中国人民银行内设的一般职能机构,都是为适应中央银行所担负的任务、职能、业务经营和金融监督管理的需要而由中国人民银行依据国务院设置机构的一般性规定设置的。而货币政策委员会的职责、组成和工作程序,则由国务院直接作专门规定。在一般情况下,这样的机构直接对国务院负责。因此,货币政策委员会的地位要高于中国人民银行内设的一般职能机构。第三,货币政策委员会的职责、组成和工作程序由国务院规定,报全国人民代表大会常务委员会备案。

尽管《中国人民银行法》对货币政策委员会只作一条原则规定,但设立货币政策委员会的目的是明确的。考虑到我国在发展社会主义市场经济的过程中,货币政策在国家宏观调控体系中的作用越来越重要,为了稳定货币,防止通货膨胀,有必要在中国人民银行内设立相对独立的货币政策委员会,以保证中央银行货币政策决策及其程序的科学化、民主化和规范化。

3. 中国人民银行的分支机构

2023年3月16日,中共中央、国务院印发了《党和国家机构改革方案》,该方案规定:"统筹推进中国人民银行分支机构改革。撤销中国人民银行大区分行及分行营业管理部、总行直属营业管理部和省会城市中心支行,在31个省(自治区、直辖市)设立省级分行,在深圳、大连、宁波、青岛、厦门设立计划单列市分行。中国人民银行北京分行保留中国人民银行营业管理部牌子,中国人民银行上海分行与中国人民银行上海总部合署办公。不再保留中国人民银行县(市)支行,相关职能上收至中国人民银行地(市)中心支行。对边境或外贸结售汇业务量大的地区,可根据工作需要,采取中国人民银行地(市)中心支行派出机构方式履行相关管理服务职能。"

我国金融机构除中国人民银行(特殊金融机构)外,还包括银行机构和非银行金融机构。例如,中国工商银行、中国建设银行、招商银行、国家开发银行等,属于银行机构;信托公司、财务公司、金融租赁公司和金融资产管理公司等,属于非银行金融机构。

第三节 货币政策与货币政策目标的选择

制定和实施国家货币政策,是中央银行实现其调控职能的重要途径。要全面理解中央银行在金融调控中的重要作用,必须了解货币政策,理解货币政策目标选择的理论依据。

一、货币政策的概念

中央银行作为发行的银行、政府的银行、银行的银行,其主要职能就是协助政府制订并贯彻货币政策。因此,货币政策是中央银行完成其任务和实现其职能的核心所在。

所谓货币政策,是指中央银行为实现特定的经济目标所采取的各种控制和调节货币供应量或信用量,进而影响宏观经济的方针、政策和措施的总称。货币政策起源于20世纪30

年代,盛行于第二次世界大战后,现已成为各国中央银行对宏观经济进行调节的重要手段。货币政策的实质是正确处理经济发展和货币稳定的关系,使国民经济的有关指标通过货币机制的调控服从和服务于国民经济政策,并成为国民经济政策的重要组成部分。它在社会经济中扮演一个"制动器"的角色,与其他发挥驱动作用的宏观政策(如财政政策)相互牵制,从而保证经济持续、稳定、协调发展,为国民经济的发展创造一个良好的货币金融环境。正确制定和实施货币政策,是各国中央银行的重要职责。

货币政策的内容比较丰富,按照其运行机制,可以分为货币政策目标、货币政策工具、货币政策传导机制、货币政策效应等。

二、货币政策的特征

(一)货币政策是一种宏观经济政策

货币政策不是对单个银行或某一经济部门采取的具体经济措施,而是一种总量调节和结构调节相结合,并以总量调节为主的经济政策。它涉及国民经济运行中的货币供应量、信用量、利率、汇率及金融市场等宏观经济指标,并通过对这些指标的调节和控制进而影响社会总需求与社会总供给。

(二)货币政策是调节社会总需求的政策

社会总需求与社会总供给的平衡关系,是国民经济中的重要关系之一。社会总需求与社会总供给只有在总量上和结构上均保持平衡,国民经济才能持续、稳定、协调发展。而社会总需求总是体现为全社会货币支付能力的需求,货币政策则可以通过调节货币供应量调节社会总需求,进而影响社会总需求与社会总供给的互动,使二者保持平衡。

(三)货币政策主要是间接调控经济的政策

对经济活动的各种比例关系的调节方式,一般有直接调节和间接调节两种。中央银行的货币政策对经济活动的调节主要是间接调节,即主要采取经济手段和法律手段,通过对市场主体经济活动的管理来对社会总需求进行调控,只有在必要的情况下才以行政手段进行直接干涉。

(四)货币政策具有长期性和短期性相结合的特点

货币政策目标具有长期性,而货币政策的各项具体措施又具有短期性、时效性的特点。因此,货币政策是目标的长期性和措施的短期性的结合,且短期措施服从于长期政策目标,这是货币政策与其他经济政策的重要区别。

三、货币政策的组成

货币政策主要由以下政策构成:

(一)信贷政策

信贷政策是中央银行为控制货币供应量而对信贷活动采取的方针和措施,是银行分配信贷资金、组织管理信贷活动的重要依据,是国家经济政策在信贷资金供应方面的具体体现。中国人民银行作为中央银行,其信贷政策有自身特点:首先,中央银行制定和实施信贷政策的目标是为了稳定金融和通货,为国民经济的持续稳定发展创造良好的金融货币环境;其次,中央银行信贷政策的对象是政府、商业银行和其他金融机构;最后,中央银行的信贷政策是反经济周期的,即经济繁荣时,信贷政策应逐步紧缩,反之,在经济萧条时,信贷政策应逐步扩张。

中央银行的信贷政策主要包括两方面的内容:一是总量控制,即调控社会信用总规模,以适应经济发展的资金需要;二是结构性控制,即中央银行调节社会信用总量的构成及信用的方向,以合理分配资金,使社会资金的运用发挥最大经济效益。中央银行调控信贷活动的具体措施主要有:再贴现率政策、法定存款准备金政策、公开市场操作政策,以及信贷规模控制、证券市场信用控制、消费信用控制和不动产信用控制等。

(二) 利率政策

利率政策是中央银行控制和调节市场利率以影响社会资金供求的方针和各种措施,是间接调控信贷活动的一种重要手段。利率政策与信贷政策是相互联系、相互补充的。中央银行的利率政策主要包括两方面的内容:一是中央银行通过其基准利率来调节和影响市场利率的一般水平,使利率水平能大致反映政策目标要求和社会资金供求状况;二是调节和控制整个社会的利率结构,以便使社会资金在价格体系指导下得以有效分配,提高资金的使用效率。利率政策的工具主要有再贴现利率政策、利率限额、流动性比例控制等。

(三) 外汇政策

外汇政策是指中央银行调节和控制外汇市场及汇率、实施外汇管制、控制国际资本流动、平衡国际收支的方针及各项措施。外汇政策一般包括以下内容:一是控制和调节外汇行市,稳定汇率;二是实施外汇管制,控制和调节资本的流出与流入;三是保持合理的外汇储备,以维持国际清偿能力;四是控制外汇市场交易并维持其稳定。外汇政策的具体工具主要是汇率管制、数量限制、行政管制等。与其他货币政策形式相比,中央银行外汇政策在具体实施上虽具有间接性特点,但有时还会明显体现出行政管制的直接调控特征。

四、货币政策目标的一般规定

(一) 货币政策目标的概念和种类

货币政策目标是一国中央银行据以制定和实施货币政策的目的。货币政策目标可分为终极目标和中介目标,通常所称的货币政策目标仅指货币政策的终极目标。中央银行的货币政策目标应在中央银行法中作出明确规定。

根据多数学者的观点,中央银行货币政策所要达到的终极目标一般来说有四个,即稳定物价、充分就业、经济增长和国际收支平衡。

1. 稳定物价

所谓稳定物价,就是使一般物价水平在短期内不发生显著的或急剧的波动。物价的稳定会给经济增长创造一个良好的金融环境并提供稳定的货币尺度,从而促进经济的持续稳定增长;而经济的稳定增长又会给币值的稳定创造良好的物质基础。所以,各国都很重视币值的稳定。稳定物价成为世界上大多数国家政府的一个宏观经济调节目标,也是货币政策经常要突出的最终调节目标之一。

要稳定物价,就要控制货币供应量,防止通货膨胀。通货膨胀是商品价格总水平的持续上涨,其实质是纸币贬值,但表现形式是物价上涨。虽然有学者认为,爬行的通货膨胀(价格总水平上涨率没有超过2%或3%)或温和的通货膨胀(价格总水平上涨率超过2%或3%)有促进生产或减少失业的积极效应,但严重、恶性的通货膨胀对经济、社会的危害甚大,必须认真治理。当然,稳定物价并非使币值保持绝对不变,事实上,将币值保持绝对不变既无必要也不现实。从总体上看,物价总是处于一种刚性上升趋势,如何将通货膨胀率控制在适当的限度内是各国中央银行始终关注的重要问题。根据20世纪60年代以来西方主要国家的经验,年通货膨胀率如能控制在5%以下,即可视为达到了稳定物价的目标。

2. 充分就业

所谓充分就业,并非指一切有劳动能力的人全部就业,而是指将失业率控制在合理的范围内。同时,充分就业并不排除因不满意货币工资水平而不愿意就业的"自愿失业"和因季节性或技术性原因而临时失业的"摩擦性失业"。一般认为失业率(社会的失业人数与愿意就业的劳动力比率)在4%—5%以下即为充分就业。造成失业的原因很多,与中央银行货币政策有直接关系的,是由于货币供给不足而造成的失业率上升。中央银行运用货币政策为社会提供更多的就业机会,是社会公众和政府都关心的经济目标。

3. 经济增长

所谓经济增长,是指一国或一个地区在一定时期内产品与劳务的增加,一般有两种衡量方式:一种是一国或一地区在一定时期内所生产的商品和劳务的总量的增长,即国民生产总值(GNP)的增长;另一种是一国或一地区一定时期内生产商品和劳务的能力的增长,即国内生产总值(GDP)的增长。将经济增长作为货币政策目标,常与其他目标特别是稳定物价的目标发生矛盾甚至是冲突。尽管如此,促进经济增长,为经济增长提供货币的推动力,一直是中央银行货币政策目标的重要内容。

4. 国际收支平衡

所谓国际收支平衡,是指一国外汇收支相抵基本持平或者略有顺差或逆差。在当今社会经济中,一国国际收支状况与其国内货币供应量有着密切联系。如果国际收支顺差过大,就意味着国内货币供给增大,市场商品供给减少,对发展中国家来说,会加大物价上涨的压力;相反,如果国际收支逆差过大,也会造成国内资源浪费,并且还会造成本国货币对外贬值,造成国内市场不稳定。因此,中央银行必须尽可能地使国际收支保持平衡。国际收支平衡有静态平衡和动态平衡之分。国际收支的静态平衡是指短期内国际收支相抵达到平衡,一般以一年为一周期。国际收支的动态平衡是指以经济实际运行可以实现平衡的一段时期为平衡周期,在该周期内达到国际收支平衡。如何兼顾国际收支的静态平衡和动态平衡,是值得中央银行研究的一个重要课题。

(二) 货币政策诸目标的统一和冲突

货币政策诸目标之间关系十分复杂。这四个目标相互之间,除经济增长与充分就业二者之间彼此一致以外,都存在矛盾。从货币政策角度来看,稳定物价与其他目标之间的矛盾尤为突出。

1. 稳定物价与经济增长的矛盾

从长远来看,稳定物价与经济增长应该是一种正相关关系:物价稳定能为经济增长提供良好的金融环境,经济增长又为物价稳定奠定可靠的经济基础。但二者并不总是协调发展的,在短期内时常会发生矛盾和冲突。因为经济增长必然会导致社会总需求的增加,社会总需求的增加又会引起货币供应量的增加,货币供应量的增加将会导致物价上涨,随之而来的便是通货膨胀。综观世界各国经济发展史,经济增长较快时期,物价总会有大幅度上涨;反之,在经济萧条时期,物价则会有一定程度的下降。

2. 稳定物价与充分就业的矛盾

英国经济学家菲利浦斯(A. W. Philips)最早提出：稳定物价与充分就业之间存在着一定的矛盾关系。首先，实现充分就业往往要以牺牲物价稳定为代价。因为要实现充分就业就必须刺激投资和消费的有效需求增加，这就必然要求增加货币供应量，而货币供应量的增加和信用扩张又必然引起一般物价水平的上涨；其次，充分就业会引起工资水平的上涨，而工资是产品的重要成本之一，它的上涨又必将推动物价的上涨；最后，在通货膨胀时寻求物价稳定又将抑制充分就业。因为抑制通货膨胀要求通过紧缩信用和减少货币供应量来减少社会总需求，而社会总需求的减少又使企业不得不减少投资和缩减生产规模，从而减少就业。

3. 稳定物价与国际收支平衡的矛盾

稳定物价与国际收支平衡的矛盾主要体现为：当一国国内出现通货膨胀时，政府可能要牺牲国际收支平衡目标，即减少出口，以降低总需求水平，或增加进口，以提高总供给水平。在此情况下，国际收支逆差会越来越大，而国际收支状况的恶化，又为物价的继续上涨准备了条件。

正因为货币政策的各个目标间常常存在着冲突，因而任何一个国家要同时实现这四大目标是非常困难的。各国中央银行在制定和实施货币政策时，只能根据本国特定时期、特定条件下的经济运行情况，对各目标进行权衡，以尽量趋利避害，或两弊相衡取其轻，最终作出适当选择。

五、中国货币政策目标的选择

(一) 理论争论

从多年的实践来看，我国一直是把稳定币值和促进经济增长作为中国人民银行货币政策中并列的双重目标。但由于我国资金短缺，操作中常常以牺牲"物价稳定"来促进经济增长，结果导致较严重的通货膨胀。因此，如何确定中国人民银行的货币政策目标就成了制定《中国人民银行法》不容回避的问题。围绕这一问题，理论界主要有以下几种具有代表性的观点：

1. 单一目标论

这种观点认为，货币政策的目标只能是单一的，但这个单一的目标究竟应该是哪一个，又可以分为两种截然不同的观点：一种观点是从稳定物价是经济正常运行和发展的基本前提出发，主张稳定币值是货币政策的唯一目标。另一种观点则是从马克思"货币资本的第一推动力和持续推动力"的经济思想出发，强调用最大限度的经济稳定增长保障经济起飞作为货币政策的目标，即货币政策的首要目标是经济增长。

2. 双重目标论

这种观点认为，我国中央银行的货币政策目标不应是单一发展经济或稳定物价，而应同时兼顾这两方面的要求，即把稳定物价和经济增长作为我国中央银行货币政策中并列的双重目标。有的学者认为，货币政策的基本目标应该是双重的，即发展经济和稳定货币，而发展经济是基础，也是根本性的目标。

3. 多重目标论

这种观点认为，鉴于货币政策涉及面广，随着我国经济体制改革的深化和我国加入世界贸易组织目标的实现，就业和国际收支问题对国民经济的影响也会越大，因此，我国货币政策目标必须包括充分就业、国际收支平衡和经济增长、稳定物价等方面,即目标应是多重的。

(二) 我国货币政策目标的现实选择

《中国人民银行法》第 3 条规定:"货币政策目标是保持货币币值的稳定,并以此促进经济增长。"该规定具体有以下几层含义:(1) 中国人民银行首要的和直接的货币政策目标是保持货币币值的稳定,这是中国人民银行制定和实施货币政策的出发点和归宿;(2) 中国人民银行制定和实施货币政策,不是为了稳定币值而稳定币值,而是为了促进经济增长而稳定币值;(3) 稳定币值和经济增长在货币政策目标序列中不是并列的,而是有层次和主次之分的。"有层次"是指稳定币值是货币政策目标的第一层次,促进经济增长是货币政策目标的第二层次。也就是说,中国人民银行只有在稳定币值后,才能促进经济增长。所谓有"主次之分",是指中国人民银行的货币政策以稳定币值为主,稳定币值是促进经济增长的前提,这突出了中国人民银行稳定货币币值的责任。

可见,《中国人民银行法》对货币政策目标的规定并未局限于理论界提出的单一目标论、双重目标论和多重目标论,而是创造性地将货币政策目标表述为"有层次和主次之分的单一目标"。《中国人民银行法》将稳定币值和经济增长作如此规定,是因为:

1. 实践证明,只有人民币币值稳定,国民经济才能得以持续、快速、健康发展

首先,币值稳定,则货币供应量与国民经济所需要的货币供应量基本相符,社会总需求与社会总供给大体平衡,社会再生产呈良性运行状态。如果一旦币值不稳定,出现通货膨胀,货币供求失衡,社会总需求大于总供给,国民经济就会因过热而出现失控。国家为了抑制通货膨胀,又不得不实行紧缩政策,造成国民经济大起大落,遭受严重损失。通过宏观调控来稳定币值,具有稳定和维护经济秩序的作用,是经济效率原则得以发挥作用的前提,也是经济健康发展的重要基础。

其次,币值稳定则物价相对稳定,职工的名义工资与实际工资基本保持一致,生活水平相对稳定,社会秩序安定。因此,稳定币值具有维护社会公平和安定社会秩序的作用,能够为国民经济的健康发展创造良好的社会环境。

最后,稳定币值有助于促进总量平衡和结构协调,从而为实现其他宏观政策目标创造了必要的前提条件。中国人民银行通过调节货币信用总量,保持币值稳定,为国民经济的发展创造良好的货币金融环境,并以此促进经济增长,这就把货币政策目标和国家宏观经济政策目标协调起来。

2. 稳定币值并促进经济增长,这也为外国的实践所证明

例如,德国自第二次世界大战以来,其经济的高速发展和币值的国内外稳定,在西方社会是颇负盛名的,这与德国的法定货币政策目标密切相关。德国的中央银行法即《联邦银行法》第 3 条规定:"德意志联邦银行运用本法律所赋予的货币方面的权力,以稳定货币为目的,调节流通中的货币量和提供给经济部门的信贷量。"这不仅维护了德国货币的稳定,使德国成为世界上通货膨胀率最低的国家之一,而且也没有影响其经济的发展速度。这说明稳定币值并促进经济增长是可以实现的。

为保证中国人民银行依法制定和实施货币政策,《中国人民银行法》规定了相应的保护措施。该法第 5 条规定:"中国人民银行就年度货币供应量、利率、汇率和国务院规定的其他重要事项作出的决定,报国务院批准后执行。中国人民银行就前款规定以外的其他有关货币政策事项作出决定后,即予执行,并报国务院备案。"第 6 条规定:"中国人民银行应当向全

国人民代表大会常务委员会提出有关货币政策情况和金融业运行情况的工作报告。"第7条规定："中国人民银行在国务院领导下依法独立执行货币政策,履行职责,开展业务,不受地方政府、各级政府部门、社会团体和个人的干涉。"

《中国人民银行法》对货币政策的规定,不仅为中国人民银行货币政策工具的运用指明了方向,也为中国人民银行排除各方面的干扰实现目标提供了法律依据,还为社会公众监督中国人民银行、评价其工作效果提供了具体的衡量标准,并使社会能够最终了解中国人民银行货币政策的含义和价值。

第四节　保障货币政策目标实现的金融调控法制度

为实现货币政策目标,《中国人民银行法》规定了保障目标实现的工具性制度,即存款准备金制度、基准利率制度、再贴现制度、再贷款制度、公开市场操作制度,以及国务院确定的其他货币政策工具。从金融法上讲,这些工具性制度都是金融调控法的主要制度,亦称货币政策保障制度。中国人民银行可根据不同情况,综合运用上述工具性制度,调整货币供应量和信贷总量,实现货币政策目标。

货币和货币政策保障制度是《中国人民银行法》规定的重要内容。根据《中国人民银行法》的规定,我国的货币发行权属于国家,国家授权中国人民银行具体负责全国货币发行工作,并集中管理货币发行基金。中国人民银行是我国唯一的货币发行机关,人民币是我国的法定货币。为保证人民币发行的集中统一,稳定金融和物价,保障国民经济的健康发展,《中国人民银行法》规定了对人民币的保护措施:禁止各种变相货币的发行与流通;禁止伪造、变造人民币和禁止贩运、购买、持有、使用伪造、变造的人民币;禁止故意毁损人民币;禁止非法使用人民币图样。

下面着重介绍《中国人民银行法》规定的保障货币政策目标实现的几项工具性制度:

一、存款准备金制度

(一) 存款准备金制度的概念

存款准备金制度是指中央银行依据法律所赋予的权力,要求商业银行和其他金融机构按规定的比率在其吸收的存款总额中提取一定的金额缴存中央银行,并借以间接地对社会货币供应量进行控制的制度。提取的金额被称为存款准备金,准备金占存款总额的比率被称为存款准备率或存款准备金率。

存款准备金制度包括两个方面,一是法定准备金;二是超额准备金。法定准备金是以法律的形式规定缴存中央银行的存款准备金。其运作原理是中国人民银行通过调整存款准备金率,借以扩张或收缩商业银行的信贷能力,从而达到既定的货币政策目标;超额准备金是指银行为应付可能的提款所安排的除法定准备金之外的准备金,其特点是超额准备金是商业银行在中央银行的一部分资产。我国的超额准备金包括两个部分:一是存入中央银行的准备金;二是商业银行营运资金中的现金准备。前者主要用于银行间的结算和清算,以及用于补充现金准备,后者主要用于满足客户的现金需要。

以法律形式规定商业银行必须向中央银行缴存存款准备金,始于1913年美国《联邦储备法》。根据1935年银行法案,联邦储备银行被授权拥有升降会员银行存款准备金率的权力。到20世纪40年代,经过世界性的经济危机,存款准备金制度作为中央银行调节和控制货币供应量的重要工具的作用,开始被各国所认识。于是,西方各国纷纷以法律形式规定存款准备金比率并授权中央银行根据货币政策的需要,随时加以调整。

(二)存款准备金制度的作用

1. 保证商业银行存款支付和资金清偿能力

存款准备金制度最初的目的是防止银行出现大量现金挤兑时发生金融恐慌和危机,以保证银行资产的流动性和兑付能力,从而维护金融体系的稳定和安全。其作用主要体现为:能够减缓商业银行债务负担和支付压力;对商业银行的支付和稳定有最后的保证作用;当商业银行存款下降时,中央银行按法定比例调减缴存存款准备金,增加了商业银行的头寸。

2. 调节和控制信贷规模,影响货币供应量

创造信用是现代银行的重要机能。中央银行依法创造法定货币,商业银行的扩张机能,可以创造数倍于法定货币的存款货币。存款准备金率降低,商业银行可派生的存款增加,造成扩张,扩大了货币的供应量;反之,存款准备金率提高,则产生收缩,货币供应量减少。中央银行就是这样通过调整存款准备金率,来实现对货币供应量的调节和控制。

3. 增强中央银行信贷资金宏观调控能力

法定准备金制度,对增强中央银行信贷资金宏观调控能力的作用主要表现为:一是集中法定准备金,增加了中央银行直接掌握的信贷资金总量;二是运用集中的法定准备金调控信贷总量;三是根据国家的产业政策,实行信贷倾斜,调整资金投向。实践证明,中央银行的宏观调控必须有一定的资金做后盾,中央银行掌握的资金越多,其调控能力越强、越有力。

(三)我国的存款准备金制度

我国的存款准备金制度,是根据1983年9月国务院《关于中国人民银行专门行使中央银行职能的决定》重新恢复建立的。《中国人民银行法》对其作了明确规定,把它列为中国人民银行货币政策工具的首位。根据现行法律、法规及行政规章的规定,我国存款准备金制度的内容主要有:

1. 存款准备金制度的实施对象

我国所有吸收一般存款(相对于财政性存款而言)的金融机构,包括商业银行、信用合作社、信托投资机构、财务公司和外资金融机构等,都有按规定比例和期限缴存存款准备金的义务。

2. 存款准备金率

存款准备金率由中国人民银行规定,并根据放松或紧缩银根的需要进行调整。自1984年以来,我国的存款准备金率一般根据经济发展和宏观调控需要适时进行调整。例如,为防止中国宏观经济从偏快走向过热而造成通货膨胀时,中国人民银行采取上调存款准备金率的方法,反之则采取下调存款准备金率的方法。

3. 存款准备金的计提

为进一步完善存款准备金制度,优化货币政策传导机制,增强金融机构流动性管理的灵活性,中国人民银行决定,自2015年9月15日起改革存款准备金考核制度,由现行的时点法改为平均法考核。即维持期内,金融机构按法人存入的存款准备金日终余额算术平均值与准备金考核基数之比,不得低于法定存款准备金率。同时,为促进金融机构稳健经营,存

款准备金考核设每日下限。即维持期内每日营业终了时,金融机构按法人存入的存款准备金日终余额与准备金考核基数之比,可以低于法定存款准备金率,但幅度应在1个(含)百分点以内。将存款准备金时点法改为平均法考核,既可以为金融机构管理流动性提供缓冲机制,也有利于平滑货币市场波动。

二、基准利率制度

(一)基准利率的概念和作用机制

利率是利息率的简称,是指一定时期内利息的金额与存入或贷出金额的比率,由资金的供求关系决定。我国的利率分三种:第一,中国人民银行对商业银行及其他金融机构的存、贷款利率,即基准利率,又称法定利率;第二,商业银行对企业和个人的存、贷款利率,称为商业银行利率;第三,金融市场的利率,称为市场利率。其中,基准利率是核心,它在整个金融市场和利率体系中处于关键地位、起决定作用,它的变化决定了其他各种利率的变化。

基准利率政策是中央银行的一项重要货币政策工具。当中央银行提高基准利率时,商业银行等金融机构筹措资金的成本增加,对中央银行的贷款需求降低,商业银行等就会到资金市场去寻求贷款。由于商业银行等筹措资金的成本加大,它对外贷款的利率必然提高,相应其客户的贷款数额就会减少。这样,社会货币供应量就会减少。相反,当中央银行降低基准利率时,商业银行等的贷款利率也会随之降低,贷款数额加大,货币供应量会相应增加。因此,基准利率直接影响金融机构存贷款活动的开展,进而影响整个社会的信贷总量。中央银行通过提高或降低基准利率中的贷款利率,可起到限制或扩张社会信贷规模的作用。

(二)我国的基准利率政策

各国确定基准利率的方法并不完全一致。在市场经济发达国家,一般以中央银行的再贴现利率为基准利率,有的还包括中央银行的再贷款利率、基金利率等,金融机构的利率是参照此基准利率并根据市场情况自行确定的。例如,美国是以联邦资金市场利率为基准利率。在计划经济体制国家中,则由中央银行制定基准利率,并规定金融机构的利率水平以此为准或在一定范围内浮动,又称法定利率。我国在1984年中国人民银行正式成为中央银行前,是以1年期的存款利率和贷款利率为基准利率,其他档次利率的形成及变动都要参照这种利率的水平与变化趋势。1984年中央银行制度确立后,则以中国人民银行对各个金融机构的存、贷款利率为基准利率。《中国人民银行法》将基准利率与再贴现、再贷款并列为货币政策工具。

基准利率是我国中央银行实现货币政策目标的重要手段,制定基准利率的依据只能是货币政策目标。当政策目标重点发生变化时,利率也应随之变化。不同的政策要求,产生不同的利率水平。当政策重点放在稳定货币时,中央银行的贷款利率就应当适当提高,以抑制过热的需求;相反,当政策目标侧重于刺激经济增长时,中央银行贷款利率则应适时调低。基准利率在利率体系中处于核心地位,是中央银行利率政策中最主要的部分。中央银行调整利率政策的意图总是通过基准利率的变动来传递,基准利率直接影响着金融机构存贷款活动的展开,进而影响整个社会的信贷总量。

三、再贴现制度

(一) 再贴现制度的概念及作用

贴现是指票据持有人在票据到期日前,为融通资金而向银行或其他金融机构贴付一定利息的票据转让行为。通过贴现,持票人得到低于票面金额的资金,贴现银行及其他金融机构获得票据的所有权。

再贴现是商业银行及其他金融机构以买入的未到期的贴现票据向中央银行办理的再次贴现。从形式上看,再贴现与贴现并无区别,都是一种票据与信用相结合的融资方式。但从职能上看,再贴现是中央银行执行货币政策的重要手段之一,在再贴现过程中,中央银行根据执行货币政策的需要,买进商业银行等持有的未到期票据,让渡现实货币;商业银行等则为解决资金短缺而出让已贴现票据。所以,再贴现是商业银行及其他金融机构与中央银行之间的票据买卖和资金让渡的过程,是商业银行和其他金融机构向中央银行融通资金的重要方式。

此外,再贴现作为中央银行执行货币政策的重要工具之一,还可以起到扩张或收缩社会信用的作用。当中央银行需要收缩银根、抑制经济过快扩张时,就可提高再贴现率,使商业银行和其他金融机构向中央银行融资的成本提高,从而抑制信贷需求,减少货币供给;当中央银行需要放松银根、刺激经济发展时,就降低再贴现率,从而增加货币供给。另外,再贴现率可以影响市场利率,通过调整再贴现率,能及时将货币政策的意图传递给社会,并引导人们的投资、消费行为,推动货币政策目标的实现。在将再贴现率作为中央银行基准利率的国家,再贴现的作用尤为重要。

(二) 再贴现的条件和对象

许多国家规定,再贴现票据必须是确有真实交易关系的票据。如德意志银行只购买那些在实质的商品交易基础上签发的商业票据,这些票据至少需要3个被公认有支付能力的义务人予以担保,并且在买入后3个月之内到期。随着形势和经济环境的变化,中央银行在很大程度上放宽了对再贴现票据的限制。

我国《票据法》第10条第1款规定:"票据的签发、取得和转让,应当遵循诚实信用的原则,具有真实的交易关系和债权债务关系。"2022年中国人民银行发布的《商业汇票承兑、贴现与再贴现管理办法》第5条规定:"本办法所称贴现是指持票人在商业汇票到期日前,贴付一定利息将票据转让至具有贷款业务资质机构的行为。持票人持有的票据应为依法合规取得,具有真实交易关系和债权债务关系,因税收、继承、赠与依法无偿取得票据的除外。"因此,我国的再贴现票据必须是具有真实的交易关系和债权债务关系的票据。

许多国家允许商业银行和金融机构办理再贴现,但也有些国家对再贴现对象有严格限制,如英格兰银行的贴现对象只是英国11家贴现商行而不是众多的商业银行,贴现银行可随时要求英格兰银行贴现其持有的一级证券或银行汇票。《中国人民银行法》把再贴现的对象规定为"在中国人民银行开立账户的金融机构";2022年中国人民银行发布的《商业汇票承兑、贴现与再贴现管理办法》第20条规定:"办理商业汇票贴现业务的金融机构,可以申请办理再贴现业务。再贴现业务办理的条件、利率、期限和方式,按照人民银行有关规定执行。"从而明确了再贴现对象的适用范围。

（三）再贴现率

再贴现率是中央银行根据经济发展需要，反映中央银行货币政策意图所制定的利率。由于关系到中央银行货币政策，所以必须谨慎行事。比如美国，再贴现率的制定和调整权分别属于美国中央银行的最高权力机构——联邦储备体系理事会和储备银行。前者有权决定再贴现率的基本水平和调整幅度，后者只能在前者确定的水平上，作一些微量调整。

调整再贴现率的目的在于影响商业银行准备金及社会的资金需求。各国对再贴现率有不同的规定，有的国家的再贴现率和中央银行放款利率有不同的规定，有的国家的再贴现率和中央银行放款利率相同；有的国家的再贴现率则略低于中央银行的放款利率；有的国家还对不同时期、不同种类的票据，规定有不同的再贴现率。由于再贴现率是中央银行挂牌执行的，所以又称为银行率。这种银行率在各国利率体系中处于核心地位，其变化必然会影响到其他各种利率。其特点有三：

第一，再贴现率是一种短期利率。因为中央银行提供的贷款以短期为主，再贴现合格票据的期限通常不超过 3 个月，最长也在 1 年以内。

第二，再贴现率是一种法定利率，它不同于市场利率。中央银行的再贴现率是根据国家信贷政策制定的，它在一定程度上反映了中央银行的货币政策意向。

第三，再贴现率是一种标准利率或最低利率。如英格兰银行贴现及放款有多种差别利率，而以其公布的再贴现利率为最低的标准。

再贴现制度虽然有其诸多积极的作用，但也存在一定的局限性：从货币供应量来看，再贴现制度不是一种理想的控制工具。因为中央银行在再贴现中处于被动地位，商业银行是否愿意到中央银行申请再贴现，以及再贴现多少，都决定于商业银行，中央银行处于不能预知的境地。而这种不能预知的情况势必会造成中央银行无法主动而有效地控制货币供应量。此外，如果商业银行都依赖于中央银行再贴现，增加了中央银行的压力，从而削弱控制货币供应量的能力。

再贴现制度缺乏弹性。一方面，再贴现率的随时调整，通常会引起市场利率的经常性波动，这会使企业或商业银行等无所适从；另一方面，再贴现率不随时调整，又不利于中央银行灵活地调整货币供应量。所以，再贴现制度的弹性很小。

正因如此，在经历了西方国家 20 世纪 30 年代的经济大危机之后，再贴现制度的重要性开始下降，让位于主动权掌握在中央银行手中而又更具有弹性的公开市场业务。但尽管如此，再贴现工具仍与其他货币政策工具配合运用，仍然是中央银行执行货币政策的有效工具之一。

四、再贷款制度

（一）再贷款制度的概念与作用

再贷款是指中央银行向商业银行的贷款。在西方国家，由于市场经济比较成熟，其信用工具票据化程度较高，因而其中央银行对金融机构放款主要采取再贴现方式。而我国由于票据市场发展较晚，市场狭小，种类不多，可用于向中央银行再贴现的票据也极为有限，所以再贷款就成为我国当前央行调节货币供应量和控制信贷规模的主要货币政策工具。

中国人民银行对金融机构的贷款依据其方式的不同，可以分为信用贷款和再贴现两种。信用贷款是指中国人民银行根据金融机构资金头寸情况，以其信用为保证发放的贷款。再贴现是指金融机构以其持有的、未到期的贴现票据向人民银行办理贴现，取得资金。再贷款与再贴现虽然都是中央银行向商业银行的放款，都是中央银行执行最后贷款人职能的体现，但二者又有所不同，中国人民银行对商业银行的再贷款作为信用贷款，无资金保证或物资保证；而中国人民银行对商业银行等金融机构的再贴现，因以商业银行等所持有的票据为基础，所以是有资金或物资保证的货币投放。又根据《中国人民银行法》第28条和第30条的规定，信用贷款是指中央银行向商业银行提供的贷款，不包括商业银行之外的其他金融机构。所以，在我国，再贷款即指中央银行向商业银行提供的信用贷款。

再贷款的作用主要体现为：

第一，中央银行通过调整再贷款利率，影响商业银行从中央银行取得信贷资金的成本和可使用额度，使货币供应量和市场利率发生变化。例如，当中央银行要收缩银根实行紧缩政策时，它可以提高再贷款利率，减少基础货币的投放量，增加商业银行向中央银行的贷款成本，抑制商业银行向中央银行的贷款。同时，商业银行为了营利，也会提高对客户的贷款利率，导致借款成本增加，借款额就会相应减少，从而达到减少货币供应量的效果；反之，如果中央银行降低再贷款利率，就能达到放松银根、扩大信用规模、增加货币供应量的效果。

第二，再贷款利率的调整是中央银行向商业银行和社会公众宣传货币政策变动的一种有效方法，它能产生预告效果，从而在某种程度上影响人们的预期。当中央银行提高再贷款利率时，表明中央银行对通货膨胀的进展发出了警告，使厂商慎重从事进一步的投资扩张；如果中央银行降低再贷款利率时，则表示在中央银行看来通货膨胀已经缓和，这样就会刺激投资和经济增长，在一定程度上起到调整产业结构和产品结构的作用。

第三，再贷款是中央银行的定向调控措施。中央银行通过再贷款的投放，对于弥补重点资金缺口、调整产业结构、调整地区或部门间资金余缺，对推动经济的高速增长起到了至关重要的作用。例如，2022年4月，中国人民银行设立科技创新再贷款，旨在引导金融机构加大对科技创新的支持力度，撬动社会资金促进科技创新。该工具支持企业的范围包括"高新技术企业""专精特新"中小企业、国家技术创新示范企业、制造业单项冠军企业等科技企业。中国人民银行还设立有普惠养老专项再贷款、设备更新改造专项再贷款等定向工具性再贷款。

（二）我国再贷款制度的内容

根据《中国人民银行法》《中国人民银行分行短期再贷款管理暂行办法》《中国人民银行紧急贷款管理暂行办法》《中国人民银行对农村信用合作社贷款管理办法》的规定，我国再贷款制度的主要内容有：

1. 再贷款的条件和期限

凡经中国人民银行批准，持有《经营金融业务许可证》，并在中国人民银行单独开立基本账户的金融机构，方可成为中国人民银行对金融机构贷款的对象。商业银行在坚持组织存款、加强系统内资金调度和市场融资的前提下，资金仍然不足，方可向中国人民银行申请借款。同时必须具备以下条件：(1) 属于中国人民银行对金融机构贷款的对象；(2) 信贷资金营运基本正常，贷款用途符合国家产业政策和货币政策的要求；(3) 按有关规定及时、足额向中国人民银行交存存款准备金；(4) 还款资金来源有保障；(5) 归还中国人民银行贷款有信誉；(6) 及时向中国人民银行报送计划、统计、会计报表及有关资料。

由于中国人民银行的再贷款主要用于解决商业银行临时资金的不足，所以中央银行对商业银行的贷款期限较短,最长不得超过1年。依据贷款期限的不同,具体划分为20天内、3个月内、6个月内、1年期四个档次。

2. 再贷款的发放和收回

商业银行向中国人民银行申请贷款,必须填写《中国人民银行再贷款申请书》,并在加盖借款人的公章和法定代表人或单位负责人的签章后,提交当地中国人民银行开户行。中国人民银行依据经济发展、银根松紧和贷款条件,自主审查,决定贷与不贷、贷多贷少、贷款种类和贷款期限。商业银行应按照中国人民银行批准的贷款种类、期限和金额,与中国人民银行订立借款合同,办理借款手续。

中国人民银行对金融机构发放贷款,必须坚持期限管理,贷款到期必须收回。借款人应当按照借款合同规定,按时足额归还贷款本息。对逾期的短期再贷款,可从借款人准备金存款账户扣收贷款本息,并按逾期贷款利率计收利息。质押贷款发生逾期,可依法处置作为贷款权利凭证的有价证券用于偿还贷款本息。

中国人民银行对金融机构贷款到期后,金融机构确有困难不能按期归还的,应提前申请办理展期手续,每笔贷款只能展期一次,展期期限不超过原定期限。

3. 中国人民银行对再贷款的管理

中国人民银行对金融机构的贷款根据贷款的不同种类和期限,按不同的利率档次计收利息。逾期贷款按照中国人民银行的规定加收利息。中国人民银行总行按月考核人民银行各省、自治区、直辖市、计划单列城市分行对商业银行贷款使用情况。对于有下列情形之一的,给予通报批评;情节严重的,对直接负责的主管人员和其他直接责任人员给予警告、记过、记大过、降级、撤职、留用察看或者开除的行政处分:不按照总行规定的对象、条件、期限和用途审批、发放短期再贷款的;越权审批、发放短期再贷款的;对辖区内分支机构违规审批、发放短期再贷款监控不力、严重失职的;超过上级行核定、下达的贷款限额审批、发放短期再贷款的;对已确认为高风险的商业银行,擅自发放短期再贷款的。违规审批、发放短期再贷款,造成资金损失,并构成犯罪的,由司法机关依法追究直接责任人的刑事责任。

五、公开市场操作制度

(一)公开市场操作的概念和意义

公开市场操作是指中央银行在金融市场上买卖有价证券和外汇的活动。它是中央银行的一项主要业务,是货币政策的一种基本工具。中央银行买进或卖出有价证券或外汇意味着进行基础货币的吞吐,可以达到增加或减少货币供应量的目的。同时,中央银行买卖国债,可以影响国债供求,影响国债利率,从而间接影响商业银行利率。目前,公开市场业务操作已经成为中央银行调节商业银行流动性的主要手段之一。

作为一种货币政策工具,公开市场业务既具有一般货币政策工具的共同特征,又具有其自身的特点和优势,主要体现为以下几个方面:

第一是公开性和平等性。中央银行在公开市场上买卖外汇和政府债券,吞吐基础货币,是根据货币政策要求,按照市场原则,通过与众多交易对手竞价交易进行的,具有较高的透明度,有利于消除金融市场上的幕后交易弊端。

第二是灵活性。中央银行在公开市场上进行证券交易,能够根据货币政策需要,随时操作,也可以按较小的规模和步骤操作,在时间和数量上很灵活。这是存款准备金制度和再贴现办法所难以做到的,因为存款准备金率和再贴现率不能变化太频繁。这一特点使中央银行对货币供应量既可以进行微调,也可以进行大幅度调整,不必等到情况已经十分严重时再采取措施,这样可以减少经济、金融的震荡。

第三是主动性。中央银行通过公开市场业务可以主动采取措施,根据一定时期货币政策的要求和该时期银根的松紧情况,进行经常性、连续性的操作。这突破了其他货币政策工具如再贴现制度被动调整的局限性。正是由于公开市场业务具有上述优点,它在世界各国得到了日益广泛的使用,成为各国中央银行在实施金融宏观间接调控中运用较多的货币政策工具之一。

从各国的实践来看,开展公开市场业务应具备以下基本条件:(1)中央银行必须具有强大的资金实力。因为中央银行只有拥有足够的资金,才能够对整个金融市场进行干预和控制,影响社会信用供给,防止金融市场秩序紊乱。(2)信用工具发达,金融市场上应具有相当种类和数量的有价证券。只有证券种类和数量齐全,中央银行才能依据货币政策的需要,有选择地进行买卖,吞吐足够数量的货币,促进货币政策目标的实现。(3)必须有完善的金融市场机制,包括有效的金融监管体制。只有这样,中央银行才能独立地执行货币政策并将其采取的措施付诸实施,其他金融机构也才能对中央银行的宏观调控信息作出正确的反应。

(二)国外关于公开市场操作的规定

国外对公开市场业务的规定主要有以下内容:

第一,负责公开市场操作的机构。如美国负责公开市场操作的机构是联邦公开市场委员会,根据美国《联邦储备法》的规定,该委员会集决策、执行、管理大权于一身,主要职责有:(1)全权制定公开市场政策;(2)决定联邦银行在公开市场上买卖证券的种类、数量和证券买卖的时间、地点及其他条件;(3)制定有关公开市场活动的管理规定;(4)按照规定对公开市场活动进行监督管理。

第二,公开市场业务的操作对象。公开市场业务的操作对象主要是政府发行的有价证券,主要包括国库券和政府的长期公债券,广义上还包括政府直属部门发行的有价证券和地方政府发行的债券。美国《联邦储备法》第14条规定,下列有价证券可以作为公开市场业务操作对象:银行承兑票据,汇票,金块、金币和金证券,联邦政府、州政府以及县政府的公债等。政府有价证券之所以成为中央银行公开市场业务的主要操作对象,是因为政府证券一般没有倒账的风险,而且种类多,期限较短,流动性强,因而为各类投资者包括金融业机构、地方政府、外国官方机构以及私人投资者等所欢迎。

第三,公开市场业务的操作方式。公开市场业务的操作方式主要有三种:一是直接买卖有价证券,即中央银行进行有价证券买卖时,一次交割结清,不附带任何其他条件,通常用于国库券交易;二是回购协议交易,它是指证券商在卖出证券以后,必须在规定的时间、按规定的价格再从中央银行把证券买回来的交易方式;三是中央银行回购协议买卖,这种方式与第二种方式基本相同,但是出售证券和承担回购证券义务的是中央银行而不是证券商。

(三)我国关于公开市场操作的规定

我国公开市场操作制度是在金融体制改革的过程中建立和发展的。1994年中国人民银行设立了公开市场操作室,负责公开市场操作业务,并于同年4月在银行间外汇市场开始实际操作。另外,中国人民银行已经陆续建立了全国性的外汇交易中心、同业拆借市场和进行公开市场操作的国债登记结算公司,为公开市场业务的开展创造了条件。1995年颁布的《中国人民银行法》规定,中国人民银行在运用货币政策工具时,可以"在公开市场上买卖国债和其他政府债券及外汇",1997年3月中国人民银行颁布了《公开市场业务暨一级交易商管理暂行规定》。这为公开市场业务的操作,提供了法律依据。我国公开市场操作制度的主要内容有:

1. 公开市场操作的根据

中国人民银行主要根据货币供应量和商业银行备付金头寸以及市场汇率等指标的变化,决定公开市场操作的具体运作。运作决策由行长办公会议制定并下达,外汇操作由总行设在上海的公开市场操作室具体执行。日常的买卖活动由操作室根据总行的指令办理。

2. 公开市场操作的工具

中国人民银行进行公开市场操作的工具是国债和外汇。就国债而言,中国人民银行以买卖国债的形式吞吐基础货币,调节商业银行的资金头寸,进而影响货币供应量的增减变化。中国人民银行开展的第一批国债公开市场操作是在1996年4月9日,这次国债公开市场操作是以1996年财政部发行的无纸化短期国债为操作工具,通过中国人民银行公开市场操作室和各商业银行总行的联机网进行逐笔交易,交易风险由交易各方各自承担。就外汇而言,由于中国外汇交易中心成立,统一的外汇市场已经形成,外汇与人民币买卖的数额较大,人民银行通过在银行间外汇市场买卖外汇,同样会起到吞吐基础货币的作用。

3. 公开市场操作的对象

中国人民银行通过同金融机构买卖国债、外汇开展公开市场业务。中国人民银行买卖外汇的操作是在银行间外汇市场上进行,交易的对象主要是银行,中国人民银行不对个人或企业、事业单位买卖外汇。中国人民银行在国债市场进行国债买卖,买卖的对象也不是个人和企业、事业单位,而是国债一级交易商。国债一级交易商,是指经中国人民银行审定的、具有直接与中国人民银行进行债券交易资格的商业银行、证券公司和信托投资公司。

4. 国债公开市场操作的交易方式

中国人民银行国债公开市场操作采取买卖和回购的交易方式进行,一级交易商与中国人民银行进行债券交易须签署有关协议。

债券交易一般采用招标方式进行,包括数量招标和利率招标(或价格招标)。具体中标原则由操作室规定。债券交易的资金清算按中国人民银行有关部门制定的会计核算手续办理。

5. 外汇公开市场业务的清算

外汇公开市场的清算由中国外汇交易中心实行集中清算,即会员(包括中国人民银行的公开市场操作室)在交易市场进行的外汇交易,通过交易中心集中办理资金清算。

第五节　外汇管理法律制度

一、外汇管理法概述

为执行货币政策、保持国际收支平衡而调整人民币汇率和外汇市场调控关系,是外汇管理法的主要任务之一。通过外汇管理法监管外汇市场,有助于规范国家外汇经营,促进与保持汇率稳定,实现货币政策目标,有效实施宏观调控,因此,外汇管理法是我国金融调控法体系中的重要制度,下面很有必要对外汇管理法律制度予以专门阐述。

（一）外汇的含义

外汇具有动态和静态两方面的含义。动态意义的外汇是"国际汇兑"的简称,即将一国货币换成另一国货币,以便清偿国际的债权债务的活动;静态意义的外汇是指以外币表示的用于国际结算的支付手段。我国《外汇管理条例》是从静态意义来界定外汇的,其第3条规定,外汇是指下列以外币表示的可以用作国际清偿的支付手段和资产:

(1) 外币现钞,包括纸币、铸币;
(2) 外币支付凭证或支付工具,包括票据、银行存款凭证、银行卡等;
(3) 外币有价证券,包括债券、股票等;
(4) 特别提款权;
(5) 其他外汇资产。

（二）外汇管理的概念及其类型

外汇管理,又称"外汇管制",是指一国依法对所辖境内的外汇收支、买卖、借贷、转移以及国际结算、外汇汇率和外汇市场所实施的行政限制性措施。作为对外经济管理的重要组成部分,外汇管理的作用在于:(1) 稳定本国货币的对外汇率;(2) 防范外汇风险,保护国内市场,促进经济发展;(3) 平衡本国国际收支。

目前,世界各国都实行外汇管理,但在管理的程度上有所不同,可分为三种类型:第一种是实行比较全面的外汇管理,即对经常项目和资本项目都实行管制,这类国家通常经济比较落后,外汇资金短缺,市场机制不发达,希望通过集中分配和使用外汇来达到促进经济的目的;第二种是实行部分外汇管制,即对经常项目的外汇交易不实行或基本不实行外汇管制,但对资本项目的外汇交易则进行一定的限制;第三种是基本不实行外汇管制,即对经常项目和资本项目的外汇交易不实行普遍和经常性的限制。

我国目前的外汇管理体制基本上属于部分外汇管制,表现为:对经常项目实行可兑换,对资本项目实行一定的管制;对金融机构的外汇业务实行监督管理;禁止外币在境内计价流通;保税区实行有区别的外汇管理。

（三）外汇管理法及其立法

外汇管理法,是调整在外汇管理活动中发生的社会关系的法律规范的总称。它既是国家监管外汇市场的法律依据,又是金融调控法体系中的主要制度。通过外汇管理法监管外汇市场,规范国家外汇经营,促进与保持汇率稳定,实现货币政策目标,因而外汇管理法是我国金融调控法体系中的重要制度。

为使我国外汇管理适应对外开放的要求,国务院于1996年1月29日发布了《外汇管理条例》,自同年4月1日起施行。1997年1月14日和2008年8月5日,国务院又两次修正和修订了《外汇管理条例》。与此同时,中国人民银行、国家外汇管理局还先后发布了一系列外汇管理方面的法规、规章,如《银行间外汇市场管理暂行规定》(1996年11月29日中国人民银行发布)。2000年8月,中国人民银行发布了《关于改革外币存贷款利率管理体制的通知》,决定自同年9月21日起改革我国的外币利率管理体制,其要点为:放开外币贷款利率由金融机构自行确定;大额外币(指300万及300万以上美元或等值其他外币)存款利率由金融机构与客户协商确定;小额外币(指300万以下美元或等值其他外币)存款利率由银行业协会统一制定,经人民银行核准后对外公布,各金融机构统一执行。2006年,中国人民银行公布《个人外汇管理办法》。根据国家外汇管理局公布的《现行有效法规目录》,截至2023年6月30日,我国现行有效的外汇管理主要法规共有178件。[①]

二、外汇管理的主要内容

我国《外汇管理条例》就外汇管理的机关及外汇管理的内容作了明确规定,其主要内容包括以下几个方面:

(一) 外汇管理机关和外汇管理的对象

根据《外汇管理条例》的规定,我国外汇管理的机关是国务院外汇管理部门及其分支机构。

外汇管理的对象是境内机构、境内个人的外汇收支或者外汇经营活动,以及境外机构、境外个人在境内的外汇收支或者外汇经营活动。其中,境内机构,是指中华人民共和国境内的国家机关、企业、事业单位、社会团体、部队等,外国驻华外交领事机构和国际组织驻华代表机构除外。境内个人,是指中国公民和在中华人民共和国境内连续居住满1年的外国人,外国驻华外交人员和国际组织驻华代表除外。

(二) 经常项目外汇管理

经常项目外汇管理主要包括三方面的内容:经常项目可兑换、经常项目外汇收入管理和进出口核销制度。

(1) 经常项目可兑换,是指对属于经常项目下的各类交易,其中,经常项目是指国际收支中涉及货物、服务、收益及经常转移的交易项目,包括进口货物、支付运输费、保险费、劳务服务、出境旅游、投资利润、借债利息、股息、红利等,在向银行购汇或从银行外汇账户上支付时不受限制。

我国《外汇管理条例》第5条规定:"国家对经常性国际支付和转移不予限制。"从立法上确定了经常项目可兑换制度。这样,境内机构进口商品和服务,只要得到进口许可和提交了相应的有效凭证,即可到外汇指定银行购汇对外支付。

对经常项目下的用汇不加限制,并非是用人民币就可以任意地购买外汇。这种购汇和对外支付必须具有真实、合法的交易基础,购汇企业和个人需提交证明这种真实需要的凭证,经银行审核后才能售汇或从企业的外汇账户中对外支付。中国人民银行、国家外汇管理局发布的有关规定就进口货物、投资收益汇出、个人购汇等应提交的凭证、单据、购汇限额及

---

① 参见国家外汇管理局公布的《现行有效法规目录》,载国家外汇管理局网站,http://www.safe.gov.cn/safe/xxyxfgml/index.html,最后访问日期:2023年8月11日。

审核程序等作了详细的规定。

(2) 取消经常项目下的外汇收入强制调回境内并结售给外汇指定银行的要求,允许经常项目外汇收入按照国家有关规定的条件、期限等要求保留或者卖给经营结汇、售汇业务的金融机构。

(3) 出口收汇和进口付汇核销制度。《外汇管理条例》规定,境内机构的出口收汇和进口付汇,应当按照国家关于出口收汇核销管理和进口付汇核销管理的规定办理核销手续,即从立法上规定了国际上通用的出口收汇和进口付汇核销制度,以督促企业及时、足额地收回货款或货物,防范和打击套汇、逃汇等非法活动。

(三) 资本项目外汇管理

资本项目外汇是指国际收支中引起对外资产和负债水平发生变化的交易项目资本,包括资本转移、直接投资、证券投资、衍生产品及贷款等项目资本。我国资本项目外汇收支管理的基本原则是在放松经常项目汇兑限制的同时,完善资本项目管理。资本项目外汇管理的规范主要集中在以下几方面:(1) 简化对境外直接投资外汇管理的行政审批,增设境外主体在境内筹资、境内主体对境外证券投资和衍生产品交易、境内主体对外提供商业贷款等交易项目的管理原则。(2) 除国家规定无须批准的以外,资本项目外汇收入保留或者结汇应当经外汇管理机关批准;资本项目外汇支出国家未规定需事前经外汇管理机关批准的,原则上可以持规定的有效单证直接到金融机构办理,国家规定应当经外汇管理机关批准的,在外汇支付前应当办理批准手续。(3) 要求资本项目外汇及结汇后人民币资金应当按照有关主管部门及外汇管理机关批准的用途使用,并授权外汇管理机关对资本项目外汇及结汇后人民币资金的使用和账户变动情况进行监督检查。

(四) 金融机构外汇业务管理

1. 经营外汇资格

金融机构须经外汇管理机关批准,领取经营业务许可证,才能经营或者终止经营结汇、售汇业务;金融机构经营或者终止经营其他外汇业务,应当按照职责分工经外汇管理机关或者金融业监督管理机构批准。未经批准的任何单位和个人不得经营外汇业务。

2. 经营外汇业务的规则

经营结汇、售汇业务的金融机构和符合规定条件的其他机构,按照国务院外汇管理部门的规定在银行间外汇市场进行外汇交易。同时,调整外汇头寸管理方式,外汇管理机关对金融机构外汇业务实行综合头寸管理,也即对金融机构持有的,在办理符合外汇管理规定的对客户结售汇业务、自身结售汇业务和参与银行间外汇市场交易所形成的,因人民币与外币间交易而形成的外汇头寸实行综合管理。经营外汇业务的金融机构发现客户有外汇违法行为的,应当及时向外汇管理机关报告。此外,如果金融机构的资本金、利润以及因本外币资产不匹配等原因需要进行人民币与外币间转换的,须经外汇管理机关批准。

(五) 人民币汇率和外汇市场的管理

汇率是一国货币同他国货币之间的兑换比率,即一国货币用另一国货币表示的价格。自1994年起,我国人民币实行以市场供求为基础的、单一的、有管理的浮动汇率制度,由中国人民银行根据银行间外汇市场形成的价格,每日公布人民币对主要外币的汇率。2008年修订的《外汇管理条例》进一步完善了人民币汇率形成机制,规定人民币汇率实行以市场供求为基础的、有管理的浮动汇率制度。

外汇市场是进行外汇交易的场所,通常是无形市场。我国的外汇市场是全国统一的银行间外汇交易市场。市场交易主体是外汇指定银行和其他经批准经营外汇业务的金融机构。交易客体即交易的币种和形式,由国家外汇管理局规定和调整。

外汇市场交易应当遵循公开、公平、公正和诚实信用的原则。经营结汇、售汇业务的金融机构和符合国务院外汇管理部门规定条件的其他机构,可以按照国务院外汇管理部门的规定在银行间外汇市场进行外汇交易。国家外汇管理局依法监督管理全国的外汇市场,中国人民银行根据货币政策的要求和外汇市场的变化,依法对外汇市场进行调控。

(六)外汇业务监督管理

1. 明确外汇管理机关职责

依据《外汇管理条例》的规定,外汇管理机关有权采取下列行为:(1)对经营外汇业务的金融机构进行现场检查;(2)进入涉嫌外汇违法行为发生场所调查取证;(3)询问有外汇收支或者外汇经营活动的机构和个人,要求其对与被调查外汇违法事件直接有关的事项作出说明;(4)查阅、复制与被调查外汇违法事件直接有关的交易单证等资料;(5)查阅、复制被调查外汇违法事件的当事人和直接有关的单位、个人的财务会计资料及相关文件,对可能被转移、隐匿或者毁损的文件和资料,可以予以封存;(6)经国务院外汇管理部门或者省级外汇管理机关负责人批准,查询被调查外汇违法事件的当事人和直接有关的单位、个人的账户,但个人储蓄存款账户除外;(7)对有证据证明已经或者可能转移、隐匿违法资金等涉案财产或者隐匿、伪造、毁损重要证据的,可以申请人民法院冻结或者查封。同时,有关单位和个人应当配合外汇管理机关的监督检查,如实说明有关情况并提供有关文件、资料,不得拒绝、阻碍和隐瞒。

2. 监测跨境资金流动

健全国际收支统计申报制度,完善外汇收支信息收集,加强对跨境资金流动的统计、分析与监测;规定有外汇经营活动的境内机构,应当按照国务院外汇管理部门的规定报送财务会计报告、统计报表等资料。根据世界贸易组织规则,规定国际收支出现或者可能出现严重失衡,以及国民经济出现或者可能出现严重危机时,国家可以对国际收支采取必要的保障、控制等措施。

3. 健全外汇监管手段和措施

为保障外汇管理机关依法、有效地履行职责,《外汇管理条例》增加规定了外汇管理机关的监管手段和措施,同时规定了外汇管理机关进行监督检查的程序。例如,外汇管理机关依法进行监督检查或者调查,监督检查或者调查的人员不得少于2人,并应当出示证件。又如,国务院外汇管理部门为履行外汇管理职责,可以从国务院有关部门、机构获取所必需的信息,国务院有关部门、机构应当提供。

三、违反外汇管理法的法律责任

我国《外汇管理条例》对违反外汇管理法的行为,专章规定了相应的法律责任,以及申请行政复议和提起行政诉讼的规定。

(一)逃汇及其处罚

逃汇是指境内机构、境内个人或者境外机构、境外个人违反规定将境内外汇转移境外,或者以欺骗手段将境内资本转移境外的行为。

按照《外汇管理条例》的规定,构成逃汇行为的,由外汇管理机关责令限期调回外汇,处逃汇金额30%以下的罚款;情节严重的,处逃汇金额30%以上等值以下的罚款;情节严重构成犯罪的,依据《刑法》第190条的规定追究刑事责任。

(二)非法套汇及其处罚

所谓非法套汇,是指境内机构、境内个人或者境外机构、境外个人违反规定以外汇收付应当以人民币收付的款项,或者以虚假、无效的交易单证等向经营结汇、售汇业务的金融机构骗购外汇的行为。

根据《外汇管理条例》的规定,构成非法套汇行为的,由外汇管理机关责令对非法套汇资金予以回兑,处非法套汇金额30%以下的罚款;情节严重的,处非法套汇金额30%以上等值以下的罚款;构成犯罪的,依法追究刑事责任。应当说明的是,《外汇管理条例》虽然规定了非法套汇可构成犯罪,但《刑法》中并未明文规定套汇罪。

(三)其他违反外汇管理的行为及其处罚

为了适应新形势下打击外汇违法行为的需要,特别是加强流入资本的用途管理,2008年修订的《外汇管理条例》增加了以下违反外汇管理的行为及其处罚规定。

(1)资金非法流入及其处罚。根据《外汇管理条例》的规定,违反规定将外汇汇入境内的,由外汇管理机关责令改正,处违法金额30%以下的罚款;情节严重的,处违法金额30%以上等值以下的罚款。

(2)非法结汇及其处罚。根据《外汇管理条例》的规定,非法结汇的,由外汇管理机关责令对非法结汇资金予以回兑,处违法金额30%以下的罚款。

(3)违反结汇资金流向管理及其处罚。根据《外汇管理条例》的规定,违反规定,擅自改变外汇或者结汇资金用途的,由外汇管理机关责令改正,没收违法所得,处违法金额30%以下的罚款;情节严重的,处违法金额30%以上等值以下的罚款。有违反规定以外币在境内计价结算或者划转外汇等非法使用外汇行为的,由外汇管理机关责令改正,给予警告,可以处违法金额30%以下的罚款。

(4)非法携带外汇出入境。根据《外汇管理条例》的规定,违反规定携带外汇出入境的,由外汇管理机关给予警告,可以处违法金额20%以下的罚款。法律、行政法规规定由海关予以处罚的,从其规定。

(5)非法买卖外汇、介绍买卖外汇及其处罚。根据《外汇管理条例》的规定,私自买卖外汇、变相买卖外汇、倒买倒卖外汇或者非法介绍买卖外汇数额较大的,由外汇管理机关给予警告,没收违法所得,处违法金额30%以下的罚款;情节严重的,处违法金额30%以上等值以下的罚款;构成犯罪的,依法追究刑事责任。

(四)扰乱外汇管理秩序及其处罚

所谓扰乱外汇管理秩序,是指境内机构、境内个人或者境外机构、境外个人及金融机构违反《外汇管理条例》的规定,非法从事外汇业务及违法操作规则影响正常金融秩序的行为。《外汇管理条例》规定了扰乱外汇管理秩序行为的种类及其处罚办法。

1. 金融机构扰乱外汇管理秩序行为及其处罚

(1)未经批准擅自经营结汇、售汇业务的,由外汇管理机关责令改正,有违法所得的,没收违法所得,违法所得50万元以上的,并处违法所得1倍以上5倍以下的罚款;没有违法所得或者违法所得不足50万元的,处50万元以上200万元以下的罚款;情节严重的,由有关主管部门责令停业整顿或者吊销业务许可证;构成犯罪的,依法追究刑事责任。

(2) 未经批准经营结汇、售汇业务以外的其他外汇业务的,由外汇管理机关或者金融业监督管理机构依照前款规定予以处罚。

(3) 金融机构如果在办理经常项目资金收付时未对交易单证的真实性及其与外汇收支的一致性进行合理审查,或者违反规定办理资本项目资金收付,或者违反规定办理结汇、售汇业务,或者违反外汇业务综合头寸管理,或者违反外汇市场交易管理的,由外汇管理机关责令限期改正,没收违法所得,并处20万元以上100万元以下的罚款;情节严重或者逾期不改正的,由外汇管理机关责令停止经营相关业务。

需要指出的是,金融机构扰乱外汇管理秩序的,除了依照《外汇管理条例》给予处罚外,还对金融机构负有直接责任的董事、监事、高级管理人员和其他直接责任人员给予警告,处5万元以上50万元以下的罚款;构成犯罪的,依法追究刑事责任。

2. 境内机构、境内个人扰乱外债管理秩序行为及其处罚

境内机构、境内个人有擅自对外借款、在境外发行债券或者提供对外担保等违反外债管理行为的,由外汇管理机关给予警告,处违法金额30%以下的罚款。

3. 境内机构、境内个人或者境外机构、境外个人扰乱外汇管理秩序行为及其处罚

境内机构、境内个人或者境外机构、境外个人有下列情形之一的,由外汇管理机关责令改正,给予警告,对机构可以处30万元以下的罚款,对个人可以处5万元以下的罚款:(1) 未按照规定进行国际收支统计申报的;(2) 未按照规定报送财务会计报告、统计报表等资料的;(3) 未按照规定提交有效单证或者提交的单证不真实的;(4) 违反外汇账户管理规定的;(5) 违反外汇登记管理规定的;(6) 拒绝、阻碍外汇管理机关依法进行监督检查或者调查的。

需要指出的是,境内机构扰乱外汇管理秩序除了依照《外汇管理条例》给予处罚外,还应当对直接负责的主管人员和其他直接责任人员给予处分。

(五) 行政复议与行政诉讼

对于外汇管理机关作出的具体行政行为不服的,可以依法申请行政复议,对行政复议决定仍不服的,可以依法向人民法院提起行政诉讼。

本 章 小 结

金融是现代经济的核心。金融法是指调整金融活动中所发生的社会关系的法律规范的总称,它是经济法体系中的主要组成部分。金融法学研究的内容非常广泛,其基本的内容包括:金融法原理、金融机构组织法、金融调控法、金融监管法、金融经营法等。

金融调控法是调整中央银行在调控货币供给量、利率等过程中发生的金融宏观调控关系的法律规范的总称,它是我国经济法体系中宏观调控法的主要组成部分。《中国人民银行法》是我国中央银行法。中国人民银行作为我国中央银行,依法行使金融调控权。

制定和实施国家货币政策是中央银行完成其任务和实现其职能的核心所在。货币政策,是指中央银行为实现特定的经济目标所采取的各种控制和调节货币供应量或信用量,进而影响宏观经济的方针、政策和措施的总称。我国货币政策目标是保持货币币值的稳定,并

以此促进经济增长。

货币政策保障制度是《中国人民银行法》规定的重要内容。为达到货币政策目标,《中国人民银行法》规定了保障货币政策目标实现的存款准备金制度、基准利率制度、再贴现制度、再贷款制度和公开市场操作等工具性制度。

外汇管理法,是调整在外汇管理活动中发生的社会关系的法律规范的总称。通过外汇管理法监管外汇市场,规范国家外汇经营,促进与保持汇率稳定,实现货币政策目标,因而外汇管理法是我国金融调控法体系中的重要制度。

第十章

计划法律制度

第一节 计划和计划法概述

一、计划概述

（一）计划的概念

计划通常是指人们在行动以前预先进行的设计、谋划或筹划，包括未来行动的具体内容和实施步骤等，简单地说，计划就是未来行动的方案。计划本身是一种理性的体现，无论是个人还是组织行动之前往往都离不开周密的计划。对于国家来说，计划的重要性更为突出和明显，国家需要通过计划的运用，制定经济和社会发展战略，部署、规划、安排和调控国民经济运行和发展。

计划与规划意义相近，计划在广义上包括规划。一般而言，规划是指国家或地区的中、长期发展计划，是对今后一个较长时期的指导性纲要，但不是具体项目的方案，例如《中华人民共和国国民经济和社会发展第十四个五年规划和2035年远景目标纲要》（以下简称《"十四五"规划纲要》）。因此，也可以说，规划是比较长远的分阶段实施的长期计划。

在我国，要建立高水平社会主义市场经济体制，就必须正确认识和处理政府与市场的关系。要"充分发挥市场在资源配置中的决定性作用，更好发挥政府作用。"① 要更好发挥政府的作用，就要"健全以国家发展规划为战略导向，以财政政策和货币政策为主要手段，就业、产业、投资、消费、区域等政策协同发力的宏观调控制度体系。完善国家重大发展战略和中长期经济社会发展规划制度"②。

（二）国家计划调控的概念及其特征和功能

计划调控是国家进行宏观调控的重要手段，是国家通过制订和实施计划的方法，对国民经济和社会发展活动进行的指引、调节与控制。2020年8月6日，习近平同志对"十四五"规划编制工作作出重要指示："编制和实施国民经济和社会发展五年规划，是我们党治国理政的重要方式。"③ 从1953年开始，我国已经编制实施了14个五年计划或五年规划，时间跨越

---

① 习近平：《高举中国特色社会主义伟大旗帜 为全面建设社会主义现代化国家而团结奋斗——在中国共产党第二十次全国代表大会上的报告（2022年10月16日）》，人民出版社2022年版，第29页。
② 《中共中央关于坚持和完善中国特色社会主义制度，推进国家治理体系和治理能力现代化若干重大问题的决定》，人民出版社2019年版，第16—17页。
③ 习近平：《习近平谈"十四五"规划》，载《党建网》微平台，https://baijiahao.baidu.com/s?id=1681998003537069125&wfr=spider&for=pc，最后访问日期：2023年4月3日。

70年,它对于推进我国经济社会发展发挥了重大作用。

国家计划具有以下特征:(1)针对性。国家计划必须以相关信息的掌握为基础,具备明确的目的,若没有确实的可靠的信息,则所制订的国家计划必然是盲目的,一旦付诸实施极有可能会造成难以弥补的重大损失。(2)事前性。国家计划与未来的行动和目标有关,因此在实行过程中会根据情况的发展变化对原定计划及时作出适当的调整和修改。(3)综合性。国家计划在目标的设定以及实施的手段上往往要综合考虑和运用各种因素和方法,它本身是在动态的过程中由一系列的具体程序组成,是在发展中形成切实可行的行动方案。(4)法定性。当国家计划具有规制私人行为的外部效果时,需要有法律上的根据,反过来说,正是因为具有法律根据,国家计划才具有了对外部的规制效果。(5)组织性。国家计划必须有某个或某几个机构负责促进计划的实现,所要注意的是,促进计划实现的机构与实际实施计划内容的主体是不同的,后者的范围要远远地大于前者。

国家运用计划手段实施调控,具有以下三方面功能:(1)预测引导功能,即国家计划不但预测了未来的发展方向,而且引导市场主体遵从并行动;(2)协调功能,即在实现国家宏观调控目标的过程中,计划调控可以协调财政、税收和金融等各种手段,以实现国家宏观调控目标;(3)宏观调控功能,即通过国家发展战略和规划的预测、引导和利益协调功能推动宏观调控目标的实现,是政府履行经济社会调控、市场监管、社会管理、公共服务、生态环境保护职能的重要依据。

(三)国家计划的分类及其功能定位

国家计划分为短期计划(年度计划)、中期计划(五年规划)和长期计划。其中,中期计划或五年规划在宏观调控方面发挥着重要作用,下面着重予以介绍。

2018年11月18日发布的中共中央、国务院《关于统一规划体系 更好发挥国家发展规划战略导向作用的意见》(以下简称《意见》),全面理顺了规划关系,立足新形势、新任务和新要求,明确了各类规划的功能定位:

第一,国家发展规划的功能定位。国家发展规划,即国民经济和社会发展五年规划,是社会主义现代化战略在规划期内的阶段性部署和安排,它要提出五年期间内经济社会发展的国家战略意图、主要目标,确定政府工作重点,它是经济社会发展的宏伟蓝图,是全国各族人民共同的行动纲领,它可以引导市场主体行为,是政府履行经济社会调控、市场监管、社会管理、公共服务、生态环境保护职能的重要依据。

第二,国家级专项规划的功能定位。国家级专项规划,是指导特定领域发展、布局重大工程项目、合理配置公共资源、引导社会资本投向、制定相关政策的重要依据。国家级专项规划原则上限定于关系国民经济和社会发展全局且需要中央政府发挥作用的市场失灵领域。

第三,国家级区域规划和国家级空间规划的功能定位。国家级区域规划是指导特定区域发展和制定相关政策的重要依据。国家级空间规划以空间治理和空间结构优化为主要内容,是实施国土空间用途管制和生态保护修复的重要依据。国家级区域规划主要以国家发展规划确定的重点地区、跨行政区且经济社会活动联系紧密的连片区域以及承担重大战略任务的特定区域为对象,以贯彻实施重大区域战略、协调解决跨行政区重大问题为重点,突出区域特色,指导特定区域协调协同发展。

第四,地方规划,即省级规划和市县级规划,它依据国家发展规划制定,既要加强与国家级专项规划、区域规划、空间规划的衔接,形成全国"一盘棋",又要因地制宜,符合地方实际,突出地方特色。

二、计划法概述

(一) 计划法的概念和法律渊源

2021年公布的《"十四五"规划纲要》提出:"坚持依法制定规划、依法实施规划的原则,将党中央、国务院关于统一规划体系建设和国家发展规划的规定、要求和行之有效的经验做法以法律形式固定下来,加快出台发展规划法,强化规划编制实施的法治保障。"这是我国坚持全面依法治国,建设法治经济的必然要求。计划调控需要法律的规范、约束和保障。国家需要授予国家机关制订、执行规划或计划的权力,也需要法律对计划调控权加以约束或限制。2018年发布的《意见》强调要梳理现有与发展规划工作相关的法律法规、部门规章,针对发现的问题推动相关法律法规、部门规章的立、改、废、释工作,加快出台《发展规划法》,将行之有效的经验和做法以法律形式固定下来。因此,计划调控需要制定《发展规划法》,健全和完善计划调控法,使计划调控制度化、规范化、程序化,把计划调控纳入法治的轨道。所谓计划法,是调整国家制定和实施计划过程中发生的社会关系的法律规范总称。国家计划在其编制、审批、下达、执行、调整、检查和监督各个环节中,必然有国家机关、企事业单位等主体参加,各主体之间因计划行为而形成的社会关系,统称为计划关系。计划法,简而言之,就是调整计划调控关系的法律规范的总称。

计划法的法律渊源包含:(1)《宪法》中有关计划的规范,如《宪法》第62条、第67条、第89条、第99条等都是其法律渊源或表现形式;(2) 法律、行政法规、政府规章、地方性法规中也有较多的有关计划调控的法律规范,如《预算法》第6条、第32条等;(3) 我国先后出台的专门调整国家计划关系的法律规范性文件,如《关于改进计划体制工作的若干暂行规定》(1984年10月,现已失效)、《关于大型工业联营企业在国家计划中实行单列的暂行规定》(1987年3月,现已失效)、国务院《关于加强国民经济和社会发展规划编制工作的若干意见》(国发〔2005〕33号)、中共中央、国务院《关于统一规划体系更好发挥国家发展规划战略导向作用的意见》(中发〔2018〕44号)等法规和文件。

2014年中共中央《关于全面推进依法治国若干重大问题的决定》提出,要"制定和完善发展规划、投资管理"等方面的法律法规。2021年3月11日第十三届全国人民代表大会第四次会议通过的《"十四五"规划纲要》第六十五章中的第四节明确规定:"加快发展规划立法。……加快出台发展规划法"。这项规定将大大推动以我国《发展规划法》为核心的计划法的立法进程。

(二) 计划法的特征

作为宏观调控法的一个有机组成部分,计划法具有经济法尤其是宏观调控法的一般特征。但除此之外,计划法还具有以下特征:

1. 计划法兼具实体法和程序法的双重属性

从整体上看,计划法调控的目的就是保障计划的合理编制和有效实施,它对计划内容、形式和计划主体的规定在一定意义上都是为了达到这一目的,从计划编制、审批、下达,到计划执行、调整、修改以及监督和检查,一系列的计划行为是计划法调整的重心所在,所以计划法具有程序法的属性。但同时,计划法还包含着对计划主体的地位、权利义务以及法律责任的规定,其中对主体及其权利义务的界定是计划法运行的重要基础,而且计划法所规定或保障的,通过一定形式表现的计划内容依法具有一定的法律约束力。一般说来,计划的实体性内容具有动态开放性的特征,它虽然为一定时期的国民经济发展确定了目标,但仍然可能随着实际情况的变化需要对计划目标作调整修改甚至废除,由此可见,计划法又具有实体法的属性。

2. 计划法具有显著的政策性

相对于其他法律部门来说,政策性是经济法的一个重要特征,但计划法的政策性更为显著一些。政策性是市场经济条件下国家计划的一个突出特点,它表现为计划不是对经济、社会的各个领域以及各个事项作出详细规定并强制实施,而是通过对企业经济活动提供基本的指导方针,为市场机制正常发挥作用提供良好的外部政策环境,运用和组织协调各种经济政策和手段,对企业行为实行间接调节。可以说,国家计划就是以国家主要的经济政策作为重要内容的,国家的产业政策、投资政策、收入分配政策等都是国家计划的重要组成部分,而国家计划的实现,也主要是依靠运用财政政策、货币政策、价格政策等经济手段,国家计划的实施过程本身就是综合运用各种政策的过程。一定程度上可以说,国家计划就是经济政策的法律化、具体化和现实化。

(三) 计划法的理念和基本原则

习近平同志指出,"理念是行动的先导,一定的发展实践都是由一定的发展理念来引领的。"[①]计划法要贯彻以人民为中心的新发展理念,要把人民利益放在首位,让广大人民能分享到经济发展与进步带来的成果。计划编制的重点要放在重视人的发展上,即从过去单纯地追求 GDP 的增长,转变为以实现人的全面发展为核心,重点开发人力资源、强化扩大就业、加强义务教育、公共卫生和公共安全,健全社会保障,关注欠发达地区和困难群体,增加人文指标。

计划法的基本原则,是计划法的理念的具体化,贯穿于计划法从制定到实施的全过程,是制定、解释和适用计划法的指导思想和根本准则。计划法作为宏观调控法的重要组成部分,当然要遵循整个经济法的基本原则。经济法的基本原则在计划法上有更为具体的体现,从而形成了计划法上相对具体的基本原则。这些基本原则中,除了计划法定原则外,以下几个原则尤其值得注意:

(1) 遵循市场经济客观规律原则。该原则强调,在社会主义市场经济体制下,要以市场为配置资源的决定性方式,注重自觉利用价值规律,充分发挥市场调节的作用。在市场调节失灵时,计划法应当保证计划调控对市场调节失灵的补救或补位作用。

(2) 综合、平衡和协调原则。该原则是指,计划法要从整个国民经济的协调发展和社会经济总体效益出发,调整国民经济结构和经济政策,以促进经济和社会的协调、稳定和发展,确保计划这种综合平衡和协调作用在国家整个宏观调控体系中的主导地位和决定作用,使其他各种宏观调控手段及其法律服从于计划和计划法的统一安排,从而共同发挥作用。

(3) 兼顾国家、集体和个人三者利益原则。国家计划的制定和实施必须考虑国家、集体和个人三方面的利益,不能借口保护国家利益而忽视或侵害集体和个人利益。在计划法中,要适当界定地方的计划权限,注重由于地区差异而赋予计划以一定的灵活性。

---

① 习近平:《以新的发展理念引领发展》,载《习近平谈治国理政(第二卷)》,外文出版社 2017 年版,第 197 页。

(4) 坚持计划先导原则。计划先导就是要强化国家计划的科学性和前瞻性。编制国家计划,必须坚持计划先导原则。在完善国家总体规划的基础上,完成区域规划和专业规划,提高控制性和法定性指标的覆盖面。坚持计划先导原则,是改进计划管理,维护计划的权威性、严肃性和法定性,提高计划管理水平的必然要求。

(四) 计划法的地位和作用

在中国市场经济条件下,计划和计划法的内容、范围乃至作用和地位同从前实行计划经济体制时期比较,已明显不同。计划作为一种国家宏观调控手段,与市场的基础调节协调配合发挥作用。计划具有弥补市场缺陷,防止"市场失灵"的作用。既然计划是国家对市场经济进行事前调节和宏观调控的重要手段,并且计划体现着对各种经济政策和经济手段的协调,体现着市场经济运行的方向和目标,因此,国家必然要把计划加以法律化,并以此作为国家进行宏观调控和引导市场运作的法律基础。2008年《中国的法治建设》白皮书指出,建设宏观调控法律制度,能够有效地发挥国家发展规划和产业政策在宏观调控中的导向作用,提高宏观调控水平。计划法的重要的功能与作用主要体现在以下几个方面:

首先,计划法规范政府的计划行为,防止和克服计划过程中的政府失灵现象。计划过程中的政府失灵可能源自:(1) 政府(计划制订者或决策者);(2) 市场主体(计划的执行主体);(3) 市场本身发育的不健全或信息不畅;(4) 不可抗力,如战争、自然灾害等。其中,政府作为计划的主要制订者或决策者(有时亦是计划的执行者)起着关键性作用。政府自身的缺陷是计划过程中政府失灵的最主要原因。

其次,通过对计划主体权限的设定,限制政府在计划过程中的成本扩张倾向。只有由法律设定政府机关计划之权限,才能实现对计划过程中政府成本扩张倾向的制约,避免计划执行低效率。

最后,通过计划程序的法定化,制约政府内的腐败行为。现代经济中的政府干预,由于某种意义上抑制了竞争,扩大了供求差额,易形成超额收入。在政府计划过程中某些特殊行业或部门因受政府计划保护,其收入超出正常的市场竞争条件下应得之份额,例如,当贷款利率低于通货膨胀率时,由政府计划提供的贷款就几乎等于"分配"资金。在这种情况下,如果计划的程序得不到法定化,缺乏透明度,则易使得那些有可能获得计划之利益的市场主体从事"寻租"行为。

计划法调整的计划关系是一种国民经济和社会发展计划关系,具有经济性、社会性、宏观调控性等特征,尤其是计划法所确定的指导性规划,主要采取经济手段加以实现。因此,计划法在性质上属于经济法体系中的宏观调控法的组成部分,是一个相对独立的部门法。由于计划法对国家宏观经济关系的综合调整,能够促进国民经济持续快速健康发展,促进各项社会事业的全面平衡发展,因此,它在整个社会主义市场经济法体系中的地位也是相当重要的。任何将计划管理、计划法与传统计划经济相等同,并否定其积极作用的观点都是不可取的。

第二节 外国的计划法律制度

第二次世界大战以后,世界上许多国家都开始强调国家对经济生活的干预,计划的推行就是其中的一个重要表现。法国、德国和日本等发达国家都建立了较为健全的计划法律制度。下面就以这三个国家为例,简要介绍一下外国的计划法律制度。

一、法国的计划法律制度

(一) 法国计划制度的发展历程

法国是第二次世界大战后,在西方国家中计划立法时间最早、历时最长、最具特色而且经济计划理论也最为完备的发达国家。在西欧主要资本主义国家中,法国是唯一实行计划体制的市场经济国家,其经济表现出以市场为基础,以私人经济为核心,自由竞争与国家计划相结合,私人经济与国有经济并存的特点,这种以资本主义私有制为基础的市场调节和国家调节相结合的市场经济双重调节体制,被西方经济学者称为"现代混合经济体制"。

法国自1947年开始制订实施了一系列中长期计划。1957年之前的计划将重心放在重建经济,并以此为基础全面均衡发展经济,提高产品质量和劳动生产率,重视国民经济部门的结构和变革,这一时期各项计划执行较好,达到了预期目标。1958年至1975年是法国计划发展的繁荣阶段,计划的指导性特征表现得最为突出。法国的计划理论在这一阶段逐步成熟,提出了计划和市场可以互补的观点,其中市场解决的是企业对未来的短期预测,而计划则解决的是国家对整个社会市场的中长期预测,二者分属不同层次,交替发挥各自作用。计划的名称也从"现代化与装备计划"改为"经济与社会发展计划",从而标志着计划从单纯追求经济增长转向促进经济和社会的协调、均衡发展。

从1976年开始,法国开始进入计划危机阶段,出现了"计划失灵"现象。从原因上看,当时"石油危机"引起的国际经济形势的巨大波动和国际信用关系的破坏,最终导致其国内经济发生"滞胀",引发就业危机和投资条件的恶化,是非常重要的原因。此外,其他原因还包括编制计划的信息不充分,不能兼顾全局;国家财政困难和国有企业实力下降,使计划机制的影响力变小;计划信息的传递系统没有随着产业结构的调整而调整,导致新兴产业的发展与计划目标的距离越来越远等。法国的计划危机,成为法国计划立法史上的一个转折点,标志着自由主义浪潮的抬头和计划影响力的削弱,从此法国的计划立法便从指导性立法进入战略性立法阶段,计划的协商性、指导性和预测性特征日益突出。其1982年颁布的《计划化改革法》提出了计划立法的改革方案,旨在使计划立法工作民主化、合同化和分权化。

(二) 法国的计划体制及其改革

法国的宏观经济计划包括国家计划和地区计划。以国家计划为例,法国的国家计划由政府领导下的专门计划机构制订,按照职能不同可以将这些机构分为以下五种:

(1) 决策机构。其中,最重要的决策者是政府和总理,具体起决策作用的机构是1953年5月成立的部际经济与社会计划委员会和1974年成立的中央计划化委员会。前者负责协调各部的行动,指导和监督计划的制订;后者则负责规定计划工作的方向,确定中期发展的重大方针,研究制订计划方案的进程。

(2) 规划机构。制订计划的技术和规划机构主要是计划总署、国家统计与经济研究所、预测局、长期研究小组以及其他研究室或研究中心。

(3) 协调机构。主要包括现代化委员会和经济与社会发展计划高级委员会,其中前者随着工作范围的扩大逐步形成了四种类型,即垂直委员会、横向委员会、集体事务委员会和地区发展委员会;而后者因许多代表同时也是经济和社会委员会的成员,因此已变得有名无实和无足轻重了。

(4) 咨询机构,包括经济和社会委员会以及国家计划化委员会。

(5) 审议机构,即议会,国民议会和参议院从计划制订的最初阶段到最后阶段都要进行审议干预,计划的初步方针报告和计划草案都必须提交议会审议批准。

为了更好地发挥计划的作用,法国进行了计划体制的改革,其主要内容包括:(1) 改变计划的编制方法,广泛吸收社会各界代表参加计划的编制工作,完善直接对话制度和民主协商制度,增强计划的民主基础,从而保证计划所需信息的充分性。(2) 改变计划的形式和内容,着重战略性描述,不再规定宏观经济的总量指标,只有前景预测和战略目标,仅选择少数具有战略意义的领域作为优先行动项目,进一步增强计划的灵活性和可操作性。(3) 加强计划的民主监督,防止计划实施过程中的"寻租"行为。(4) 推行计划合同制度,一方面保障微观经济的积极性和自由度,另一方面确保宏观经济目标的实现,保证中央计划的落实,从而使间接调控的色彩更加明显。

(三) 法国的计划程序制度

在法国,制订国家计划的大致程序如下:在决策机构的领导下,由规划机构特别是计划总署组织和推动,协调机构草拟计划方针和草案,征求咨询机构意见后,再由审议机构审议批准而成为国家正式计划,予以公布实施。

在法国,参与计划实施的机构可以分为两类:其一是干预机构,主要从行政上负责实施计划的组织、协调和监督工作,政府总理以及政府各部处于实施计划的最高层,起领导和组织作用;其二是实施机构,主要侧重于提供各种资金支持,从财政上保证计划的实施和目标的实现,这类机构中最重要的是国家预算机关与经济和社会发展基金等。

法国国家计划的实施方式主要有以下四种:(1) 通过公共开支实现对公共行政机构的消费和投资的直接影响;(2) 通过向企业提供财政鼓励和向直接参与国家计划制订的企业提供信息,实现对企业的生产和投资有选择的间接影响;(3) 通过各种迂回方法如税收、价格等实现对所有企业的生产和投资普遍的间接影响;(4) 通过收入政策、社会征收和社会转移支付方法、储蓄政策以及住房政策等实现对家庭收入、投资和储蓄的普遍的间接影响。

二、德国的计划法律制度

(一) 德国计划制度的发展历程

第二次世界大战后德国实行的是所谓"社会市场经济体制",即市场以私人企业制度和垄断资本主义的自由竞争为基础,国家对经济采取适当的干预、调节和控制。这也就意味着,市场机制的作用构成社会市场经济的基础,但是市场机制绝不是以自由放任为原则发生作用的,而是与必要的国家调控结合在一起发生作用的。政府在社会市场经济中的责任就是制定和执行经济政策,为市场主体、市场机制的正常运行以及为市场经济运作的有序性而创造必要的条件、相应的规则和适宜的环境。

20世纪50年代至60年代中期,德国经济发展顺利,政府没有感到制订国家经济计划的必要,因此,1966—1967年的经济危机发生之前,德国对经济实行宏观调控和干预的各种形式中唯独没有的就是国家经济计划。从1967年开始,国家经济计划的作用开始受到重视,为此德国制定了《经济稳定与增长促进法》,在该法的第1条即明确规定:"联邦和各州应该通过各种经济的和财政的措施以达到总体经济的平衡。这些措施的目的在于:在市场经济的体制下促使经济持续地适当地增长,同时保持物价稳定、高度就业和外资平衡。"显然,该条规定明确了德国社会经济宏观调控的具体目标。德国的《经济稳定与增长促进法》共计32条,内容包括经济政策的总方针,年度经济报告,一致行动的指导方针,对外经济方面的干预,联邦财政、经济协调储备金,超计划支出的批准程序,经济衰退时的补助性支出,经济协调储备金由德意志联邦银行储存,联邦财政计划中的备用项目,财政五年计划,投资规划,投资的提前,关于财政补助的说明,欧洲复兴计划的特别财产,各州的财政,经济协调储备金的筹集,乡镇财政,联邦与各州间提供情报的义务,经济平衡发展委员会,对贷款的限制,贷款的最高数额,最高额的转让,接受贷款的时间计划,各州为保证各项限制的措施,责任平等原则,通报信贷需求的情况等。

（二）德国计划的内容与形式

德国的经济计划是在社会市场经济的原则范围内对国民经济进行的一种总量调节,其计划的内容只限于为宏观经济发展提出为数不多的几项综合性指标,如国民生产总值、就业、物价等,对微观经济单位没有约束力,只具有指明方向、提供参考、作为建议的纲领性质。为了把经济最大限度地引导到或接近于国家经济计划的目标,德国政府先后成立若干个经济计划的执行机构,如经济内阁、财政计划委员会、行情委员会以及协调行动会议等,而且还充分运用货币和财政政策工具,对国民经济实行宏观调节,在市场自行调节的基础上,适当改变经济过热或过冷的现象,最终使整个社会经济达到既定目标。因此,德国的计划制度表现出以下特点:(1)计划仅是国家进行宏观调控的辅助手段,不利于竞争和提高经济效率的计划便会遭到抛弃;(2)计划仅具有参考性和预测性,因而国家一般不设完备的计划机构,所制订的中期计划也主要是综合性指标,而不是部门具体指标。

从计划的形式看,德国的国家经济计划按时间分为中期计划和短期计划两种;按内容范围则分为财政五年计划、总体经济规划、各项政策的循环式总体计划以及一次性经济计划四种。以短期计划为例,德国计划的编制大体分为以下阶段:(1)广泛收集信息,听取专家意见。计划的有效性在一定程度上取决于编制计划时所依据的各种信息和数据的准确性和可靠性,因此联邦德国的统计机构十分重视收集各类信息,作为编制计划的参考。(2)编制并修改经济计划。在这一阶段,联邦统计局和联邦银行的代表组成工作小组,编制和修改短期经济计划。(3)提交有关经济计划的报告。由联邦经济部部长于每年年初向联邦议院提出经济报告,报告包括对专家委员会提出的最近年度的经济鉴定报告阐明政府的观点,并在此基础上对国内经济状况作出估计;提出当年经济和财政政策的目标,并列举出为实现这些目标的措施。

三、日本的计划法律制度

（一）日本计划制度的发展历程

早在第二次世界大战前和第二次世界大战期间,日本就曾制定过《扩充生产力计划》和《物资动员计划》。战后,日本实行"政府主导型市场经济体制",即以市场机制作用和自由企业制度为基础,以政府对宏观经济调节和产业政策诱导为显著特征的一种现代市场经济体制。在资本主义国家中,日本经济同样具有较强的计划性。

日本从1956年开始正式实行"经济自主五年计划",包括全国综合性国土开发计划、国民经济发展计划和公共事业计划。其中,全国综合性国土开发计划是有关经济基础结构建设的方向、重点、布局和规模的综合性计划;公共事业计划是国土综合开发计划和国民经济发展计划的保证和具体化。日本战后的经济计划以1955年为界可以划分为两个时期。前一时期是经济稳定化时期，其经济计划带有浓厚的指令性色彩，政府对经济活动和价格实行直接控制，这主要是因为，在经济重建期不存在以自由市场经济制度为前提重建经济的基础，在战时被抑制的需求和有限的供给能力之间存在着相当大的缺口，因而对资源和价格的控制成为当时唯一的对策。后一时期经济计划开始向指导性计划转变，政府对经济的调控被限定在一定的范围之内，政府的计划只是表明经济的发展方向和政策的基本方向。因此，日本的经济计划也被称为指导性计划，是对市场经济的一种补充。

以1960年的贸易自由化计划大纲为例，该计划的目的是培育企业独立发展的能力，让企业投入国内市场的竞争环境中，并有计划地把企业推向国际市场。自由化政策的实施，促进了民营企业投资的增长，促进了资本的集中和企业兼并，形成了一大批大型和特大型企业和银行。1976年日本政府发表了《产业结构长期设想》，强调有计划地降低重化工业的增长速度，有步骤地引导一些产业部门向知识密集型产业转移。1980年和1986年日本政府又分别发表了《80年代通商产业政策设想》和《面向21世纪产业社会长期设想》，明确以微电子工业等尖端技术产业作为实现日本经济"第二次高速增长"的主导产业。1990年日本政府制定《公共投资十年计划》，从更广泛的范围内，策划了市场经济发展的前景和主要方向，特别规定了公共投资的规模、主要措施以及实施计划，明确要求投资规模和资金要面向21世纪，要提高国民生活质量，促进多极分散和国土的有效利用，巩固社会经济的长期稳定发展。

（二）日本计划的内容与形式

从长期的政策目标看，日本战后的经济计划分为五个方面：一是以经济自立为目标的经济计划，如1949—1953年的经济复兴计划等；二是以高速增长为目标的经济计划，如新长期经济计划和国民收入倍增计划等；三是以解决和调节经济发展与社会问题为目标的经济计划，如经济社会发展计划和经济社会基本计划等；四是以经济稳定为目标的经济计划，如20世纪70年代后半期经济计划和新经济社会七年计划；五是以同时实现纠正对外不平衡和国民生活实质提高为目标的经济计划，如经营运营五年计划和生活大国五年计划等。

日本制订宏观经济计划，从内阁总理大臣向经济审议会提出咨询开始。经济审议会以经济企划厅的计划编制工作为基础，经过临时组织的各专门委员会、分科会以及经济审议会本身的调查、讨论和审议，然后向内阁总理大臣提出计划方案，经内阁会议讨论决定后，便成为正式的计划。其中，经济企划厅和经济审议会是最主要的计划编制机构。经济企划厅不仅负责经济计划的具体编制工作，而且在实施与计划有关的政策方案方面，还具有综合调整的机能；经济审议会是企划厅的附属机构，负责计划的调查和评议工作。

日本的经济计划模式在发达国家中是最成功的，其每个国民经济发展计划的主要控制目标基本都实现或超额实现了。其成功的经验主要有以下四个方面：(1)计划编制方法的科学化。日本编制指导性经济计划时所采取的开放式和广泛协商一致的方法，是其历次经济计划在市场经济条件下得以有效运作和取得成功的重要前提和基础。(2)计划控制目标的合理化。日本历次指导性经济计划的宏观调控目标，一般都是抓住经济增长、充分就业、稳定物价等当时经济社会发展中的主要矛盾，提出较为切实、具体与合理化的目标，使其在市场经济运行中发挥了积极、有效的诱导和间接调节作用。(3)经济计划机构的精干化。战后日本经济计划机构的改革、升华与高素质化，是其历次指导性经济计划取得成功的关键。特别是现代计划官员队伍和经济计划智力机构的形成与完善，有力地保证了经济计划的有效编制和实施。(4) 经济计划的实施和国土开发计划的同步化。日本国土综合开发计划与指导性经济计划配套同步实施,强有力地促进和保证了历次经济计划某些重要控制目标的实现,收到了事半功倍的经济社会效果,这是日本经济计划取得成功的重要条件与物质手段。

第三节　我国计划法的基本制度

一、计划法的体系

计划法的体系是由计划法的各类法律规范所组成的内外协调、和谐统一的有机整体。计划法体系并不等于计划体系,计划体系属于计划法规定和调整的范围,因此不能将二者混同。

计划法有其自身的制度体系,这与计划法的调整对象本身密切联系在一起。如前所述,计划法兼具实体法和程序法的双重属性,作为集实体法律规范和程序法律规范于一身的计划法,它在体系结构上首先由计划实体法律制度和计划程序法律制度所构成;同时,无论是计划实体制度还是计划程序制度,作为一种法律机制,都要包括相应的计划法律责任制度。由于计划责任制度相对较为重要,因此,在介绍一般的计划实体法律制度、计划程序法律制度的基本内容的基础上,再介绍两类制度中所包含的计划法律责任制度。

二、计划实体法律制度

计划实体法律制度是由计划实体法律规范所组成,它包括确认政府计划机关法律地位的组织法或称体制法、国民经济和社会发展计划法、产业政策法、经济稳定与增长促进法等。

(一) 确认政府计划机关法律地位的组织法

政府计划机关,是指在计划的制订、实施过程中,依据计划法享有计划职权,履行计划职责的国家机关。计划机关是特定的计划法主体。计划机关包括各级政府的行政决策机关和计划职能机关。国家行政机关中的计划职能机关是计划专门机关,在整个计划调控运作中具有举足轻重的地位,它是计划法律关系中最基本、最重要的主体。

政府计划机关的法律地位是由其法定职权体现出来的。而计划机关的职权又取决于国家经济体制的模式和计划的根本任务。在高度集中的计划经济体制下,国家行政机关都在一定程度上执行着计划职能。随着社会主义市场经济体制的建立,计划机关的职能应由行政性转为法定性,并超脱于其他政府机关对经济管理的职能,以体现计划工作的宏观性、战略性和政策性,同时,还要保持国家计划对政府有关问题决策的影响,以保证计划调控的有效实现。

在计划体制方面,我国的全国人民代表大会审查批准国民经济和社会发展计划,并检查、监督这一计划的实施。国务院主持国民经济和社会发展计划的编制和实施;审批中央专项规划、行业规划;领导、监督计划职能机关。政府计划职能机关作为专门计划机关,其职权的规范和实现是国家计划任务实现的关键。为适应社会主义市场经济的需要,计划法可以规定其以下几方面的职权:(1)负责国民经济的统规工作;(2)编制国民经济和社会发展计划草案;(3)负责国家计划的实施,提出计划实施方案,国家产业政策方案,参与有关国家职能机构对国民经济宏观调控方案的制订;(4)依照有关规定实施国家重要规划项目;(5)依法享有的其他职权。此外,国家地方计划机关按照计划法的原则规定和地方法规享有规划职权。

(二)国民经济和社会发展计划法

国民经济和社会发展计划法,是计划实体法律制度的基础和核心。它主要规定国家在经济和社会发展方面的计划目标及其实现途径。具体说来,主要包括以下三方面的内容:

1. 国家计划调控目标制度

从根本上说,规定国家计划的目标的主要意义在于,尊重和适应经济和社会发展客观规律,通过"国家之手"对经济和社会发展进行积极而有效的干预,实现人与自然的和谐发展以及经济与社会的可持续发展。国家计划调控目标制度在国民经济和社会发展计划法中处于基础性地位,它不但涉及如何合理确定国民经济和社会发展的战略任务、宏观调控的目标以及产业政策,而且涉及如何搞好经济预测工作与合理规划基本经济结构、生产力布局、国土整治和重点项目建设等重大问题。对国家计划目标和任务作出法律规定,是实现计划功能的必然要求,对其他各项具体计划内容的制定和实施具有重要的指导意义。

2. 国家计划体系制度

国家计划体系是指从不同角度表述国家计划内容所组成的相互衔接、相互补充的有关国家计划的有机结合体。该制度的内容和前述国家计划的不同分类方法紧密联系在一起,如从国家规划的经济、社会内容角度看,则国家计划体系内容包括了社会总产品计划、国民收入计划、工业生产计划、农业生产计划、第三产业计划、固定资产投资计划、科学技术发展计划、综合财政计划、环境保护计划、城乡居民收入和消费水平计划以及人口计划等;而从国家计划的期限角度看,则国家计划体系又由长期计划、中期计划和短期计划所组成。事实上,每个类型的国家计划体系均从不同的侧面,按照不同的标准反映了国民经济和社会发展的计划目标以及实现条件等。

3. 国家计划指标体系制度

国家计划指标是国家计划的内容、目标和任务的量化结果,是对国家未来经济和社会发展的方向、目标、规模、速度、结构、比例、效益以及效率等总体性活动的特征和状况的数量界定。计划的各项指标之间相互联系、相互依存、相互作用,从而构成了一个完整的国家计划指标体系。建立科学的国家计划指标体系,对有效地定量组织和管理国民经济和社会发展具有重要意义。

国家计划指标体系可以按照不同的标准进行分类,如按反映内容分为数量指标和质量指标;按表现形式分为实物指标和价值指标;按反映问题的繁简程度分为综合指标和单项指标;按所起作用分为考核指标和核算指标,以及按管理性质分为指令性计划指标和指导性计划指标等。在新的经济体制之下,国家计划指标中的宏观调控指标并不分解下达,但由于要经全国人民代表大会审议通过,因此具有法律效力,各级政府部门应努力保证实现。当然,从过去的经验教训看,通过计划指标管理国家计划的实施是必要的,但需要强调的是,具有政策性特点的国家计划不能过分依赖计划指标,过多、过繁的计划指标容易导致国家计划制定和执行中出现僵化,结果不利于国家宏观调控目标的实现。

(三) 产业政策法

产业政策法,是国家产业政策的法律化,其目的在于通过各种经济手段的综合运用,推进国家产业结构的调整,实现产业结构的优化,进而从供给角度促进国民经济总量的平衡。产业政策法是中央和地方各级政府贯彻国家产业政策的具体依据,它以国民经济和社会发展计划为基础,是就一定时期内国家总的优化产业结构的政策所进行的专门立法,包括综合立法和单项立法两个方面。

从内容上看,产业政策法不但规定国家产业结构发展的长期政策,对战略产业保护和扶持的措施,对衰退产业的调整和援助等,而且规定那些需要重点扶持或重点限制的产业的具体政策,不同产业的管理方针和政策等。由于各国的产业政策,尤其是产业结构政策主要体现在计划法当中,所以把产业政策法归属于计划法体系是合理的。产业政策法包括产业结构政策法、产业技术政策法、产业布局政策法等。

(四) 经济稳定与增长促进法

经济稳定与增长促进法,以反经济周期、保障宏观经济稳定健康发展为宗旨,通过各种法律化的经济政策的综合调控,实现总体经济的平衡,以求在市场经济体制下促进经济持续稳定地增长,实现宏观经济发展的四大目标,即稳定物价、充分就业、经济增长和国际收支平衡。

经济稳定与增长法的基本功能,是通过法律化的经济手段促进经济平衡,熨平经济周期,防止或缓解经济波动。我国的《经济稳定与增长法》(或称《国民经济稳定发展法》)尚未出台。以联邦德国1967年的《经济稳定与增长促进法》为例,它所涉及的范围涵盖了宏观经济调控的各个领域和各种手段,包括宏观经济政策的目的、计划和年度经济报告、财政与金融、投资、外贸等基本制度以及联邦和各州之间的经济关系与宏观调控综合协调制度等,尤其是关于财政方面的制度极为精细。经济稳定与增长促进法的调整方法是各类法律化的经济政策综合、协调调整方法的统一,主要体现为法律化的财税政策、货币政策、投资政策、外贸政策等各类政策之间的协调配合,借以形成实现国家计划的合力。在具体内容上,为了反周期,该法不仅要规定专门的执法机关及其权限,而且要规定一系列的具体制度,如经济预测、监测和预警制度,经济信息发布制度,重要商品的国家订货、储备制度,最高限价制度以及紧急状态的产业保护制度等。

三、计划程序法律制度

(一) 计划的编制与审批

计划的制订是国家计划机关按照计划法的规定确定国民经济和社会发展计划的目标和实施方案。国家计划在国民经济宏观调控中的重要地位,要求国家计划机关必须依照法定程序和规范加以制定。依据我国有关规定,计划的制订分为编制和审批两个基本阶段。

1. 计划的编制

国民经济和社会发展计划由国务院主持编制。计划编制的具体工作由国家计划职能机关负责。在计划的编制过程中应注意:第一,掌握信息,分析预测。计划职能机关应当认真研究总结上一期计划的实施情况,准确掌握有关信息,全面分析各种信息所反映的政治、经济、科技和社会各方面的情况,在此基础上作出国民经济和社会发展趋势的预测,为计划的编制做好基础性工作。第二,草拟计划目标和相应的实施方案。这一阶段是计划编制极为关键的一环,也是计划编制的实质性工作阶段。计划职能机关不仅应充分运用第一阶段提供的各种资料、数据和其他各种科学方法,搞好综合平衡,也要制订各种方案进行筛选。这一阶段的基本要求是加强协调管理,遵循客观规律和科学原理,提高计划的科学性。第三,确定计划方案。国民经济和社会发展计划的编制方案,由国务院审查决定。这一步骤的基本要求是征求专家意见,全面分析,综合评价,慎重确定。

2. 计划的审批

计划审批机关是国家权力机关。中央计划由全国人民代表大会及其常务委员会审批,地方计划由地方人民代表大会及其常务委员会审批。对计划审批权限的法律规定,是确保计划严肃性、规范性,并具有法律效力的重要措施。国家权力机关作为计划的审批机关,其理由主要是:第一,国家计划直接影响到其实施所涉及的区域内公民的利益,因此计划的内容应当反映该区域内公民的意志,尊重公民依法享有的权利。由该区域内最高权力机关审批是依据宪法规定的保障公民基本权利来制订国家计划的唯一合法途径。第二,国家制订实施计划,是国家对国民经济管理的方式。基于计划的这一性质及其在国家对国民经济和社会事务管理体制中的地位和功能,计划须经权力机构的审批才为有效,才能提高计划法律效力层次,对计划执行机关具有约束力,以保证计划的有效实施。

(二) 计划的实施

计划的实施,是计划制订的实际意义所在,是整个计划法律程序中最重要的一环。国家计划调控体制改革的重要表现之一就是计划实施方式的变化。在计划经济体制下,国家主要通过指令性计划的强制约束以及对企业和有关单位的行政管理手段实施计划。在经济体制改革过程中,计划体制发生了重大变化。按现行有关法规规定,除国务院和省级政府计划部门直接下达的,或者授权有关部门下达的指令性计划以外,企业有权不执行任何部门下达的指令性计划。企业对缺乏应当由国家计划保证的能源、主要物资供应和运输条件的指令性计划,可以要求调整,计划下达部门不予调整的,企业可以不执行。计划的实施逐步由行政手段转为经济和法律手段为主的方式。

(三) 计划的监督检查

计划的监督检查是在国民经济和社会发展计划的执行过程中,对执行单位完成计划的情况进行查看和督促,并指明存在的问题。计划的监督检查是职能部门和被检查单位对国家应尽的法定义务,是计划程序的重要组成部分。据我国现行法的有关规定,计划监督检查机关主要是各级权力机关、各级行政管理机关、职能部门等。

计划的监督和检查因监督检查者的不同而分为如下几种类型:(1) 权力机关的监督和检查,即各级人民代表大会及其常委会对同级计划的执行情况进行监督和检查。(2) 行政管理机关的监督和检查,即各级人民政府及主管部门,对所属单位计划实施情况进行经常性监督和检查。(3) 职能部门的监督和检查,如财政、金融、税收等职能部门,在各自职能范围内对计划执行情况进行监督和检查。(4) 社会监督和检查,即人民群众的监督和检查。这是最经常、最直接、也最具广泛性的监督和检查。

计划监督检查的主要内容是:计划的制订和实施是否符合法定程序;计划的内容是否切合实际;保证计划执行的政策和措施是否落实及落实的情况;计划执行过程中是否有违法行为等。对指令性计划的执行情况,要严格检查,认真分析,及时发现问题,并向有关部门反映。

四、计划法律责任制度

(一)关于制订计划的责任

中央的和地方的计划机关,应当按照法定的权限和程序,及时制订出科学的计划。政府或政府主管部门依照国务院规定统一对企业下达指令性计划,并要保证企业完成指令性计划所需的计划供应物资。企业所在地的县级以上地方政府应当提供企业所需的由地方计划管理的物资。对于因玩忽职守、弄虚作假、搞瞎指挥、违反法定权限和程序等主观原因导致计划严重失误的,应依法追究责任。

(二)关于执行计划的责任

作为计划的直接执行者的基层企业,必须把完成国家指令性计划放在工作的首位,同时也要努力执行国家指导性计划。企业由于自身的原因长期完不成国家计划任务、造成亏损的,要限期整顿,或者实行关、停、并、转;无法挽救的可依法宣告破产,同时对企业主要领导人和有关责任人员给予必要的处分。作为计划的组织执行者的各级人民政府,必须认真落实国家计划。对于严重失职以致未能完成国家计划,或者给国家和人民造成重大经济损失的,必须依法追究其责任。

本 章 小 结

计划通常是指人们在行动以前预先进行的设计、规划或筹划,包括未来行动的具体内容和实施步骤等,简单地说,计划就是未来行动的方案。社会主义市场经济是国家宏观调控下的市场经济,因此必须改变过去"计划一统天下"的观念,充分认识市场在资源配置上的决定性作用和在微观经济生活中的主导性作用。但与此同时,也要防止和克服那种完全否认政府计划调节作用的错误认识。

国家计划是指由国家制定并负责实施的,有关国民经济和社会发展项目的未来的综合的行动部署方案。在我国,国家计划的全称是"国民经济和社会发展计划",其内容包括经济和社会发展两个方面。国家计划具有以下特征:(1)针对性;(2)事前性;(3)综合性;(4)法定性;(5)组织性。

国家计划根据不同的标准可以分为不同的种类。如根据计划的期限可将国家计划分为长期计划、中期计划和短期计划。按国家发展规划功能定位分类,可划分为国家发展规划(即国民经济和社会发展五年规划)、国家级专项规划、国家级区域规划、国家级空间规划和地方规划(即省级规划和市县级规划)。

国家规划的功能主要有以下三个:(1)预测引导功能,即国家计划不但预测了未来的发展方向,而且引导市场主体遵从并行动;(2)协调功能,即在实现国家宏观调控目标的过程中,计划调控可以协调财政、税收和金融等各种手段,以实现国家宏观调控目标;(3)宏观调控功能,即通过国家发展战略和计划的预测、引导和利益协调功能,实现对国民经济和社会发展的主要方面的宏观调控。

计划法是调整计划关系的法律规范的总称。计划关系是计划法的调整对象。计划法兼具实体法和程序法的双重属性,并具有显著的政策性。计划法在性质上属于经济法体系中的宏观调控法的组成部分。

计划法的基本原则贯穿于计划法从制定到实施的全过程,是制定、解释和适用计划法的指导思想和根本准则。计划法的基本原则主要有四个:(1)遵循市场经济客观规律原则;(2)综合、平衡和协调原则;(3)兼顾国家、集体和个人三者利益原则;(4)坚持计划先导原则。

在中国市场经济条件下,计划作为一种国家宏观调控手段,具有十分重要的作用:(1)计划法规范政府的计划行为,防止和克服计划过程中的政府失灵现象。(2)通过对计划主体权限的设定,限制政府在计划过程中的成本扩张倾向。(3)通过计划程序的法定化,制约政府内的腐败行为。

计划法律体系包括计划实体法律制度和计划程序法律制度。计划实体法律制度是由计划实体法律规范所组成,它包括确认政府计划机关的法律地位的组织法、国民经济和社会发展计划法、产业政策法、经济稳定与增长促进法等。计划程序法律制度包括计划的编制审批法律制度、计划实施法律制度、计划监督检查法律制度。

法国、德国和日本等发达国家也都建立了计划法律制度:(1)法国是在西方国家中计划立法时间最早、历时最长、最具特色而且经济计划理论也最为完备的发达国家。(2)德国战后实行的是所谓"社会市场经济体制",但依然重视计划的作用。德国的《经济稳定与增长促进法》是计划法的重要法律制度。(3)日本第二次世界大战后实行"政府主导型市场经济体制",即以市场机制作用和自由企业制度为基础,以政府对宏观经济调节和产业政策诱导为显著特征的一种现代市场经济体制。

第三编 | 市场规制法

第十一章　市场规制法基本原理

第十二章　反垄断法律制度

第十三章　反不正当竞争法律制度

第十四章　消费者权益保护法律制度

第十五章　特别市场规制法律制度

第十一章

市场规制法基本原理

市场规制法是经济法的重要组成部分,本书专设"市场规制法"一编阐述市场规制法的原理与制度。本章将着重阐述市场规制法的基本原理,包括市场规制法的经济学基础,市场规制法的产生和发展、概念、体系和地位、价值、宗旨和原则、主体、权义和责任等主要理论。因此,本章是市场规制法部分的"小总论",是经济法总论在市场规制法领域的具体化,是联结经济法总论和市场规制法制度的纽带。

第一节 市场规制法的经济学基础

一、市场、市场竞争和市场规制

市场、市场竞争和市场规制是经济学及其产业组织理论中的基本概念,也是经济法学及其市场规制法原理中的基本概念。了解这些基本概念,有助于理解市场规制法的原理和制度。

(一)市场

对于市场,在不同语境下可以有不同的理解:

(1)市场是交易场所,人们在这里从事商品和服务的交易。

(2)市场是一种交易机制,是由买者和卖者相互作用并共同决定商品和劳务的价格和交易数量的机制。① 在市场交易中,买方和卖方在确定了交易的标的后,最关心的是价格。价格引导着生产和交换,影响着买方和卖方的交易决策。

(3)市场是配置资源的一种方式或手段。相对于人类的需求而言,资源常常是稀缺的。在资源稀缺的情况下,市场主体在价格信号引导下通过商品和服务的交易追求利益的最大化。其结果是资源向着更富效率的主体、方式和区域流动。市场正是通过许许多多具有这样功能的交易成为配置资源的重要方式之一,被称为"无形的手"。

市场主体也正是在市场里通过各种交易展开市场竞争,追求利益的最大化。

(二)市场竞争

竞争,是自然、经济和社会中的普遍现象。几乎每一个初晓事理的人,都不乏对竞争的

---

① 〔美〕保罗·A.萨缪尔森、威廉·D.诺德豪斯:《经济学(第十七版)》,萧琛主译,中国邮电出版社2004年版,第21页。

感性认识。何谓竞争？"并逐曰竞,对辩曰争。"[①]"竞,逐也。"[②]

从一般语词上讲,竞争是追求相同或相近的主体互相争胜的现象。有相同或相近追求的主体之所以会互相争胜,是因为自然或社会所提供的资源不能完全满足这些追求相同或相近的主体的需求。

生物学意义上的竞争,正是在"资源不足以满足所有生物的需要时出现的"生物现象。[③]这一原理同样适用于对市场竞争、社会竞争的理解,只不过市场竞争和社会竞争更复杂、更含蓄。当市场不能为市场主体——经营者提供足够的资源时,追求相同或相近的市场主体之间就会出现竞争现象。由于资源稀缺,提供相同或相近的商品或服务的经营者之间,甚至在所有追求利润的经营者之间,都会形成直接或间接的竞争关系。这样,处于竞争关系的经营者之间,为了自身利益最大化而相互争胜的行为,都是市场竞争行为。

对于市场竞争,法学和法律界所给予的关注不亚于经济学界。几乎所有市场规制基本法律,或通过一般条款,或通过列举,或者通过这两种方式的结合,均给出了竞争的法律定义。比如,"竞争,是指两个以上事业者在通常的事业活动范围内,且无须对该事业活动的设施或者形态加以重要变更而实施或能够实施下列行为的状态……(1)向同一需要人提供相同或类似的商品或劳务的;(2)从同一供给人取得相同或类似的商品或劳务的。"[④]

综观经济学和法学视角的界定,可以认为:市场竞争,又称商业竞争或经济竞争,是指经济利益互相对立的市场主体之间,所有以获取交易机会为目的的经济行为。

(三) 市场规制

这样看来,市场竞争如同市场本身一样:只要有交易,就会有市场;只要有市场,就会有竞争。然而,几千年人类社会的历史,几百年市场经济的历史告诉我们,尽管市场竞争的存在如此普遍,它也是利弊互现的。

通过消费者的"货币选票",市场确认在市场竞争中的优胜者,并给予优胜者享有更多资源的机会,使优胜者得以利用其质量、技术、价格等方面效率更高的优势,发挥资源最大化的效益。其票选的方式突显公平,其优胜的结果又突显效率。这正是市场竞争普遍存在的内在合理性。

不过,我们也常常看到,市场竞争的优胜者在市场份额得到扩大、市场支配地位得到提高后,其中部分优胜者在与实力相差悬殊的交易相对方进行交易时,不再愿意受主体平等、意思自治等交易规则的制约,而是试图利用自身的经济优势左右交易的关键条件,强制交易相对方服从既定条件,以此获取远高于平均利润率的利润,挤压竞争对手的利润空间,不断提高自身的市场支配地位。我们还常常看到,虽然有一些经营者并不一定具备较高的市场支配地位,但它们通过共谋、协议或者其他协调一致的方式,或通过股份、业务和人事控制的办法,或干脆合并,直接或间接地提高它们对其他经营者的影响力和对消费者的控制力。其目的和结果都是获取远超过市场平均利润率的利润。我们更经常地看到,市场中防不胜防的商品伪劣、坑蒙拐骗、尔虞我诈,使消费者不放心消费甚至不敢消费,破坏了产供销经济

---

① 《庄子·齐物论》中"有竞有争"的郭象注。
② 《诗·商颂·长发》之郑玄笺。
③ 《简明不列颠百科全书(第1卷)》,中国大百科全书出版社1985年版,第445页。
④ 日本《关于禁止私人垄断及确保公正交易的法律》第2条。

链,既妨碍交易公平,又危害市场效率。

由此可见,市场和市场竞争同样是双刃剑:正当的竞争所带来的公平和效率,会促进经济发展、社会进步;过度的、不正当的竞争或限制竞争,会妨碍公平、危害效率,阻碍经济发展、社会进步。面对人类自身不当的市场竞争行为所带来的问题,高度组织化的人类社会既不应因噎废食地全面清除、禁止竞争,也不应放任过度竞争、不当竞争破坏市场、危害社会。为此,发挥国家和政府的功能,通过制定和实施规范市场主体市场竞争行为的法律规范,适度介入市场,对市场竞争扬长避短、兴利除弊,规制市场秩序,势在必行。正是上述原因的作用,产生了市场规制法。

二、市场规制的产业组织理论基础

(一) 产业组织理论的概述

市场规制法的制度及其原理的经济学基础,主要是产业组织理论。产业组织理论在有的国家和地区被称为"产业经济学",不过二者的对象和范围并不完全一致。

关于产业组织理论的研究范围和学科归属,有不同的主张。著名经济学家,美国的乔治·施蒂格勒(George J. Stigler)、施马伦西(Richard Shmalensee)、法国的梯若尔(J. Tirole)和美国的威廉姆森(Oliver E. Williamson)等在这些方面有不同的观点,有的认为产业组织理论是通过价格理论分析产业活动及其规律的,是微观经济学的一个分支,有的主张产业组织理论是一门研究市场及其效率评价的应用经济学,还有的主张产业组织理论是一门融经济学、组织学和法学为一体的交叉应用经济学。尽管他们在产业组织理论的归属和主题上存在一定的歧见,但其观点中的共性也是显而易见的。

综合不同的观点,可以认为,产业组织理论是一门以微观经济学和交易费用理论为基础、以市场经济体系中特定组织结构下的市场结构、市场行为、市场绩效为考察重点,以为政府规制提供政策建议为主要目标的一门交叉性应用经济学科。[①] 因此,学习和研究市场规制法的原理和制度,应当了解产业组织理论。

产业组织理论,总体上经历了萌芽时期(以马歇尔的完全竞争理论为代表)、产生时期(以哈佛学派为代表)、发展时期(以芝加哥学派为代表)。产业组织理论在当代的最新发展则被称为新产业组织理论(以奥地利学派为代表)。各个时期有代表性的理论观点的区别,主要体现在研究方法和研究视角上,它们共同构成了当今产业组织理论的体系。其中,市场结构、市场行为和市场绩效的理论是其基本框架,微观经济学原理、交易费用理论和博弈论等行为科学是理论基础或研究方法。下面着重从市场结构、市场行为和市场绩效等方面作简要介绍。

(二) 市场结构

传统产业组织理论认为,市场结构是分析、判断经营者的市场行为的基础。在分析相关市场之前,首先得界定市场的边界——相关市场。相关市场,是指与要分析市场地位的经营者有竞争关系的产品和服务的市场范围,包括产品种类和地域上的相关市场(有关内容详见本书第十二章第二节)。

影响相关市场的市场结构的因素,主要有:(1) 市场的集中度。主要通过测算行业中在

[①] 详见牛晓帆:《产业组织理论及相关问题研究》,中国经济出版社2004年版,第5—6页。

位经营者的数目与规模,包括其销售额、资本量、就业量、附加值及产量等。(2)进入相关市场的障碍。导致进入相关市场障碍的原因,虽然可能由多种因素引起,但通过分析还是可以测算在位经营者的市场地位。(3)产品的差异性。相关市场和市场结构都是以具有竞争关系的同质的或可替代的产品为划分依据的,因此,产品差异性越显著,生产者在市场中的地位越高。这样,根据上述三个方面测算出的数值,可以判断该市场结构的基本形态。

市场结构的基本形态可以分为完全竞争、垄断竞争、寡头垄断和垄断四种。完全竞争的市场是一种理想的市场结构。在完全竞争(perfect competition)的市场结构中,同质的商品有很多卖者,没有一个卖者或买者能控制价格,进入市场很容易并且资源可以随时从一个使用者转向另一个使用者。在垄断竞争(monopolistic competition)的市场结构中,有很多有差别产品的卖者,进入很容易并且厂商之间没有勾结行为。这是当今最常见的市场结构。在寡头垄断(oligopoly,也称寡占)的市场结构中,只有少数卖者,商品可以是同质的也可以是有差别的,如石油、电信市场。在完全垄断(monopoly,也称独占)的市场结构中,一种产品只有一个卖者,公用市场一般如此,如城市自来水、管道天然气市场。

弄清市场结构,对于反垄断法的理论和实践有重要意义。它有助于判断规制对象的行为是否构成滥用市场支配地位行为、联合限制竞争行为或经营者集中行为,进而影响市场规制主体的规制行为。市场结构理论,对于理解反不正当竞争法的理论和实践也具有重要意义。

(三)市场行为

市场行为,是经营者各种市场竞争行为的总称。不同内容的市场行为,对市场结构、市场绩效的影响不同。依市场行为的内容,可将市场行为分为价格行为、非价格行为和组织调整行为,这是市场行为的基本分类。价格行为包括价格歧视、价格固定、掠夺性定价等。非价格行为包括广告行为、产品差异、研究与开发。组织调整行为包括企业合并等。这三种分类,对于认识和判断垄断行为甚有裨益。比如,定价行为,又可分为经营者之间的定价行为和针对消费者的定价行为,这样就可以据此对滥用市场支配地位行为进行分类,深化对滥用市场支配地位行为的认识和规制。经营者的组织调整行为的基本分类,是规制经营者集中行为的基本依据。

不同的市场行为,产生市场影响的时间周期不一样,这样又可以将市场行为分为短期行为、中期行为和长期行为三种类型。短期市场行为如价格行为、广告行为等;中期市场行为主要指产品差异的设计;长期行为主要指研究与开发行为。此外,还可以依市场行为主体的主动性,分为被动行为和主动行为等等。这些分类同样有助于反垄断执行中判断是否具备市场支配地位,进而认定是否构成相应的垄断行为。

(四)市场绩效

市场绩效,是对市场结构和市场行为的市场效果评价。因此,市场绩效成为研究者政策建议的依据,也是决定反垄断规制措施的基础。市场绩效的评价,大多集中在资源利用效率、技术进步和分配公平等方面。

资源利用效率,是指生产要素的投入产出率。产出效率包括市场资源配置效率和企业内部效率。常提到的"X无效率"(X-inefficiency),就是指企业内部无效率,即企业开支超出实际所需成本的情形。研究表明,企业规模越大,市场支配地位越高,其内部效率可能越低。这种现象显然与规模效应是背道而驰的。这是因为,在缺乏外部压力的情况下,企业管理者努力程度下降,从而导致费用上升、效率降低。技术进步,主要考察不同的市场结构或市场行为在提高产品和服务的技术含量、降低生产成本和价格等方面的绩效。资源利用效率和技术进步,关注全社会总福利的增长。分配公平,则关注福利在社会集团、成员等不同主体之间的分配的公平、公正与否。

（五）不同学派对不同市场结构、行为的市场绩效评价

产业组织理论不同学派间的区别,主要体现在对市场结构、市场行为和市场绩效三者间的关系上,尤其集中地体现在不同的市场结构、市场行为的市场绩效所持的评价依据、评价标准和评价结论上,而这些,又正是提出市场规制政策和立法、执法的基本论据。

关于市场结构、市场行为和市场绩效三者间关系,提出该分析模式(structure-conduct-performance,简称 SCP 分析范式)的哈佛学派认为,市场结构决定了厂商的行为,厂商的行为又决定了产业绩效的好坏。寡占或垄断的市场结构,共谋、协调行为和进入壁垒,削弱了市场的竞争性,不仅产生了超额利润,而且破坏了市场资源配置的效率。所以,政府规制垄断的措施应以拆分等结构措施为主。芝加哥学派则认为,高集中度市场结构通常能获得的高额利润,并不一定来自垄断结构,还有可能来自大企业的高效率。与其说存在着市场结构决定市场行为进而决定市场绩效,还不如说是市场绩效或市场行为决定了市场结构。而新产业组织理论则认为,市场结构取决于企业规模,而企业规模取决于交易费用,交易费用又取决于交易活动的复杂与不确定性程度。因此,垄断的标志不是企业规模的大小或是价格水平的高低,而是企业的行为,市场规制的重心应放在企业的市场行为。

关于市场绩效评价标准的重心,哈佛学派特别关注垄断利润,将市场绩效评价的重心放在资源配置效率和分配公平上,认为只有消除了垄断利润,资源的配置才富有效率,消费者剩余才不致受损害,收入的分配才公平。芝加哥学派则特别关注技术进步,将其作为市场绩效评价的重心。而新产业组织理论认为,企业市场绩效的好坏,既要考虑市场资源配置效率企业生产成本,还必须在综合考虑这些问题的基础上侧重于交易费用的节约。

另外,在分析方法、基本理念上,在关注的重心和研究的范围上,哈佛学派、芝加哥学派和新产业组织理论都有所不同。它们的观点,分别对美国和其他一些国家不同时期的产业结构、产业组织与市场规制政策和法律的制定和实施产生了重大影响。目前,芝加哥学派的理论影响力更大一些。人们通常谈到的反垄断法实施中的结构主义和行为主义、本身违法原则与合理分析原则等等,都可以从这些理论中找到经济学源头。

第二节　市场规制法的产生和发展

一、市场规制法的产生

在探讨市场规制法的概念、体系等理论问题之前,有必要回溯市场规制法产生的历程,分析其经济、社会背景,揭示制度生成和发展的内在逻辑,以丰富感性认识。需要说明的是,虽然市场规制法是在部门法意义上使用的概念,但构成部门法的法律规范必须有相应的法律渊源,因此,在探讨市场规制法的产生时,有必要以一国或地区在市场规制领域的重要立法为基本依据。

(一) 产生的背景

在自由竞争的市场经济经过一个多世纪的发展后,盗用他人的商标、商号和商业秘密,捏造不实信息诋毁其他经营者商誉等不正当竞争行为日益增多。随着竞争的优胜劣汰、随着资本的积聚和集中,市场结构发生变化:垄断组织越来越多,其经济实力越来越强,利用其经济实力限制竞争、为不平等交易的现象越来越普遍,中小企业深受其害。在此背景下,社会要求禁止或限制不正当竞争行为和垄断行为的呼声也越来越高。在经济、社会和政治等多种因素的共同作用下,市场规制法逐步萌芽、产生。于是,在托拉斯现象比较突出的美国首先制定了反垄断方面的法律,在不正当竞争现象相对突出的欧洲首先出现了反不正当竞争案例和立法。

(二) 产生的过程

反垄断法产生于美国。在中小企业、农业组织、消费者和一般公众强烈要求以及其他相关力量的推动下,根据联邦参议员谢尔曼(John Sherman)1888年提出的议案,美国国会1890年通过了《保护贸易和商业免于非法限制和垄断之害法》(也称《谢尔曼反托拉斯法》或《谢尔曼法》,The Sherman Antitrust Act of 1890)。这部法律的制定,后来被认为是市场规制法(特别是反垄断法)产生的标志,同时也是经济法产生的标志之一。该法规定了比较宽泛的垄断行为、法律责任、有管辖权的司法机构等制度。为弥补该法律在规制垄断行为上存在的宽泛、空白和其他缺陷,1914年美国国会又制定了《克莱顿法》(Clayton Act)和《联邦贸易委员会法》。这三部法律共同构成美国反垄断基本法律。到20世纪40年代以前,还先后制定了《鲁宾逊·帕特曼法》《米勒·泰丁斯法》等法律,并多次修正《克莱顿法》和《谢尔曼法》,这样,美国的反托拉斯法律体系基本形成。

反不正当竞争法产生于欧洲。1850年,法国一法院将《法国民法典》第1382条关于侵害损害赔偿的条款适用于不正当竞争领域。该条规定:"任何行为使他人受损害时,用自己的过失招致损害发生之人对该他人负赔偿的责任。"法院据此判决不正当竞争行为人承担损害赔偿责任,保护合法的经营者。该判决中还首次出现了"不正当竞争"的概念。德国法院对盗用他人商号或标志、诋毁商誉、侵害商业秘密等不正当竞争案件,不采用援引民法典的方式,而是试图通过制定专门的反不正当竞争法律予以规制。1896年,世界第一部《反不正当竞争法》在德国诞生。1909年,德国废止该法并制定了新的《反不正当竞争法》。该法律将九类不正当竞争行为纳入规制范围,确立了一系列体制和程序性制度。

直到第二次世界大战前,还有不少国家、地区和国际组织制定了本国市场规制法律。比如,希腊《反不正当竞争法》(1913年)、德国《反滥用经济力量法令》(1923年)、波兰《制止不正当竞争法》(1926年)、日本《不正当竞争防止法》(1934年)等。1883年生效的《保护工业产权巴黎公约》限于从规制传统工业产权规制市场,但其1900年的布鲁塞尔修订本将规制范围扩展到整个不正当竞争行为,以国际公约的形式界定了"不正当竞争",确定了需要禁止的不正当竞争行为的类型,为推动市场规制法的国际合作提供了新平台。

(三) 产生的原因

产业组织经济理论对市场经济体制特别是市场竞争的利弊进行了比较透彻的分析和揭示。综合以经济学、法学为主的多学科有关市场、市场竞争、市场经济体制利弊的分析,可以把市场规制法的产生原因简略地概括为以下几个方面:(1)市场竞争在市场机制配置资源过程中发挥着关键作用。(2)市场竞争的自由发展所出现的不正当竞争和垄断是市场竞争的异化。(3)保护市场竞争免受异化力量的危害,需要有国家和政府介入并规制市场竞争行为。(4)在法治国家,国家和政府的市场规制行为需要以法律规定为依据,从而制定了大量的市场规制的法律法规,这样,作为经济法的一个分支的市场规制法便应运而生。

二、市场规制法的发展

(一)基本趋势

市场规制法应市场经济规制的需要而产生,根据市场经济规制的新需求而发展。第二次世界大战结束后,随着各国经济复苏和全球市场的扩展,市场规制领域的立法得到进一步丰富和发展。主要体现在:(1)在制度体系方面,域外效力制度、本身违法原则和合理分析原则等制度和原则的形成和发展。在结构主义与行为主义并存的大框架下,行为主义取向得到了强化。国家和地区间市场规制法律制度的冲突也逐步减少。总体上看,市场规制法律制度体系基本形成。(2)在立法形式方面,市场规制方面的立法形式日渐丰富,几类主要的立法模式基本确立。(3)在制度实施方面,各国市场规制法执行体制和司法体制以及相关的程序性制度日臻完善,市场规制法的立法与实施更加契合。

(二)重要立法

第二次世界大战后,日本制定了《禁止私人垄断及确保公正交易法》(1947年)等反垄断法律,德国制定了《反对限制竞争法》(《卡特尔法》,1957年)。同时,更多的国家制定和修改本国市场规制法的基本法律,制定的法律如英国《垄断和限制性行为(调查和管制)法》(1948年)、《竞争法》(1980年),印度《反垄断与限制性商业惯例法》(1969年),加拿大《联合企业调查法》(1974年),波兰《反国民经济垄断法》(1987年),匈牙利《禁止不正当竞争法》(1990年)。美国、德国、日本、加拿大等国还对本国市场规制基本法律进行了多次重大修改。

我国的市场规制立法,是20世纪70年代末实行改革开放之后开始的。1992年将社会主义市场经济体制确定为经济体制改革的目标模式之后,市场规制立法步伐大大加快。1993年我国制定了《反不正当竞争法》(2017年修订、2019年修正)。在1993年《反不正当竞争法》规制的11种违法行为中,6种是不正当竞争行为、5种是垄断行为。之所以如此,是因为当时不具备单独制定《反垄断法》的经济和社会条件,但若干表现普遍且严重的垄断行为(如掠夺性定价、串通招标投标、独占企业的强制交易、搭售、政府对市场的地区封锁等)又亟须法律规制,为此将垄断行为纳入《反不正当竞争法》之中一并规制。经过前后近二十年的筹划、起草和审议,2007年制定了《反垄断法》(2022年修正)。这两部法律连同一些特别市场规制立法,共同构成了我国的市场规制法律体系的基本框架。

通过判例生成市场规制法的重要制度和法律实施原则,也是市场规制法发展的重要形式。比如,在1945年美国铝公司反垄断案中,创立了反垄断法的域外效力制度。在其他一些制度和判例的共同作用下,在美国创立了本身违法原则和合理分析原则。

第二次世界大战后,一些国际和地区性组织积极推动市场竞争规制领域的立法,在推动市场规制立法的国际合作、促进市场规制法的国际化进程方面起到了重要作用。比如,1948年,《国际贸易组织宪章》(《哈瓦那宪章》)强调禁止限制性商业做法的国际合作。1957年,《建立欧洲经济共同体条约》(《罗马条约》)经过扩展和修改,其第81条和第82条成为欧共体市场规制法律制度的主要渊源。1980年,联合国限制性商业惯例问题会议通过的《一套多边协议的控制限制性商业惯例的公平原则和规则》,体现了发展中国家在规制限制性商业惯例上的立场。

第三节 市场规制法的概念、体系和地位

一、市场规制法的概念

(一) 市场规制法的名称

理解市场规制法的概念,首先得阐释"规制"和"市场规制"。规制,作动词,源于英语regulate,指根据规则、原则或法律所进行的控制和引导。译成汉语时,在社会科学方面的文献中,常译成"规制""管制""监管""调节"等。[①] 采用"规制"译法,能比较充分地吸纳其英语含义,同时较好地体现汉语表达中的语义、修辞和专业含义。

结合 regulate 及在其所组合成的英语多学科词组中的含义,可以对"市场规制法"中的"规制"作如下解析:(1) 规,指规矩、规则,指法律、法规,是规制行为的依据和目标。(2) 制,亦为治,指控制、调节、调校,也有制约、限制、治理之意,包括对逾矩行为的纠偏,也包括对可能出现逾矩的预防。(3) 整体理解则是"依规而制、制以达规"。这样,规制的本义,就是依照规范对特定对象所进行的纠偏、调校和预防偏差的行为。市场规制,则是国家依法规范市场主体的市场竞争行为的行为。

有的教材用"市场监管法"一词,含义和理念有一些区别,但相同和相近的成分更多。作为经济法分支的"竞争法",该词用得较多。如果市场规制法的范围包括反垄断法、反不正当竞争法和消费者权益保护法,那么,竞争法则只是包括其中的"两反",即反垄断法和反不正当竞争法。

(二) 市场规制法的调整对象

市场规制法的调整对象,需要在理解调整对象的一般原理和经济法的调整对象理论的基础上展开。毫无疑问,市场规制法所调整的是市场规制关系。市场规制关系,就是在国家规制市场行为过程中发生的社会关系。由于国家市场规制行为,是国家对整个经济运行进行调制行为的一部分,市场规制关系也就成为调制关系的一部分。

由于市场规制行为,主要是反垄断行为和反不正当竞争行为,市场规制关系也主要包括了反垄断关系和反不正当竞争关系。基于其他视角,还可以将市场规制关系分为市场行为规制关系和市场规制体制关系。二者结合,反垄断关系包括垄断行为规制关系和反垄断体制关系,反不正当竞争关系包括不正当竞争行为规制关系和反不正当竞争体制关系。多角度、多层次分类,有助于增进对市场规制法所调整的市场规制关系的认识。

(三) 市场规制法的定义

既然市场规制法所调整的是市场规制关系,根据部门法定义的逻辑规则,市场规制法,是调整在国家规制市场过程中所发生的社会关系的法律规范的总称。

[①] 日本著名经济法学者金泽良雄在使用"规制"一词时,强调其这样的意义:"一般所谓'规制',在最狭义上,可以理解为是由于对一定行为规定了一定的秩序,而起到限制的作用。"〔日〕金泽良雄:《经济法概论》,满达人译,甘肃人民出版社 1985 年版,第 45 页。另外,该词在科学技术文献中翻译为汉语时,还可译为"校验""校准"等。

需要强调的是,这是部门法意义上即实质意义上市场规制法的定义。形式意义上的市场规制法,表现为一国或地区的反垄断和反不正当竞争的基本法律,如《竞争法》或《反垄断法》《反不正当竞争法》。其中,采行统一立法模式的国家,其《竞争法》是比较完整的形式意义上的市场规制法。

二、市场规制法的体系

（一）界定

市场规制法的体系,是指各类市场规制法规范所构成的和谐统一的整体。由于市场规制法是由不同类型的法律规范所构成的系统,各种类型的市场规制法规范便可分别构成市场规制法的子系统,即市场规制法的部门法。探讨市场规制法的体系,有助于我们理解市场规制法的边界和范围,理解市场规制法与宏观调控法的关系,为进一步认识市场规制法在价值、宗旨、原则和主体、权利、义务和责任等方面的特质提供理论基础。

（二）划分标准的同质性

分析市场规制法的体系,首先要明确市场规制法体系的构造。明确市场规制法体系构造的前提,则是对市场规制法作进一步划分。由于法的部门法划分是以法的调整对象为依据,进一步划分市场规制法,仍须以对市场规制法所调整的社会关系的再划分为依据。问题在于,划分社会关系实际上存在着多种标准。如果在多个层次上对社会关系以不同质的标准进行划分,所划分出的各层次部门法将不会构成有严密逻辑关系的法的体系。坚持划分标准的同质性,有必要坚持"行为—社会关系"的范式,根据不同的行为所产生的社会关系的不同划分部门法。①

（三）市场规制法体系的构造

国家对经济运行所进行的宏观调控行为和市场规制行为,即调制行为,产生宏观调控关系和市场规制关系,即调制关系。② 这样,继续分解市场规制行为,便相应地对市场规制关系进行了多层次的分解,形成对市场规制法多层次的划分:

第一层次:

调制行为可以分为宏观调控行为和市场规制行为;调制关系可以分为宏观调控关系和市场规制关系;经济法可以分为宏观调控法和市场规制法。

第二层次(只分解市场规制部分):

市场规制行为可以分为反垄断行为和反不正当竞争行为(间接意义上包括消费者保护行为);市场规制关系可以分为反垄断关系和反不正当竞争关系(间接意义上包括消费者保护关系);市场规制法可以分为反垄断法和反不正当竞争法,以及与其相关联的消费者保护法。

第三层次(以反垄断法和反不正当竞争法为例):

反垄断行为可以分为:对滥用市场支配地位行为的规制行为、对联合限制竞争行为的规制行为、对经营者集中行为的规制行为、对行政性垄断行为的规制行为。这些反垄断行为所产生的反垄断关系分别为:滥用市场支配地位行为规制关系、联合限制竞争行为规制关系、

---

① 肖江平:《中国经济法学史研究》,人民法院出版社2002年版,第195—204页。
② 详见张守文:《略论经济法上的调制行为》,载《北京大学学报(哲学社会科学版)》2000年第5期。

经营者集中行为规制关系、行政性垄断行为规制关系。调整这些反垄断关系的法律规范分别总称为：滥用市场支配地位行为规制法、联合限制竞争行为规制法、经营者集中行为规制法、行政性垄断行为规制法。

反不正当竞争行为可以分为：对商业贿赂行为的规制行为、对不当附奖赠促销行为的规制行为、对虚假宣传行为的规制行为、对商业诋毁行为的规制行为、对商业混淆行为的规制行为、对侵犯商业秘密行为的规制行为和对互联网特殊不正当竞争行为的规制行为。这些反不正当竞争行为所产生的反不正当竞争关系分别为：商业贿赂行为规制关系、不当附奖赠促销行为规制关系、虚假宣传行为规制关系、商业诋毁行为规制关系、商业混淆行为规制关系、侵犯商业秘密行为规制关系和互联网特殊不正当竞争行为规制关系。调整这些反不正当竞争关系的法律规范分别总称为：商业贿赂行为规制法、不当附奖赠促销行为规制法、虚假宣传行为规制法、商业诋毁行为规制法、商业混淆行为规制法、侵犯商业秘密行为规制法和互联网特殊不正当竞争行为规制法。

随着市场竞争行为的发展，垄断行为和不正当竞争行为会有新的分化，国家规制垄断行为和不正当竞争行为的行为也会进一步丰富。随着市场规制法研究的深入，还可以进行第四层次、第五层次的划分。上述划分，来源于市场规制法律实践和市场规制法学理论研究的需要，划分的结果也是为了丰富市场规制法学理论并指导市场规制法律实践。实践和理论的需求，是划分部门法体系的前提。

这样划分所揭示的市场规制法体系的构造中，没有包括形式意义上的产品质量法、证券法、房地产法等等。这是因为这些法中既有市场规制法规范，也有其他部门法规范。如果我们详细解剖这些法，产品质量法中的市场规制法规范主要是反垄断法规范和反不正当竞争法规范在产品生产、加工、储存、运输和销售质量控制行为规范中的具体化；证券法中的市场规制法规范主要是反不正当竞争法规范及少部分反垄断法规范在证券发行、上市、交易、上市公司收购行为规范中的具体化；房地产法中的市场规制法规范是反垄断法规范和反不正当竞争法规范在房地产开发行为、交易行为规范中的具体化。简言之，是市场规制法规范在相对特殊的证券市场、房地产市场和其他特殊市场中对市场竞争行为规范的具体化。如果将产品质量法、证券法、房地产法等纳入市场规制法体系，只能将其中的市场规制法规范纳入，而不能将其中的其他部门法规范也纳入进来。

三、市场规制法的地位

市场规制法的地位，可以从其在整个法的体系中的地位、法域归属以及与相邻法之间的关系等三个角度分析。

（一）市场规制法在法的体系中的地位

市场规制法的地位，取决于其调整对象在法所调整的社会关系中的地位。市场规制法的调整对象，是在国家规制市场过程中发生的社会关系，即市场规制关系。市场规制关系和宏观调控关系，共同构成经济法所调整的经济调制关系。经济法所调整的经济调制关系，是法所调整的社会关系的一部分，并与民商法、行政法等部门法所调整的社会关系相并列，互不包含。这样，市场规制法在整个法的体系中的地位就清晰可辨了：在法的体系中，经济法与民商法、行政法并列，而市场规制法则是经济法的部门法。

(二) 市场规制法的法域归属

公法、私法是法域的基本类型。既然市场规制法是调整在国家规制市场过程中发生的社会关系的法律规范的总称，那么，无论是根据公法、私法划分的哪一种标准，市场规制法都不会属于私法。

有的观点认为，不能排除市场规制法属于或者部分属于私法法域。其所持的理由是：市场规制法所调整的社会关系包括市场主体与市场主体之间的关系。市场主体即经营者，是私主体，其相互关系是平等主体之间的关系。这种观点存在的问题是混同了市场主体在市场规制关系和合同关系中的不同角色定位。

在市场规制法中，市场主体作为规制受体而存在，是作为规制主体的国家的相对方，是国家规制行为的对象。在合同法中，市场主体作为合同主体而存在，且双方均为合同主体，双方同质、平等。也就是说，某经营者的自然身份是市场主体，但当他在市场规制关系中时则为规制受体，在合同关系中时则为合同主体。虽然在市场规制过程中会发生市场主体与市场主体之间的关系，但此时的市场主体之间的关系已经不是同质、平等主体间的合同关系，而是作为规制受体之间非同质、非平等的市场规制关系。

以20世纪90年代微软垄断案为例，微软公司与作为交易相对方的电脑硬件厂商都是市场主体，它们之间进行操作系统Windows97的交易时，是合同主体与合同主体之间的合同关系。由于当时微软公司要求电脑硬件厂商必须安装其网络浏览器软件IE，根据美国《谢尔曼反托拉斯法》等法律的规定，美国司法部反托拉斯局以该交易涉嫌强制交易（捆绑销售）为由介入其中，规制该交易行为，并与该双方分别形成市场规制关系。这样，微软与电脑硬件厂商之间也就基于美国司法部反托拉斯局的规制行为，形成规制受体与规制受体之间的关系。显然，它们之间的关系是在规制主体的规制行为生成了规制关系之后才形成的。这时，我们还能说基于规制受体与规制受体之间的关系只是私的关系、平等的关系吗？

由此可见，既然市场规制关系是在国家规制市场竞争过程中发生的社会关系，那么，即使是规制受体与规制受体之间的关系，也不是私的关系。进而，也不能将市场规制法全部归入或者部分归入私法法域。

(三) 市场规制法与相邻法的关系

根据本书前面关于经济法的体系和地位的分析，以及本章前面的相关探讨，市场规制法与相邻法的关系可以通过举例并分析下列"关系"来揭示：

一是市场规制法与宏观调控法的关系。毫无疑问，由于市场规制法与宏观调控法同属于经济法的一部分，并共同构成经济法，二者之间的关系是平行部门法之间的关系。在调整对象上，虽同属于基于国家调制行为而发生的国家调制关系，但彼此均具个性：基于市场规制行为而发生的市场规制关系和基于宏观调控行为而发生的宏观调控关系。二者间的联系也正在于此：宏观调控行为为市场规制行为提供相对稳定、平衡、协调的宏观经济环境，市场规制行为又为宏观调控行为目的的实现提供微观保障，由此形成市场规制法与宏观调控法在调整对象上的可区分性和调整功能上的协同性。

二是市场规制法与市场管理法、市场监管法、竞争法的关系。学界对经济法体系构造的理解，总体上是大同小异。市场规制法与市场管理法、市场监管法、竞争法的关系，实际上是"小异"的体现之一。它们之间在名词表述上有一定的区别。在范围上，它们都包括反垄断法、反不正当竞争法等子部门法，但在是否包括产品质量法、证券法、房地产法上就不尽然。

即使是那些都称为市场管理法的观点,在对范围的具体界定上也是不尽一致的。

三是市场规制法与合同法、商法的关系。它们的关系,在前文关于市场规制法在公法、私法的法域归属时已经讨论过。市场竞争行为是市场主体的行为,商事行为、合同行为也是市场主体的行为。这样从外观上似乎难以区分二者。问题在于,市场规制法调整的是国家规制市场过程中产生的市场规制关系,与平等主体之间的商事关系、合同关系有根本的区别。调整性质不同的社会关系的法律规范,其多方面的属性也都是不同的。如果不是从思维层面,不是从其内在属性特别是调整对象上区分二者的特质,而是被它们之间都与市场、商贸活动关联的外观所迷惑,不仅难以形成合乎逻辑的划分结果,还会从根本上失去部门法划分、应用法学分学科研究的一系列实践和理论价值,从而与知识发展的基本方向背道而驰。

第四节 市场规制法的价值、宗旨和原则

市场规制法的价值、宗旨和原则,是市场规制法基础理论中价值论的主要问题,所考察的是市场规制法与人类社会之间这种客体与主体之间的关系。探讨市场规制法的价值、宗旨和原则,有助于揭示市场规制法之于人类社会的有用性、市场规制法的目的以及市场规制法制定和实施中应遵循的基本准则,从而有助于市场规制法理论体系的建立和完善,增强市场规制法律实践的主观自觉性。

一、市场规制法的价值

价值是客体之于主体的有用性。主体是指能动地反映世界的人或人类社会,客体是作为人或人类社会相对方的存在。有用性,是客体能否或在多大程度上满足主体需求的属性。是否满足、多大程度上的满足,是客体的属性,也包括主体的评价。既然涉及评价,就应延伸到评价的参照点、评价依据、评价标准。简言之,价值,是客体的属性与主体需求之间契合的程度。市场规制法的价值,是市场规制法对于人类社会的有用性,是能否或在多大程度上满足人类社会需求的属性。

产业组织理论中"结构—行为—绩效"(SCP)分析范式,重心是考察不同的市场结构、不同的市场行为所产生的市场绩效。绩效,实质上是对于人类社会有用性的实现。产业组织理论在研究市场规制时,还关注市场规制的绩效。市场规制法理论研究时,也要关注市场规制法的"绩效"——价值。这也进一步印证了价值问题本身的价值。毕竟市场规制法的价值作为法的价值,不同于作为纯粹经济问题的市场结构、市场行为。它既要考察经济因素,还要考察社会因素。既然法的一般价值主要体现为效率、公平和秩序,市场规制法的价值不妨也从这三个方面考察。

(一)市场规制法的公平价值

市场规制法的公平价值,是指市场规制法在增进社会公平上的有用性,也就是市场规制法能否或在多大程度上增进社会的公平。作为经济法的市场规制法,其公平价值主要体现为通过经济公平实现社会公平。经济公平,实质上是社会分配的公平。由于公平存在形式的公平和实质的公平、机会的公平和结果的公平之分,考察社会分配的公平,需要综合不同

维度的公平标准。如果详细地分析市场规制法的具体制度,我们会发现,虽然几乎所有的部门法都具有公平价值,但相对于合同法、商法等私法而言,市场规制法的公平价值有其显著的特殊性——侧重于实质公平、结果公平。它既是对私法制度长于机会公平、形式公平而短于结果公平、实质公平的纠偏,也是对私法制度公平价值不平衡的一种弥补。这种纠偏和弥补,有助于整个法的价值的平衡和协调。部门法之长和短,正是部门法作为部门的优势,否则就失去了部门法分别存在的意义。

反垄断法和反不正当竞争法产生的背景、原因已经表明,市场规制法最直观、最突出的价值正在于增进社会分配的公平。美国《谢尔曼反托拉斯法》,是在美国南北战争后全国统一大市场形成之初,托拉斯盛行,中小企业主、农业从业者、消费者不堪忍受托拉斯经济上的剥削、排挤和打压而强烈要求下制定的。反不正当竞争法,也是在欧洲经营者的商标、商号、商业秘密被屡屡侵犯,商业贿赂等不公平竞争现象盛行的背景下萌芽和产生的。

再看经过一百多年发展后现在的反垄断法律制度和反不正当竞争法律制度,没有哪一项制度不是着眼于体现公平价值的。反垄断法中的滥用市场支配地位行为规制法律制度、联合限制竞争行为规制法律制度和经营者集中行为规制法律制度以及行政性垄断规制法律制度,其主导性价值就是回复或构建公平交易的平台。反不正当竞争法中的五大类规制法律制度,更是直观地将公平交易制度的恢复作为直接目标。"反不正当竞争法"的英文表述"anti-unfair-competition law",可译为"反不公平竞争法"。这也就不难理解一些国家和地区的市场规制法律、法规名称中常常有"公平"或"公正"一词,如日本《禁止私人垄断及确保公正交易法》、日本《不公正的交易方法》、韩国《规制垄断与公平交易法》和我国台湾地区的"公平交易法"。市场规制法的公平价值,还可以从深入分析其具体制度设计中得到进一步理解。

(二)市场规制法的效率价值

市场规制法的效率价值,是指市场规制法在提高资源配置效率、促进技术进步和增进社会整体福利等方面的有用性。市场规制法的效率价值,有多方面的体现:

一是各国和地区市场规制立法在确立其宗旨时,强调公平取向但从来不忽视效率。日本《禁止私人垄断及确保公正交易法》第1条规定,通过禁止私人垄断和限制竞争行为,促进公平的、自由的竞争,发挥事业者的创造性,繁荣经济,提高工资及国民实际收入水平,以确保一般消费者的利益并促进国民经济协调、健康地发展。

二是市场规制立法中,在对既限制竞争、妨碍公平,又具有促进流通、提高竞争效率功能的行为规定规制措施时,既规定禁止的措施,又规定例外或适用除外的情形。比如,反不正当竞争立法中对附奖赠促销行为,不是一概地禁止,而是只禁止弊大于或者显著大于利的行为,如欺骗性附奖赠促销行为,奖赠比例过高的促销行为,附增加消费者义务或者限制消费者权利条款的促销行为,以保障和增进公平;但考虑到附奖赠促销行为确有促进销售、加快商品流通、有利经济发展的一面,对真实的、奖赠额占总销售的比例不太高、最高等次的奖赠额不太大的附奖赠促销行为,予以允许。在反垄断立法中,对在促进经济发展、技术进步和社会福利的行为等确具效率价值的限制竞争行为,适用除外规定。各国的反垄断立法都规定了适用除外制度,对有助于降低成本、提高经济效率、促进经济发展的垄断行为,都允许或有条件地允许不适用反垄断法的禁止性规定。这都体现了市场规制法通过实体性制度实现市场规制经济社会效益的最大化。众所周知,世界反垄断法的规制路径有从结构主义到行为主义演进的趋势,这也是对效率价值予以更多侧重的体现。

三是基于公平对效率的促进而实现效率价值。垄断和限制竞争行为最大的弊害是限制、排除竞争,破坏了市场竞争机制。市场竞争机制之所以重要,并且在配置资源中起决定性作用,就在于市场竞争机制本身是富于效率的机制。市场经济最突出的功能也正在于通过实现充分竞争不断提高资源配置效率,实现帕累托最优。帕累托最优所指的是市场配置的一种状态,市场交换一旦达到帕累托最优,任何交易方都无法在不损害其他交易者福利的前提下提高自己的福利。福利经济学的理论表明,市场竞争能够导致资源配置的帕累托最优。而充分竞争的市场机制,当然同时也是公平竞争的机制。通过反垄断和反不正当竞争,构建公平的市场规制,有利于保护消费者权益。消费者权益的有效保护会大大提高消费者购买的积极性。购买量的增加当然会通过产供销链条反馈到生产、供应中去,从而拉动经济的增长。

(三)市场规制法的秩序价值

市场规制法的秩序价值,是指市场规制法在恢复、维护和增进市场秩序方面的有用性。垄断行为和不正当竞争的弊害是多方面的,对市场秩序的危害就是最突出的弊害之一。规制垄断行为和不正当竞争行为的目的和功用之一就是恢复、维护和增进市场秩序。

秩序是一种社会状态,是制度形态和结果形态的结合。法律秩序,则是由法所确立和维护的,并由特殊强制力保障的社会状态。法律秩序,和其他秩序一样,表现出确定性、一致性、连续性等特征。作为法的一个部门的市场规制法,在同样显现秩序价值的同时,还具有一定的个性表现。比如,市场规制法的秩序价值主要体现在市场交易或市场运行领域,是经济秩序的一个方面。市场规制法的秩序价值主要不是从无到有的秩序构建,而是从坏到好的改造。由于有秩序的状态能够增进人们的预期,更易形成均衡状态,从而有助于节约交易成本、提高交易的效率。

二、市场规制法的宗旨

(一)界定

市场规制法的宗旨,是指市场规制法所欲实现的目标。基于市场规制法在法的体系中的地位,其宗旨一方面要秉承法(特别是经济法)的宗旨,另一方面又要秉承具有自身个性的宗旨。同时,市场规制法的宗旨,又是市场规制法调整对象在主客观关系上的延伸,是市场规制法规范的目的、功能的抽象体现。

(二)市场规制法宗旨的提炼

提炼市场规制法的宗旨,有必要从以下四个角度思考:

一是从市场规制法的价值为宗旨提供的客观可能性角度的考察。提炼市场规制法的宗旨,有必要将市场规制法的价值和人类社会的主观欲求联结考察。这样,我们发现,相对于宗旨,相对于人类社会对市场规制法的主观欲求,市场规制法的价值更具客观性。人们希望市场规制法达成的目标,必须建立在市场规制法具备满足人们这些希望的有用性基础之上。比如,我们不能希望市场规制法能够直接实现国民经济总量平衡、结构优化和促进就业等宏观经济目的。市场规制法总体上具有公平价值、效率价值和秩序价值。其公平价值体现在对实质公平、结果公平的侧重;其效率价值体现在提高资源配置效率、促进技术进步和增进社会福利;其秩序价值体现在恢复被垄断行为和不正当竞争行为破坏了的秩序,维护和增强良好的市场运行秩序。

二是从人们对市场规制法的欲求角度考察。这种欲求往往在市场规制法产生前后能够最直观地体现出来。美国《谢尔曼反托拉斯法》和德国《反不正当竞争法》制定之前,美国和德国(以至当时整个欧洲)大多数市场主体对托拉斯现象和不正当竞争现象的反感、对完全竞争和正当竞争状态的留恋、对自身近期利益与长远利益均衡最大化的欲望、对国家规制市场等公共物品的热切期盼和相应的警惕,等等,正是其生动的体现。

三是从经济与社会互动角度考察。市场规制法经济方面的价值会扩展为社会价值,人们对市场规制法的欲求也会同时包括经济和社会两个方面。

四是从直接、初级和间接、高级角度表达。既然市场规制法的宗旨是其所欲实现的目标,而目标既有近期与远期之分,又有直接与间接、初级与高级之别,那么市场规制法的宗旨也可以作相应的分类,比如将其分为初级宗旨和终级宗旨。

(三) 市场规制法宗旨的表达

从上述多个角度思考和提炼的市场规制法宗旨,可以分初级和终级两个层次作如下表达。

市场规制法初级宗旨主要是:通过规制垄断行为和不正当竞争行为,调整市场规制关系,恢复和维护公平竞争机制,提高市场配置资源的效率,保护经营者和消费者的权利和利益。

市场规制法的终极宗旨主要是:通过初级宗旨的达成,不断解决个体营利性和社会公益性的矛盾,克服市场失灵,保障社会公益和基本人权,促进经济的稳定增长,实现经济和社会的良性互动和协调发展。[①]

三、市场规制法原则

(一) 界定

原则,是行为所依据的根本准则,是其他规则的来源或依据。法律原则应当是众多法律规则的基础,是具有本原性、综合性、稳定性的准则。市场规制法原则,是市场规制法制定和实施所应遵循的基本准则。市场规制法原则,应当统帅市场规制法的各规则、各环节,并与宏观调控法原则相区别。

提炼市场规制法的原则,首先要遵循法治国家依法而治的基本准则,与经济法的基本原则、市场规制法的价值和宗旨以及国内外市场规制实践相契合。基于这些要求,市场规制法的原则为:规制法定原则、规制公平原则、规制绩效原则和规制适度原则。需要说明的是,本部分所称的原则,是市场规制法的基本原则。

(二) 规制法定原则

市场规制是国家介入市场运行、规范市场主体竞争行为的行为。在法治国家,这类行为必须有法律的明确授权,同时还应当有法律明确的实体与程序的界定。被公认为世界第一部市场规制法(或竞争法)基本法律的《谢尔曼反托拉斯法》,比较全面、简要地体现了规制法定原则:(1)规定三类托拉斯行为为非法行为,并须承担相应的法律责任。这是将托拉斯这种原来是市场主体可自由实施的市场竞争行为纳入国家规制范围的法律依据。(2)"授权

[①] 张守文:《经济法理论的重构》,人民出版社 2004 年版,第 315 页。

美国区法院司法管辖权,以防止、限制违反本法。"这是授权法院这种国家机关享有规制托拉斯这种市场规制行为的权力,进而成为市场规制主体的法律依据。(3)"各区的检察官,依司法部长的指示,在其各自区内提起衡平诉讼,以防止和限制违反本法行为。"这是授权特定国家机构——列入行政序列的准司法机构的工作人员——检察官,享有启动反托拉斯诉讼以规制违反市场规制法的权力。也规定了启动规制程序的一项法定条件。同时,为满足便捷、有效的需要,还允许"依据美国联邦法律、州法、准州法或外国法律成立的,经上述法律授权的现存公司及联合会"也可通过提起诉讼而启动反托拉斯这种市场规制行为的程序。美国《联邦贸易委员会法》的第1条有关联邦贸易委员会的成立、构成、第一届的任职年限等的详细规定,将规制法定原则体现的同样是非常生动。

由此可见,规制法定原则要求,规制市场主体竞争行为的主体、权力和程序等均需依照法律规定;非依法律规定,任何组织或个人不得规制市场主体的竞争行为。

（三）规制公平原则

既然市场规制法具有人类社会所需要的公平价值,那么在制定、实施市场规制法规范时就应以实现公平、增进公平和彰显公平为基本准则,通过对合同法、商法公平价值的矫正和恢复,均衡实现形式公平与实质公平、机会公平与结果公平。

比如,在立法中,界定垄断及其四类垄断行为的法律定义时,应突出其限制公平竞争的属性;在规定反垄断调查程序和认定垄断与否的法律标准时,着重于其对公平竞争的损害及其程度;在规定反垄断法适用除外的条件和范围时,同样应重点体现对公平竞争的保护。在实施中,应以恢复、实现、保护和促进公平竞争为基本准则。在适用反垄断法律的规定、原则和精神并进行权变考量时,公平性是最重要的判断依据之一。

（四）规制绩效原则

产业组织理论和市场规制法原理的研究表明,不同的市场结构和市场行为产生不同的市场绩效,不同的规制行为所产生的市场绩效也不同。既然如此,规定规制主体、规制权力、规制行为方式和行为程序的市场规制法规范,在制定前进行制度设计时的预期、在制定后运行时的绩效都应当是最大化的。

追求并体现规制绩效的最大化,包括资源配置效率的最大化、技术进步速度和质量的最大化、社会福利提高的最大化等等。绩效的最大化应当不仅仅考察单个市场或单个市场的局部,而应当全面考察各有关因素。

（五）规制适度原则

凡事皆有度,过犹不及,适可而止。由于观察角度、参照点和理论依据不同,许多市场竞争行为常常同时存在着妨碍公平和体现公平、减损绩效和提高绩效、阻碍竞争和促进竞争等相互对立的属性。作为一物之二面,全面禁止或完全放任,都会给经济社会带来不利的影响,并反过来破坏市场规制法律制度本身。因此,需要既有禁止又有允许,既有一般规定又有适用除外"规制"。规制所适之度,在于:(1)适用市场规制法的"法度";(2)追求经济和社会协调发展的"绩效之度";(3)均衡达成形式与实质公平和机会与结果公平的"公平之度"。也就是说,市场规制法的制定和实施,均须在法定的范围内,以实现绩效的最大化和公平的均衡化作为制约规制手段的选择、节制规制权力运行的力度的基准。

第五节　市场规制法的主体、权义和责任

研究市场规制法的主体、权义，进而探讨违反市场规制法规范的责任，是为了分析市场规制法主体之间法律关系的内容，揭示市场规制法规范的微观构造，为市场规制法制定、实施的理论和制度的研究提供基础。本节将承继总论部分的相关理论和观点，并在市场规制法领域作相应的具体化。

一、市场规制法主体

（一）一般问题

根据调整对象理论，市场规制法以至经济法与其他平行的部门法之不同，在于其所调整的社会关系的不同。而社会关系的产生又源于人的行为，即不同的行为产生不同的社会关系。调整不同社会关系的法律规范即被总称为不同的部门法。因此，分析市场规制法规范的微观结构，探讨市场规制法的主体及其权利、义务和责任，同样应当以其特定调整对象为依据，以发生其所调整的、特定的社会关系为分析的逻辑起点。

法律关系中的主体，是法律所规范的特定行为的施动者和受动者。相应地，市场规制法的主体，是市场规制行为的施动者和受动者。尽管市场规制行为的施动者和受动者都被称为市场规制法的主体，但如果进一步细分，我们还可以将市场规制行为的施动者称为市场规制主体，而将市场规制行为的受动者称为市场规制受体，并分别简称为规制主体和规制受体。

法律规范中的主体，是权利的享有者和义务的承担者。市场规制法的主体，是市场规制行为的施动者和受动者，也是市场规制法规定的权利的享有者和义务的承担者。市场规制法律法规正是通过规定市场规制法主体享有权利和承担义务来预先构建行为机制和实施机制，从而实现作为约束、导引人们行为的规范的功能。

在抽象地探讨市场规制法主体的分析思路和路径后，有必要在此基础上再分别阐述市场规制法两大类主体——规制主体和规制受体。

（二）规制主体

规制主体，即市场规制主体，是市场规制行为的施动者。也就是说，所有依法为市场规制的行为人，都是市场规制法规范中的规制主体。综观各国市场规制法，规制主体的客观形态包括国家和政府。

1. 国家

关于经济法产生的理论表明，国家之成为经济法主体，是基于市场经济体制下解决市场和政府两个失灵的需要。为了解决近代市场经济后期发生的一系列经济社会问题，国家作为国家利益和社会公共利益的最好代表，被要求对宏观经济运行实施调控、对市场运行实施规制。在依宪治国和依法治国的背景之下，国家介入市场、实施宏观调控行为和市场规制行为，必须依法律的明确授权。当履行法定程序制定了相关的法律，授予了国家实施宏观调控和市场规制行为的权利和义务后，国家也就成为宏观调控和市场规制行为的施动者，成为调制主体。在市场规制领域，也就成为规制主体。

被公认为是世界第一部市场规制法基本法律的《谢尔曼法》，就是国家成为市场规制特

别是反垄断主体过程的生动例证。当南北战争后迅速出现的托拉斯在美国蔓延开来的时候,深受其害的中小企业、农业组织、消费者和一般公众强烈要求国家反垄断,禁止托拉斯,其办法就是制定一部授予国家反托拉斯权力的法律。经过谢尔曼议员提议,经审议通过《保护贸易和商业免于非法限制和垄断之害法》(即《谢尔曼法》)。正是该法律的制定,国家承担反托拉斯的责任并享有相应的权力,成为市场规制的主体。

2. 狭义的政府

这里所称的狭义的政府,是指与立法、司法机关并列的机构体系。当国家的权力在许多方面由政府行使时,政府也就成为国家介入市场、规制市场竞争行为的实际担当者和执行者。政府作为市场规制的主体时,既要全面、有效、合理地执行市场规制法律所赋予的职责,行使相应的权力,还要根据执行法律的需要制定层级低一些的规范性法律文件,如法规、规章。为了执行市场规制法律,政府既要调查、裁处垄断行为和不正当竞争行为,也要为了防范垄断和不正当竞争行为的发生而设置相应的申报、许可或核准程序。这样,在规制市场竞争行为过程中,会依法发生多种具体的法律关系,充任不同的、具体的法律关系的主体。无论它作为哪一种具体的市场规制法律关系的主体,都仍然属于规制主体的角色。

当然,政府在作为市场规制主体时,既要接受作为经济法的市场规制法的约束,还要作为宪法、行政法主体,同时接受宪法、行政法规范的约束。这样,在其外观上,政府是一身二任或多任,同时充当着多重法律关系的主体。这也正如一个人,在不同角度或场合,同时充任不同的社会角色一样。需要明确的是,我们不能因为政府常常是宪法、行政法的主体,就认为它是以宪法、行政法主体的身份充任经济法主体的,更不可因此误以为市场规制法是行政法或所谓的经济行政法的一部分。部门法的界分须以调整对象及相应的一系列法理为根基,主体的界分也不能仅以外观为依据。政府事实上以不同的角色充任着宪法关系、行政法关系、经济法关系、民商法关系等多个部门法法律关系的主体。

市场规制权包括反垄断权、反不正当竞争权、消费者保护规制权和特别市场规制权,由国家市场监督管理总局行使。国务院反垄断委员会行使协调、调研和部分立法权。反不正当竞争权中的商业贿赂行为规制权、不当附奖赠促销行为规制权、虚假宣传行为规制权、商业诋毁行为规制权、商业混淆行为规制权、侵犯商业秘密行为规制权和互联网特殊不正当竞争行为规制权,由国家市场监督管理总局综合行使。

目前,我国国家市场监督管理总局和地方市场监督管理部门实际上是反不正当竞争法和产品质量、广告执法的综合主管部门,但涉及不同市场如金融市场(银行业、证券业、保险业等)和能源市场、危险品市场时,其他相关部门也成为该行业性市场和相应环节的市场规制主管部门,相应地成为规制主体。

3. 行业协会在市场规制关系中的地位

行业协会越来越引起学界、业界和政府的关注。关于行业协会在市场规制法中的主体地位,赞成者认为,行业协会对作为协会成员的经营者的市场竞争行为事实上发挥着规制作用,对于补充国家、政府规制和市场调节之不足具有不可替代的作用。反对者认为,行业协会对协会成员市场竞争行为事实上所发挥的规制作用,是基于政府的授权代政府行使的市场规制权,行业协会本身不是市场规制的主体。相反,行业协会在多种情形下是规制受体,如行业协会实施或者协助其成员实施垄断行为中的联合限制竞争行为和各种不正当竞争行为时,便成为市场规制行为的受体,并依法应承担相应的法律责任。

如果进一步考察行业协会的成立基础、权力来源、行业协会与协会成员的法理关系,我们就会发现,行业协会的权力基于协会创始成员的授权,基于协会成员的共同协议——章程的约定。没有协会成员权利的让渡,就没有行业协会的"规制权"。至于某些立法直接规定行业协会的规制权,从法理上看,不过是通过立法的形式赋予了本由政府享有和行使的权力。从此类立法的实际运行来看,行业协会行使规制权,也需要全过程接受政府主管部门的监督和制约。更重要的是,无论是何种形式,行业协会如果实施限制竞争行为或不正当竞争行为,都会受到政府主管部门的规制。综上所述,行业协会在市场规制关系中处于规制受体地位的观点,可能更有说服力。

(三)规制受体

市场规制行为直接针对市场竞争行为中的垄断行为和不正当竞争行为。市场竞争行为的主体,特别是其中的垄断行为的主体和不正当竞争行为的主体,是市场规制行为最主要的受动者。因此,规制受体的客观表现主要有经营者及其利益的代表者。

1. 经营者

经营者,是以营利为目的提供商品或服务的组织或个人。这一界定,概括了经营者的特征:(1)以营利为目的。从事非营利类活动的如国家机关、志愿者,不是也不能是经营者。(2)实现营利目的的载体或途径是提供商品或服务。虽然以营利为目的,但不是通过提供商品或服务作为载体或途径的,也不是经营者,如赌徒、盗窃者。经营者的外延,包括一切符合前两个条件的主体。

毫无疑问,企业是最常见的经营者。但除企业以外,经营者还包括其他组织和个人。其他组织,包括企业单位、事业单位和社会团体。事业单位,如学校、医院、科研院所、公用事业单位、社会团体等。经过多年市场取向的改革,部分事业单位既有营利性业务也有非营利性业务,有的以营利性业务为主,有的甚至完全以营利为目的并直接改制为企业性质。少数社会团体也存在类似的情形。如果个人以营利为目的提供商品或服务,也成为经营者。当其从事不当竞争行为,违反市场规制法规范时,便成为规制受体。

2. 经营者利益的代表者

尽管垄断行为和不正当竞争行为的行为人常常是经营者,但有时也可能不是经营者而是其利益的代表者。当其行为违反市场规制法应受到规制主体的规制时,实施该行为的经营者的利益代表者也就成为规制受体。

比如,行业协会的决定和专业工作者协会起草、制定的专业规范(如行业标准、行业惯例等),实施联合行为并违反反垄断法时,行业协会、专业工作者协会也就成为联合限制竞争行为的主体,进而成为规制行为的受体。行业协会、专业工作者协会本身不是经营者,实施该行为时事实上是经营者利益代表者。

再比如,行政性垄断行为的实施者,一般不是经营者。经过行政机关授权享有并行使行政性权力的经营者,滥用其行政性权力限制竞争,其后果应由授权的行政机构承受。由于法律的直接规定而享有行政性权力的经营者,如果滥用行政性权力限制竞争的,也构成行政性垄断。此时,该经营者已经不是经营者,而应被视同行政机关。地方政府和各级政府部门本来应当是规制行为的主体而不应当是受体,但如果它滥用其行政性权力限制市场竞争行为构成行政性垄断,就事实上演变成因该行为受益或者可能受益的经营者的利益代表者。例如,有的地方政府实施地方封锁、强制交易,受益的常常是本地特定的经营者,因而,该地政府就成为该受益的经营者的利益代表者。把握这一点，有助于理解行政性垄断的特质。

二、市场规制法主体的权利和义务

分析市场规制法主体的权利和义务，有助于从微观层面进一步了解市场规制法律关系，为市场规制法责任的确立奠定基础。

（一）市场规制法主体的权利

市场规制法主体包括规制主体和规制受体，市场规制法主体的权利相应地也包括规制主体的权利和规制受体的权利。规制主体的权利，总称为市场规制权；规制受体的权利，总称为市场竞争权。

1. 市场规制权

市场规制权是规制主体依法律授权而享有的、规制市场竞争的权利。市场规制权具有法定性和一定的强制性，因而也是一种权力。市场规制权的配置，包括市场规制权在不同市场规制主体之间的横向配置和纵向配置。

市场规制权的横向配置，包括不同规制权在不同规制主体之间的配置和同一规制权在不同规制主体之间的配置。

市场规制权包括反垄断权、反不正当竞争权、消费者保护规制权和特别市场规制权。反垄断统一执法权由国家市场监督管理总局行使。国务院反垄断委员会行使协调、调研和部分立法权。反不正当竞争权由国家市场监督管理总局综合行使。消费者保护规制权也是如此。

四类垄断行为的规制权，仅由国家市场监督管理总局行使。但是，根据工作需要，可以授权省、自治区、直辖市人民政府相应的机构，依照《反垄断法》规定负责有关反垄断执法工作。这意味着，反垄断权集中于中央，地方政府没有反垄断权。这样配置体现了《反垄断法》维护统一开放、竞争有序市场的宗旨。当然，国务院反垄断委员会与执法机构之间存在一定程度的纵向关系，但执法权赋予执法机构，反垄断委员会仅行使执法的协调权，规则制定权则分级行使。

七类不正当竞争行为规制权的配置，适用地域管辖的原则。本行政区域内的，由本级政府市场监督管理部门行使；跨行政区域的，由共同的上一级市场监督管理机关行使。此外，国务院建立反不正当竞争工作协调机制，研究决定反不正当竞争重大政策，协调处理维护市场竞争秩序的重大问题。实践中，国家市场监督管理总局更多的是履行组织、指导、协调和监督的职责。

相应地，为了保障市场规制权的行使，同时为了防止市场规制主体滥用权力，不同的市场规制权的行使，需要履行不同程序。以反垄断法为例，特定行为许可权、违法行为查处权、规则制定权的行使，须履行不同的程序。经营者集中规制权中的经营者集中申报许可权，必须履行整套申报许可的程序。对应当申报而不申报的查处，则履行违法行为查处权行使的程序。这些程序中，包括一系列的实体条件、程序条件、环节及其时限、材料填写提交、保密等规定。在特别市场规制法律制度中，证券的发行、上市等，涉及相应的市场规制权，也有一整套相应的程序规则。

2. 市场竞争权

市场竞争权是市场主体所享有的、根据市场状况实施追求利益最大化的市场行为的权利。依宪法和法理,市场主体的权利不同于规制主体的权力,其市场竞争权具有天然性和开放性,非依法律的规定不受限制或剥夺。只要市场规制法和其他法不限制或剥夺,市场主体即可为一切可以为其带来利益的行为。市场主体所享有的市场竞争权,还是制约和平衡市场规制权、规制垄断行为和不正当竞争行为的重要力量。保障市场主体的市场竞争权,是增进经济民主、推动经济法治的重要途径。

当然,不受法律的限制或剥夺,并不一定不受道德的约束。从市场规制法发展历程来看,垄断行为和不正当竞争行为一般都具有反道德性。在制定市场规制法之前,它们受道德的约束。同时,根据博弈论的原理,任何市场主体的行为都会受与之相关的市场主体的竞争行为的制约。

市场竞争权可以分为自由竞争权和公平竞争权。其中,自由竞争权相对于垄断行为;公平竞争权相对于不正当竞争行为。

(二) 市场规制法主体的义务

与市场规制法主体权利相对应,规制主体应承担依法规制的义务,规制受体应承担依法竞争的义务。

依法规制的义务,体现在规制主体依市场规制法和其他法所规定的权力、行为和程序而为市场规制行为。任何越权、滥权都属违反依法规制的义务,并承担相应的法律责任。

依法竞争的义务,体现在市场主体或规制受体为市场竞争行为时,不得违背市场规制法的限制性、禁止性规定。比如,采取市场竞争行为时,不得为市场规制法所禁止的垄断行为和不正当竞争行为。采取市场规制法所限制的行为时,须符合相应的实体条件并履行法定程序。比如为经营者集中行为时,如果参与集中的经营者规模达到法定标准时,须履行申报许可的程序。

三、市场规制法责任

市场规制法责任,是市场规制法主体违反市场规制法义务而应承担的不利后果。市场规制法责任,是保障市场规制法的执法、司法和守法的重要制度,不可或缺。

(一) 归责基础

违反市场规制法义务的经营者,之所以应当承担法律责任,一方面在于该类行为破坏市场机制,危害公平竞争,侵犯了其他经营者、消费者的合法权益,毒化社会风气,具备承担法律责任的法理基础;另一方面,垄断行为或不正当竞争行为已经不只是一种道德概念,而是法律概念。规制主体和规制受体违反了市场规制法的规定,违背了法定义务,应当承担法律所规定的不利的后果。规定违反市场规制法规范的经营者应承担相应的法律责任,才能促使市场规制法规范发生潜在的威慑力和现实的惩罚力。其发生效力的情形,既包括强制违反者实际承担法律责任,也包括市场规制法主体对市场规制法的主动遵守。

(二) 责任形式

违反市场规制法的法律责任形式,可分为财产性责任和非财产性责任两类。财产性责任,如赔偿、强制超额赔偿、罚款、罚金等;非财产性责任,如声誉罚、自由罚、资格罚。

1. 财产性责任

违反市场规制法,根据情节可能承担赔偿、强制超额赔偿、罚款、罚金责任。

(1) 赔偿。经营者通过为垄断行为或不正当竞争行为,以获得超额利润,或者交易机会、竞争优势,而其他经营者、消费者的权利和利益则因此受到了损害。这种损害,虽然不同于违约和民事侵权那样直接、具体,但垄断行为和不正当竞争行为与损害后果之间仍然存在因果关系,根据相应的法理,应当设定赔偿责任。为各种不正当竞争行为、部分垄断行为的市场主体都可能承担赔偿责任。比如,日本《禁止私人垄断及确保公正交易法》第 25 条规定:"① 实施私人垄断或者不正当交易限制或者使用不公正的交易方法的事业者,对受害人承担损害赔偿责任。② 事业者证明其无故意或过失的,亦不能免除前款规定的责任。"相应地,规制主体越权、滥权而致规制受体受到损失的,依法应发生国家赔偿责任,这是赔偿的特殊情形。

(2) 强制超额赔偿。对于违反反垄断法、反不正当竞争法,在交易中存在欺诈的故意并导致侵权的,通过强制超额赔偿以惩罚,确有必要。比如,采用商业混淆行为和虚假宣传行为侵害消费者权益的,一般会承担双倍、三倍或多倍的强制超额赔偿责任。我国《消费者权益保护法》第 55 条规定:"经营者提供商品或者服务有欺诈行为的,应当按照消费者的要求增加赔偿其受到的损失,增加赔偿的金额为消费者购买商品的价款或者接受服务的费用的三倍;增加赔偿的金额不足五百元的,为五百元。法律另有规定的,依照其规定。"在受贿人为行贿人提供交易机会或竞争优势,违反公平竞争规则,实质上具有欺诈的属性。为此,设定强制超额赔偿责任既可以鼓励受害人起诉,也可以达到对现实和潜在违法者惩戒的效果。美国《克莱顿法》第 2、3、4 条界定不同情形的商业贿赂,并同时规定,凡因违反有关商业贿赂规定而遭受财产或营业损害的人,可以在被告居住的区、被发现的区或有代理机构的区向美国区法院提起诉讼,无论损害大小,一律给予其损害额 3 倍的赔偿,并由加害人支付诉讼费和合理的律师费用。根据《谢尔曼反托拉斯法》第 7 条的规定:"任何因反托拉斯法所禁止的事项而遭受财产或营业损害的人,可在被告居住的、被发现或有代理机构的区向美国区法院提起诉讼,不论损害大小,一律给予其损害额的 3 倍赔偿及诉讼费和合理的律师费。"

(3) 罚款和罚金。各类垄断行为和不正当竞争行为都会使其他经营者、消费者受到损害,还会破坏公平竞争的市场秩序和社会管理秩序,对社会造成危害。如果仅仅采用赔偿、强制超额赔偿,还不足以弥补损失,也不足以使违法成本超过违法行为的可能收益。为此,有必要设定罚款或罚金。本项责任连同强制超额赔偿,加大了行贿人、受贿人的违法成本,可能为其带来负效益,有助于从经济上遏阻各种违反市场规制法的行为。这是大多数国家采用的普遍形式。如英国《药物法》(1968 年)、《药物广告法》(1994 年)和其他相关法律规定,如果医药公司为了推销其产品给购买药品的单位或医生提供免费旅游、免费饮料、食品及其他物品和代金券,其负责人将被处以最高额为 5000 英镑的罚款,还并处自由刑。我国《反垄断法》第七章"法律责任",在其第 56 条、第 57 条和第 58 条规定了一定比例、幅度或额度的罚款。我国《反不正当竞争法》第四章"法律责任",在其第 18 条至第 24 条规定了一定幅度或数额的罚款。

2. 非财产性责任

(1) 声誉罚。通过作为规制主体的市场规制机关立案、调查和与其他相关机关一道的处罚,并向社会公布,会大大降低为垄断行为或不正当竞争行为的经营者的商誉。商誉降低,会减少甚至丧失此后交易机会。我国市场监管机关常常定期、不定期向社会公布"十大案件",实质上是在其他处罚的同时并处声誉罚。至于剥夺违法经营者的荣誉称号,更是声誉罚的直观运用。

(2) 自由罚。市场主体的市场竞争行为严重违反市场规制法的规定,并同时达到刑法规定的要件时,即可能招致"双罚"——对单位和个人的罚金和对个人的自由罚。我国《刑法》第二编第三章"破坏社会主义市场经济秩序罪"中的罪名,绝大多数是严重违反市场规制法(含特别市场规制法)所致之罪。这些罪名都可能对直接行为的个人处以自由罚。

(3) 资格罚。因为严重违反市场规制法,经营者可能会被市场规制主管部门处罚吊销营业执照,这是最严重的资格罚。其他的,比如违反特别市场规制法规范达到一定程度,被主管机关降低从事特别市场经营的资质等级,或者暂停从事某类或某几类业务的资格。

(三) 责任构成

虽然违反市场规制法中不同的部门法或者不同的法律规范,责任构成会有所不同,但其共性还是存在的。下面主要阐述其共性的内容,某些个性的内容可见本书第十二章到第十五章的相关部分。

1. 责任主体

绝大多数情形下是经营者,有些情形是其利益代表者,如联合限制竞争行为、行政性垄断行为。个别情形是经营者的工作人员和其他相关人,如商业贿赂中的受贿人。同时,规制主体违反实体和程序的规定进行市场规制,也成为责任主体。

2. 主观方面

绝大多数情形是故意。反不正当竞争法责任中有部分情形,过失也会构成市场规制法责任,如商业诋毁行为、侵犯商业秘密行为。

3. 客体

所有违反市场规制法的行为,都会破坏市场机制、公平竞争秩序,侵犯其他经营者的权利和消费者权利,侵犯法律所保护的其他社会关系(如一般社会管理关系),这是客体。

4. 客观方面

垄断行为和不正当竞争行为的具体类型不同,主要源于其客观方面不同。本编后四章所阐述的内容,主要是违反市场规制法的客观方面。

(四) 责任竞合

由于违反市场规制法的行为,在外观上往往同时是市场交易行为。这样,同一行为,从其作为竞争行为的角度观之,违反了市场规制法,承担市场规制法责任;从合同法、人身权法、知识产权法、民事侵权法角度观之,因其所具有违约或侵权的特征,也可能同时构成违约责任和侵权责任,从而发生责任竞合。

责任竞合,不独存在于市场规制法责任与其他法责任之间,即使在同为民法的合同法、人格权法、知识产权法和侵权法相互之间,也很常见。但需要说明的是,由于市场规制法与其他法相比往往具有兜底性质,当市场规制法与其他法责任发生竞合时,适用市场规制法责任对于恢复、重建市场竞争秩序意义更显著。

本 章 小 结

本章着重介绍了市场规制法原理中最重要的五个方面的内容:市场规制法的经济学基础,产生和发展,概念、体系和地位,价值、宗旨和原则,主体、权义和责任等。

这五个方面的内容,分别上承经济法总论中经济法学的经济学基础、本体论、价值论和规范论,下启市场规制法中的反垄断法律制度、反不正当竞争法律制度和消费者权益保护法律制度以及特别市场规制法律制度。这也表明,本章既是经济法总论中的相关概念、原理在市场规制法领域的具体化,又是反垄断、反不正当竞争和消费者权益保护等法律制度共通概念、原理的提炼,并统摄这些法律制度。当然,具体化是与市场规制法制度密切联系并体现市场规制法特质的具体化,而不是简单地套用。比如,市场规制法的价值、宗旨、原则和主体、权义、责任,均体现出与宏观调控法不同程度的区别,并与经济法之间存在属种之差。把握这种区别,有助于理解市场规制法相对于经济法的个性,从而有助于更准确地理解和把握市场规制法的各类制度。作为原理统摄各类制度,在本编中的一个体现,就是将各类法律制度中共通的原理集中在本章阐述。

第十二章

反垄断法律制度

第一节 反垄断法概述

一、垄断与反垄断法

(一) 垄断的概念

1. 经济学意义上的垄断

经济学著述中所称的垄断,有三层含义:一是最狭义的垄断,即独占;二是狭义的垄断,是指除完全竞争之外所有的市场结构,包括垄断竞争、寡占和独占;三是广义的垄断,既指垄断结构,也指垄断行为。

2. 法律意义上的垄断

法律意义上的垄断,具有如下特征:一是仅指垄断行为,不包括垄断结构。二是指行为的主体是经营者或其利益的代表者。经营者是以营利为目的提供商品或服务的组织或个人,是垄断案件中最常见的主体;行业协会、行政机关或根据法律法规授权享有公共管理权力的其他组织,也会成为垄断行为的主体。三是行为目的或后果是排除限制竞争、牟取超额利益。排除竞争或限制竞争,是垄断的核心特征。反垄断的最重要的理由正在于垄断行为排除或限制竞争,使市场经济的竞争机制名存实亡。四是行为应当具有违法性。如果不符合法律规定的垄断行为的构成要件,则不是法律意义上的垄断。

3. 垄断的定义

垄断,是指经营者或其利益的代表者,滥用已经具备的市场支配地位,或者通过协议、合并或其他方式谋求或谋求并滥用市场支配地位,借以排除或限制竞争,牟取超额利益,依法应予规制的行为。简言之,垄断是指经营者或其利益的代表者排除或限制竞争的违法行为。

(二) 反垄断法的概念

反垄断法,有实质意义和形式意义之分。实质意义上的反垄断法,是由反垄断法律规范所构成的系统,是部门法意义上的反垄断法。形式意义上的反垄断法,是指一国规制垄断行为的基本法律。例如,我国于2007年8月制定、2022年6月修正的《反垄断法》。在此之前,我国制定的法律(如《价格法》《招标投标法》)、法规和规章中已有不少反垄断法律规范,这些规范属于实质意义上的反垄断法。

反垄断法的调整对象,是指在国家规制垄断过程中所发生的社会关系,即反垄断关系。反垄断关系,又可以分为垄断行为规制关系和反垄断体制关系。

根据反垄断法的调整对象和部门法的定义规则，可以认为：反垄断法是调整在国家规制垄断过程中所发生的社会关系的法律规范的总称。

二、反垄断法的理论基础

一个国家的反垄断基本法律中要规定哪些制度，其来源从根本上讲是一国的经济、法治实践，直接意义上则是反垄断法的理论基础以及该国的经济法治特别是反垄断法治的需求。反垄断法以相应的法学理论、经济学理论和其他社会科学理论为基础。较之其他部门法，反垄断法受到经济学理论的影响最大。

（一）反垄断法的经济学基础

经济学特别是其产业组织理论对垄断弊害、成因和规制路径有深入的、体系化的研究。从马歇尔提出"马歇尔冲突"（Marshall's dilemma）并引发大论争，到斯拉法、张伯伦和琼·罗宾逊1933年对垄断与竞争作更深入研究，再到后来著名的哈佛学派、芝加哥学派、新产业组织理论等，产业组织理论的每一个大的发展，都对反垄断法的有关制度变革带来很大影响。

产业组织理论不仅影响反垄断立法，还影响反垄断执法和司法。20世纪中期和末期，美国在竞争政策和反垄断执法、司法宽严把握上有很大区别，一个重要原因就是这两个时期分别是产业组织理论的哈佛学派和芝加哥学派占主导地位的时期。在垄断行为的认定中，界定相关市场、认定市场支配地位具有重要作用。在分析行为的利弊时，也需要分析该行为对竞争、消费者、产业等的损害或福利。而这些，都需要运用微观经济学和产业组织理论的相关知识、原理。本书第十一章第一节中市场、市场结构以及产业组织理论等所涉及的内容，都属于反垄断法经济学基础的重要内容。

（二）反垄断法的法学基础

经济法总论所阐述的相关理论，都是反垄断法制度制定和实施的理论基础。比如，政府与市场关系的理论，经济法价值、宗旨和原则的理论，都是反垄断法制度的重要基础。市场规制的基本理论，则对反垄断法制度的制定和实施具有更直接的意义。其中，有关市场规制法的主体、权利和义务、法律责任等，都是反垄断法制度制定和实施的直接基础。当然，法理学中的全部理论，宪法学中有关国家制度、国家与公民（国家与市场）等原理，民法学中的民法总论、合同法、侵权法等原理，以及行政法学中的行政法总论、行政程序法、行政处罚法等原理，等等，都是反垄断法制度的法学理论基础。

（三）反垄断法的其他学科理论基础

反垄断法律制度，总是在特定的市场中实施的。当该市场具有独特的技术特征时，就需要有适应该市场技术特征的反垄断制度。比如，电信市场的反垄断制度与能源市场的反垄断制度会有所不同，分别体现电信市场和能源市场不同的技术特征和经济特征。这些市场所涉及的相应的科学技术知识、理论便成为该市场反垄断制度制定和实施的理论基础。实施反垄断法，还要运用社会学、政治学等其他社会科学的理论。

（四）反垄断法的定位

从部门法视角看，反垄断法是经济法体系中市场规制法的重要部门法之一，而市场规制法则又是经济法的重要组成部分。

从法域归属视角看，作为经济法部门法的反垄断法，当然属于公法。

从与其他法的关系来看,反垄断法与反不正当竞争法同属于经济法中的市场规制法,它们是平行的关系;与产品质量法的关系,集中在对产品质量技术标准制定过程中发生的社会关系调整的不同划分上;与知识产权法的关系,主要集中在对知识产权的专有、行使过程中发生的社会关系调整的不同划分上,合理行使知识产权的行为不构成垄断,但滥用知识产权、排除限制竞争的行为构成垄断;与企业法之间的关系,则主要集中在对企业合并和控制上的反垄断规制。

三、反垄断法的特征

与经济法之外的其他部门法如合同法、知识产权法等相比较,反垄断法具有经济法所具有的经济性、现代性等特征。与经济法内部的宏观调控法中的财政调控法、税收调控法、金融调控法等相比较,反垄断法具有市场规制法所具有的微观性、规制性等特征。

如果将反垄断法各个方面的特征进行综合,提炼出最能体现出反垄断法特殊性的表征,主要有:一是与经济学关系密切。二是法律规范的确定性较弱。在法的各分支之中,法律规范的确定性各不一样,刑法相对而言确定性更强一些。反垄断法律规范的确定性较弱,这是由垄断行为及其经济环境、经济效果的复杂性所决定的。比如,我国《反垄断法》第22条在规定滥用市场支配地位行为时都用了"没有正当理由"或者"不公平的"等限定词。如何认定,均需个案分析。三是域外效力。能发生域外效力的法律规范是很少的。由于经济要素的流动往往不以国界为限,基于垄断行为的跨国界影响,一国反垄断执法、司法机关,可以对外国经营者在本国之外实施的垄断行为作出禁止或限制以至相应的处罚决定。

四、反垄断法的基本结构

由于反垄断法所调整的反垄断关系可以分为垄断行为规制关系和反垄断体制关系,反垄断法相应地可分为垄断行为规制法和反垄断体制法。由于垄断行为被分为滥用市场支配地位行为、垄断协议行为、经营者集中行为和行政性垄断行为四大类,垄断行为规制法亦可分为滥用市场支配地位行为规制法、垄断协议行为规制法、经营者集中行为规制法和行政性垄断行为规制法。

第二节 滥用市场支配地位

滥用市场支配地位规制法律制度及其理论,是其他各类垄断行为规制法律制度及其理论的学习基础。

一、相关市场及其界定

市场,是由在一定时间和空间范围内的一系列商品或服务(以下统称"商品")的贸易所构成的。相关市场,是指经营者在一定时期内就特定商品进行竞争的商品范围和地域范围。界定相关市场,要分别界定商品市场和地域市场。

(一)商品市场及其界定

商品市场是指经营者在一定时期内就特定商品进行竞争的商品范围,包括同种品和替代品的范围。如考察某大米经营者的市场地位,各类大米均是同种品,面粉、小米等则是替代品。实践中,比较困难的是替代商品范围的界定。

需求替代是根据需求者对商品功能用途的需求、质量的认可、价格的接受以及获取的难易程度等因素,从需求者的角度确定不同商品之间的替代程度。从需求替代角度界定相关商品市场,要考虑:需求者因价格或其他竞争因素变化,转向或考虑转向购买其他商品的证据;商品的外形、特性、质量和技术特点等总体特征和用途;商品之间的价格差异;商品的销售渠道等。

供给替代是根据其他经营者改造生产设施的投入、承担的风险、进入目标市场的时间等因素,从经营者的角度确定不同商品之间的替代程度。从供给替代角度界定相关商品市场,要考虑其他经营者对商品价格等竞争因素的变化作出反应的证据,转产的难易、时间、额外费用和风险,转产后所提供商品的市场竞争力,营销渠道等。

未来,在平台经济领域,滥用市场支配地位的案件会越来越多。界定平台经济领域的相关市场,同样要界定相关商品市场和相关地域市场。在界定相关商品市场时,一般基于平台功能、商业模式、应用场景、用户群体、多边市场、线下交易等因素进行需求替代分析;当供给替代对经营者行为产生的竞争约束类似于需求替代时,可以基于市场进入、技术壁垒、网络效应、锁定效应、转移成本、跨界竞争等因素考虑供给替代分析。

(二) 地域市场及其界定

地域市场是指经营者在一定时期内就特定商品进行竞争的地域范围。由于消费需求和偏好、跨区域交通成本、贸易制度的限制,能够发生竞争关系的商品在市场的地域上总是有边界的。比如,在中国,暖气片市场的地域范围不太可能包括广东、海南地区,手表的地域市场范围要比建筑砖大得多。

从需求替代角度界定相关地域市场,要考虑:需求者因价格或其他竞争因素变化,转向或考虑转向其他地域购买商品的证据;商品的运输成本和运输特征;多数需求者选择商品的实际区域和主要经营者商品的销售分布;地域间的贸易壁垒(如关税、环保和技术政策),以及特定区域需求者偏好、商品运进和运出该地域的数量等。

从供给替代角度界定相关地域市场时,还要考虑其他地域的经营者对商品价格等竞争因素的变化作出的反应,其他地域的经营者供应或销售相关商品的及时性和可行性等,比如将订单转向其他地域经营者的转换成本。

在平台经济领域界定相关地域市场时,可以综合考虑多数用户选择商品的实际区域、用户的语言偏好和消费习惯、相关法律法规的规定、不同区域竞争约束程度、线上线下融合等因素。一般而言,相关地域市场通常界定为中国市场或者特定区域市场,当然也不排除某些个案需要界定为全球市场的情况。

二、市场支配地位及其认定

(一) 市场支配地位

市场支配地位,是指经营者在相关市场中对其他经营者的较大影响力。比如,经营者在相关市场内具有对商品价格、数量、品种、品质、付款条件、交付方式、售后服务交易选择、技术约束等交易条件的较强的影响力,或者能够排除其他经营者进入相关市场,或者延缓其他经营者在合理时间内进入相关市场,或者其他经营者虽能够进入该相关市场,但进入成本大幅提高,难以在市场中与在位经营者开展有效竞争等情形。

(二) 市场支配地位的认定

观测和判断经营者的市场支配地位,需要运用经济学特别是产业组织理论和方法,进行全面的市场调查和周密的数据分析。认定市场支配地位的依据,一般以市场份额为主,兼顾市场行为及其他相关因素。

(1) 市场份额及相关市场的竞争状况。市场份额是指一定时期内经营者的特定商品销售额、销售数量等指标在相关市场所占的比例。我国《反垄断法》第 24 条规定,一个经营者市场份额达到 1/2,或者两个经营者、三个经营者市场份额合计分别达到 2/3、3/4 以上的,可以推定该经营者具有市场支配地位。但有相反证据证明的,不应被认定,应分析相关市场竞争状况和其他因素。确定经营者在相关市场的市场份额,可以考虑一定时期内经营者的特定商品销售金额、销售数量或者其他指标在相关市场所占的比重。分析相关市场竞争状况,可以考虑相关市场的发展状况、现有竞争者的数量和市场份额、商品差异程度、创新和技术变化、销售和采购模式、潜在竞争者情况等因素。在平台经济领域认定时,则可以考虑交易金额、交易数量、销售额、活跃用户数、点击量、使用时长或者其他指标在相关市场所占比重,以及该市场份额持续的时间。分析相关市场竞争状况时,重点考虑相关平台市场的发展状况、现有竞争者数量和市场份额、平台竞争特点、平台差异程度、规模经济、潜在竞争者情况、创新和技术变化等。

(2) 在销售市场或者原材料采购市场的影响力,包括控制产业链上下游市场的能力,控制销售渠道或者采购渠道的能力,影响或者决定价格、数量、合同期限或者其他交易条件的能力,以及优先获得企业生产经营所必需的原料、半成品、零部件、相关设备以及需要投入的其他资源的能力等因素。在平台经济领域,要注意考虑相关平台经营模式、网络效应,以及影响或者决定价格、流量或其他交易条件的能力等。

(3) 财力和技术条件,包括资产规模、财务能力、盈利能力、融资能力、研发能力、技术装备、技术创新和应用能力、拥有的知识产权等,以及该财力和技术条件能够以何种方式和程度促进该经营者业务扩张或者巩固、维持市场地位等因素。分析时,还应同时考虑其关联方情况。在平台经济领域,还要考虑平台掌握和处理相关数据的能力,以及其财力和技术条件能够以何种程度促进其业务扩张或者巩固、维持市场地位等。

(4) 交易相对方的依赖性,包括其他经营者与该经营者之间的交易关系、交易量、交易持续时间、在合理时间内转向其他交易相对人的难易程度等因素。在平台经济领域,应重点考虑其他经营者与该经营者的交易关系、交易量、交易持续时间、锁定效应、用户黏性,以及其他经营者转向其他平台的可能性及转换成本等。

(5) 其他经营者进入相关市场的难易程度,包括市场准入制度、拥有必需设施的情况、获取必要资源的难度、采购和销售渠道的控制情况、资金投入规模、技术壁垒、品牌依赖、用户转换成本、消费习惯等因素。在平台经济领域,要考虑市场准入、平台模仿效应、资金投入规模、技术壁垒、用户多栖性、用户转换成本、数据获取的难易程度、用户习惯等。

此外,交易自由度、利润率的差距、经营者横向或纵向联合的紧密程度等也是考虑的因素。

三、滥用市场支配地位行为

（一）滥用市场支配地位的特征和含义

"滥用市场支配地位行为"先在德国法上使用，后在联合国《竞争法范本》和经济合作与发展组织相关规定中使用。我国《反垄断法》也采用这一表述。

其特征包括：行为主体是具有市场支配地位的经营者；行为目的是维持或提高市场地位，获取超额垄断利益；行为后果是对市场竞争的实质性损害或损害的可能性；行为没有正当理由。实践中，行为主体往往会提出减少亏损、应对竞争、技术特征以及在公平、效率和消费者保护上的"正当理由"，但是否成立，需要履行举证、证明义务，并经有关机关采信。

因此，滥用市场支配地位行为，是指具有市场支配地位的经营者，没有正当理由，利用其市场支配地位所实施的排除限制竞争、牟取超额利益的违法行为。

1. 垄断高价和垄断低价

垄断高价，是指具有市场支配地位的经营者，利用其市场支配地位，以远高于平均利润率的利润率确定其销售价格销售商品和提供服务的行为。这是大多数具有市场支配地位的经营者都可能实施的行为。如依托独占或寡占的网络优势，提供电信、邮政、电力、交通、城市自来水、管道燃气等商品和服务的经营者，易于实施垄断高价行为。

垄断低价，是指具有市场支配地位的经营者，利用其市场支配地位，以远低于平均利润率的利润率确定其购买价格购买商品和服务的行为。能够实施垄断低价的经营者往往是买方市场的买方，或者根据法律的规定享有独家收购权。比如，在特定领域有独家出口经营权的经营者相对于生产出口产品但没有出口经营权的经营者；依据政策享有对农副产品独家采购权的经营者相对于农副产品生产企业、农户；汽车整装厂商相对于汽车零售厂商；大型零售连锁超市企业相对于其小规模供货商等。

垄断高价和垄断低价，表现不同，实质一样，都是以牟取超额利润为直接目的。

判断构成垄断高价和垄断低价的一个重要指标是其交易价格对应的利润率远高于平均利润率。这里的平均利润率，可以是一定区域内的社会平均利润率和行业平均利润率。如果考察对象是一个行业的市场行为，则以社会平均利润率为依据；如果考察对象是一个经营者的市场行为，则以该经营者所在行业的平均利润率为依据。

在反垄断执法中，认定"不公平的高价"和"不公平的低价"，应当考虑下列因素：（1）销售价格或者购买价格是否明显高于或者明显低于其他经营者在相同或者相似市场条件下销售或者购买同种商品或者可比较商品的价格；（2）销售价格或者购买价格是否明显高于或者明显低于同一经营者在其他相同或者相似市场条件区域销售或者购买同种商品或者可比较商品的价格；（3）在成本基本稳定的情况下，是否超过正常幅度提高销售价格或者降低购买价格；（4）销售商品的提价幅度是否明显高于成本增长幅度，或者购买商品的降价幅度是否明显高于交易相对人成本降低幅度；（5）涉及平台经济领域，还可以考虑平台涉及多边市场中各相关市场之间的成本关联情况及其合理性。认定市场条件相同或者相似，应当考虑经营模式、销售渠道、供求状况、监管环境、交易环节、成本结构、交易情况、平台类型等因素。

2. 掠夺性定价

掠夺性定价，是指具有市场支配地位的经营者以排挤竞争对手为直接目的而以低于成本的价格销售商品和提供服务的行为。构成掠夺性定价行为，需要具备以下四个条件：

(1) 经营者在相关市场中具有市场支配地位。(2) 经营者销售商品和提供服务的价格低于成本价。认定以低于成本的价格销售商品,应当重点考虑价格是否低于平均可变成本。平均可变成本是指随着生产的商品数量变化而变动的每单位成本。涉及平台经济领域,还可以考虑平台涉及多边市场中各相关市场之间的成本关联情况及其合理性。(3) 采用低于成本价的直接目的是排挤竞争对手,即阻止其他经营者进入该相关市场,或者将相关市场内的其他经营者挤出市场。(4) 没有正当理由。掠夺性定价中的"正当理由"包括:降价处理鲜活商品、季节性商品、有效期限即将到期的商品或者积压商品的;因清偿债务、转产、歇业降价销售商品的;在合理期限内为推广新商品进行促销的;能够证明行为具有正当性的其他理由。

一些具备较强市场支配地位的生产者,为规避掠夺性定价,有时还会使用过剩生产的方式。过剩生产,是指具有市场支配地位的经营者,为了压缩竞争对手特别是潜在竞争对手的市场空间,通过过剩生产造成产品的供过于求,客观上形成过低的市场价格的行为。

3. 拒绝交易

拒绝交易,是指具有市场支配地位的经营者,没有正当理由,拒绝与交易相对人进行交易的行为。

根据传统民法主体平等、意思自治的理念,经营者有决定是否交易、和谁交易和怎样交易(包括决定价格、时间、地点、方式等)的权利。按照这一理解,拒绝交易应当是作为市场主体的经营者当然享有的权利。但是,当拒绝交易的权利被具有市场支配地位的经营者来行使,并且其意在排除或限制竞争或者牟取超额利益的时候,其目的、效果就走向了市民社会自由竞争的反面。具有市场支配地位的经营者拒绝交易的行为,其直接目的在于作为向其他经营者施加压力的一种手段,维持转售价格。

根据我国《反垄断法》及其配套规章,拒绝交易的行为方式主要有:(1) 实质性削减与交易相对人的现有交易数量;(2) 拖延、中断与交易相对人的现有交易;(3) 拒绝与交易相对人进行新的交易;(4) 通过设置交易相对人难以接受的价格、向交易相对人回购商品、与交易相对人进行其他交易等限制性条件,使交易相对人难以与其进行交易;(5) 拒绝交易相对人在生产经营活动中,以合理条件使用其必需设施。

在反垄断法实践中,认定拒绝交易,需要具备:(1) 主体具有市场支配地位;(2) 具有排除限制竞争的目的或后果;(3) 没有正当理由。当出现下列情形时,一般应认定为正当理由:(1) 因不可抗力等客观原因无法进行交易;(2) 交易相对人有不良信用记录或者出现经营状况恶化等情况,影响交易安全;(3) 与交易相对人进行交易将使经营者利益发生不当减损;(4) 交易相对人明确表示或者实际不遵守公平、合理、无歧视的平台规则等。

4. 独家交易

独家交易,是指具有市场支配地位的经营者没有正当理由,限定交易相对人只能与其进行交易或者只能与其指定的经营者进行交易的行为。行为方式包括限定交易相对人只能与其进行交易,限定交易相对人只能与其指定的经营者进行交易,以及限定交易相对人不得与其竞争对手进行交易。以前在有的地方曾出现过的电网公司、管道煤气公司、固定电话公司限定客户购买其指定的经营者生产的仪表设备的行为,就是独家交易行为。实现独家交易的手段,或者是高额奖励、大幅度折扣,或者以拒绝交易为要挟。

市场支配地位很高,特别是具备独占地位的经营者实施独家交易行为,常以强制的形式;市场支配地位不是太高的经营者实施独家交易行为,则常以特别折扣、特别奖励的形式。日本公正交易委员会、欧盟委员会都曾调查、处罚过某著名饮料公司以特别折扣、奖励形式实施的独家交易行为。

在反垄断法实践中,认定独家交易,需要具备下列要件:(1)实施了下列行为:限定交易相对人只能与其进行交易;限定交易相对人只能与其指定的经营者进行交易;限定交易相对人不得与特定经营者进行交易。从事这些交易行为可能是直接限定,也可能是采取惩罚性或者激励性措施等方式变相限定。(2)主体具有市场支配地位。(3)具有排除限制竞争的目的或后果。(4)没有正当理由。其"正当理由"包括:为满足产品安全要求所必需;为保护知识产权、商业秘密或者数据安全所必需;为保护针对交易进行的特定投资所必需;为维护平台合理的经营模式所必需;能够证明行为具有正当性的其他理由。

5. 搭售

搭售,是指具有市场支配地位的经营者,在销售其市场份额高的商品和服务时,搭配销售其市场份额低的商品和服务的行为。比较著名的搭售案例是微软在20世纪90年代的搭售案。美国微软公司(Microsoft)为了扩大其当时市场份额较低的网络浏览器软件IE(Internet Explorer)的市场份额,挤压其竞争性产品Netscape公司的Netscape Navigator浏览器软件的市场空间,借用其市场份额为95%以上的Windows操作系统,通过强行捆绑、无偿配送和强行要求电脑硬件厂商安装等方式搭售。仅仅从1998年到1999年年初,IE仅在美国的装机数就增加了1倍,其市场份额从50%提高到52%,Netscape市场份额从54%下降到47%。此前,IE推出之初,Netscape的市场份额曾高达75%。[①] 到2010年,其全球市场份额只有1%,欧洲份额也只有3%。

搭售行为的直接目的可能仅是扩大市场份额、排挤竞争对手,如上文提到的微软搭售案;也可能是为了扩大销量,获取超额利润。也就是说,搭售有作为阻碍性滥用的搭售和作为剥削性滥用的搭售之分。通过作为阻碍性滥用的搭售,经营者达到扩大其市场份额低的商品或服务的市场份额,并降低竞争对手同类产品和服务的市场份额目的;作为剥削性滥用的搭售,则是那些因为所销售的商品和提供的服务严重供不应求而具有市场支配地位的经营者,在销售和提供其供不应求的商品和服务时,搭配销售和提供其库存积压、质次价高或供过于求的商品和服务的行为。经营者通过搭售,强行销售质次价高、库存积压或供过于求的商品和服务,既可以减少积压成本,又可以通过过高的售价牟取暴利。这种现象在价格规制非常严格的时期或领域,尤其比较常见。比如,在我国20世纪80年代至90年代初期,政府对商品和服务的价格管制范围非常宽,同时市场供应相对短缺,从而使搭售现象比较普遍。

我国《反垄断法》及其配套规章,将搭售与附加其他不合理限制一并规定。认定搭售和附加其他不合理条件,需要具备:(1)在行为方式上,实施了下列行为:违背交易惯例、消费习惯或者无视商品的功能,利用合同条款或者弹窗、操作必经步骤等交易相对人难以选择、

[①] 参见Ziff-Davis的市场研究部Info Beads在1999年6月上旬发表的一项调查,http://www.chinabyte.com,最后访问日期:2023年8月16日。

更改、拒绝的方式,将不同商品捆绑销售或者组合销售;对合同期限、支付方式、商品的运输及交付方式或者服务的提供方式等附加不合理的限制;对商品的销售地域、销售对象、售后服务等附加不合理的限制;交易时在价格之外附加不合理费用;附加与交易标的无关的交易条件。(2) 主体具备市场支配地位。(3) 具有排除限制竞争的目的和效果。(4) 没有正当理由。其"正当理由"包括:符合正当的行业惯例和交易习惯;为满足产品安全要求所必需;为实现特定技术所必需;为保护交易相对人和消费者利益所必需;能够证明行为具有正当性的其他理由。需要注意的是,实务中不能将"附加其他不合理限制"作扩大理解。

6. 差别待遇

差别待遇,是指具有市场支配地位的经营者,没有正当理由,对条件相同的交易相对人设定不同的交易价格等交易条件的行为。价格歧视是最常见的差别待遇。认定差别待遇,不仅要看行为主体是否具备市场支配地位,还要看被给予差别待遇的交易相对人的条件是否相同,要看该行为是否以排除或限制竞争为目的,且客观上具有排除或限制竞争的后果或者相应的可能性。根据我国《反垄断法》及其配套规章,具有市场支配地位的经营者没有正当理由,不得对条件相同的交易相对人在交易条件上实行下列差别待遇:(1) 实行不同的交易价格、数量、品种、品质等级;(2) 实行不同的数量折扣等优惠条件;(3) 实行不同的付款条件、交付方式;(4) 实行不同的保修内容和期限、维修内容和时间、零配件供应、技术指导等售后服务条件。这里的条件相同,是指交易相对人之间在交易安全、交易成本、规模和能力、信用状况、所处交易环节、交易持续时间等方面不存在实质性影响交易的差别。交易中依法获取的交易相对人的交易数据、个体偏好、消费习惯等方面存在的差异不影响认定交易相对人条件相同。

在反垄断实践中,认定差别待遇,除前述的行为方式外,还应当具备:(1) 主体具备市场支配地位。(2) 具有排除限制竞争的目的和效果。(3) 没有正当理由。其"正当理由"包括:根据交易相对人实际需求且符合正当的交易习惯和行业惯例,实行不同交易条件;针对新用户的首次交易在合理期限内开展的优惠活动;基于公平、合理、无歧视的平台规则实施的随机性交易;能够证明行为具有正当性的其他理由。

上述六种表现,是对竞争损害严重的、最常见的滥用市场支配地位行为。我国《反垄断法》第17条将这六种表现作为列举的对象。享有知识产权的经营者以排除或限制竞争为目的的滥用知识产权的行为(无正当理由拒绝授权、拒绝获得技术、拒绝专利研究与转移、专利累积与沉淀以及与此相关的操纵研究与技术发展等)主要是滥用市场支配地位行为。不过,滥用知识产权行为不能与上述六种行为并列。

由于不同国家、不同时期的经济、社会和法律背景不同,人们认识事物角度的不同,滥用市场支配地位行为的表现也各有不同。比如一些文献提到的"瓶颈垄断"。所谓"瓶颈垄断",是指因拥有独占性的网络式基础设施和供销渠道而具有市场支配地位的经营者,为维护和提高市场支配地位、获取超额利益所为的滥用行为,其具体行为表现为独家交易、强制交易、拒绝交易、差别待遇或搭售或其综合。"瓶颈垄断"的直接目的可能是阻碍性的,也可能是剥削性的。还有的文献提到的附加义务行为,其表现为独家交易、搭售和专利与技术领域的垄断行为的综合。实际上,即使是前述的六类行为,相互之间也不是截然分开的。这涉及滥用市场支配地位行为的分类问题。

(二) 滥用市场支配地位行为的分类问题

我国《反垄断法》第 22 条规定的上述六类行为,只是择要列举,没有穷尽滥用行为的全部表现,不是严谨的逻辑分类。此外,根据行为的直接目的,滥用市场支配地位的行为还可分为阻碍性滥用和剥削性滥用。上述六类滥用行为,有的仅属于阻碍性滥用,如掠夺性定价;有的仅属于剥削性滥用,如垄断高价和垄断低价;大多数兼具阻碍性滥用和剥削性滥用的属性,如搭售、独家交易、差别待遇等。

四、滥用市场支配地位的危害

(一) 破坏公平竞争秩序

经营者因其具有市场支配地位而与竞争对手、交易相对人实质上不平等。交易中,这些经营者往往利用其市场支配地位,以形式上"合法""合理"的交易和其他方式,限制相对方意思自由的空间,强制相对方接受价格等条款,强制相对方与己方甚至仅与己方订立合同,强制相对方接受己方随意附加的义务,践踏平等、公平、正义等社会理念,使市场竞争机制名存实亡。

(二) 侵犯其他经营者和消费者的利益

如果没有反垄断法规制或者反垄断法规制力弱,具有市场支配地位的经营者会利用其支配地位恣意侵占其他经营者和广大消费者的利益,对社会资财巧取豪夺。阻碍性滥用虽以排除限制竞争为直接目的,但其根本目的仍是牟取超额利益。

(三) 造成社会整体福利的损失

在仅凭其优势地位即可轻松攫取超额垄断利润的时候,经营者往往会失去通过平等竞争改善管理、推进技术进步的内在动力。滥用市场支配地位行为,不仅导致福利在不同经营者和社会主体间的不合理分配,还会损失社会整体福利。

(四) 左右政府的市场规制法律和政策

研究表明,一些基于独占的网络而享有垄断地位的经营者,常常自觉不自觉地操纵或左右政府市场规制部门,操纵或左右政府的市场规制法律和政策的制定与实施,使国家政策为一个或几个具有垄断地位的经营者服务。

五、滥用市场支配地位的违法责任

滥用市场支配地位的违法责任主要是以财产性责任为主。在我国,经营者违反《反垄断法》规定,滥用市场支配地位的,由反垄断执法机构责令停止违法行为,没收违法所得,并处上一年度销售额 1% 以上 10% 以下的罚款。在确定具体的罚款数额时,应当考虑违法行为的性质、情节、程度、持续时间和消除违法行为后果的情况等因素。经营者因行政机关和法律、法规授权的具有管理公共事务职能的组织滥用行政权力而滥用市场支配地位的,同样应当承担上述法律责任。但经营者能够证明其从事的滥用市场支配地位行为是受强制或变相强制所导致的,可以依法从轻或者减轻处罚。

此外,在民事责任方面,经营者实施滥用市场支配地位行为,给他人造成损失的,依法承担赔偿责任。

第三节 垄断协议

一、垄断协议的概念和特征

垄断协议,德国法上称为"卡特尔",日本法上称为"不正当交易限制",美国法上称为"合同""联合"和"共谋"。我国《反垄断法》所称"垄断协议",是指经营者为限制竞争而达成协议、决定或者其他协同一致的行为。学理上,称为"联合限制竞争",更能反映该概念的内涵和外延。

垄断协议的特征包括:首先,主体是经营者和经营者团体。这里的经营者是指参与垄断协议的经营者。除经营者外,各种行业协会也可能通过其决定、决议等形式限制竞争。其次,行为方式是协议、决议或其他协同一致的行为。如果经营者虽不参与垄断协议,但组织其他经营者达成垄断协议或者为其他经营者达成垄断协议提供帮助,也构成违法。最后,行为具有排除或限制竞争的效果。经营者之间虽然订立了协议,如产品购销合同,既无排除或限制竞争的目的,也无排除或限制竞争的效果,就不构成垄断协议行为。当然,该效果并不以实际发生为必要。需要强调的是,排除或限制竞争的目的或效果,是垄断协议的构成要件之一。此外,参与协议的经营者在相关市场的份额低于国务院反垄断执法机构规定的标准,且符合国务院反垄断执法机构规定的其他条件的,不予禁止。

二、垄断协议行为的类型

(一)不同形式的联合

一是经营者之间限制竞争的协议,包括合同、协议或其他与约定类似的方式(如共谋、建议、策划、交换情报等),且具有限制竞争的目的、后果或其可能性。参与者之间必须是彼此具有产权上的独立性。

二是经营者团体的决议。经营者团体,是指同行业经营者的联合组织或者同职业人员的联合组织,如经营者联合形成的行会、商会、协会、联合会等联合体,同业从业人员的联合会等。经营者团体的决议,则是指经营者团体所作出的反映团体及其成员意愿的决定,包括章程、规章、规则、决定、决议、建议、信息交换协议、标准合同等。

三是经营者之间其他协同一致的行为。在没有上述协议、决议的情况下,经营者存在事实上的协调一致的共同行为,且经营者之间进行过意思联络或信息交流,并且经营者不能对一致行为作出合理的解释,一般也可认定其属于其他协同一致的行为。认定其他协同行为,应当考虑:经营者的市场行为是否具有一致性;经营者之间是否进行过意思联络或者信息交流;经营者能否对行为的一致性作出合理解释;相关市场的市场结构、竞争状况、市场变化等情况。

(二)不同内容的联合

联合的内容,一般有市场价格、市场额度、市场区域、技术开发与技术标准、交易相对人的选择等。

三、横向垄断协议的主要表现

横向垄断协议,是指在产业链上居于同一环节的两个或两个以上经营者所为的垄断协议。如彩电销售商之间的垄断协议行为。由于横向限制竞争行为排斥了最具竞争关系的经营者之间的竞争,对竞争的危害严重,各国对其规制也非常严厉。依联合内容的不同,横向垄断协议有下列表现:

(一)固定价格

固定价格,是指处于产业链同一环节的经营者通过协议、决议或其他协同一致的方式确定、维持或者改变价格的行为。固定价格行为,也称为价格协议、价格联盟。此类垄断协议行为非常常见,如方便面或牛奶生产商分别通过协议统一上调出厂价。当相关市场内所有经营者都参加固定价格行为,则在该市场内完全排除了竞争。因此,固定价格对竞争的损害至为严重,各国对其处罚也至为严厉。固定价格行为一般适用本身违法原则。

实践中,固定价格的表现有:(1)固定或者变更价格水平、价格变动幅度、利润水平或者折扣、手续费等其他费用;(2)约定采用据以计算价格的标准公式、算法、平台规则等;(3)限制参与协议的经营者的自主定价权;(4)通过其他方式固定或者变更价格。

(二)划分市场

划分市场,是指处于产业链同一环节的经营者通过协议、决议或其他协同一致的方式限定商品的生产数量或者销售数量、分割销售市场或者原材料采购市场的行为。划分市场的行为表现有:(1)以限制产量、固定产量、停止生产等方式限制商品的生产数量,或者限制特定品种、型号商品的生产数量;(2)以限制商品投放量等方式限制商品的销售数量,或者限制特定品种、型号商品的销售数量;(3)通过其他方式限制商品的生产数量或者销售数量。(4)划分商品销售地域、市场份额、销售对象、销售收入、销售利润或者销售商品的种类、数量、时间;(5)划分原料、半成品、零部件、相关设备等原材料的采购区域、种类、数量、时间或者供应商;(6)通过其他方式分割销售市场或者原材料采购市场。这里所称的分割销售市场或者原材料采购市场,同样适用于数据、技术和服务等。

(三)联合抵制

联合抵制,是处于产业链同一环节的经营者通过协议、决议或其他协同一致的方式拒绝与特定交易相对人交易的行为。

联合抵制的行为表现有:(1)联合拒绝向特定经营者供应或者销售商品;(2)联合拒绝采购或者销售特定经营者的商品;(3)联合限定特定经营者不得与其具有竞争关系的经营者进行交易;(4)通过其他方式联合抵制交易。

(四)不当技术联合

不当技术联合,是指具有竞争关系的经营者以排除或限制竞争为目的,制定技术标准,限制购买新技术、新设备,或者限制开发新技术、新产品等行为。

不当技术联合的行为表现有:(1)限制购买、使用新技术、新工艺;(2)限制购买、租赁、使用新设备、新产品;(3)限制投资、研发新技术、新工艺、新产品;(4)拒绝使用新技术、新工艺、新设备、新产品;(5)通过其他方式限制购买新技术、新设备或者限制开发新技术、新产品。

需要指出的是,具有竞争关系的经营者(包含平台经营者或平台内经营者及其他经营者)利用数据和算法、技术以及平台规则等,通过意思联络、交换敏感信息、行为协调一致等方式,达成具有前述横向垄断协议属性的协议的行为,也可能构成垄断协议。

四、纵向垄断协议的主要表现

纵向垄断协议行为,是指处于同一产业链上下环节(即有交易关系或供求关系)的两个或两个以上经营者所为的垄断协议行为。比如,牛奶厂商与分销商之间就交易对象、价格、经营模式等达成的垄断协议,即是纵向垄断协议。实践中,纵向垄断协议行为以限制转售价格最为常见,此外还包括独家交易、特许协议等其他行为。

限制转售价格,是指在同一产业链中上一环节经营者与下一环节经营者通过协议确定销售价格的行为,包括限制最低价格、限制最高价格和固定某一价格。反垄断法实践中,作为卖方的经营者,限制最高价格一般不被认定为违法行为。限制转售价格的行为表现有:(1)固定向第三人转售商品的价格水平、价格变动幅度、利润水平或者折扣、手续费等其他费用;(2)限定向第三人转售商品的最低价格,或者通过限定价格变动幅度、利润水平或者折扣、手续费等其他费用限定向第三人转售商品的最低价格;(3)通过其他方式固定转售商品价格或者限定转售商品最低价格。

我国《反垄断法》第17条、第18条规定的上述垄断协议的行为类型,只是择要列举。不属于以上情形的其他协议、决定或者协同行为,有证据证明排除、限制竞争的,应当认定为垄断协议并予以禁止。认定时应当考虑:经营者达成、实施协议的事实;市场竞争状况;经营者在相关市场中的市场份额及其对市场的控制力;协议对商品价格、数量、质量等方面的影响;协议对市场进入、技术进步等方面的影响;协议对消费者、其他经营者的影响;与认定垄断协议有关的其他因素。

此外,以下行为均构成组织本行业经营者达成或者实施垄断协议的行为,也是《反垄断法》所禁止的行为:行业协会制定、发布含有排除、限制竞争内容的行业协会章程、规则、决定、通知、标准等;召集、组织或者推动本行业的经营者达成含有排除、限制竞争内容的协议、决议、纪要、备忘录等。

五、垄断协议的成因与利弊

(一)垄断协议的经济动因

经济学的研究表明,在其他因素不变的情况下,参与垄断协议的行为,有助于减少经营者的生产、交易成本,提高或维持较高的销售价格,从而有助于经营者提高利润率。横向联合,可以消除处于产业链同一环节的经营者之间的竞争,从而获得超额垄断利润。纵向联合,也可以消除本产业链各环节中同一环节经营者之间的竞争,从而获取超额利润。

(二)垄断协议的合理性

对处于弱势的经营者而言,通过横向和纵向联合,增进与不同品牌的商品和服务之间的竞争,可以在一定程度上增强市场竞争。

(三)垄断协议的弊害

处于产业链同一环节的经营者之间具有直接的竞争关系,它们之间一旦实现价格联合,就会从根本上排除相互间的竞争,损害其他经营者和消费者的合法权益。比如,划分市场,可以使原本需要相互竞争的经营者在各自市场范围内获得较高的支配地位。联合抵制同样排除了交易的一方相互之间的竞争。限制转售价格行为,限制了下一环节经营者之间的竞争。

基于垄断协议利弊并存，各国对垄断协议行为均予以规制，但政策立场不同：对大多数横向垄断协议行为是禁止的，而对纵向垄断协议行为则分不同情形，有条件地允许、限制或禁止。我国《反垄断法》第20条规定，对能够改进技术、提高产品质量、降低成本、增进效率，或者能够增强中小经营者竞争力、增进社会公共利益、有助于度过经济不景气阶段、保障国际贸易中本国利益等作用的垄断协议行为，且实施该行为的经营者能够证明该行为不会严重限制相关市场的竞争，能够使消费者分享由此产生的利益的，可以作为适用除外，不被禁止或者不承担相应的法律责任。

六、垄断协议行为的违法责任

在我国，经营者违反《反垄断法》规定，达成并实施垄断协议的，实行单位个人双罚制：由反垄断执法机构责令停止违法行为，没收违法所得，并处上一年度销售额1%以上10%以下的罚款，上一年度没有销售额的，处500万元以下罚款；尚未实施所达成的垄断协议的，可以处300万元以下的罚款。同时，违法经营者的法定代表人、主要负责人和直接责任人员中对达成垄断协议负有个人责任的，可以处100万元以下的罚款。经营者主动向反垄断执法机构报告达成垄断协议的有关情况并提供重要证据的，反垄断执法机构可以酌情减轻或者免除对该经营者的处罚。重要证据是指能够对反垄断执法机构启动调查或者对认定垄断协议起到关键性作用的证据，包括参与垄断协议的经营者、涉及的商品范围、达成协议的内容和方式、协议的具体实施等情况。经营者组织其他经营者达成垄断协议或者为其他经营者达成垄断协议提供实质性帮助的，按照上述规定处罚。

行业协会违反《反垄断法》规定，组织本行业的经营者达成垄断协议的，由反垄断执法机构责令改正，可以处300万元以下的罚款；情节严重的，社会团体登记管理机关可以依法撤销登记。

在民事责任方面，经营者实施垄断行为，给他人造成损失的，依法承担赔偿责任。

第四节　经营者集中

一、经营者集中的概念和特征

市场支配地位的获得，有的来自于经营者自身资本的积聚或积累，有的则来自于不同经营者经济力的集中。经营者集中是获得市场支配地位最迅速的途径，并且可能为滥用市场支配地位、达成垄断协议提供条件，因此需要规制。所谓经营者集中，是指经营者通过合并、收购、委托经营、联营或其他方式，集合经营者经济力，提高市场地位的行为。

经营者集中的主体是经营者，行为方式属于组织调整行为，包括经营者合并和不形成新经营者的股份或资产收购、委托经营或联营、业务或人事控制等。其目的和后果是迅速集合经济力，提升市场地位。其对市场竞争和经济发展利弊并存。

二、经营者集中的类型

（一）经营者合并

经营者合并，是指两个或两个以上经营者合为一个经营者，从而导致经营者集中的行为。各国反垄断法高度关注经营者集中行为。

反垄断法视角的经营者合并,可以根据参与合并的经营者在产业链上的关系,分为横向合并、纵向合并和混合合并。横向合并,是指处于同一产业链同一环节的经营者之间的合并;纵向合并,是指处于同一产业链上下环节的经营者之间的合并;混合合并,是指不属于同一产业链的经营者之间的合并。

由于参与横向合并的经营者在合并之前存在直接的竞争关系,横向合并更易导致垄断结构发生垄断行为,对其反垄断规制要比纵向合并、混合合并更为严格。全球第五次经营者合并浪潮中,多数为横向合并。

经营者合并,涉及公司法、证券法和反垄断法等多方面的法律问题。

(二) 经营者控制

经营者控制,是指经营者通过收购、委托经营、联营和其他方式获得控制权,从而导致经营者集中的行为。

根据经营者获得控制权的途径,经营者控制可分为三类:一是通过取得股权或资产的方式获得对其他经营者的控制权;二是通过订立受托经营、联营合同或其他合同方式获得对其他经营者的控制权;三是通过变更经营者所享有的债权而获得对其他经营者的控制权。

此外,根据控制的内容还可将经营者控制分为财产型控制、业务型控制和人事型控制;根据经营者在产业链上的关系又可将经营者控制分为横向控制和纵向控制。

三、经营者集中的动因和利弊

(一) 动因与合理性

经营者集中特别是经营者合并可以为经营者带来下列利益:一是带来规模经济效益;二是减少竞争对手、提高市场份额;三是可以减轻税收负担;四是通过交易内部化降低交易成本。此外,经营者集中还有助于国家调整和完善产业结构。

(二) 弊害

不言而喻,经营者集中行为会迅速提高其市场地位,并可能利用其市场支配地位对外排除或者限制市场竞争,对内会出现"X-无效率",阻碍所在行业、产业或区域的经济发展,损害消费者权益。在对垄断协议规制严格的情况下,经营者集中便会成为规避反垄断的一种方式。

四、经营者集中的规制政策

正因为经营者集中既存在诸多弊害,在特定情形下又存在一定的合理性,反垄断法对经营者集中,既不是一概禁止,也不是放任。世界各国大多采用前置性的申报许可程序。对于资产、销售额、市场占有率等达到一定数量的经营者集中行为,应当向反垄断主管部门申报。如果经营者集中不产生限制竞争或损害有效竞争的后果,或者不具有产生该后果的可能性,那么应当被许可,否则将不被许可,被禁止,或者给予附限制性条件的许可。

五、经营者集中的申报许可

根据我国《反垄断法》和配套法规、规章的规定,我国经营者集中实施下列申报许可制度:

(一) 申报的实体条件

(1) 主体。参与集中的是两个或两个以上独立的经营者,并由参与集中的经营者统一申报。如果参与集中的一个经营者拥有其他每个经营者50%以上有表决权的股份或者资产,或者参与集中的每个经营者50%以上有表决权的股份或者资产被同一个未参与集中的经营者拥有的,其实施"集中"行为,无须申报许可。

(2) 行为。即经营者意图实施经营者集中行为。

(3) 经济规模。参与集中的所有经营者上一会计年度在全球范围内的营业额合计超过100亿元人民币,并且其中至少两个经营者上一会计年度在中国境内的营业额均超过4亿元人民币的;或者参与集中的所有经营者上一会计年度在中国境内的营业额合计超过20亿元人民币,并且其中至少两个经营者上一会计年度在中国境内的营业额均超过4亿元人民币。营业额包括相关经营者上一会计年度内销售产品和提供服务所获得的收入,扣除相关税金及其附加;营业额的计算,应当考虑银行、保险、证券、期货等特殊行业、领域的实际情况。需要说明的是,即使经营者集中未达到上述申报标准,但按照规定程序收集的事实和证据表明该经营者集中具有或者可能具有排除、限制竞争效果的,国务院反垄断执法机构可以要求经营者申报。经营者应当申报未申报的,国务院反垄断执法机构应当依法进行调查。

(二) 申报的程序条件

(1) 主管机关。根据现行规定,国家市场监督管理总局是我国经营者集中的反垄断执法机构。

(2) 申报义务人。通过合并方式实施的,由参与合并的各方经营者申报;通过其他方式实施的,由取得控制权或能够施加决定性影响的经营者申报,其他经营者予以配合。申报义务人未进行集中申报的,其他参与集中的经营者可以提出申报。申报义务人可以自行申报,也可以依法委托他人代理申报。

(3) 须提交的文件、资料。包括申报书、集中对相关市场竞争状况影响的说明、集中协议、参与集中的经营者经会计师事务所审计的上一会计年度财务会计报告、主管机关规定的其他文件和资料。申报书应当载明本次集中行为的必要信息。申报人可以自愿提供有助于主管机关对该集中进行审查和作出决定的其他文件、资料,如地方人民政府和主管部门等有关方面的意见,支持集中协议的各类报告等。

(三) 审查的程序

在国务院反垄断执法机构立案之后、作出审查决定之前,申报人要求撤回经营者集中申报的,应当提交书面申请并说明理由。经国务院反垄断执法机构同意,申报人可以撤回申报。集中交易情况或者相关市场竞争状况发生重大变化,需要重新申报的,申报人应当申请撤回。撤回经营者集中申报的,审查程序终止。不过,国务院反垄断执法机构同意撤回申报不视为对集中的批准。

(1) 初审。主管机关自收到经营者提交的符合法定条件的文件、资料之日起30日内进行初步审查,作出是否实施进一步审查的决定,并书面通知申报人。如作出不实施进一步审查的决定或者逾期未作出决定的,参与集中的经营者可以实施集中。

(2) 进一步审查。决定实施进一步审查的,自决定之日起90日内审查完毕,作出是否禁止经营者集中的决定,并书面通知经营者。作出禁止经营者集中的决定,应当说明理由。

如有法定特殊情形,可以延长审查期限。逾期未作出决定的,参与集中的经营者可以实施集中。在进一步审查阶段,国家市场监督管理总局可以根据需要征求有关政府部门、行业协会、经营者、消费者等单位或个人的意见。

需要说明的是,前述的 30 日、90 日等时限的要求,可以因下列情形出现而中止:经营者未按照规定提交文件、资料,导致审查工作无法进行;出现对经营者集中审查具有重大影响的新情况、新事实,不经核实将导致审查工作无法进行;需要对经营者集中附加的限制性条件进一步评估,且经营者提出中止请求。上述导致时限中止的情形消除后,审查期限继续计算,且国务院反垄断执法机构应当书面通知经营者。

(四)审查的结果:许可或禁止

(1)审查的内容。包括:参与集中的经营者在相关市场的市场份额及其对市场的控制力;相关市场的市场集中度;经营者集中对市场进入、技术进步的影响;经营者集中对消费者和其他有关经营者的影响;经营者集中对国民经济发展的影响;主管机关认为应当考虑的影响市场竞争的其他因素。对外资并购境内企业或者以其他方式参与经营者集中,涉及国家安全的,还应当按照国家有关规定进行国家安全审查。审查的重点在于评估经营者集中对竞争产生不利影响的可能性。

(2)禁止。经营者集中具有或者可能具有排除、限制竞争效果的,国家市场监督管理总局应当作出禁止经营者集中的决定。例如,2009 年 3 月 18 日,我国反垄断执法机构(当时是商务部)作出决定,禁止可口可乐收购汇源的经营者集中。

(3)许可。经营者能够证明该集中对竞争产生的有利影响明显大于不利影响,或者符合社会公共利益的,国家市场监督管理总局可以作出对经营者集中不予禁止的决定。

对于不予禁止的经营者集中,国家市场监督管理总局可以决定附加减少集中对竞争产生不利影响的限制性条件。根据经营者集中交易具体情况,限制性条件可以包括如下种类:一是剥离有形资产、知识产权、数据等无形资产或者相关权益(以下简称剥离业务)等结构性条件;二是开放其网络或者平台等基础设施、许可关键技术(包括专利、专有技术或者其他知识产权)、终止排他性或者独占性协议、保持独立运营、修改平台规则或者算法、承诺兼容或者不降低互操作性水平等行为性条件;三是结构性条件和行为性条件相结合的综合性条件。对于附加限制性条件批准的经营者集中,国家市场监督管理总局应当对参与集中的经营者履行限制性条件的行为进行监督检查,参与集中的经营者应当按照指定期限向国家市场监督管理总局报告限制性条件的执行情况。

(五)审查结果的公布

主管机关应当将禁止经营者集中的决定或者对经营者集中附加限制性条件的决定,及时向社会公布。

(六)未依法申报经营者集中的调查处理

实施经营者集中,根据《反垄断法》和国务院相关规定应当申报而未申报径行集中的,国家市场监督管理总局负责对其调查处理。对相关举报,国家市场监督管理总局应当进行必要的核实。对有初步事实和证据表明存在未依法申报嫌疑的经营者集中,国家市场监督管理总局应当立案查处。经调查认定被调查的经营者未依法申报而实施集中,且具有或者可能具有排除、限制竞争效果的,国家市场监督管理总局可以对被调查的经营者处上一年度销售额 10% 以下的罚款,并可责令被调查的经营者采取以下措施恢复到集中前的状态:(1)停止实施集中;(2)限期处分股份或者资产;(3)限期转让营业;(4)其他必要措施。不具有排除、限制竞争效果的,处 500 万元以下的罚款。

第五节　行政性垄断

一、行政性垄断的概念

行政性垄断虽然在许多国家都存在,但在我国当代的表现尤为突出。所谓行政性垄断,是指行政机关和法律、法规授权的具有管理公共事务职能的组织滥用行政权力、违反法律规定实施的限制市场竞争的行为。

二、行政性垄断行为的构成

（一）主体

行政性垄断行为的主体不以行政机关为限,法律、法规授权的具有管理公共事务职能的组织,也应当纳入主体范围。

（二）行为方式

从学理上看,依作用对象的不同,行政性垄断行为可分为具体行政性垄断行为和抽象行政性垄断行为;依具体行为人的不同,行政性垄断行为可分为直接行政性垄断行为和间接行政性垄断行为(即行政性强制经营者限制竞争行为)。相比之下,近些年来市场运行中表现更普遍、危害更严重、特性更突出的行政性垄断行为主要有:

(1) 行政性强制交易。即行政机关和法律、法规授权的具有管理公共事务职能的组织滥用行政权力,违反法律规定,限定或者变相限定经营者、消费者经营、购买、使用其指定的经营者提供的商品。行政性强制交易的行为包括:以明确要求、暗示、拒绝或者拖延行政审批、备案、重复检查、不予接入平台或者网络等方式,限定或者变相限定经营、购买、使用特定经营者提供的商品;通过限制投标人所在地、所有制形式、组织形式等方式,限定或者变相限定经营、购买、使用特定经营者提供的商品;通过设置不合理的项目库、名录库、备选库、资格库等方式,限定或者变相限定经营、购买、使用特定经营者提供的商品;限定或者变相限定单位或者个人经营、购买、使用其指定的经营者提供的商品的其他行为。比如,某县政府要求所有机关、事业单位购买某啤酒厂质次价高、没有竞争力的啤酒,并且下达具体购买任务。

(2) 行政性限制市场准入。即行政机关和法律、法规授权的具有管理公共事务职能的组织滥用行政权力,违反法律规定,妨碍商品和服务在地区之间的自由流通,排除或限制市场竞争的行为。根据我国《反垄断法》,行政性限制市场准入行为包括:对外地商品设定歧视性收费项目、实行歧视性收费标准,或者规定歧视性价格、实行歧视性补贴政策;对外地商品规定与本地同类商品不同的技术要求、检验标准,或者对外地商品采取重复检验、重复认证等歧视性技术措施,阻碍、限制外地商品进入本地市场;采取专门针对外地商品的行政许可,或者对外地商品实施行政许可时,设定不同的许可条件、程序、期限等,阻碍、限制外地商品进入本地市场;设置关卡、通过软件或者互联网设置屏蔽等手段,阻碍、限制外地商品进入或者本地商品运出;妨碍商品和服务在地区之间自由流通的其他行为。例如,2014 年 9 月,当时的反垄断执法机构国家发展和改革委员会就查处了河北省政府交通厅等三部门制定高速公路歧视性收费规定的行政性垄断行为。

(3) 行政性强制经营者限制竞争。即行政机关滥用行政权力，违反法律规定，强制经营者从事反垄断法所禁止的排除或者限制市场竞争的行为。比如，强制本地区、本部门的企业合并，或者通过经营者控制组建企业集团；强制经营者通过协议等方式固定价格、划分市场、联合抵制等。

行政机关和法律、法规授权的具有管理公共事务职能的组织通过抽象行政行为实施行政性垄断，也构成行政性垄断。包括滥用行政权力，以办法、决定、公告、通知、意见、会议纪要、函件等形式，制定、发布含有排除、限制竞争内容的规定等。

(三) 其他要件

分析行政性垄断行为的构成，还要分析其是否滥用行政权力、是否违反法律规定、是否限制市场竞争。

三、行政性垄断的成因和危害

行政性垄断现象，绝不仅仅是一个法律问题，而是我国经济、政治、法律、社会、文化传统等许多因素长期、综合作用的结果。

(一) 成因

一是体制成因。我国是直接从高度集权的计划经济体制过渡到国家适度调控和规制的现代市场经济体制，在体制转型历程中，高度集权的特征在逐渐弱化的趋势下仍将在较长时期内以各种形式体现在体制之中。行政性垄断即是其体现之一。二是机制成因。我国现行的财税体制，使地方财政状况与地方税收状况密切相关。在这样的利益链条上，地方政府及其各部门自然会努力推动本地和本行业经济发展。同时，我国经济发展的不平衡，带来资源、产品或服务贸易中的不平衡，为了保护本地利益，一些地方政府及其部门自觉或不自觉地通过实施相应的行政性限制市场准入行为，保护本地的资源。三是法治成因。法治，首先应当尊崇"依法而治"的理念。所依之法，应当是体现公平、公正、效率并超然于地区和部门利益之法，应当是最大多数利益的体现。现实的情形是，一些不利于打破部门或地区壁垒、不利于我国统一市场建设、不利于破除行政性垄断的规定或做法，还需要在规制行政性垄断中逐步清除。四是观念成因。行政性垄断行为的成因还包括我国长期存在的封建社会所造成的历史惯性。行政中心观念和权力本位思想浓厚，以人为本、尊重公民权利的意识淡薄，直接或间接地导致了形形色色的行政性垄断行为。

(二) 危害

行政性垄断行为具有滥用市场支配地位、垄断协议和违法的经营者集中的全部危害，并且因其由享有公共权力的行政机关和其他组织所为，而具有传统垄断行为所不具备的更严重的危害。突出表现在：一是破坏统一市场、限制公平竞争，阻碍现代市场经济体制的建立和完善；二是与民争利，侵犯民权，助长、维护和强化行政腐败，毒化社会风气；三是强化官本、忽视民本，破坏社会主义政治民主和制度文明。

四、行政性垄断的规制路径

规制行政性垄断，需要从法律、经济、政策、文化等方面多管齐下、标本兼治，具体路径如下：

（一）进一步完善我国经济和政治体制

行政性垄断行为的根基在于体制，既包括经济体制，也包括政治体制。改革和完善我国权力分配的体制，强化权力的制衡和监督，构建有限政府，是规制行政性垄断行为的主要路径。

（二）修正政府部门及其工作人员的考核、福利机制

淡化政府特别是其官员考核中经济发展指标的权重，加入促进市场竞争公平性、限制不正当竞争和垄断状况等市场运行质量考核指标。继续转变政府职能，严格"三定"（定职能、定机构和定编制）方案的编订和执行。实行公务员工资由本地人事、财政部门统一确定、发放，严格收支两条线，淡化政府机关的单位化色彩。

（三）不断完善和严格实施《反垄断法》

建立健全立法备案与审查制度，修订与市场经济体制不相适应的法律、法规，健全社会主义市场经济法治。根据我国《宪法》和《立法法》的规定，全面清理违背《反垄断法》的法规、规章。严格实施《行政许可法》和《行政诉讼法》，使更广范围内的主体享有对抽象行政性垄断行为提起诉讼的权利。

（四）健全和实施公平竞争审查制度

国务院于2016年发布的《关于在市场体系建设中建立公平竞争审查制度的意见》确立了我国的公平竞争审查制度。我国《反垄断法》第5条明确规定：国家建立健全公平竞争审查制度。行政机关和法律、法规授权的具有管理公共事务职能的组织在制定涉及市场主体经济活动的规定时，应当进行公平竞争审查。

公平竞争审查制度，是指对行政机关和法律法规授权的具有管理公共事务职能的组织制定的市场准入、产业发展、招商引资、招标投标、政府采购、经营行为规范、资质标准等涉及市场主体经济活动的规章、规范性文件和其他政策措施进行审查，评估其对市场竞争的影响，防止排除、限制市场竞争的一种制度。健全和实施公平竞争审查制度，有助于减少政府对市场的不当干预，避免政府的规章、政策产生排除或限制市场竞争的效果，从而有助于厘清政府与市场的关系，有效发挥政府维护市场机制健康运行、保障公平竞争的职责和义务。

五、行政性垄断的违法责任

对涉嫌滥用行政权力排除、限制竞争行为的主体，反垄断执法机构有权进行调查，有关单位或者个人应当配合。经营者、行政机关和法律、法规授权的具有管理公共事务职能的组织，涉嫌违反反垄断法规定的，反垄断执法机构可以对其法定代表人或者负责人进行约谈，要求其提出改进措施。行政机关和法律、法规授权的具有管理公共事务职能的组织滥用行政权力，实施排除、限制竞争行为的，由上级机关责令改正；对直接负责的主管人员和其他直接责任人员依法给予处分。反垄断执法机构可以向有关上级机关提出依法处理的建议。行政机关和法律、法规授权的具有管理公共事务职能的组织应当将有关改正情况书面报告上级机关和反垄断执法机构。

第六节 反垄断法的实施

"徒法不足以自行"①,反垄断法尤其如此。反垄断法的程序制度,是反垄断法实体制度实施的重要保障。它既包括反垄断执行制度,又包括反垄断诉讼制度,还包括涵盖执行和诉讼的一般制度。反垄断法实施的基本路径和原则、适用除外和域外效力制度,也主要是程序制度及与程序制度直接相关的理论、知识。为便于编排和学习,这些内容也列入本节。

一、规制路径和分析思路

（一）结构主义和行为主义

结构主义和行为主义,是规制垄断过程中逐步形成的两种路径。它形成于规制滥用市场支配地位行为的路径,后来演变成为规制整个垄断现象的路径。

1. 结构主义

对滥用市场支配地位行为的结构主义规制,以日本和美国为代表。日本的结构主义规制集中在对垄断状态的规制上。日本《禁止私人垄断及确保公正交易法》第2条和第8条对行为构成、法律责任的规定,强调了份额和拆分的作用。美国对滥用市场支配地位行为所采取的规制,源于《谢尔曼法》第2条。结合相关判例,美国的规制在要件上既有结构的路径,也有行为的路径。比如,在法律责任形式上,包括刑事罚金、自由刑、企业拆分、三倍惩罚性赔偿等。

2. 行为主义

对滥用市场支配地位行为的行为主义规制,以德国、法国和欧盟为代表。德国《反对限制竞争法》关于滥用市场支配地位行为的构成要件,包括主体资格、行为方式和行为后果（包括发生后果的可能性）。对实施滥用市场支配地位行为的经营者,承担合同被禁止或被宣布无效、停止侵害、损害赔偿和罚金等法律责任。

产业组织理论中,哈佛学派更侧重于结构主义,芝加哥学派更侧重于行为主义。由于结构主义规制会带来破坏企业规模经济效应,对经济发展产生冲击等不利影响,总体上看,结构主义的影响在减弱已经成为趋势。需注意的是,各国反垄断制度的制定和实施现状表明,结构主义和行为主义只是反垄断法在规制路径、视角上各有侧重的两种倾向,并不存在纯粹的、极端的结构主义或者行为主义规制法律制度。

（二）本身违法原则和合理分析原则

1. 产生和发展

一般认为,美国《谢尔曼法》第1条承袭了源于18世纪以前的本身违法原则:任何以托拉斯或其他方式限制州际贸易或对外贸易的合同、联合或共谋为非法。美国法院在实施该法的初期,严格按字面意思,体现出"本身违法原则"的精神。后来,一些观点提出对限制贸易协议应当分清合理和不合理,并且只有不合理的协议才需要禁止,美国最高法院在1911年对著名的美孚石油公司案的判决采纳了该观点,以促进竞争还是抑制甚至摧毁竞争为标准,只有"不合理地"限制竞争的行为才应当被禁止。这样,美国法院在分析是否构成垄断和

---
① 《孟子·离娄上》。

适用法律时,形成了本身违法原则和合理分析原则两种分析方法,并逐步被一些国家采用。

2. 本身违法原则

规制限制竞争行为,适用法律、判断其违法性时,对一旦发生即会对市场竞争造成损害的限制竞争行为,只需确认该行为发生即认定其违法,且不再考虑其他因素。这样的分析思路被称为本身违法原则。这里的"其他因素",是指行为的目的、行为人的市场支配地位、行为的实际损害是否发生、其他抗辩等。美国的制定法和判例法,逐步明确了比较典型地适用本身违法原则的限制竞争行为,即固定价格、划分市场、联合抵制和限制转售价格等。但是,近年来有部分案件适用合理分析原则。

3. 合理分析原则

规制限制竞争行为,在适用法律、判断其违法性时,对于对市场竞争损害的发生与否和损害的大小并不确定的限制竞争行为,既要确认该行为是否发生,还要确认和考量行为人的市场地位、经济实力,行为的目的、方式和对市场竞争所造成的损害后果等诸多因素。这样的分析思路被称为合理分析原则。在适用范围上,不应适用本身违法原则的行为即应适用合理分析原则。合理分析原则有助于准确判断行为的违法性,但单个案件成本较大。

以上这两项原则,各自的优点正是另一原则的缺点。实践中应当恰当选择、适用。针对反垄断实施中对纵向垄断协议认定分析思路上存在的问题,我国 2022 年修正的《反垄断法》在纵向垄断协议一条专门增加一款(第 18 条第 2 款),明确"经营者能够证明其不具有排除、限制竞争效果的,不予禁止"。这样规定,进一步明确了纵向垄断协议应当适用合理分析原则。

二、反垄断法的适用除外

(一)含义和制度价值

反垄断法适用除外,是指在规定反垄断法适用范围和适用反垄断法时,将符合特定条件的领域、事项或行为作为例外而不适用反垄断法基本规定的一项制度。

对某些利大于弊的垄断行为,适用除外的规定,有利于实现反垄断法经济社会效益的最大化,有利于实现反垄断法稳定性与反垄断案件的权变性有效结合,有利于最大限度地体现和维护国家整体利益。

(二)适用条件

反垄断法适用除外的实体要件是要有利于国家整体利益和社会公共利益。从正面看,应当是有利于改进技术、提高产品和服务质量、降低成本、提高经济效益、增强中小企业的竞争能力,或者有利于度过经济低谷期,保障我国对外贸易和对外经济合作中的正当利益。从反面看,不严重增加对地区竞争的限制,不阻碍某一行业、产业或区域经济发展,不严重妨碍市场竞争,不损害消费者权益且消费者能够分享由此带来的利益。

反垄断法适用除外的程序要件是应当履行申报登记或许可程序。即使许可,如果竞争环境条件、行为目的和效果等发生变化,主管机关仍可依法撤销该许可。

(三)适用范围

反垄断法适用除外的适用范围包括两类:一类是自然垄断行业经营者,部分行业协会、合作社、著作权保护组织、中小经营者及其团体等,知识产权人,对外贸易经营者等主体所作出的符合前述的实体条件和程序条件的行为;另一类是其他主体为了应对经济不景气而制止销售量严重下降或者生产明显过剩、促进经营者合理化,没有其他更适宜的方法的情形下所采取的联合行为。我国《反垄断法》的适用除外规定,集中体现在下列四个方面:

一是垄断协议。我国《反垄断法》第20条规定了适用除外的7种情形和证明责任。

二是滥用市场支配地位。我国《反垄断法》第22条在规定禁止具有市场支配地位的经营者滥用市场支配地位行为时,均设定了"不公平""没有正当理由"等限定。如果行为人能够证明其价格行为"公平"、其他被诉滥用行为有"正当理由",即可能不构成滥用。

三是滥用知识产权。对经营者依照有关知识产权的法律、行政法规规定行使知识产权的行为,不适用我国《反垄断法》;但是经营者滥用知识产权,排除、限制竞争的行为,适用《反垄断法》。

四是农业生产者及农村经济组织的特定行为。农业生产者及农村经济组织在农产品生产、加工、销售、运输、储存等经营活动中实施的联合或者协同行为,不适用《反垄断法》。

(四)反垄断法适用除外的立法模式

反垄断法适用除外法律规范的渊源,是指规定反垄断法适用除外的法律形式。各国所采用的有三种形式:基本法的专门条款、其他法律的专门条款和单行立法。

三、反垄断法的域外效力

1. 含义

反垄断法在效力范围上的特殊性体现在空间效力和对人的效力上。大多数国家采取"以域内效力为基础,域外效力为补充"的原则,使得反垄断法不仅对在国外违反内国反垄断法的国内经营者和在国内违反内国反垄断法的外国经营者发生效力,而且可能对在国外违反内国反垄断法并影响市场竞争的外国经营者发生效力。这种内国反垄断法效力范围超越国家领土,适用于对内国市场竞争产生影响的垄断行为的现象,称为反垄断法的域外效力。

2. 缘起

反垄断法的域外效力,源于1945年美国铝公司垄断案。在该案中,法官指出,由于美国铝公司加拿大分公司的限制竞争行为的"意图是影响对美国的出口,而且事实上也影响了对美国的出口",即使是在境外发生的,也可以适用美国《谢尔曼法》。该"效果原则"所产生的域外效力毕竟对其他国家主权造成直接影响,理所当然地受到了抵制。后来,美国法院创设"合理管辖原则",不仅考虑效果,还要考虑国家间的礼让、对竞争行为发生国和诉讼所在国影响的比较、影响的可预见性、域外管辖权发生冲突的可能性等因素。

3. 发展

随着反垄断法域外效力案件日益增多,一些国家和地区也在探索国家和地区间在实施上的协调机制。欧盟委员会的决定和欧盟法院的判例确立了反垄断法的域外效力,并将效果原则与履行地原则、单一经营者原则并列。美国和欧盟在1991年9月订立《反垄断法执行的合作协定》,通过确立积极礼让与消极礼让原则,加强双方反垄断主管机构之间的通告、信息交流、程序性合作,减少管辖权冲突,增进反垄断法执行上的协调。

我国《反垄断法》第2条明确规定:"中华人民共和国境内经济活动中的垄断行为,适用本法;中华人民共和国境外的垄断行为,对境内市场竞争产生排除、限制影响的,适用本法。"

四、反垄断执法程序

(一) 反垄断执法主体

1. 概念

反垄断执法主体,是指反垄断法执行职责的承担者和执行权力的享有者。美国的联邦贸易委员会、司法部反托拉斯局,日本的公正交易委员会,德国的联邦卡特尔局,都是本国反垄断法执法主体。我国的反垄断法执法主体是国务院反垄断委员会和国务院反垄断执法机构(国家市场监督管理总局反垄断局)。

2. 职责

反垄断执法主体的职责一般包括:(1) 特定行为许可。依法受理、审查和核准依法需要审查、核准的经营者集中行为、垄断协议行为等。(2) 违法行为查处。依法受理或自行启动对违法垄断行为的调查、审议和制裁。对反垄断案件进行裁决,当事人不服的可诉到法院。(3) 竞争状况监控。调查和研究本国产业结构、产业组织、市场运行状况,作为规制市场行为的依据,也作为本国政府宏观决策参考。(4) 行为规则制定。发布反垄断方面的指导性文件。

在我国,国务院反垄断委员会负责组织、协调、指导反垄断工作。具体职责是:研究拟订有关竞争政策;组织调查、评估市场总体竞争状况,发布评估报告;制定、发布反垄断指南;协调反垄断行政执法工作;国务院规定的其他职责。国家市场监督管理总局负责反垄断执法,根据工作需要,执法机构可以授权省、自治区、直辖市人民政府相应的机构,依照《反垄断法》规定负责有关反垄断执法工作。[①]

3. 权力

(1) 调查权。为履行其职责,反垄断执法主体调查的事项主要包括四类垄断行为和产业组织结构、市场竞争状况及其他需要调查的事项。为此,反垄断执法主体须享有对经营者的住所、营业场所或者其他场所进行实地调查以获取一切必要证据的权力,包括采取必要的强制性调查手段的权力,如查封、扣押相关证据,查询经营者的银行账户的权力。我国反垄断执法机构调查权的具体权能包括:检查权;询问权;资料调阅复制权;证据查封、扣押权;账户查询权。

(2) 许可权,包括对经营者集中行为、联合行为等的申报行使许可权和许可废止权。

(3) 制裁权,包括对违反反垄断法强行规范的经营者行使特定制裁的权力,如告诫权、禁止权、经营者解散权、宣布联合行为无效权、拆分权、罚款权、强制赔偿权、没收权等。

(4) 调研权。

(5) 规则制定权。我国《反垄断法》第12条规定,国务院反垄断委员会享有研究拟订有关竞争政策,制定、发布反垄断指南的权力。反垄断执法机构享有反垄断规章制定权。

此外,有的国家反垄断执法主体有起诉权,如美国司法部反托拉斯局。

(二) 反垄断一般执法程序

反垄断执法主体履行职责、行使权力时,都应当依照程序。下面以最具代表性的对违法

[①] 需要说明的是,由于国务院反垄断委员会办公室与国家市场监督管理总局反垄断局是一个机构、两个牌子,国务院反垄断委员会日常运行的职能实质上由国家市场监督管理总局承担。

行为的查处程序为例进行介绍。

1. 执法程序的启动

启动的具体情形包括：

（1）垄断行为受害人的申请或控告，经依法受理后启动。

（2）其他组织或个人报告（举报），经依法受理后启动。

（3）主管机构自行启动。执法主体也可以自行启动。

2. 反垄断调查

（1）启动。实施调查，须由调查人员向反垄断执法机构主要负责人书面报告，并经批准。

（2）方式。包括现场检查，询问，资料调阅、复制，证据的查封、扣押，银行账户的查询等。

（3）程序规范。一是实施调查的执法人员不得少于2人，并应出示证件；二是询问和调查应当制作笔录，并由被询问人或者被调查人签字；三是对执法过程中知悉的商业秘密、个人隐私和个人信息负有保密义务；四是被调查的经营者、利害关系人有权陈述意见。

（4）调查的中止、终止与恢复。被调查的经营者承诺在反垄断执法机构认可的期限内采取具体措施消除该行为后果的，反垄断执法机构可以决定中止调查。这是通行的反垄断和解的一种体现。中止调查的决定应当载明被调查的经营者承诺的具体内容。反垄断执法机构决定中止调查的，应当对经营者履行承诺的情况进行监督。一是经营者履行承诺的，反垄断执法机构可以决定终止调查。二是如果经营者未履行承诺，或者作出中止调查决定所依据的事实发生重大变化，或者中止调查的决定是基于经营者提供的不完整或者不真实的信息作出的，反垄断执法机构应当恢复调查。

3. 审议

在调查取证的基础上，主管机构组织审议。审议的形式，不同国家有不同的规定。有的由主管机构采用类似法院开庭的方式，有的则由顾问机构提出鉴定报告，有的由主管机构调查小组或专案小组根据法律审议。无论哪种方式，一般会给予被调查的经营者查阅案卷、陈述意见和提出申辩的机会。不采用开庭方式的，也应当充分听取被调查的经营者的意见，对其提出的事实、理由和证据进行复核。被调查的经营者提出的事实、理由和证据成立的，主管机构应予采纳。

4. 决定

经过上述程序，主管机构应当作出相应的决定。决定包括：（1）违法与否的认定，包括是否构成垄断或限制竞争、是否可以依法豁免等。（2）如果属于违法行为，则应采取制裁措施：宣布行为违法、无效，责令行为人停止违法行为，给予受害人赔偿，给予罚款，提起诉讼或提出民事、刑事处分建议等。（3）如果不属于违法行为，也作出相关的决定，认可或许可其行为。主管机关对涉嫌垄断行为调查核实后作出的处理决定，可以向社会公布。

5. 执行

经公布后，即进入执行环节。执行环节，可以是自动执行。如果被制裁人不服该决定的，可以向上级机关申请行政复议或者向法院提起行政诉讼。被制裁人不服该决定，又不提起复议或者诉讼的，主管机关可以依法强制执行。

反垄断案件的查处往往特别费时费力，需要耗费大量的行政和司法资源，为节省成本，一些国家的反垄断立法规定,在反垄断调查启动之后、违法与否及制裁措施决定作出之前,如果被调查处理的经营者承认行为违法,主管机关可根据案件的实际情况,通过与被查处的经营者达成协议或其他形式,中止查处程序,向被调查人提出告诫,要求其停止该行为,并接受相应的制裁。

五、反垄断民事诉讼特别程序制度

通过民事诉讼、行政诉讼和刑事诉讼的方式实施反垄断法,统称为反垄断诉讼。以民事诉讼方式实施反垄断法,在管辖、证据、赔偿等方面均与一般民事诉讼制度有较大不同。最高人民法院 2012 年通过、2020 年修正的《关于审理因垄断行为引发的民事纠纷案件应用法律若干问题的规定》,即凸显反垄断民事诉讼特点的民事特别诉讼制度。实践中,反垄断诉讼绝大多数是民事诉讼。为此,下面集中阐述反垄断民事诉讼特别制度。

(一)反垄断民事诉讼的管辖

1. 受理

原告直接向人民法院提起民事诉讼,或者在反垄断执法机构认定构成垄断行为的处理决定发生法律效力后向人民法院提起民事诉讼,并符合法律规定的其他受理条件的,人民法院应当受理。

2. 一审管辖

第一审垄断民事纠纷案件,由知识产权法院,省、自治区、直辖市人民政府所在地的市、计划单列市中级人民法院以及最高人民法院指定的中级人民法院管辖。

3. 地域管辖和移送

垄断民事纠纷案件的地域管辖,根据案件具体情况,依照《民事诉讼法》及相关司法解释有关侵权纠纷、合同纠纷等的管辖规定确定。

民事纠纷案件立案时的案由并非垄断纠纷,被告以原告实施了垄断行为为由提出抗辩或者反诉且有证据支持,或者案件需要依据反垄断法作出裁判,但受诉人民法院没有垄断民事纠纷案件管辖权的,应当将案件移送有管辖权的人民法院。

两个或者两个以上原告因同一垄断行为向有管辖权的同一法院分别提起诉讼的,人民法院可以合并审理。两个或者两个以上原告因同一垄断行为向有管辖权的不同法院分别提起诉讼的,后立案的法院在得知有关法院先立案的情况后,应当在 7 日内裁定将案件移送先立案的法院;受移送的法院可以合并审理。被告应当在答辩阶段主动向受诉人民法院提供其因同一行为在其他法院涉诉的相关信息。

(二)反垄断民事诉讼的证据制度

1. 举证责任分配

(1)原告承担的举证责任。被诉垄断行为属于《反垄断法》第 22 条第 1 款规定的滥用市场支配地位的,原告应当对被告在相关市场内具有支配地位和其滥用市场支配地位承担举证责任。原告可以以被告对外发布的信息作为证明其具有市场支配地位的证据。被告对外发布的信息能够证明其在相关市场内具有支配地位的,人民法院可以据此作出认定,但有相反证据足以推翻的除外。

(2)被告承担的举证责任。在反垄断民事诉讼中,被诉垄断行为属于《反垄断法》第 17 条规定的横向垄断协议的,被告应对该协议不具有排除、限制竞争的效果承担举证责任。在对滥用市场支配地位行为提起的民事诉讼中,被告以其行为具有正当性为由进行抗辩的,应当承担举证责任。被诉垄断行为属于公用企业或者其他依法具有独占地位的经营者滥用市场支配地位的,人民法院可以根据市场结构和竞争状况的具体情况,认定被告在相关市场内具有支配地位,但有相反证据足以推翻的除外。

2. 专家证人

为更好地审理涉及专业技术、经济问题的垄断案件,当事人可以向人民法院申请1—2名具有相应专门知识的人员出庭,就案件的专门性问题进行说明。

3. 经济分析报告和鉴定

当事人可以向人民法院申请委托专业机构或者专业人员就案件的专门性问题作出市场调查或者经济分析报告。经人民法院同意,双方当事人可以协商确定专业机构或者专业人员;协商不成的,由人民法院指定。

人民法院可以参照《民事诉讼法》及相关司法解释有关鉴定意见的规定,对前述规定的市场调查或者经济分析报告进行审查判断。

(三) 反垄断民事诉讼的赔偿制度

被告实施垄断行为,给原告造成损失的,根据原告的诉讼请求和查明的事实,人民法院可以依法判令被告承担停止侵害、赔偿损失等民事责任。根据原告的请求,人民法院可以将原告因调查、制止垄断行为所支付的合理开支计入损失赔偿范围。

(四) 违反反垄断法的合同、章程等的效力认定

当事人之间的合同、行业协会的章程或决议等,如果违反《反垄断法》或其他法律、行政法规的强制性规定,人民法院应当认定其无效。但是,该强制性规定不导致该民事法律行为无效的除外。

(五) 反垄断民事诉讼中的诉讼时效

因垄断行为产生的损害赔偿请求权的诉讼时效期间,从原告知道或者应当知道权益受到损害以及义务人之日起计算。原告向反垄断执法机构举报被诉垄断行为的,诉讼时效从其举报之日起中断。反垄断执法机构决定不立案、撤销案件或者决定终止调查的,诉讼时效期间从原告知道或者应当知道不立案、撤销案件或者终止调查之日起重新计算。反垄断执法机构调查后认定构成垄断行为的,诉讼时效期间从原告知道或者应当知道反垄断执法机构认定构成垄断行为的处理决定发生法律效力之日起重新计算。

原告知道或者应当知道权益受到损害以及义务人之日起超过3年,如果起诉时被诉垄断行为仍然持续,被告提出诉讼时效抗辩的,损害赔偿应当自原告向人民法院起诉之日起向前推算3年计算。自权利受到损害之日起超过20年的,人民法院不予保护;有特殊情况的,人民法院可以根据权利人的申请决定延长。

本 章 小 结

反垄断法理论和制度的全面阐述,应当涉及反垄断法律制度的基本原理、各类垄断行为规制法律制度和综合性规制体制与程序。由于本章是在市场规制法基本原理统摄下的反垄断法律制度,为节省篇幅,仅阐述突出体现反垄断法律制度个性的内容,而对属于在市场规制法一般原理和其他课程中详细涉及的内容(如反垄断诉讼制度),则不再详细展开。

这样,有必要:(1)在反垄断法律制度原理中,突出垄断和反垄断法的界定、体系,至于反垄断法的价值、宗旨、原则、主体、权利、义务和法律责任,则参照市场规制法基本原理中的相关内容去理解。(2)对四类垄断行为(滥用市场支配地位行为、联合限制竞争行为、经营者集中行为、行政性垄断行为)规制法律制度中行为的界定、特征(包括认定)、成因与利弊分别阐述。(3)四类垄断行为规制法律制度均应涉及的适用除外与域外效力制度、法律责任制度、执行体制与程序制度、诉讼程序制度,在最后一节集中阐述,但法律责任制度融入市场规制法原理理解,诉讼程序制度融入诉讼法律制度理解。这样既可避免四类垄断行为规制法律制度分别全面阐述中的重复,也可强化本编第十一章和后四章的"总分式"逻辑关系。

理解了本章内容安排上的构思,会更有助于理解本章着重介绍的反垄断法律制度六个方面的内容之间的关系,即垄断和反垄断的一般知识、四类垄断行为和反垄断法综合性的执行制度(包括执行体制、执行路径与执行程序、域外效力与适用除外)之间的内在联系。

第十三章

反不正当竞争法律制度

反不正当竞争法律制度及其原理,是市场规制法律制度及其原理中最重要的组成部分之一,主要涉及不正当竞争行为的概念、特征和执行体制,以及不正当竞争行为的界定和表现。为此,本章将分别阐述这些内容。

第一节 反不正当竞争法概述

一、不正当竞争行为

(一)不正当竞争行为的概念和属性

顾名思义,不正当竞争作为正当竞争的反义词,就是不正当的竞争行为。问题在于,正当或不正当,是道德意义上的判断。法律意义上的不正当竞争如何界定,与道德意义上的正当性有何关系?这是理解不正当竞争行为概念的重要前提。

不正当竞争行为作为法律概念提出,源于1850年法国一法院根据《法国民法典》第1382条的规定对某案件作出的判决。该条规定:"任何行为使他人受损害时,因自己的过失招致损害发生之人对该他人负赔偿之责任。"法院判决认为,行为人的行为构成欺诈行为或使人误解,且应负责任,是一种不正当竞争行为。这可能是"不正当竞争行为"作为法律概念的缘起。这种根据民法典的规定制裁不正当竞争行为的做法为意大利、荷兰等国采用。不过,大多数国家采用专门制定和实施法律来规制不正当竞争行为的模式。德国于1896年制定了世界上第一部《反不正当竞争法》。后来,《保护工业产权巴黎公约》(1900年布鲁塞尔修订本)最早以国际公约的形式,对反不正当竞争作出专门规定。随着世界各国反不正当竞争立法的丰富和完善,不正当竞争行为的法律意义日渐明确。

关于不正当竞争行为的法律定义,有的规范性法律文件通过一般条款明确界定,如德国《反不正当竞争法》《保护工业产权巴黎公约》等。德国《反不正当竞争法》(1909年)将其定义为"在营业中为竞争目的采取违反善良风俗的行为"。[①]《保护工业产权巴黎公约》将其定义为"在工商业活动中违反诚实经营的竞争行为"。[②] 俄罗斯《关于竞争和在商品市场中限制垄断活动的法律》的定义为:"不公平竞争是指经济实体在企业活动中为获取优势的任何行

---

① 德国《反不正当竞争法》第1条[一般条款]。该法的一般条款在2004年、2010年均被修改过。
② 《保护工业产权巴黎公约》第10条之二(二)。

为,与现行法规、商务惯例、公平性、合理性和公正性要求相抵触,并且可能造成或已经造成对竞争对手的损害,或者已经损害了竞争对手的商誉。"[1]有的国家的法律没有集中、明确的定义,而是通过列举诸多表现形式的方式界定。是集中、明确地定义还是列举,这是法律定义模式之间的区别。我国《反不正当竞争法》第2条第2款也给出了不正当竞争的法律定义。根据一些国家对不正当竞争行为的法律定义,可以概括出不正当竞争行为的如下若干属性:

(1) 竞争性。不正当竞争行为是市场竞争行为,是为了争取更多的交易机会而为的行为。这样,可以将不正当竞争行为与不正当的其他行为区别开来。需要明确的是,不正当竞争行为之竞争,是市场竞争、经济竞争或商业竞争,而不是其他领域的竞争。

(2) 反道德性。不正当竞争行为和正当竞争行为的区别在于是否符合道德特别是商业道德。虽然对商业道德的具体界定可能不完全一致,但诚实、守信、公平、等价、不侵犯他人和公共利益等,应是公认的商业道德。商业混淆、虚假宣传、商业贿赂等行为,显然违背了公认的商业道德,是反道德的竞争行为。该属性将不正当与正当区分开来。

(3) 违法性。虽然公认的商业道德总体上能为人们所认知和认同,但常常失之模糊,且约束力不够强。为有效规范经营者的市场竞争行为,除商业道德的规范外,还需要将市场行为中常见的、违反为人们所公认的商业道德的行为用法律明确规定下来,并予以不同形式的制裁。这样,虽然不是所有的道德意义上的不正当竞争行为都违反法律,但法律意义上的不正当竞争行为当然是同时违反商业道德的市场竞争行为。于是,就将既违反道德又违反法律的不正当竞争行为与仅违反道德但不违反法律的不正当竞争行为区分开来。

基于上述认识,可以将不正当竞争行为定义如下:不正当竞争行为,是经营者有悖于商业道德且违反法律规定的市场竞争行为。需要注意的是,这是对"不正当竞争行为"的狭义定义,也是本书所使用的定义。平时所阅读到的一些法律文件、文章,有时将垄断行为也作为不正当竞争行为,这是广义的理解。还有一些日常用语不是从法律角度,而是仅从道德角度理解和使用"不正当竞争",这是更宽泛的理解。

(二) 不正当竞争行为的表现类型

虽然不是所有反不正当竞争法律都通过一般条款来界定不正当竞争行为,但为有效地规制不正当竞争行为,几乎每一部反不正当竞争的基本法律都列举几类不正当竞争行为。分析不正当竞争行为的类型,有助于丰富对不正当竞争行为的感性认识,进而理解其构成、特征。不正当竞争行为的类型,包括法律规定的类型和学理抽象的类型。法律规定的类型,是反不正当竞争法律所列举的、需要依法规制的不正当竞争行为的类型。

德国《反对不正当竞争法》列举了8种不正当竞争行为:(1) 引人误解的广告行为;(2) 特别营销行为;(3) 商业贿赂行为;(4) 擅自使用他人商业标记的行为;(5) 诋毁商誉行为;(6) 侵犯商业秘密行为;(7) 附赠行为;(8) 折扣行为。[2]

日本《不正当竞争防止法》和《防止不当赠品类及不当表示法》规定了7种不正当竞争行为:(1) 与知名商品相混淆的行为;(2) 与知名营业相混淆的行为;(3) 商品原产地的虚假标示行为;(4) 商品制造地的虚假标示行为;(5) 对商品信息的虚假标示行为;(6) 陈述或散布

---

[1] 俄罗斯《关于竞争和在商品市场中限制垄断活动的法律》第4条。
[2] 邵建东:《德国反不正当竞争法研究》,中国人民大学出版社2001年版,第4—11章。

竞争对手虚假事实的行为;(7)通过采用与一定商品和服务交易相联系的不正当的赠品类和表示行为。韩国《防止不正当竞争及保护营业秘密法》规定的类型与日本的比较近似。

不少国家的法律关于不正当竞争行为的列举,部分源于《保护工业产权巴黎公约》。该《公约》在界定了不正当竞争行为后,还规定了需要特别禁止的行为:(1)采用任何手段对竞争对方的企业、商品或工商业活动造成混乱的一切行为;(2)在经营商业中利用谎言损害竞争对方的企业、商品或工商业活动的信誉的行为;(3)在经营商业中使用会使公众对商品的性质、制造方法、特点、使用目的或数量发生混乱的表示或说法。①

我国1993年《反不正当竞争法》所规制的不正当竞争行为,包括:(1)与他人商品或者服务相混淆的虚假标示行为;(2)商业贿赂行为;(3)引人误解的虚假宣传行为;(4)侵犯商业秘密行为;(5)不当有奖销售行为;(6)诋毁商誉行为。② 该法于2017年11月4日进行了修订,于2019年4月23日进行了修正。现行《反不正当竞争法》所列行为有(以法条顺序为序):(1)商业混淆行为;(2)商业贿赂行为;(3)虚假宣传行为;(4)侵犯商业秘密行为;(5)不当附奖赠行为;(6)商业诋毁行为;(7)互联网特殊不正当竞争行为。③

(三)不正当竞争行为的危害

不正当竞争行为有其内在和外在的成因,这里集中阐述所有不正当竞争行为都具备的危害性。分析和阐述不正当竞争行为,有助于理解反不正当竞争法的价值和宗旨。

1. 损害市场机制,破坏市场秩序

市场经济体制的优势在于由市场配置资源。市场配置资源之所以有其优越性,就在于市场的价格信号是社会供求关系的晴雨表。正是在价格信号的作用下,社会资金、劳动、时间向最能满足社会需求的产品和服务领域倾斜。但是,价格信号也仅仅是在完全竞争的市场中才有可能实现这一功能。完全竞争的市场是罕见的、理想化的,独占、寡占特别是垄断竞争等不完全竞争的市场才是常见的,因此需要反垄断。另一方面,即使市场不存在任何垄断的结构和行为,如果不正当竞争行为普遍、严重,价格信号也不真实,也不能发挥其应有的功能。比如,在虚假陈述、商业贿赂、不当附奖赠促销盛行的情况下,价格会虚高,价格信号也不能正确地反映市场供求关系。当价格机制不能正常发挥作用时,市场机制也就会被扭曲。这样,就应当通过反不正当竞争,恢复公平竞争市场秩序。

2. 侵犯竞争者和消费者的权利

不正当竞争行为的直接受害主体是与之相关的经营者和消费者。例如,商业混淆行为直接侵犯被擅自使用的商业标记的权利人的知识产权和消费者的知情权;虚假宣传行为直接侵犯消费者的知情权。由于商业混淆行为,消费者无法或者难以区别同一商业标记下同种商品和服务的真正经营者,增加了消费者识别的成本,在无法识别或者错误识别时还会造成直接经济损失。在消费者遭受经济损失后,其购买行为会更为谨慎,购买量会因此而下降,经产供销的产业链反馈到销售者、生产者后,将影响到整个产业链。这也是为什么欺骗性标示案件被曝光后,该种商品往往大量滞销、生产厂家门可罗雀的原因。其他不正当竞争

---

① 《保护工业产权巴黎公约》第10条之二(三)。
② 详见我国1993年《反不正当竞争法》第5、8、9、10、13、14条。
③ 详见我国现行《反不正当竞争法》第6、7、8、9、10、11、12条。

行为,无一例外地侵犯其他经营者和(或)消费者的权利。

3. 危害信用和社会公德

不正当竞争是违背公认的商业道德的行为。不正当竞争行为大都表现为以次充好、以假充真、以邪侵正,是诚实、信用、公平、合理等人类公认道德的反动。不正当竞争行为的存在以至盛行,不仅会侵犯经营者、消费者的权利和利益,破坏市场机制和秩序,还会败坏社会信用机制,毒化社会空气,伤害社会的精神文明和制度文明。世界各国都通过法律途径规制违背公认商业道德的不正当竞争行为,也是为了维护人类社会赖以维系的基本信用和公共道德。

二、反不正当竞争法的概念

(一) 反不正当竞争法的定义

形式意义上的反不正当竞争法,是指以有关反不正当竞争法的规范性法律文件,如我国《反不正当竞争法》、德国《反不正当竞争法》等。实质意义上的反不正当竞争法,是指经济法中市场规制法的一个部门法,是由具有特定调整对象的法律规范所构成的。分清二者,有助于分清反不正当竞争法与相关法的关系,把握其体系。

反不正当竞争法的定义,是对实质意义上的反不正当竞争法内涵的界定。反不正当竞争法,是指调整在国家规制不正当竞争行为过程中发生的社会关系的法律规范的总称。

反不正当竞争法的调整对象,是在国家规制不正当竞争行为过程中发生的社会关系,即反不正当竞争关系,包括不正当竞争行为规制关系和反不正当竞争体制关系。反不正当竞争体制关系,是指各相关国家机关因反不正当竞争的权限而发生的社会关系,即反不正当竞争权力分配关系。不正当竞争行为规制关系,是指在规制不正当竞争行为过程中形成的社会关系,包括作为规制主体的市场规制部门和作为规制受体的竞争者(经营者)之间以及竞争者(经营者)相互间因规制不正当竞争行为而发生的社会关系。

(二) 反不正当竞争法与相关法的关系

经济法由市场规制法和宏观调控法构成,反不正当竞争法是市场规制法的部门法。反不正当竞争法在法的体系中的地位由此奠定,与相关法的关系也由此衍生。

1. 反不正当竞争法与反垄断法的关系

弄清反不正当竞争法与反垄断法的关系,需要先分清人们所称的这两个概念的定位。虽然垄断和不正当竞争都有广义和狭义之分,而且广义的垄断包括狭义的垄断和限制竞争,广义的不正当竞争包括狭义的垄断、限制竞争和狭义的不正当竞争,但部门法意义上的反垄断法和反不正当竞争法,定位是明确的,两者之间的关系是作为市场规制法中并列的两个部门法之间的关系。

二者的区别主要源于垄断和狭义的不正当竞争之间的区别。在存在垄断的情形下,市场竞争被限制、削弱或排除,市场主体之间无法或者难以展开竞争,市场也就不存在竞争或者即使存在竞争也不充分,价格信号被扭曲,基于价格的竞争机制也就无法或者难以发挥应有的作用。经济学的分析表明,失去了竞争的市场,对市场主体、消费者和整个社会的进步都是有害的,因此,产生了规制垄断的反垄断法。进一步的问题是,虽然市场中不存在垄断,竞争是"充分"的,但是其竞争行为违反公平合理、诚实信用等商业道德和善良风俗,且普遍存在,其交易标的质量、标记和价格信号同样是扭曲的,基于价格的竞争机制同样无法发挥应有的作用。充斥着不正当竞争的市场,会推动市场交易成本整体上升。作为市场主体的经营者、消费者权利会因此受到直接或间接的侵害。这样,产生了规制不正当竞争行为的反不正当竞争法。极端而言,在完全垄断的市场没有竞争行为,在完全竞争的市场没有垄断行为。① 因此,反垄断法和反不正当竞争法所产生的背景、适用的市场状况、调整的对象、规制的行为是不同的,但在其宗旨和所发挥的社会经济功能上是协同的,二者殊途同归。

2. 反不正当竞争法与其他相关法的关系

产品质量法是规范在产品的生产、销售中与内在质量及其外在标示有关的行为的法律规范的总称。产品质量法中,有经济法、民法、行政法等多个部门法的规范。产品质量法中的经济法规范主要是反不正当竞争法规范和反垄断法规范。产品质量法中的反不正当竞争法规范,主要是规范生产者在标示产品质量、性能、外观、名称、产地、厂名厂址等信息的行为的法律规范,包括禁止商业混淆行为的法律规范。

反不正当竞争法作为经济法的部门法,调整的是在国家规制不正当竞争行为过程中发生的经济关系。知识产权法、合同法、侵权法调整的是平等主体之间财产关系和人身关系。二者的区别和联系,恰如经济法和民法之间的区别和联系。不过,较之经济法的其他部门法,反不正当竞争法与民法的关系更为密切。

三、反不正当竞争法的立法模式

浏览一些国家和地区的反不正当竞争法的立法规定,我们发现它们之间呈现出不同类型,并形成了不同的立法模式。概括起来,可以分为四类:

(1) 专门立法模式,即专门制定《反不正当竞争法》,如德国、日本、匈牙利、韩国、加拿大等国。

(2) 合并立法模式,即制定《竞争法》,将反不正当竞争与反垄断合并立法,如瑞典、芬兰、俄罗斯等国。

(3) 综合立法模式,即在其他法律中设专章、节或条款规范反不正当竞争行为,如意大利等。《保护工业产权巴黎公约》也采用这一模式,它是在其第10条之二专门规定的。

(4) 援引立法模式,即适用其他法律的相关条款,如法国。法国法院1850年首次适用《法国民法典》第1382条关于侵权行为一般条款裁判不正当竞争案件以后,形成了相应的传统。后来虽然有人建议制定反不正当竞争专门的法律,但终未实现。美国、英国等国是适用《商标法》等法律的相关规定规制不正当竞争行为。

基于反不正当竞争法与商标法、合同法、侵权法之间的关系,即使制定有专门的《反不正当竞争法》或者将其与反垄断法合并制定《竞争法》的国家,在执法和司法中也不排除适用《民法典》或单行的《商标法》《侵权行为法》。这被称为竞合现象。

我国反不正当竞争法的渊源主要是我国于1993年制定、2017年修订、2019年修正的《反不正当竞争法》。需要注意的是,我国1993年制定的《反不正当竞争法》在一般条款基础上列举了要规制的11种行为,但其中只有6种是不正当竞争行为,另外5种是垄断行为。

---

① 这里的竞争行为,不是广义的竞争。这里的竞争行为和垄断行为,都仅指在位经营者之间的竞争行为和垄断行为,而不包括潜在的进入者针对在位经营者的竞争行为,也不包括为了谋求垄断地位所为的行为。

从这一点来看,我国似乎是合并立法模式。但从当时立法的初衷、当时所推进和后来于2007年通过的《反垄断法》来看,认为我国的竞争立法是专门立法模式也不无道理。2017年修订的《反不正当竞争法》将规定这5种垄断行为的法条删除。

另外,我国有关产品质量、消费者权益保护、价格、广告、商标等的专门法律、法规、规章,都是我国反不正当竞争法不可或缺的渊源。

四、反不正当竞争法的执行体制与程序

反不正当竞争法的执行体制,与一国行政体制密切关联,并与该国竞争法、市场规制法的立法模式有一定联系。多数国家是由一个部门主管反垄断法和反不正当竞争法的执行,如美国的联邦贸易委员会(FTC)、日本的公正交易委员会、意大利的竞争局,但这些机构也并不一定对反不正当竞争法进行全面的主管。由于不正当竞争行为常常同时是违反产品质量法、消费者权益保护法、商标法和民法中的合同法、人格权法等法的行为,这使得反不正当竞争法的执行部门往往不是一个而是多个。

我国的反不正当竞争法在同一层次上实行综合执法与分别执法相结合的体制。我国《反不正当竞争法》第4条规定:"县级以上人民政府履行工商行政管理职责的部门对不正当竞争行为进行查处;法律、行政法规规定由其他部门查处的,依照其规定。"同时,在第3条第2款规定:"国务院建立反不正当竞争工作协调机制,研究决定反不正当竞争重大政策,协调处理维护市场竞争秩序的重大问题。"依上述条款规定,国家市场监督管理总局和县级以上地方各级人民政府的市场监督管理部门作为履行工商行政管理职责的部门,是反不正当竞争法的综合执行机构;其他职能相关的政府部门,依相应的法律、法规,都成为本领域或本行业内的反不正当竞争主管机构。

工商行政管理机关执行反不正当竞争法的程序与一般的行政性程序基本上没有区别。相比于反垄断法,法院在反不正当竞争法实施中所发挥的作用更大一些,当事人的主动性也更强一些。

第二节 商业贿赂

一、商业贿赂的概念

所谓商业贿赂,是指经营者为了获取交易机会或者竞争优势,向能够影响交易的人秘密给付财物或者其他利益的行为。比如,投标人为了中标,向招标人中的决策人员行贿;某医药公司为了推销其药品,向医院负责人、医院药房负责人或开处方的医生行贿;等等。由于贿赂行为包括行贿行为和受贿行为,商业贿赂也就可以分为商业行贿和商业受贿。

二、商业贿赂的成因与危害

(一)商业贿赂的成因

商业贿赂之所以存在,并成为不正当竞争行为,正在于其行为的成本与收益之间的差额,在于其"经济效益"。

如果没有法律规制或者规制力很弱,商业贿赂有助于行贿人获取交易机会或者竞争优势。虽然增加交易机会或增强竞争优势的途径很多,相比之下,商业贿赂要比正当方式的成本更低,收效更明显。如果没有法律和道德规制或者规制力弱,就短期和局部来看,商业行贿人是有正收益的。另一方面,行贿人与其他经营者竞争某一交易机会,即已经产生交易成本和机会成本。如果最终不能获得交易机会,这些成本将会沉淀下来。因此,即使行贿行为增加了新的成本,如果因此而获得了交易机会且没有被法律制裁,就会有收益。商业贿赂的受贿人并非行贿人的交易相对人,但却是能够影响交易决策的人。这样,受贿人所受之"贿",实质上是分摊了行贿人交易相对人的利润,有时也同时分摊了行贿人的利润。如果没有处罚,就短期和局部来看,商业受贿人也是有正收益的。这也是商业行贿效果发生的重要原因。

由此可见,贪欲是商业行贿和商业受贿发生的根本原因,而法律制裁缺位,或者发现几率太低,或者制裁力太弱,则进一步助长了商业贿赂的发生和泛滥。

(二) 商业贿赂的危害

商业贿赂不是依靠质量和价格而是通过商业行贿争取交易机会,显然属于不正当竞争行为。其危害是多方面的:

(1) 破坏市场机制,妨碍公平竞争,侵害了竞争者的利益。

(2) 侵犯交易相对人、其他经营者和消费者利益。商业贿赂的受益者是商业受贿人和行贿人,受损害者是行贿人的交易相对人和其他竞争者、消费者(索贿的情形下还包括行贿人)。之所以消费者也是受害者,是因为因商业贿赂而成功交易之后,成本和收益的分配不合理,行贿人及其交易相对人向影响交易决策的人所支付的成本,或者通过提高商品和服务价格来转移,或者通过降低商品和服务的质量来消化,从而侵害消费者的权益。

(3) 危害社会道德,腐蚀社会风气。如果没有有效的法律规制,因为商业贿赂获得成功交易会被其他经营者广泛效仿,并蔓延和强化社会其他领域,从而危害社会道德,腐蚀社会风气。

正是由于商业贿赂侵犯了其他相关主体的权利和利益,危害了公平竞争的市场秩序和社会管理秩序,应当受到反不正当竞争法的制裁,包括情形严重时的刑事制裁。

三、商业贿赂行为的构成

显然,如果存在有效的法律规制,反向增加相关主体的成本,降低其收益,使商业贿赂的行贿人、受贿人收益率为负,就会从根本上遏制以至消除商业贿赂行为,还市场以公平,还社会以诚信。通过法律规制商业贿赂,就必须首先从法律上规定商业贿赂成立的条件。因此,从学理上分析商业贿赂行为的构成很有必要。

(一) 商业贿赂行为的主体

商业贿赂行为的主体需要分解为行贿主体和受贿主体。

1. 行贿主体

商业贿赂的行贿主体是经营者。商业贿赂之所以存在,就在于它可能给行贿人带来交易机会或相对于竞争对手的优势。这就决定了行贿主体是特殊主体——经营者。经营者的职工采用商业贿赂手段为经营者销售或者购买商品的行为,应当认定为经营者的行为。

2. 受贿主体

商业贿赂的受贿主体是能够影响行贿主体交易相对人交易决策的个人。行贿主体的交易相对人，包括经营者和非经营者。非经营者如学校、行政机关、军队等。交易决策，指有关交易与否和交易的相对人、标的、价格、时间、地点、方式及其他事项的决策。能够影响交易决策的个人，包括内部人员和外部人员。交易相对人是企业的，如经办人员、业务员、业务主管、经理、董事、监事及其他工作人员；非企业的，也是相关经办人员、决策人员。外部人员，如子公司的母公司和控股公司高级管理人员、分公司的总公司管理人员、其他组织的上级主管部门工作人员、有宏观调控权和市场规制权的国家主管机关公职人员以及其他能够影响交易决策的人。因此，我国《反不正当竞争法》将受贿人分为三个类型：一是交易相对方的工作人员；二是受交易相对方委托办理相关事务的单位或者个人；三是利用职权或者影响力影响交易的单位或者个人。

经营者和其他组织能否成为商业贿赂的受贿主体，有不同观点。有观点认为，经营者和其他组织也可能成为受贿主体。值得讨论的是，经营者和其他组织如果同时是行贿人的交易相对人，其"受贿"实质上是折扣（让利）行为。如果不是交易相对人，其"受贿"则是收取佣金。既然是以经营者或其他组织的名义，当然会直接或间接入账。前文有关商业贿赂的经济分析也表明，受贿人是交易相对人以外的组织或个人，才会形成商业贿赂的利益驱动机制。

明确行贿人的交易相对人与受贿人并非同一主体，也有助于理解商业贿赂与回扣、折扣、佣金的关系。如果实际接受回扣、折扣、佣金的人就是行贿人的交易相对人，当然不构成受贿和行贿；如果实际接受回扣、折扣的人是行贿人的交易相对人的工作人员和其他影响交易决策的个人，即使是以回扣、折扣、佣金的名义，也仍然构成受贿和行贿。这也是2017年《反不正当竞争法》商业贿赂条款修订的主要内容。

（二）商业贿赂的主观方面

毫无疑问，商业贿赂中行贿的动机在于获取交易机会或者相对于竞争对手的优势。如在同一招投标中，只能有一个中标者，某一投标人的行贿动机当然是希望成为该中标者。在平行竞争者都有交易份额的情形下，行贿人的动机则是希望获得更大份额的交易机会。前者是获取交易机会，后者则是获取相对于竞争对手的优势。二者之间只是形式上的差异，没有本质上的区别。

商业贿赂中的受贿动机与一般受贿动机并无二致，都是获取个人私利。

（三）商业贿赂的客观方面

商业贿赂的行贿，是行贿人向受贿人给付金钱、财物和其他利益的行为。受贿，则是受贿人接受行贿人给付金钱、实物和其他利益的行为。

1. 金钱、财物或其他利益

财物，是指现金和实物，包括经营者为销售或者购买商品，假借促销费、宣传费、赞助费、科研费、劳务费、咨询费、佣金等名义，或者以报销各种费用等方式，给付对方单位或者个人的财物。给付其他利益的形式多样，主要是各种有偿消费的权利。由行贿人支付有偿消费的价金后，将在饮食、住宿、娱乐、休闲、健身、旅游、美容、医疗、教育、通信、运输等机构消费的权利提供给受贿人。更隐蔽的如将通过支付费用所获得的受奖权、发言权、出席权等精神性的权利提供给受贿人，或者非法提供竞选资金。

2. 给付方式:账外、暗中

在账外暗中给予对方单位或者个人回扣的,以行贿论处;对方单位或者个人在账外暗中收受回扣的,以受贿论处。账外暗中,是指未在依法设立的反映其生产经营活动或者行政事业经费收支的财务账上按照财务会计制度规定明确如实记载,包括不记入财务账、转入其他财务账或者做假账等。这里还需要明确回扣、折扣和佣金。

回扣,是指经营者销售商品时在账外暗中以现金、实物或者其他方式退给对方单位或者个人的一定比例的商品价款。经营者销售商品,可以以明示方式给予对方折扣。经营者给予对方折扣的,必须如实入账;经营者或者其他单位接受折扣的,必须如实入账。

折扣,即商品购销中的让利,是指经营者在销售商品时,以明示并如实入账的方式给予对方的价格优惠,包括支付价款时对价款总额按一定比例即时予以扣除和支付价款总额后再按一定比例予以退还两种形式。明示和入账,是指根据合同约定的金额和支付方式,在依法设立的反映其生产经营活动或者行政事业经费收支的财务账上按照财务会计制度规定明确如实记载。

佣金,是指经营者在市场交易中给予为其提供服务的具有合法经营资格中间人的劳务报酬。经营者销售或者购买商品,可以以明示方式给中间人佣金。经营者给中间人佣金的,必须如实入账;中间人接受佣金的,必须如实入账。

经营者在商品交易中不得向对方单位或者其个人附赠现金或者物品(但按照商业惯例赠送小额广告礼品的除外),否则视为商业贿赂行为。

第三节 不当附奖赠促销

一、附奖赠促销概述

(一)附奖赠促销的概念

经营者的生存和发展,其产品和服务的销售是关键。促进销售,成为经营者关注的重心。改进产品或服务质量、性能,降低价格,或者改进销售手段,都是促进销售的重要途径。营销研究表明,降低价格是效果最为显著的促销手段之一。降低价格的直接方式,是在所销售产品或服务不变的情况下,直接降低价格。降低价格的间接或变相方式,形式较多,如提高质量、数量、性能、效果而不提高价格,在原产品或服务及其价格不变的情况下明示附带、额外地向购买者赠与财物或者给予奖励。后者,即是本节所称的附奖赠促销行为。

附奖赠促销,是指经营者在销售商品或者提供服务时,通过附带地向购买者提供物品、金钱或者其他经济利益作为赠与或奖励,以促进销售的行为。附奖赠促销分为附奖促销和附赠促销两种方式。一些著述所称"有奖销售"包括附奖和附赠两类,有些词不达意,且存在逻辑上的问题。有的虽然仅指附奖促销,但"有奖"和"附奖"在表达相关主体间的法律地位、奖励与销售的关系、奖励在销售中的作用上有明显的区别。相比之下,"附奖赠促销"更能词意相符。

(二)附奖赠促销的类型

根据附带提供经济利益方式的不同,附奖赠促销分为附奖促销和附赠促销。

附奖促销,即经营者在销售商品或者提供服务时,向通过抽签、摇号、对号码等方式确定的部分购买者提供物品、金钱或者其他经济利益作为奖励,以促进销售的行为。获奖的或然性、结果的不均等性是其主要特征。

附赠促销,是指经营者在销售商品或者提供服务时,对所有购买者或者所有符合其预先设定条件的购买者,附带地提供物品、金钱或者其他经济利益作为赠与,以促进销售的行为。获赠的机会和结果均等是其主要特征。

附奖促销与附赠促销的主要区别是:(1)确定性上的不同。附奖促销所附之"奖"是不确定的。购买行为满足经营者设定的条件之后,购买者所得到的是获奖资格,而不是奖励;附赠促销所附之"赠"则是确定的,购买行为满足经营者设定的条件之后,购买者即得到附带赠送的物品。(2)均等性上的不同。正由于二者的确定性不同,同样满足经营者所设定的购买条件,附奖促销和附赠促销之所附在结果的均等性上也有区别,前者不均等,后者均等。正是由于确定性和均等性上的区别,反不正当竞争法对二者的规制有较大的不同。

根据正当与否,附奖赠促销分为正当附奖赠促销和不正当附奖赠促销。不正当附奖赠促销,又可依附带提供方式的不同,分为不正当附奖促销和不正当附赠促销;还可以从不正当的特征角度,分为巨额附奖赠促销和欺骗性附奖赠促销。显然,反不正当竞争法禁止的是不正当附奖赠促销行为,即巨额附奖赠促销和欺骗性附奖赠促销。

(三)附奖赠促销行为的一般特征

1. 附奖赠促销行为的主体是经营者

附奖赠促销行为是经营者为促进产品或服务的销售所为的行为。商品或者服务的购买者不是促销行为的主体,不过,作为促销行为的受动者,对于附奖赠促销行为及其利弊效果的发生有重要作用。

2. 附奖赠促销奖励或赠与实质上是购买标的的一部分

经营者为促进销售,设定赠与或奖励的项目,向购买者公布,其外观一部分是销售,一部分是奖励或赠与。这部分奖励或赠与在法律上属于何种属性,尚存争议。[①] 所争议的实质在于奖励、赠与行为与购买行为之间的关系。很明显:如果购买者的购买行为不达到经营者所设定的条件,包括标的、价金、时间、地点等,就不可能获得奖励或赠与。如果购买者试图要求经营者给予更多的价格优惠(即讨价还价),当价格优惠到一定程度时,经营者即会以取消奖励或赠与作为同意优惠或还价的条件。这表明,附奖赠促销行为中的奖励或赠与,是"附属于"购买行为的行为。奖励或赠与的内容实质上成为购买者所支付全部价金的一部分。更明确地讲,"奖励"或"赠与"不过是变相降价促销。其变相之处在于:价格没有变,但所购买的标的增加了,其增加额就是赠物或者是获奖机会。这样,购买者所购买的则不仅仅是所标示的商品或服务,还包括销售者所附的赠与和奖励机会。

附奖励还是附赠与,其区别在于,赠与是必然的、确定的,而奖励是或然的、不确定的,能否获奖具有一定的或然性。

附奖赠促销行为具有单方法律行为的一些特点,其条件的设定由经营者单方作出,不需要与相对方商量。这样,就给那些无德、非法的经营者提供了实施不正当竞争行为的机会。少数经营者在奖赠的真实性、语言表达、奖赠的程序等方面,玩弄技巧,欺骗购买者。此时,购买者难以监督,因此,需要市场规制主管机关依法规制附奖赠促销行为。

[①] 相关的观点,有负担赠与说、附条件赠与说、主从合同说、混合合同说、价格行为说、买卖合同说等等。

3. 附奖赠促销行为利弊互现

附奖赠促销行为不同于商业贿赂、侵犯商业秘密,后者是当然的不正当且违法的行为,前者则有正当和不正当之分。附奖赠促销,是行之有效的促销方式,但也是既有利又有弊的竞争行为。

二、附奖赠促销行为的成因和利弊

(一)附奖赠促销行为的成因

真实的附奖赠促销,是经营者变相的降价促销,是在原产品或服务及其价格不变的情况下明示附带、额外地向购买者赠与,或者赠与受赠的机会(即奖励)。所附的赠与和奖励,需要经营者分出部分原可得利润,即降低经营者的销售利润率。经营者降低利润率,是企望通过促销以扩大销售量,增加利润总量。经营者之所以愿意降低单位商品的利润率,是认为这样可以吸引更多的购买者,提高单位时间的利润率。

另一方面,附奖赠销售之所以可以促销,是因为其满足了购买者对其货币购买力最大化的愿望。因此,部分经营者任何直接或间接地降价,都会带来销售量的上升。[①] 真实的附赠促销和不附赠销售相比,增加了等量货币的购买力。尽管附奖的结果不确定,但附奖比不附奖多了获奖的机会,也就多了使等量货币增加购买力的机会,从概率上仍然是增加了购买力。同时,奖励结果的不均等性,特别是巨额头等奖,往往会极大地激发购买者的博彩心理,使正常的购买行演变为博彩行为。

(二)附奖赠促销行为的合理性

经营者附奖赠促销行为作为利弊互现的市场行为,其合理性体现在:

(1)附奖赠促销作为变相降价促销,有利于促进竞争,激励经营者提高生产效率,降低生产经营成本,节约社会平均成本。

(2)附奖赠促销作为变相降价促销,有利于提高购买者的购买力。大多数附奖赠促销行为的对象是消费者,允许真实、合法的附奖赠促销行为存在,有利于从实质上保护消费者的利益。

(3)附奖赠促销行为确能刺激购买,增加流通。这对于提高经营者单位时间的利润率,推动产供销产业链的通畅,促进经济发展,扩大就业等都具有现实意义。

上述合理性,正是附奖赠促销行为自古皆有、中外皆然的根本原因。

(三)附奖赠促销行为的弊害

附奖赠促销行为之弊在于其数量上的"过"和言行上的"假"。任何手段皆须用之有度,过犹不及。附奖赠促销手段之弊端正在于此:

(1)所附奖赠额度过高,则会使商品和服务的价格虚高,价格信息失真,价格在市场机制中的核心作用被淡化、扭曲,从而破坏市场机制的作用。

(2)所附奖赠额度过高,则会诱引购买者特别是其中的消费者非理性消费决策,甚至使为购买品购买演变为所附之赠品或奖品购买。特别是附巨奖促销,更是刺激博彩心理。如

[①] 经济学的研究表明,不同商品社会需求的价格弹性不同,但是,无论商品的价格弹性如何,即使社会总购买量不变,部分经营者的降价或者率先降价都会带来该经营者销售量的上升。商品的价格弹性,是指价格变化1%导致的需求量变化的百分比。

果正常的购买演变为赌博,则不仅会具备赌博全部的社会危害性,而且还会扭曲产业链,阻碍经济的发展。

(3) 所附奖赠额度过高,使本来属于变相降价竞争、正常的市场交易被严重扭曲,从而危害公平交易制度。过高的奖赠,淡化商品和服务本身属性在购买决策中的关键作用,损害了经营者公平竞争的基础。过高的奖额形成的巨大成本,部分或全部由购买者承担,但只是部分获奖者受益,人为操纵了购买者特别是消费者间的利益分配,其成本和收益的形成非自愿且严重不均。用部分购买者特别是消费者为经营者扩大销售分担成本、为个别获奖者得巨奖分摊费用,损害了大多数未获奖的购买者、消费者利益。

(4) 虚假的附奖赠促销行为,或借此推销伪劣产品,或奖赠无中生有,或人为干预中奖概率等,其弊端更是显而易见。

三、不当附奖赠促销行为

不当附奖赠促销行为,意指既违反道德中的正当性,又违反法律规定的促销行为。逻辑上,可以将不当附奖赠促销行为作若干分类,考虑到现实促销行为的一些突出表现,下面着重讨论几种不当附奖赠促销行为。

(一) 附巨额奖赠促销行为

附巨额奖赠促销行为,是指经营者在销售商品或者提供服务时,违反法律规定,通过附带地向购买者提供价值额度过高的物品、金钱或者其他经济利益作为赠与或奖励,以促进销售的行为。其突出的特征是所附奖赠的价值额度超过了法律规定的上限。限制所附奖赠的最高额度,防止巨额附奖赠促销,是因为该种促销方式存在前文所述的诸多弊害。

额度,分为相对额度、绝对额度和结合额度。相对额度是指所附奖赠价款占所售总价款的比例。绝对额度则是指总附奖赠数量,或者所附最高奖赠的数量的法律规定。结合额度则是指一次促销中同时用相对额度和绝对额度。相比之下,相对额度的合理性更强,但消费者不易记忆、计算和识别,绝对额度反之,结合额度居中。因此,一些国家往往同时用几种方式规定。例如,日本《不当赠品及不当表示防止法》(1962年)对奖赠的额度的限定,既规定一般性比例,又对抽奖式作特别限定,还限定经营者总额和地区总额。我国《反不正当竞争法》仅仅限定了所附最高奖的绝对额度,为人民币5万元。一些实践表明,多角度规定额度对于规制附奖赠促销行为是很有必要的。

(二) 欺骗性附奖赠促销行为

欺骗性附奖赠促销行为,是指经营者在销售商品或者提供服务时,违反法律规定,通过不诚实地附带向购买者提供额度过高的物品、金钱或者其他经济利益作为赠与或奖励,以促进销售的行为。表现在于:

1. 附奖赠表示虚假或模糊

总体表现是,所设奖的种类、兑奖条件、奖金金额或者奖品等有奖销售信息不明确,影响兑奖。比如:

(1) 数量表示虚假或模糊。在奖赠范围、中奖概率、最高奖赠金额、总奖赠金额、奖赠品数量等方面为虚假表示,如不是"全场"称"全场",没有奖却谎称有奖等。

(2) 种类表示虚假或模糊。对奖赠品种类表示虚假,表现在公布的奖赠品与实际奖赠品不一致,或者用引人误解的表示。后者典型的如"买一送一"。买的是价值很大的商品,送的则是价值微薄的物品,比如买一台冰箱,送一个小托盘。有的经营者通过附奖赠的表示不全面、不具体、不明确,再通过事后利己解释侵占购买者权益。

2. 恶意干预实际中奖概率

主要表现为:

(1)操纵投放中奖商品或奖券的投放。为了发挥附奖促销的作用,人为操纵购买客流,故意将附中奖标志的商品、奖券不投放市场,或者不同时段投放市场,或者因时、因人投放不同商品或奖券。

(2)故意让内定人员中奖。经营者人为干预中奖概率的极端表现是故意让内定人员中奖。这实际上部分或全部地排除了普通购买者中奖的可能性。经营者确定的内定人员,均与经营者订有相应协议。内定人员"获奖"后往往须返还奖品给经营者并获得报酬,或者返还部分金钱给经营者以分享收益。

(三)附不当条款的附奖赠促销行为

为追求最大利益,规避法律的明确规定,有的经营者不敢进行附巨额奖赠、欺骗性奖赠促销,但通过设定不正当条款,限制或削减购买者的权利,增加购买者义务。比如:

1. 附限制或剥夺消费者权利的条款

第一,知情权。消费者的天然弱势之一是不知情,反不正当竞争法和消费者权益保护法都力图保护消费者的知情权。消费者知情权的内容既包括商品和服务本身的信息,也包括与销售有关的其他信息,如所附奖赠的信息。经营者促销,应当将促销活动所提供商品或服务的范围、方式、促销规则,以及相关附加性条件等具体信息,在营业场所的入口处、店堂内等明显适当的位置,提前进行全面、准确、清晰地明示,使消费者在购买商品或接受服务前,了解或掌握其真实的信息。

第二,自由选择权、依法求偿权等也是消费者的重要权利。向消费者发布的促销信息、活动规则,不得排除、限制消费者依法变更、解除合同的权利,不得排除、限制消费者依法请求支付违约金、损害赔偿、提起诉讼等法定权利。

2. 附增加消费者义务的条款

奖赠行为不应附加受奖赠者的义务。真实的附奖赠促销,应当是在商品和服务质量、性能不降低,价格不提高的前提下进行。不得附加消费者义务,更不得将应由经营者承担的义务转嫁给消费者承担。比如,有的经营者提出"限时抢购""游戏购物""自行提货"等条件,就是附加消费者在时间、方式上的义务,或者要求消费者承担本应由经营者承担的义务。

3. 附不当解释权条款

附奖赠促销的最大争议,常常发生在对规则的理解和解释上。一些经营者为规避法律和奖赠规则,独享解释权,并排除法律的限定。如在促销规则中规定"本规则的最终解释权归本商场所有",并规定"参与本活动视为同意本规则的全部条款"。这样迫使消费者接受显失公平的条款,并为经营者事中、事后违规操作提供空间。

上述关于不当附奖赠促销行为的分类,侧重于学理,兼顾现实表现。一些不正当竞争行为的现实表现往往是综合性的,上述分类的标准也不太可能十分严格。随着市场营销的发展,也会在新的分化组合基础上出现新的行为类型。

第四节 商业诋毁

一、商誉

（一）商誉的概念

市场是由生产者、销售者和消费者相互间的许许多多交易行为所构成的。交易与否，取决于商品和服务的质量、性能、价格和交易后跟踪服务等诸多因素，但从交易的诸环节来看，直接地决定于交易者决策。影响交易者决策的因素，包括商品和服务的质量、性能、价格和交易后跟踪服务等事实性因素，以及这些因素在交易决策者心目中的印象。这样，每一个经营者都会被现实的或潜在的交易相对方以及无关的第三方评价。许许多多这样的评价，便构成每一个经营者的商业声誉。甚至可以认为，经营者的市场竞争作为交易机会的竞争，虽然根本上是商品和服务质量、性能、价格和交易后跟踪服务的竞争，但在直接意义上讲却是商业声誉的竞争。

商业声誉，简称商誉，是对经营者综合性的市场评价。诋毁竞争对手的商业声誉，是一类重要的不正当竞争行为。

（二）商誉的特征

有关商誉的研究并没有形成高度的一致。既然商誉是一种市场评价，我们就可以从市场评价的角度进一步认识商誉。

其一，商誉的主体是经营者。有关商誉的市场评价，无论因素多么复杂，都是围绕经营者及其行为展开。商誉几乎涉及经营者及其产品、服务的各个方面。有关经营者产品的质量、性能、外观风格、价格定位、标示（包括包装、装潢、广告中的标示等）、效果、兼容性，有关服务的质量、效果、价格、风格，有关经营者经营策略、企业形象设计、资产与信用、经营业绩、公益形象等与经营者提供商品和服务有关的一切因素，都会成为商誉的组成部分。这些因素，都聚焦于经营者，并由经营者承受。

其二，商誉评价者是一切有言论权的主体。由于评价是言论权的行使结果，一切享有言论权的主体都会成为对经营者的评价者，因此，评价者分布非常广泛。由于商誉是一种市场评价，评价者主要还是由经营者、消费者、传媒、政府部门等构成。其中，经营者、消费者和政府部门的评价，最有说服力，但其评价往往集中地体现在传媒中。

其三，商誉评价体系复杂。从综合评价的形成看，虽然商誉是因素众多、权重复杂、模型庞大的统计学均值，但由于实践中自变量复杂多变，要形成具体的、确定的、无可争议的量值不太可能。因此，商誉评价结论往往是从多个角度定量与定性的结合。

其四，商誉的评价有倾向性，具有经济价值。无论是定性还是定量，市场评价的每一项结论都会体现出褒贬倾向，这是评价的价值使然。否则，如果仅是描述，则不足以构成商誉。正由于商誉的评价有倾向性，一旦公开，便会对消费者、经营者的市场行为产生不同程度的影响。经营者的商誉直接影响到该经营者相对方的交易决策，影响该经营者的交易机会，从而使经营者的商誉表现出市场价值。一些市场调查和品牌评估机构的品牌价值评估值，在很大程度上是被评估的经营者商誉的价值。

由此可见，商誉作为对经营者的综合性的市场评价，是由许许多多因素共同构成的，相对于被评价的经营者而言是一种客观存在。如果有竞争关系的经营者之间，试图不正当地操纵、干预以降低消费者对竞争对手的市场综合评价，即构成商业诋毁行为。

二、商业诋毁行为的概念

商业诋毁行为中的"诋"，本义为诬蔑、诽谤。"诋毁"，是指通过诬蔑、诽谤以破坏他人声誉的行为。

商业诋毁行为，是指经营者编造、传播有关竞争对手的虚假信息或误导性信息，以破坏竞争对手的商业信誉的不正当竞争行为。理解商业诋毁行为的概念，还需要了解该行为的构成。

三、商业诋毁行为的构成

（一）商业诋毁行为的主体

一般而言，经营者、消费者和其他主体都可以因自己的行为诋毁经营者的商誉，从而构成一般民事侵权行为。但是，作为不正当竞争行为的商业诋毁行为，其主体仅限于经营者。而且，实施商业诋毁行为的经营者与被诋毁的经营者之间存在竞争关系。因此，可以认为，商业诋毁行为的主体是特殊主体，是与被诋毁商誉的经营者之间存在竞争关系的经营者。不过，该竞争关系的认定，采用比较宽泛的标准。只要认定行为主体与受侵害主体之间存在直接的或间接的、现实的或潜在的竞争关系即可。二者之间如处于同一地区、同一行业，甚至是提供同一类产品或服务，就易于构成竞争关系。即使不在同一地区或者同一行业，也可能构成宽泛意义上的竞争关系。

实践中，商业诋毁行为也可能是由经营者委托、授意、唆使的非经营者实施，或者与他人共同实施。

（二）商业诋毁行为的主观方面

商业诋毁的行为人以毁损竞争对手的商誉为目的。判断有无诋毁的目的，可以行为人与被侵害人之间的竞争关系、行为的方式、行为的效果以及行为人其他相关行为等因素为依据。有的国家，对过失传播有关竞争对手虚假信息造成其他经营者商誉损害的，也认定为商业诋毁行为，并要求行为人应承担相关的责任。

（三）商业诋毁行为的客观方面

商业诋毁行为的具体方式多种多样，其关键在于传播有关竞争对手的虚假信息。为此需要进一步明确：

1. 商业诋毁行为是传播信息的行为

信息的一切传播方式都可能成为商业诋毁行为的具体方式，如书面的、电子的，直接的、网络的，单线型的、多线型的、立体型的等。需要说明的是，信息编造不是商业诋毁行为的必要构成条件。虽有编造而无传播，没有对竞争对手造成不利影响，则不构成商业诋毁行为。

2. 商业诋毁行为是传播虚假信息或者误导性信息的行为

多数国家的反不正当竞争法律都限定为传播的是虚假信息。我国《反不正当竞争法》第11条规定，该行为是"编造、传播虚假信息或者误导性信息"。其重心在传播上。传播的信息是编造的信息或者误导性信息。

3. 商业诋毁行为所传播的是有关竞争对手的虚假信息或误导性信息

这是由行为人损毁竞争对手商誉的目的所决定的。虚假信息,如捏造、传播经营者产品质量低劣、使用不安全等不真实的信息。也有一类情形是,传播的信息并非虚假信息,但给受众带来的认知效果是传播者的产品和服务更好,而其竞争对手的产品和服务不如前者好。

传播误导性信息的行为常常以比较广告的形式出现。比如,谎称"本公司某种产品是唯一无公害产品",实际上是在表达"其他经营者的同种产品都是有公害的产品"。与竞争对手有关的,包括涉及竞争对手产品和服务的质量、性能、价格,竞争对手资产、信用、业绩甚至其主要经营管理人员个人的重要信息。这些信息的共性在于:与竞争对手的声誉有关;信息不真实;本身即是或者直接导致对竞争对手商誉的负面评价。再如,美国 ITT 大陆公司在其"神奇牌"面包广告中声称,其面包有 12 种特别的成分有益于身体健康。这容易给消费者一种错觉,似乎只有"神奇牌"的面包才有这些成分和功用。其实,一般的面包都有该广告所宣称的 12 种有益于健康的成分。这显然是误导性宣传,也竞合商业诋毁行为。

第五节 商 业 混 淆

一、商业混淆的含义和表现

(一) 商业混淆的含义

商业混淆,是指经营者擅自使用与他人有一定影响商业性标识,引人误认为是他人商品或者与他人存在特定联系的行为。比如,有经营者用一般白酒装入"贵州茅台酒"特有材质、外形的酒瓶,并贴上"贵州茅台酒"图文商标,辅之以相应的外包装,使得购买者误认为是贵州茅台酒股份有限公司出品的"贵州茅台酒"。该经营者之所以这样做,是为了增加自身交易机会,是一种不正当竞争行为。

(二) 商业混淆的表现

从商业混淆的含义可知,商业混淆根据商业性标识的不同,有下列行为表现:(1) 擅自使用与他人有一定影响的商品名称、包装、装潢等相同或者近似的标识;(2) 擅自使用他人有一定影响的企业名称(包括简称、字号等)、社会组织名称(包括简称等)、姓名(包括笔名、艺名、译名等);(3) 擅自使用他人有一定影响的域名主体部分、网站名称、网页等;(4) 其他足以引人误认为是他人商品或者与他人存在特定联系的混淆行为。

二、商业混淆的成因与危害

经营者竞争的目的是获取相对于竞争对手尽可能显著的优势,从而获取尽可能多的利益,而优势和利益的获得都需要通过交易来实现,因此,交易特别是交易机会,是经营者竞争的目标。交易机会虽然从根本上取决于商品和服务的质量和价格,但从其直接意义上取决于消费者的选择。消费者行为的研究表明,消费者在进行购买决策时需要搜集产品或服务的内容、质量、价格、市场状况和购买的时机、方式、地点等信息。这些源于自身体验、他人经验、商业信息传播和大众传媒等信息,都会影响消费者的购买决策。① 如果信息失真,就可能致使消费者作出非真实意愿的选择。

消费者的诸多信息,大多是建立在对商业标记或品牌识别的基础上。有关商品和服务的信息,事实上已经成为塑造商业标记形象或品牌形象的重要因素,并给商业标记赋予了市场价值。拥有有巨大市场价值的商业标记,就拥有显著的市场竞争优势。因此,经营者的竞争有时便集中商业标记或品牌的竞争上。当然,市场价值巨大的商业标记,需要在产品开发、市场营销上投入不菲的成本。商业标记的市场价值不够大的经营者,要获得品牌上的优势,同样需要作相应的投入。但是,有的经营者采取机会主义的对策,试图"搭便车",通过使用与市场价值较大的商业标记相同或相近的标记,分享其商业价值,瓜分其市场份额。这样,混淆行为虽然增加了被混淆商品或服务被消费者选择购买的机会,却淡化了被混淆商业标记的市场显著性,降低甚至损毁了被混淆商业标记的市场形象,给消费者带来识别的困难、不能或错误,从而侵害了被混淆商业标记的经营者和消费者的权利和利益。由此可见,商业混淆行为弊害甚大,应予禁止。

三、商业混淆的特征

商业混淆的一般特征体现在:(1)行为主体是经营者。(2)擅自使用与他人有一定影响的商业性标识。(3)行为的目的是诱使消费者错误识别,增加交易机会,牟取商业利益。(4)行为的后果侵害相关经营者和消费者的权利和利益,自己却因此获取了不道德且违法的利益。从行为方式看,其突出的特点是:

(1)擅自使用的商业性标识是他人有一定影响的商业性标,或者说是市场价值更高的商业性标志

(2)擅自使用的方式是其商业性标识与他人的相同或相近。商业性标志上的相同或相近,消费者会容易误认为是同一经营者提供的商品或服务。这就会给违法行为的经营者带来增加交易机会的可能。

(3)行为的目的是分享市场价值更高的商业性标志的商业利益。

市场价值高的商标、商号等商业性标志,在消费者心目中具有良好的市场形象。这样的经营者易被消费者选定为交易对象,这样的商品和服务易被消费者选购。通过混淆,促使消费者误认,这样就提高了混淆者与消费者的交易机会,从而分享了市场价值高的商业标志及其经营者的商业利益。这是经济学中典型的"搭便车"行为,也是应予禁止的。

四、商业混淆中的商业性标识

商业混淆行为,其意在使消费者将自己的商品或服务与他人的商品或服务产生混淆,造成消费者的误认误购,从而增加交易机会。该行为客观上分摊了他人商业性标记的市场价值,淡化了他人商业性标记的显著性,侵犯了被混淆商业性标志权利人的工业产权和消费者的知情权,应予规制。

综观各国关于商业混淆行为规制的立法,商业混淆行为的标的大多同时也是知识产权

---

① 〔美〕德尔·I.霍金斯等:《消费者行为学》,符国群等译,机械工业出版社2003年版,第325—339、474—582页。

法所保护的商标、原产地名称(地理标志)、商号等。这样,大多数商业混淆行为既是侵犯知识产权法的行为,也是违反反不正当竞争法的行为。

反不正当竞争法和知识产权法在知识产权保护上的关系,既与二者的历史演进有关,也与二者保护的法理、法益、法域等方面各有侧重有关,并总体上体现为经济法与民法所调整的社会关系的区别性和功能上的协同性。一般认为,反不正当竞争法通过对商业混淆行为的规制保护商业性标志,其范围要比知识产权法所明确保护的更宽,并总体上体现出保护范围的兜底性和补充性。反不正当竞争法通过其一般条款和对所规制行为的重点列举,对知识产权法所保护的商业性标志和未予明确保护的其他商业性标志一体保护,进而客观上补充了知识产权法保护范围的局限。

考虑到与典型知识产权保护制度的区别,反不正当竞争法的规制和保护有所侧重。我国现行《反不正当竞争法》规制此类不正当竞争行为的标的主要有:

(1) 商品类标识。商品类标识,包括商品名称、包装、装潢等标识。经营者不得擅自使用与他人有一定影响的商品名称、包装、装潢等相同或者近似的标识。除商标、商号外,能够表达经营者或其经营的商品和服务个性特色的其他标记,比如:作为企业形象识别系统(CI)的特定标志色、图案、徽章、特别突出的广告词等。再如,商品特殊外观(商品的包装、装潢设计中个性显著的视觉因素),有的经营者将其注册为外观设计专利,可以通过专利法保护。没有注册外观设计专利的,可以通过反不正当竞争法的规制去保护。

(2) 商号类标识。商号类标识是经营者的名称。经营者的具体形式多样,如企业名称(包括简称、字号等)、社会组织名称(包括简称等)、姓名(包括笔名、艺名、译名等)。经营者不得擅自使用他人有一定影响的企业名称(包括简称、字号等)、社会组织名称(包括简称等)、姓名(包括笔名、艺名、译名等)。混淆商号,既包括使用其他经营者的商号作为自己经营商品和服务的经营者名称,也包括使用其他经营者的商标作为自己经营商品和服务的商号。

(3) 互联网特殊标识。互联网的迅速发展,使得不正当竞争中的商业混淆行为也具有不同程度的互联网特质。比如,有的经营者通过擅自使用他人有一定影响的域名主体部分、网站名称、网页等,实现混淆的效果。域名的主体部分,是指域名中除www、网络类型字段、网络地域字段之外的,能够区分不同域名的核心字段。比如,北京大学的官网域名为www.pku.edu.cn,"pku"即为其域名主体部分。由于域名具有唯一性,因此,此种行为往往只有使用与他人域名相近的,而不可能使用相同的域名。网站名称,是指在网站注册时填写的网站名称,比如:"人民网""新华网"。网页,则主要是被混淆网站的首页和页面的设计及其主要元素。

第六节 虚假宣传

一、虚假宣传的概念和特征

(一) 虚假宣传的概念

市场是许许多多交易的组合。规制市场,需要从规制交易入手。交易双方特别是卖方就其商品和服务作必要、真实的介绍,是达成交易的重要前提。现代社会,商品和服务种类繁多、技术复杂、质量和性能检测日益专业，经营者作必要、真实的介绍成为必要和必然。在激烈的市场竞争中，有的经营者虽然没有实施商业混淆，但对所经营的商品或服务介绍不实，或夸大其词、无中生有，或模棱两可、引人误解以增加交易机会，这就构成虚假宣传。

虚假宣传，是指经营者通过对其商品的性能、功能、质量、销售状况、用户评价、曾获荣誉等作出虚假的或者引人误解的商业宣传，以欺骗、误导消费者的行为。

（二）虚假宣传的特征

1. 虚假宣传的主体

虚假宣传的主体是经营者，体现为生产者、销售者和其他相关经营者。

2. 虚假宣传的内容

虚假宣传的内容是与商品和服务有关的信息，比如商品的性能、功能、质量、销售状况、用户评价、曾获荣誉等信息。

3. 虚假宣传的方式

虚假宣传的方式既包括经营者对其自己生产、销售的商品的性能、功能、质量、销售状况、用户评价、曾获荣誉等作虚假或者引人误解的商业宣传，也包括经营者通过组织虚假交易等方式，帮助其他经营者进行虚假或者引人误解的商业宣传。

4. 虚假宣传的目的是提高市场认知度，增加交易机会

努力增强和维持在消费者心目中的好印象，提升品牌形象，促使消费者选购其商品和服务，是虚假宣传的目的。诚实的经营者应当如实反映商品和服务的内在质量、性能及其他相关信息，或者努力提高商品的质量、性能以不断满足市场需求。不诚实的经营者不是通过改进商品和服务自身，而是通过对商品和服务的不实陈述、引人误解达到目的。

二、虚假宣传的行为方式

在现代社会，消费者购买决策时的商业信息，越来越多地来源于商业宣传。经营者通过一定媒介和形式，直接或者间接地介绍自己所推销的商品或所提供的服务的商业宣传，对于提高商品、服务和经营者自身的知名度，改进品牌的市场形象，扩大市场占有率和商业利益，意义显著。虚假宣传，给消费者、市场机制和市场秩序都造成了严重的危害。国内外反不正当竞争法均予以重点规制。

商业宣传的直接功能是对商品和服务进行说明和介绍，所有的信息都必须真实、准确。在商业宣传中：(1) 涉及商品的性能、产地、用途、质量、价格、生产者、有效期限的，或者对服务的内容、形式、质量、价格的特别允诺的，都应当清楚、明白。(2) 表明推销商品、提供服务附带赠送礼品的，应当标明赠送的品种和数量。(3) 使用数据、统计资料、调查结果、文摘、引用语、专利信息等，应当真实、准确，并标明出处。

商业宣传，其心理效果是经营者关注的重心。为了追求商业宣传的特殊效果，一些经营者在内容的选择、语词的运用、形式的创意中，游走于真实和虚假的边缘，以空洞的内容、夸大的语词、模棱两可的语义，力图造成对消费者误导的效果。由于其不准确、不具体，容易导致受众误解，构成引人误解的虚假宣传。为了杜绝此类现象的发生，一些规范性法律文件对某些特殊产品作了特别禁止的规定。比如，要求医疗、药品、医疗器械广告，不得含有表示功效的断言或者保证，不得说明治愈率或者有效率，不得与其他药品、医疗器械的功效和安全性比较，甚至不得利用广告代言人作推荐、证明，等等。

由于商业宣传是一种大众传播,不仅虚假宣传行为受到各国有关商业宣传的法律规范规制,有碍道德、习俗、宗教、民族、种族、政治、环境资源保护和未成年人身心健康等不良内容的商业宣传行为,虽然不直接涉及真实性,甚至也不一定涉及不正当竞争,但法律规范仍一并予以禁止和限制。

（一）普通的虚假宣传

一些商业宣传在对商品和服务的性能、功能、质量、销售状况、用户评价、曾获荣誉等方面,就其文义来看,无论从哪个角度理解,均与商品或服务的真实情形不一致。这类虚假宣传,实践中认定也比较容易。

（二）引人误解的虚假宣传

引人误解的虚假宣传,往往有两种或两种以上的理解。一般受众的认知效果与真实情形不一致,但有一种理解可能与真实情况一致。这在实践中最难把握。也正因为认定困难、危害严重,才成为各国市场规制立法和执法中的重点之一。概括立法和法律实施的经验,对此类虚假宣传可以着重从以下五个方面判断:

1. 认知的致误性

作为一种传播,商业宣传所追求的是传播行为接受者即受众特定的认知效果。这样,在规制商业宣传行为时,重点关注的应该是受众对该商业宣传的认知与商业宣传所指向对象的真实情形是否一致。为了规避主管部门对商业宣传的规制,越来越多的商业宣传"充分"利用语言的一词多义、一语多解。一方面利用一般文义理解与字面理解上的不一致,夸大商品或服务的质量、性能;另一方面利用具体字面理解上的真实性抗辩主管部门的规制。比如,某房地产商称其开发项目"距市商业中心仅10分钟"。该宣传语通过省略语句中的关键成分,使本来是赛车午夜极速行驶10分钟的距离,致人误以为是按公交车或其他常规交通工具常速行驶10分钟的距离。再如,某旅游公司宣传称"一日三餐",一般理解为,旅游期间旅游公司每天都提供给旅客早中晚三餐。而实际履行的情况是,仅在第一天向旅客提供三餐。因此,认定虚假宣传,重在认定认知效果上是否存在致误性。

2. 受众的一般性

由于不同的受众对同一商业宣传行为会有不同的认知,在认定虚假宣传时应当以一般受众的一般注意力为依据。所谓一般受众,是指在某商业宣传传播影响的受众群体中,认知能力、经验、经历等居于中等水平的受众。不同商品或服务的商业宣传,一般受众会有区别。洗涤用品商业宣传和大型工程车商业宣传的一般受众不一样。同样是中药,成药商业宣传的一般受众是普通消费者,中药材商业宣传的一般受众则是从事中药生产、销售的专业人员。如果某成药商业宣传的受众中有从事该种成药研究的专家,则该受众不能被作为其一般受众。

3. 认知的常态性

人的认知,由注意和感觉、知觉、记忆、想象、思维等要素组成,并与人的需要、动机、兴趣等相联系。商业宣传能否为受众所认知以及认知的程度,受这些因素的共同影响。正是由于不同的人在不同的情境下会有不同的认知,一则商业宣传是否具有致误性,仅仅确定了一般受众还不够。以注意为例,人的注意根据是否有意识分为无意注意和有意注意。不同的注意,认知的效果不同。比如,某路边商店广告牌用大且颜色对比强烈的字体标示"本店商品一律每件10元",用很小、颜色对比非常弱等极不易被人注意到的方式标示"部分商品除外"。对路边广告,人们的注意一般是无意注意。这样,该广告牌中字形小、颜色对比弱的字及其内容一般不会被认知。受众对商业宣传认知时究竟采用哪一类注意,与受众的心理需求和商业宣传的内容、形式及其具体的认知情境有关。在认定虚假宣传时,就应依一般的注意规律确定通常的注意方式。同理,对认知过程中的感觉、知觉、记忆、想象、思维,也要根据具体的情境、主体作具体的分析。

4. 宣传的整体性

正是由于商业宣传主和商业宣传经营者所追求的是受众特定的认知效果,而不是商业宣传的内容和形式本身,在认定商业宣传是否属于虚假宣传时,虽然要以特定商业宣传的内容和形式为对象,但不能仅仅以其内容和形式是否存在虚假为根据,而要对商业宣传的整体效果进行整体的判断。这就要求,要针对整个商业宣传的内容和形式所达成或可能达成的总的认知效果,而不是仅仅逐一分析其各个内容和形式所分别达成的认知效果,更不是逐一分析各个内容和形式是否存在虚假宣传。引人误解的虚假宣传,为了规避查处,往往充分利用语言的不确定性,在字义与词义、词义与语义、本义与引申、一般意义和专业意义等方面的歧解,或者故意省略一些不影响语句通顺的成分,通过陈述真实的具体信息达成整体认知的虚假效果。

5. 致误的可能性

商业宣传导致受众错误理解,不必以实际发生为要件。商业宣传是面向公众的传播行为。如果以商业宣传致误效果的实际发生为要件,举证将十分困难。如果以实际发生为要件进行商业宣传规制立法,也会因实施成本特别巨大而使条文形同虚设。因此,各国市场规制立法均不以虚假宣传致误效果的实际发生为必要。如果依上述几个方面所判断的商业宣传具有致误的可能性,则可认定商业宣传行为为虚假宣传,该商业宣传相关主体须依法承担相应的法律责任。

(三)帮助实施的虚假宣传

我国《反不正当竞争法》规定,经营者不得通过组织虚假交易等方式,帮助其他经营者进行虚假或者引人误解的商业宣传。最常见的形式是某些不法经营者,通过刷单炒信,帮助平台内经营者进行虚假宣传。

第七节 侵犯商业秘密

一、商业秘密的概念

在市场竞争中居于优势地位的经营者,往往有一些不为外人所知悉的秘密,如产品生产、加工、储存、销售过程中的方法、工序、配方、图样、数值、公式,或者企业的经营计划、机构设置、人员调配、客户名单、原料来源、销售渠道等。这些秘密被称为商业秘密、秘密信息或未披露信息。商业秘密直接影响经营者产品和服务的质量,常常是经营者的取胜之道、优势之源。获得和保有商业秘密,能为经营者带来市场优势和源源不断的利益。而商业秘密的形成,需要经营者付出智慧、经费和时间,需要有长时间市场的检验。商业秘密的上述价值,使其成为不正当竞争行为所侵犯的主要对象之一。侵犯商业秘密行为也就由此成为反不正当竞争法所规制的几类不正当竞争行为之一。

商业秘密,是指不为公众所知悉、能为经营者带来经济利益、具有商业价值并经权利人采取保密措施的技术信息和经营信息。商业秘密可分为技术型商业秘密和经营型商业秘密两类。

二、商业秘密的属性与特征

（一）商业秘密的属性

要从法律上保护商业秘密,需要明确商业秘密的属性。从其本身的属性来看,商业秘密实质上是一种信息,是权利人付出了成本所得来的、具有经济价值的秘密信息。信息是无体物,因此,商业秘密属于无形财产,权利人对商业秘密所享有的权利实质上是一种无形财产权。世界贸易组织(WTO)中《与贸易有关的知识产权协定》(《TRIPS协定》)即将其归入知识产权一类。美国的相关立法和法院在信托、担保、税收和破产领域均将商业秘密权作为或者比照财产权规定,英国、日本、德国、法国等国也是如此。

（二）商业秘密的特征

商业秘密的定义和具体形式表明,商业秘密具有秘密性、价值性和保密性。这三个方面的特征,实际上已经成为一些国家反不正当竞争立法中认定商业秘密的三个要件。

1. 秘密性

商业秘密和专利同为无形财产。专利权通过专利的公开和登记而依法获得;商业秘密权则因秘密的状态和保密的行为而保有。秘密性,是商业秘密不同于其他无形财产的重要特征之一。因此,一些规范性法律文件在界定商业秘密时,无不强调其秘密性。《与贸易有关的知识产权协定》所称的"未披露信息"(unclosed information)和世界知识产权组织国际局拟定的《反不正当竞争示范法》所称的"秘密信息"(secret information)在界定商业秘密时,均强调其"属于秘密""未被通常从事同类信息工作的领域内的人们所普遍知悉或者易于获得"。我国《反不正当竞争法》也将"不为公众所知悉"作为一项要件。当然,基于商业秘密特殊性,其秘密标准并不是非常严格,并不必须是绝对的秘密。

2. 价值性

商业秘密产生于生产、销售和服务活动之中。商业秘密一旦形成,即能为拥有者带来经济利益。这是商业秘密和其他秘密的区别之所在,也是商业秘密成为不正当竞争行为侵犯对象的重要原因。商业秘密的价值性,一方面体现在商业秘密就是人类劳动的凝结物,具有使用价值和交换价值;另一方面体现在商业秘密还可以通过拥有人的使用为其带来经济利益。这种利益可以是现实的,也可能是潜在的;可能是长远的,也可能是短期的。正因为它具有价值性,权利人的商业秘密被不正当地获取、披露或使用,在给不正当行为人带来利益的同时,也给权利人带来经济损失。因此,侵犯商业秘密行为人的法律责任形式中,赔偿、罚款或罚金等财产性责任是必不可少的。

3. 保密性

商业秘密能够为拥有者带来利益,其客观上的价值性在很大程度上源于秘密性。如果权利人没有保守秘密的措施,商业秘密就不成其为秘密,权利人也就无法通过其独享、独用而获得应有的经济利益和相应的竞争优势。商业秘密的秘密性和保密性,正是商业秘密与专利的重要区别。采取保密措施,既是权利人维持商业秘密的秘密性的手段,也是维持商业秘密独特价值的前提,还是法律对其予以确认和保护的必要条件之一。当然,保密措施的具体方式和程度,只需要与其秘密的具体特性相适应即可。

我国《反不正当竞争法》第9条所界定的商业秘密,强调其"不为公众所知悉""具有价值性"并"经权利人采取保密措施",正是对秘密性、价值性和保密性的集中表述。

三、侵犯商业秘密行为

既然商业秘密是一种无形财产,且经权利人采取保密措施维持其秘密状态,那么,非经权利人同意,获取、披露、使用商业秘密的行为,都是侵犯商业秘密的行为。因此,侵犯商业秘密的行为主要表现为以下三类:

(一)不当获取

不当获取行为是指未经权利人同意获取商业秘密的行为。包括:(1)盗窃以获取商业秘密的行为;(2)贿赂以获取商业秘密的行为;(3)欺诈以获取商业秘密的行为;(4)胁迫以获取商业秘密的行为;(5)其他不正当手段获取商业秘密的行为。上述行为,未经权利人同意是其要件。获取方式是通过口头、有形介质,还是无形的网络,在所不论。

(二)不当披露

商业秘密作为一种有价值的信息,其价值既在于其本身的价值,更在于其处于秘密状态。商业秘密正因为其处于秘密状态才会使拥有人获得相对的竞争优势。披露商业秘密,使之向他人或社会公开,就会降低甚至消除权利人的竞争优势。因此,未经权利人同意不得披露商业秘密,包括向任何第三人和社会公开商业秘密。具体披露方式,包括:(1)口头公开;(2)书面公开;(3)电子公开。电子公开是指利用电子介质有线或无线连接以传播信息的行为。

(三)不当使用

商业秘密的使用,是利用他人的商业秘密影响经营过程的行为。这是实现商业秘密价值的关键环节。商业秘密的使用与商业秘密的具体形式密切相关。技术型商业秘密的使用,是在产品的生产、储存、运输、销售或者影响服务技术的各环节借鉴、模仿秘密技术,以提高质量、性能或效益的行为。经营性商业秘密的使用,则是在经营过程中借鉴、模仿或者改变经营策略,以提高经营效益和提升竞争优势的行为。商业秘密的使用,并没有显著性指标。某经营者知悉竞争对手新产品上市的价格、时间计划后,改变自己同类产品的上市价格和时间,即是一种使用。

不当使用商业秘密,是经营者未经权利人允许而利用其商业秘密中的信息影响自身行为的过程。具体形式:(1)依其取得方式,可分为正当获取的不当使用和不当获取的不当使用。正当获取的不当使用,是指行为人正当获取商业秘密,但未经权利人允许而使用。正当获取的情形,如依劳动关系作为工作人员获取,依产品和服务贸易合同关系而获取,依法享有调查、检查、行政许可、税收权等公权力机关的工作人员获取商业秘密。(2)依其使用人与获取人是否为同一人,分为自己不当使用和不当允许他人使用。无论是否为正当获取,获取人未经权利人允许所为的使用即构成自己不当使用商业秘密。上述分类,对于根据侵犯商业秘密的情节,裁量不当使用人的法律责任具有相应的价值。

我国《反不正当竞争法》第9条所禁止的4种侵犯商业秘密的行为,对前述行为进行了一定的限定:(1)以盗窃、贿赂、欺诈、胁迫、电子侵入或者其他不正当手段获取权利人的商业秘密;(2)披露、使用或者允许他人使用以前项手段获取的权利人的商业秘密;(3)违反保密义务或者违反权利人有关保守商业秘密的要求,披露、使用或者允许他人使用其所掌握的商业秘密;(4)教唆、引诱、帮助他人违反保密义务或者违反权利人有关保守商业秘密的要求,获取、披露、使用或者允许他人使用权利人的商业秘密。同时规定:第三人明知或者应知商业秘密权利人的员工、前员工或者其他单位、个人实施前述违法行为,仍获取、披露、使用或者允许他人使用该商业秘密的,视为侵犯商业秘密。

第八节 互联网特殊不正当竞争

一、互联网特殊不正当竞争行为的含义

传统不正当竞争行为,是指经营者利用网络但未使用网络专业技术手段实施的不正当竞争行为。互联网特殊不正当竞争行为是传统不正当竞争行为在网络领域的延伸。如利用网络实施商业混淆、虚假宣传、商业诋毁等不正当竞争行为。对于此类不正当竞争行为,按照《反不正当竞争法》对传统不正当竞争行为相关规定进行认定和处理。

互联网特殊不正当竞争行为,是指互联网领域的经营者通过技术手段实施的,妨碍、破坏其他经营者合法提供的网络产品或服务正常运行的行为。在行为方式上,主要是利用网络专业技术手段,通过影响用户选择或者其他方式实施的妨碍、破坏其他经营者合法提供的网络产品或者服务正常运行。这里的"运行",应当做宽泛的理解,包括网络产品或者服务的安装、下载、使用等。

我国现行立法明确规定了互联网特殊不正当竞争行为,包括:流量劫持;不当干扰;恶意不兼容;其他妨碍、破坏其他经营者合法提供的网络产品或者服务正常运行的违法的市场行为。2024年9月1日实施的《网络反不正当竞争暂行规定》,细化了《反不正当竞争法》第12条的规定,增加了网络不正当竞争行为的类型,对既有规定的行为和新规定的行为的行为方式作出了丰富的补充。①

二、行为表现

(一)流量劫持

在互联网特殊不正当竞争行为中,流量劫持是最为常见的一种表现。网站流量的数据指标可以比较客观地体现网站的商业价值,能带来更高的广告和销售收入。为此,互联网经营者通常用免费的基础服务吸引用户访问,积累用户资源,提高网站流量,然后通过广告、增值服务等实现盈利。

在流量劫持中,用户对目标网站、浏览器、应用程序的访问被直接转至非目标地址,目标站点的访问流量完全被劫持至他方,用户选择受到影响,被劫持者的商业利益受到严重损害。具体表现包括DNS劫持、浏览器劫持和应用劫持等等。

(二)不当干扰

由于"干扰"或"不当干扰"在理解上存在一些偏差,本章的网络不当干扰,仅指不能纳入

---

① 详见我国《反不正当竞争法》第12条第2款。

流量劫持、恶意不兼容等行为的主动干扰行为。根据干扰行为的方式和效果，可以将不当干扰分为关闭其他经营者的产品或者服务和修改其他经营者的产品或者服务两类表现。

将其他经营者提供的产品或者服务关闭，使得用户无法正常使用，其干扰对象主要有软件、网站等。这是不当干扰最严重的情形。比如，阻止他人软件安装，停止他人软件运行，卸载他人软件，DDoS攻击行为影响了用户选择，妨碍了他人产品服务正常运行等，都是关闭其他经营者的产品或者服务的表现。

一个完整的操作系统和应用软件具有外在整体性和内部协调性。破解操作系统、增删应用软件功能等行为修改了其他经营者的产品与服务，破坏了其完整性和安全性，为用户的正常使用带来了隐患，也加大了其他经营者的运营维护难度。因此，应当予以禁止。破解操作系统和增删应用软件功能行为，是其主要表现。

（三）恶意不兼容

互联网领域的兼容，是指互联网平台允许其他经营者进行产品或者服务的接入或者交易。不兼容则是拒绝接入或者交易，包括有选择地阻断、屏蔽信息流通和网络链接等，导致无法同时正常运行或同时运行会经常性发生错误的状态。其行为表现包括拒绝向对方提供产品或者服务和禁止对方产品或者服务与己方同时运行。

一些网络产品或者服务需要依托于其他经营者提供的产品或者服务才可以正常运行，例如，浏览器需要目标网站的服务器为其提供相适配的网页内容、搜索引擎需要目标网站允许其获取搜索到的网页内容等。若内容方拒绝提供相应内容，则浏览器、搜索引擎无法正常为用户提供有关服务，该拒绝提供的行为可能涉及恶意不兼容。

有的经营者出于恶意排挤竞争对手的目的，拒绝其他经营者合法提供的产品或者服务与己方产品或者服务同时运行，或自行关闭或令用户关闭对方服务。实践中主要表现为拒绝他人插件运行和拒绝他人软件运行等。

需要指正的是，如何区分作为不正当竞争的恶意不兼容和作为滥用市场支配地位的拒绝交易行为，是需要深入探讨的问题。

本 章 小 结

本章在界定不正当竞争行为的概念和属性的基础上，着重介绍了不正当竞争行为，即商业贿赂行为、不当附奖赠促销行为、商业诋毁行为、商业混淆行为、虚假宣传行为、侵犯商业秘密行为和互联网特殊不正当竞争行为的概念、特征（包括认定）和表现。

理解本章，需要把握不正当竞争行为这个主线。法律规范是通过规范人的行为来调整人与人之间的关系的；反不正当竞争法调整市场竞争规制关系，也是通过规范经营者的市场竞争行为来实现的。规范行为，涉及从行为的主体、主观方面、客体和客观方面等角度认定不正当竞争行为，还涉及行为的法律责任与追究程序。其中，法律责任和追究程序已经融入市场规制法的一般原理和法学其他分支学科的相关知识之中。这样，在市场规制法一般原理和其他相关知识的基础上，学习和理解反不正当竞争法的个性知识，重点便是抓住不正当竞争行为的一般特质和各类不正当竞争行为的具体特质。不正当竞争行为共通的特质是（市场）竞争性、反道德性和违法性。对不正当竞争行为各自的特质应从行为的主体、主观方面、客体和客观方面来理解。其中,主体是经营者;客体是市场竞争机制和秩序、相关主体的利益;主观方面是以损害竞争对手为目的。因此,各类不正当竞争行为各自不同的特质突出地体现在行为的客观方面即行为方式上,相应地还体现在行为的成因和利弊上。这样,聚焦于各类不正当竞争行为的行为方式、成因与利弊,便成为把握不正当竞争行为这条主线的突破点。

第十四章

消费者权益保护法律制度

消费者权益保护法,或称消费者保护法,是市场规制法的重要部门法,对于有效规制企业的市场行为,保护消费者的权利,具有重要价值。为此,本章分为四节,分别简要介绍消费者权益保护的基本原理、消费者保护的主要制度,以及消费者权益的国家保护与社会保护,最后,再介绍消费者权益争议的解决和法律责任的确定。

第一节 消费者保护的基本原理

一、消费者的概念

消费作为社会再生产的一个重要环节,是生产、交换、分配的目的与归宿。它包括生产消费和生活消费两大方面。其中,生活消费与基本人权直接相关。在盛倡"消费者主权"和基本人权的今天,生活消费作为人类的基本需要,自然成为法律必须加以规制的重要领域。

在经济学领域,消费者是与政府、企业相并列的参与市场经济运行的三大主体之一,是与企业相对应的市场主体;在法学领域,消费者是各国消费者保护法最重要的主体,也是经济法的重要主体。尽管不同学科对于消费者研究的角度各有不同,但无论是立法规定还是法律实践,一般都认为消费者是指从事生活消费的主体。

例如,日本学者竹内昭夫认为,所谓消费者,就是为生活消费而购买、利用他人供给的物资和劳务的人,是供给者的对称。[①] 而国际标准化组织(ISO)认为,消费者是以个人消费为目的而购买或使用商品和服务的个体社会成员。这是国际标准化组织的消费者政策委员会于1978年5月在其首届年会上对"消费者"所作的定义。泰国《消费者保护法》则规定,所谓消费者,是指买主和从生产经营者那里接受服务的人,包括为了购进商品和享受服务而接受生产经营者的提议和说明的人。可见,学者、相关国际组织和国外立法都存在类似的界定。

综合上述各类观点,可以认为,所谓消费者,就是为了满足个人生活消费的需要而购买、使用商品或者接受服务的居民。这里的居民是指自然人或称个体社会成员。在我国,消费者是经营者的对称,而经营者则是向消费者出售商品或提供服务的市场主体。

与消费者相伴而生的是消费者权益。没有消费者及消费者权益,消费者权益保护法也就失去了其赖以存在的根基。所谓消费者权益,是指消费者依法享有的权利以及该权利受

---

① 参见〔日〕金泽良雄:《经济法概论》,满达人译,中国法制出版社2005年版,第460页。

到保护时给消费者带来的利益。消费者权益的核心是消费者的权利,其有效实现是消费者权益从应然状态转化为实然状态的前提和基础;而对于消费者权利的实现直接提供法律保障的,则是消费者权益保护法。

二、消费者权益保护法的概念与归属

消费者权益保护法,是调整在保护消费者权益过程中发生的经济关系的法律规范的总称。它是经济法的重要部门法,在经济法的市场规制法中占有重要地位。

上述概念表明,消费者权益保护法有其独特的调整对象,即在保护消费者权益过程中所发生的经济关系。由此可知,消费者权益保护法的最重要的主体是消费者,而保护的核心则是消费者权益。

在消费者权益保护法的归属方面,有人认为它仍然是传统民商法的一部分,也有人认为它属于经济法。事实上,在形式意义的消费者权益保护立法中,确实有一些调整平等主体之间交易关系的规范,但也有不少旨在规制市场主体行为的市场规制法规范。因此,消费者权益保护法在立法基础、调整对象、法域、调整方法等诸多方面,已经大大突破了传统的私法体系。尽管它在形式意义的立法中既涉及私法的原则,也涉及市场主体,但其宗旨、所保护的法益、对私法主体交易行为的规制,使其超越了传统民商法,并成为解决因信息偏在、外部性等导致的市场失灵的重要手段。由于它与经济法中的市场规制法有共同的产生基础和宗旨等,因而它应当是经济法的组成部分。

此外,消费者权益保护法既具有鲜明的经济性,也具有突出的社会性。其实,社会就是由消费者组成的,消费规制也是一种社会性规制。消费者保护法的有效实施,会对整个社会产生巨大影响。加强消费者权益保护,有助于维护市场秩序和社会秩序,防止社会经济出现严重的"无序"或"失范"状态。正由于消费者权益保护法对经济和社会发展都非常重要,因此,有必要进一步探究其理论基础问题。

三、消费者权益保护法的理论基础

消费者权益保护法的理论基础,可以从多种角度加以阐释:

从人权理论看,消费者权利作为一项基本人权,是生存权的重要组成部分。既然人类的一切活动都是为了人类自身的存续和发展,而人类的生活消费,无论是物质消费还是精神消费,又都是实现人权的必经方式,因此,对于人类在生活消费中应享有的权利,法律必须予以有效保障,以使消费者的基本人权从应然状态的权利转化为法定的权利或实际可享有的权利。有鉴于此,各国为了保障消费者权利,普遍制定了保护消费者的法律规范,从而形成了各国的消费者保护制度。

从经济理论上说,企业或称厂商通常是以利润最大化为基本目标,而消费者通常以效用最大化为目标,两类市场主体在目标追求上存在冲突。企业为了营利,极可能置诚实信用等商业道德于不顾,通过非法的、不正当的手段侵害消费者权益。其中最为突出的是向消费者隐瞒有关商品或服务的质量、价格等方面的信息,从而导致"信息偏在"或"信息不对称"问题,以及垄断、不正当竞争等问题,并由此进一步导致"市场失灵"。由于"信息偏在"问题是市场本身不能有效解决的,因此,需要国家加强制度供给,推出专门的消费者政策和消费者立法。从法学理论上看,近代市场经济的发展,是与传统民商法的发展相适应的,它促进了

私法的发达;而现代市场经济的发展,导致了一系列新型经济关系的产生,传统民商法难以对其进行全面、有效的调整,因此,必须由经济法等弥补其调整的不足,从而使经济法、社会法等现代法日益受到重视,并成为当代法律体系中不可或缺的重要组成部分。在现代市场经济条件下,由于市场本身不能有效解决"信息偏在"问题,并且,强调形式平等的民商法也难以对处于弱势地位的消费者给予倾斜性保护,因此,只能在传统民商法之外,通过消费者权益保护的专门立法加以解决。在这个意义上,消费者权益保护法是对传统民商法的重要突破。

四、消费者权益保护法的立法体例

消费者权益保护法的立法体例可分为两大类:一类是专门立法,另一类是在其他的立法中加入有关消费者保护方面的法律规范,例如,在民商法等传统法律中作出规定。从总体上说,无论是英美法系还是大陆法系国家,消费者保护法都主要以制定法为主。例如,美国和英国都制定了消费者保护的成文法,美国早在1906年就颁布了《纯净食品和药品法》,英国则在1987年制定了专门的《消费者保护法》;日本则于1968年公布施行了《保护消费者基本法》等。除了有关消费者保护的专门立法之外,各国还在诸如反垄断法、反不正当竞争法、产品质量法、广告法等经济法的法律中规定对消费者的保护;同时,在民商法、行政法、刑法等领域亦存在有关保护消费者的实质性规范。为此,需要明晰消费者权益保护法同其他部门法的协调问题。

在经济法体系中,消费者权益保护法是市场规制法的重要部门法。它与反垄断法、反不正当竞争法存在紧密关联。事实上,消费者权益保护法更强调直接保护消费者的权益,而反垄断法、反不正当竞争法则更强调从规范企业的市场行为的角度来间接地保护消费者的权益。

此外,在整个法律体系中,还涉及消费者权益保护法与传统民商法等部门法的关系。在民商法理论中,曾有人提出将合同分为商人合同和消费者合同,在商人合同中,商人的地位、行为能力都是平等的,而在消费者合同中,消费者与商人的地位,特别是注意能力、信息能力、交涉能力等存在差别。因此,确有必要把两类合同加以区别,以体现加强消费者保护的必要性。此外,20世纪50年代爆发的"消费者权利运动",也促使各国制定相应的消费者政策和专门的消费者立法,从而使消费者权益保护法在立法的宗旨、基础等方面,有别于传统民商法。但由于民商法毕竟涉及对交易关系的调整,因此,在形式意义上的消费者权益保护立法中,也会存在民商法规范。这更说明在消费者权益保护方面需要多个部门法的综合调整。

我国在实行市场经济体制之初,就进行了消费者保护方面的专门立法。1993年10月31日,第八届全国人民代表大会常务委员会第四次会议通过了《中华人民共和国消费者权益保护法》(以下简称《消费者权益保护法》),这是我国制定的第一部保护消费者权益的专门法律,也是我国消费者保护立法方面的核心法、骨干法。[①] 此外,为了更好地保护消费者权益,维护社会经济秩序,促进市场经济的健康发展,从而全面实现《消费者权益保护法》的立

---

① 该法已于2009年8月27日由全国人大常委会作了第一次修正;此后,第十二届全国人大常委会第五次会议于2013年10月25日对该法进行了第二次修正。此外,《中华人民共和国消费者权益保护法实施条例》已经2024年2月23日国务院第26次常务会议通过,自2024年7月1日起施行。

法宗旨,我国还在《反不正当竞争法》《产品质量法》《价格法》《广告法》等许多法律中作出了大量有关保护消费者权益的规定。上述集中的专门立法与相关的分散立法一起,共同构成了我国消费者权益保护法的规范体系。

五、消费者权益保护法的原则

消费者权益保护法的基本原则,在总体上同经济法的基本原则是一致的。从调制法定原则的角度说,消费者保护领域的有关规制权以及消费者权利等,都应当法定;从调制适度原则的角度说,在消费者权益保护与经营者权益保护之间也要注意均衡,即对消费者权益的保护要适度,在保障公平的同时也要兼顾效率;从调制绩效原则的角度说,对消费者权益的保护同样应当考虑局部的和整体的效益,这与保护的适度直接相关。

此外,基于消费者权益保护法的宗旨,尤其是基于消费者保护的特殊性,从理论或应然的角度说,该法应当包括以下原则:一是依法交易原则;二是尊重和保障人权原则;三是保障社会经济秩序原则。这三项原则密切相关,通过依法交易,实现对人权的保障,并保障社会经济秩序。上述原则需要在具体的立法中加以落实。

在现时的实然立法中,我国《消费者权益保护法》规定了四项原则:一是经营者应当依法提供商品或者服务的原则;二是经营者与消费者进行交易应当遵循自愿、平等、公平、诚实信用的原则;三是国家保护消费者的合法权益不受侵害的原则;四是一切组织和个人对损害消费者合法权益的行为进行社会监督的原则。

在上述法律规定的四项原则中,第一项原则和第二项原则,同前述应然的"依法交易原则"是一致的。事实上,交易是连接经营者和消费者的纽带,也是消费者权益保护法的调整基础。因为没有交易,就不会存在消费者权利受到经营者侵害的问题,也就没有法律规制的必要。"依法交易原则"包括《消费者权益保护法》规定的第一项原则即"依法提供商品或者服务的原则",只不过这里的"依法",并不仅限于民事法律,而是同样要依据《反不正当竞争法》《产品质量法》《广告法》《价格法》等经济法方面的法律。此外,"依法交易原则"也包括《消费者权益保护法》规定的第二项原则,即"交易应当遵循自愿、平等、公平、诚实信用的原则"。自愿原则、公平原则、平等原则、诚信原则等,是各类交易都应当遵循的法律原则,在许多涉及交易的立法中都有相应规定,它们与消费者的公平交易权、自主选择权、获取信息权等消费者权利直接相关,是形成消费者保护具体规则的基础性的、本原性的规则,对于形成和完善具体的消费者权利保护制度有重要的指导作用。

消费者权益保护法通常应包含的另外两项原则,即"尊重和保障人权原则""保障社会经济秩序原则",是更高层次的原则。为了具体体现和落实这两项原则的精神,我国《消费者权益保护法》规定了上述第三项原则,即"国家保护原则",以及第四项原则,即"社会监督原则"。这些原则突出了国家和社会在保护消费者合法权益方面的责任,不仅在具体的消费者保护法领域里具有重要意义,而且在宪法层面亦具有重要价值。

上述各类原则也说明,消费者的保护需要站在经济、社会的总体立场之上,而并非仅是调整消费者与经营者之间的个体关系,国家要从人权、经济与社会秩序等高度,来切实使消费者的权益得到应有的保护。这样,才不只是在微观的个体方面保护消费者权利,而且能够在宏观上、总体上保护消费者利益。

六、消费者权益的国际保护

随着市场经济的发展,各国的消费者问题也日益突出,保护消费者的权益已日显重要。为此,各国所保护的消费者权利的范围逐步扩大,这同样反映在国际立法的层面。例如,国际消费者组织联盟提出了消费者应享有的8项权利,这使得消费者权益的国际保护能够与各国的具体保护在很大程度上保持一致,从而也使得国际层面的立法更具有可操作性。

在消费者权益的国际保护方面,已经有一批关于消费者保护的规范。其中,较为重要的是:(1)《保护消费者准则》。它由国际消费者组织联盟倡导制定[①],并经联合国大会决议通过,是国际消费者保护方面影响最大的综合性立法。其主要目标是协助各国加强消费者保护,鼓励企业遵守道德规范,协助各国限制不利于消费者的商业陋习;鼓励消费者组织的发展,推进消费者保护的国际合作等。(2)《消费者保护宪章》。它由欧洲理事会制定,影响亦较大。其权利保护范围较为广泛,对消费者的援助保护权、损害赔偿权、知悉真情权、接受教育权、依法结社权、获得咨询权等都有相关规定。

第二节 消费者保护的主要制度

一、消费者与经营者的权义分配

在保护消费者权利方面,经营者、国家、社会均负有相应的义务,其中,经营者义务是更为直接,更为具体的。要有效保护消费者的权利,就必须使经营者能够全面履行其相应的义务。正因如此,有关消费者权利和经营者义务的规定,历来是消费者权益保护法的核心内容,并由此形成了消费者与经营者的权义分配制度。

我国《消费者权益保护法》不仅对消费者权利和经营者义务有明确、具体的规定,还从总体上规定了其适用范围为:消费者为生活消费需要购买、使用商品或者接受服务,其权益受该法保护;经营者为消费者提供其生产、销售的商品或者提供服务,应当遵守该法;对于上述具体情况该法未作规定的,应当适用其他有关法律、法规的规定。另外,农民购买、使用直接用于农业生产的生产资料,亦应参照该法执行。上述有关适用范围的规定,实际上是对该法所保护的消费者权利和要求经营者应履行义务的总体规定。

从历史上看,最早明确提出消费者权利的是美国总统约翰·肯尼迪。他在1962年3月15日向国会提出的"关于保护消费者利益的特别国情咨文"中[②],提出了消费者应享有的四项权利,即获得商品的安全保障的权利、获得正确的商品信息资料的权利、对商品的自由选择的权利、提出消费者意见的权利。肯尼迪的"四权论"提出以后,逐渐得到广泛认同,各国在实践中还相继增加了获得合理赔偿的权利、获得有益于健康的环境的权利和受到教育的

---

① 国际消费者组织联盟(International Organization of Consumers Unions, IOCU),由美国、英国等五国的消费者联盟或消费者协会于1960年在海牙发起设立。中国消费者协会已于1987年被接纳为正式会员。

② 肯尼迪于1962年3月15日提出的"四权论"影响深远,因此,国际消费者组织联盟于1983年作出决定,将每年的3月15日定为"国际消费者权益日"。

权利等,以作为上述"四权论"的补充。①

为了保障上述消费者权利的实现,有必要在法律中专门规定经营者的义务,因为在经营者以利润最大化为目标的情况下,在信息偏在、道德风险等普遍存在的情况下,经营者极可能侵犯消费者的权益,故此必须对经营者的行为加以规范,以通过规制经营者来保护消费者。有鉴于此,我国《消费者权益保护法》对消费者权利和经营者义务均有具体规定,下面分别予以介绍。

二、消费者的具体权利

我国《消费者权益保护法》第二章具体规定了消费者的权利,这些权利对于消费者至为重要,主要包括以下几个方面:

(一)保障安全权

随着经济活动和社会生活的日益复杂,各类风险不断增加,为此,不仅要关注国家的经济安全、金融安全等宏观问题,也要关注更为具体的人身安全、财产安全、交易安全等问题,从而使保障安全成为相关法律调整的重要目标。如前所述,公平、效率、秩序、安全都是法律调整所追求的价值目标,没有安全就没有秩序,没有安全也没有效率,公平和正义也难以实现。安全直接关系到人身和财产的状态,直接影响人身权、财产权的保障,因而非常重要。

保障安全权是消费者最基本的权利,它是消费者在购买、使用商品和接受服务时所享有的保障其人身、财产安全不受损害的权利。由于消费者取得商品和服务是用于生活消费,因此,商品和服务必须安全可靠,必须保证商品和服务的质量不会损害消费者的生命与健康。

在当代风险社会,在强调以人为本、关注基本人权的时代背景下,基于"消费者主权"的理念,必须在法律上确立消费者最基本的保障安全权,使消费者能够依法要求经营者提供真正可以保障人身、财产安全的商品和服务,以维护良好的经济秩序和社会秩序,促进社会成员在和谐中提高效率,在高效率中实现公平,从而全面实现法律的总体价值目标。

(二)知悉真情权

在今天的信息社会,信息的重要性人所共知。对于企业而言,信息直接关系到其经营业绩;对于消费者而言,信息直接关乎其生活质量。但是,信息过滥与信息不足的问题却同时困扰着人们。因信息偏在带来的市场失灵以及对消费者权益的损害,已受到普遍关注。如何确保相关信息的真实、准确,如何确保相关主体在信息沟通上的诚实信用,以有效保护相关主体的知悉真情权及其合法权益,是从宪法到民法,从行政法到经济法等各个法律领域都必须关注的问题。同理,在消费者保护法领域,尤其要保护消费者的知悉真情权②。

知悉真情权,或称获取信息权、知情权、了解权,是消费者享有的知悉其购买、使用的商品或者接受的服务的真实情况的权利。据此,消费者有权根据商品或者服务的不同情况,要求经营者提供商品的价格、产地、生产者、用途、性能、规格、等级、主要成分、生产日期、有效期限、检验合格证明、使用方法说明书、售后服务,或者服务的内容、规格、费用等有关情况,

---

① 1968年的韩国《消费者保护法》规定了7项消费者权利;1984年的西班牙《消费者和使用者利益保护法》规定了消费者的6项权利;而国际消费者组织联盟则提出了消费者的9项权利,其中包括生存权、平价权、选择权、安全权、知情权、求偿权、获助权、教育权、环境权等。

② 相关探讨可参见张守文:《消费者的获取信息权及其法律保护》,载《中外法学》1996年第1期。

唯有如此,才能保障消费者在与经营者签约时做到知己知彼,并表达其真实的意思。

(三) 自主选择权

市场经济是一种由独立的市场主体自主决策、自主选择的经济,消费者作为与经营者相对立的市场主体,同样是独立的、自主的。作为生活消费的主体,消费者最清楚自己在生活中是否需要购进商品和服务,以及需要什么、需要多少,对于商品和服务的品质、数量、价格等,消费者都应当有权自主地作出判断,并自主地作出选择。因此,应当在消费者保护的立法中确立消费者的自主选择权。

自主选择权,是指消费者享有的自主选择商品或者服务的权利。该权利包括以下几个方面:自主选择提供商品或者服务的经营者的权利;自主选择商品品种或者服务方式的权利;自主决定购买或者不购买任何一种商品、接受或者不接受任何一项服务的权利;在自主选择商品或服务时所享有的进行比较、鉴别和挑选的权利。

在市场经济的发展过程中,可能会存在一些强买强卖、欺行霸市等破坏市场经济秩序的行为,以及假冒伪劣产品充斥市场、各类欺诈行为层出不穷等"市场失序"的问题,对此,尤其应当确立和保护消费者的自主选择权,同时,还应当确立和保护消费者的公平交易权。

(四) 公平交易权

消费者作为生活消费的主体,存在着纷繁复杂的私人欲望,这些私人欲望需要通过在市场上购买私人物品来得到满足,并由此促进整个市场经济的发展。交易是市场经济的核心,公平交易是市场经济持续发展的保障。在消费者与经营者的关系中,交易是否公平,直接影响消费者的得失,也影响市场的秩序和效率。因此,与上述的自主选择权直接相关,消费者还应当享有公平交易权。

公平交易权,是指消费者在购买商品或者接受服务时所享有的获得质量保障和价格合理、计量正确等公平交易条件的权利。为了保障消费者公平交易权的实现,必须依反垄断法和反不正当竞争法等对劣质销售、价格不公、计量失度等不公平交易行为加以禁止。此外,消费者还有权拒绝经营者的强制交易行为,这与前述消费者权益保护法基本原则的要求也是一致的。

(五) 依法求偿权

致人损害要赔偿,是法律上的一般理念和规则。消费者在购买商品或接受服务,从事其生活消费时,可能会由于质量、价格、信息、计量等方面的原因,而受到人身或财产方面的损害。从损害赔偿的一般法理上说,当然要予以赔偿,以补偿受损者,惩戒致害者,保障基本人权,维护市场秩序。据此,应当在法律上确立和保护消费者的求偿权,使其可以依法求偿。

依法求偿权,是指消费者在因购买、使用商品或者接受服务受到人身、财产损害时,依法享有的要求并获得赔偿的权利。它是弥补消费者所受损害的必不可少的救济性权利。确立和保护这一权利,有助于解决实践中大量存在的侵害消费者权益的问题,也有助于惩戒不法经营者,维护市场秩序,保障基本人权。

(六) 依法结社权

消费者团结起来,依法建立自己的社团,有助于使消费者从分散、弱小走向集中和强大,并通过集体的力量来改变自己的弱势地位,以便与实力雄厚的经营者相抗衡,并与全球范围内的第三部门蓬勃发展的形势相呼应。消费者的结社问题,无论在宪法、行政法层面,还是在经济法、社会法等层面,都要予以关注,并应确立消费者的依法结社权。依法结社权,是指消费者享有的依法成立维护自身合法权益的社会团体的权利。政府对合法的消费者团体不应加以限制,并且,在制定有关消费者方面的政策和法律时,还应当向消费者团体征求意见,以更好地保护消费者权利。

(七)接受教育权

在当今知识爆炸的时代,不断接受教育以获取新知,已成为人们生活的一部分。接受教育不仅是一项宪法权利,而且要具体体现在相关立法中。为此,在保护消费者的立法中,同样要把接受教育之类的宪法权利予以具体化,从而形成消费者权益保护法中的接受教育权。

接受教育权,也称知识获取权,是从知悉知情权中引申出来的一种消费者权利,它是消费者所享有的获得有关消费和消费者权益保护方面的知识的权利。只有保障消费者的接受教育权,才能使消费者更好地掌握所需商品或者服务的知识和使用技能,从而正确使用商品,提高自我保护能力。由于厂商与消费者在信息、实力等方面的差距越来越大,因此,在今天强调消费者要接受教育,获取相关知识以提高自我保护的能力,已变得越来越重要。

(八)获得尊重权

在激烈的市场竞争中,许多企业为了提高自己的竞争力,在经营方式、竞争手段等方面不断花样翻新,有时可能会忽视对消费者的人格尊严或民族风俗习惯的尊重,使消费者的身心受到伤害,并由此会产生多个方面的危害。因此,强调交易平等,强调彼此尊重,确立消费者的获得尊重权,同样非常重要。

获得尊重权,是指消费者在购买、使用商品和接受服务时,享有人格尊严、民族风俗习惯得到尊重的权利,同时,也享有个人信息依法受到保护的权利。尊重消费者的人格尊严和民族风俗,依法保护个人信息,既是尊重和保障人权的要求,也是社会文明进步的表现。

(九)监督批评权

同前面的接受教育权类似,监督批评权也是一项宪法性权利,它同样需要在消费者保护的立法中予以具体化。该权利对于消费者其他权利的具体实现,对于形成消费者权益保护法运行的良性反馈机制,是非常重要的。

依据我国《消费者权益保护法》的规定,消费者享有对商品和服务以及保护消费者权益工作进行监督的权利。此外,消费者有权检举、控告侵害消费者权益的行为和国家机关及其工作人员在保护消费者权益工作中的违法失职行为,有权对保护消费者权益工作提出批评、建议。

上述9项权利都是我国《消费者权益保护法》明确规定应予保护的消费者权利。这些权利的有效实现,尚有赖于其他主体的相关义务的履行,尤其有赖于经营者义务的履行。

三、经营者的具体义务

由于经营者是为消费者提供商品和服务的市场主体,是与消费者直接进行交易的另一方,因此,明确经营者的义务对于保护消费者权益至为重要。我国《消费者权益保护法》第三章较为全面地规定了在保护消费者权益方面经营者所负有的义务:

(一)依法定或约定履行义务

经营者向消费者提供商品或服务,应当依照我国的《消费者权益保护法》和其他有关法律、法规的规定履行义务,即经营者必须依法履行其法定义务。如果经营者和消费者有约定,则应当按照约定履行义务,但双方的约定不得违背法律、法规的规定。此外,经营者应当恪守社会公德,诚信经营,保障消费者的合法权益;不得设定不公平、不合理的交易条件,不得强制交易。

经营者提供商品或者服务,按照国家规定或者与消费者的约定,承担包修、包换、包退或者其他责任的,应当按照国家规定或约定履行,不得故意拖延或者无理拒绝。这是我国《消费者权益保护法》为体现上述依法定或约定履行义务的要求而作的具体规定。

(二)听取意见和接受监督

经营者应当听取消费者对其提供的商品或者服务的意见,接受消费者的监督。这是与消费者的监督批评权相对应的经营者的义务。法律规定经营者的这一义务,有利于提高和改善消费者的地位。

(三)保障人身和财产安全

这是与消费者的保障安全权相对应的经营者的义务。经营者应当保证其提供的商品或者服务符合保障人身、财产安全的要求。对可能危及人身、财产安全的商品和服务,应当向消费者作出真实的说明和明确的警示,并说明和标明正确使用商品或者接受服务的方法以及防止危害发生的方法。宾馆、商场、餐馆、银行、机场、车站、港口、影剧院等经营场所的经营者,尤其应当对消费者尽到安全保障义务。

此外,经营者发现其提供的商品或者服务存在缺陷,有危及人身、财产安全危险的,应当立即向有关行政部门报告和告知消费者,并采取停止销售、警示、召回、无害化处理、销毁、停止生产或者服务等措施。采取召回措施的,经营者应当承担消费者因商品被召回支出的必要费用。①

(四)不作虚假或引人误解的宣传

这是与消费者的知悉真情权相对应的经营者的义务。经营者向消费者提供有关商品或者服务的质量、性能、用途、有效期限等信息,应当真实、全面,不得作虚假或者引人误解的宣传。否则,即构成侵犯消费者权益的行为和不正当竞争行为。

此外,经营者对消费者就其提供的商品或者服务的质量和使用方法等具体问题提出的询问,应当作出真实、明确的答复。在价格标示方面,经营者提供商品或者服务应当明码标价。

(五)出具相应的凭证和单据

经营者提供商品或者服务,应当按照国家有关规定或者商业惯例向消费者出具发票等购货凭证或者服务单据;消费者索要发票等购货凭证或者服务单据的,经营者必须出具,这是经营者的义务。由于发票等购货凭证或者服务单据具有重要的证据价值,对于界定消费者和经营者的权利义务亦具有重要意义,因此,明确经营者出具凭证和单据的义务,有利于保护消费者权益。

在现实生活中,有些经营者可能提出种种借口,拒绝向消费者出具相应的发票等购货凭证或服务单据,这是违反其法定义务的行为,不仅会侵害消费者权益,而且也会导致国家税款的流失,带来经济管理上的一些不良后果。因此,对此类违法行为同样不应小视。

---

① 我国的缺陷产品召回制度始于 2004 年 3 月 12 日由国家质量监督检验检疫总局等四部委联合发布的《缺陷汽车产品召回管理规定》,其后,国家质量监督检验检疫总局等部门又陆续制定了食品、儿童玩具、药品、医疗器械等方面的召回制度。2012 年 10 月 22 日国务院公布了《缺陷汽车产品召回管理条例》,自 2013 年 1 月 1 日起施行,并于 2019 年修订。这些召回制度的有效实施都有助于保障消费者权益。

(六) 提供符合要求的商品或服务

经营者应当保证在正常使用商品或者提供服务的情况下说明其提供的商品或者服务应当具有的质量、性能、用途和有效期限;但消费者在购买该商品或者接受该服务前已经知道其存在瑕疵,且存在该瑕疵不违反法律强制性规定的除外。

此外,经营者以广告、产品说明、实物样品或者其他方式表明商品或者服务的质量状况的,应当保证其提供的商品或者服务的实际质量与表明的质量状况相符。

另外,经营者提供的机动车、计算机、电视机、电冰箱、空调器、洗衣机等耐用商品或者装饰装修等服务,消费者自接受商品或者服务之日起 6 个月内发现瑕疵,发生争议的,由经营者承担有关瑕疵的举证责任。

(七) 承担退货、更换或修理等义务

经营者提供的商品或者服务不符合质量要求的,消费者可以依照国家规定、当事人约定退货,或者要求经营者履行更换、修理等义务。没有国家规定和当事人约定的,消费者可以自收到商品之日起 7 日内退货;7 日后符合法定解除合同条件的,消费者可以及时退货,不符合法定解除合同条件的,可以要求经营者履行更换、修理等义务。依照上述规定进行退货、更换、修理的,经营者应当承担运输等必要费用。

此外,还有一类"无理由退货"的情况,即经营者采用网络、电视、电话、邮购等方式销售商品,消费者有权自收到商品之日起 7 日内退货,且无需说明理由,但下列商品除外:(1) 消费者定作的;(2) 鲜活易腐的;(3) 在线下载或者消费者拆封的音像制品、计算机软件等数字化商品;(4) 交付的报纸、期刊。除上述商品外,其他根据商品性质并经消费者在购买时确认不宜退货的商品,不适用无理由退货。需要强调的是,消费者退货的商品应当完好。经营者应当自收到退回商品之日起 7 日内返还消费者支付的商品价款。退回商品的运费由消费者承担;经营者和消费者另有约定的,按照约定。

上述的"无理由退货"制度,又被称为"冷静期"制度,消费者由此在法定期限内享有了所谓"后悔权"。此类制度对消费者行使权利所设定的各类条件限制,体现了法律在经营者权益与消费者权益之间的平衡。

(八) 不得从事不公平、不合理的交易

为了保障消费者的公平交易权,经营者在经营活动中使用格式条款时,应当以显著方式提请消费者注意商品或者服务的数量和质量、价款或者费用、履行期限和方式、安全注意事项和风险警示、售后服务、民事责任等与消费者有重大利害关系的内容,并按照消费者的要求予以说明。与此同时,经营者不得以格式条款、通知、声明、店堂告示等方式,作出排除或者限制消费者权利、减轻或者免除经营者责任、加重消费者责任等对消费者不公平、不合理的规定,不得利用格式条款并借助技术手段强制交易。格式条款、通知、声明、店堂告示等含有上述内容的,其内容无效。

(九) 信息提供与个人信息保护的义务

在信息提供方面,采用网络、电视、电话、邮购等方式提供商品或者服务的经营者,以及提供证券、保险、银行等金融服务的经营者,应当向消费者提供经营地址、联系方式、商品或者服务的数量和质量、价款或者费用、履行期限和方式、安全注意事项和风险警示、售后服务、民事责任等信息。此外,经营者未经消费者同意或者请求,或者消费者明确表示拒绝的,不得向其发送商业性信息。

在个人信息保护方面①，经营者收集、使用消费者个人信息，应当遵循合法、正当、必要的原则，明示收集、使用信息的目的、方式和范围，并经消费者同意。经营者收集、使用消费者个人信息，应当公开其收集、使用规则，不得违反法律、法规的规定和双方的约定收集、使用信息。

经营者及其工作人员对收集的消费者个人信息必须严格保密，不得泄露、出售或者非法向他人提供。经营者应当采取技术措施和其他必要措施，确保信息安全，防止消费者个人信息泄露、丢失。在发生或者可能发生信息泄露、丢失的情况时，应当立即采取补救措施。

（十）不得侵犯消费者的人身权

消费者的人身权是其基本人权，消费者的人身自由、人格尊严不受侵犯。如前所述，消费者享有获得尊重权，经营者不得对消费者进行侮辱、诽谤，不得搜查消费者的身体及其携带的物品，不得侵犯消费者的人身自由。

我国《消费者权益保护法》明确规定的经营者的上述各类义务，与前述的消费者权利存在着大体上的对应关系。从实质意义上的消费者权益保护法来说，经营者的义务还远不限于上述形式意义上的《消费者权益保护法》的规定，因为在《反垄断法》《反不正当竞争法》《产品质量法》《广告法》《价格法》《电子商务法》等诸多形式意义的立法中，同样包含许多涉及经营者义务的规范，并且，在这些法律的立法宗旨中，无一例外，都将保护消费者权益作为重要目标。由此可见，对消费者权利的保护，不只是《消费者权益保护法》的任务，同时也是其他相关法律的任务；消费者权益保护法作为一个部门法，实际上包含了许多法律中的有关保护消费者的规范。

第三节　消费者权益的国家保护与社会保护

在消费者权益的保护方面，不仅经营者负有直接的义务，而且国家、社会也都负有相应的义务。只有各类主体都有效承担起保护消费者权益的义务，消费者的各项权利才能得到有效的保障。为此，我国《消费者权益保护法》对国家和社会在保护消费者权益方面的义务也都作出了规定。

一、国家对消费者权益的保护

（一）国家对消费者权益的整体保护

为了有效保护消费者权益，国家应当在立法、执法、司法等各个环节上，加强对消费者权益的整体保护。在消费者政策和消费者立法方面，国家应当保护消费者的合法权益不受侵害，并应采取具体措施，保障消费者依法行使权利，维护其合法利益。依据我国《消费者权益保护法》的规定，国家对消费者合法权益的保护主要体现在以下几个方面：

1. 在立法方面的保护

国家制定有关消费者权益的法律、法规、规章和强制性标准，应当听取消费者和消费者协会等组织的意见。此外，立法机关在把消费者政策上升为法律时，也应听取消费者的意见

---

① 相关探讨可参见张守文：《消费者信息权的法律拓展与综合保护》，载《法学》2021年第12期。

和要求。

2. 在行政管理方面的保护

政府的行政管理工作与消费者权益的保护水平直接相关。各级人民政府应当加强领导，组织、协调、督促有关行政部门做好保护消费者合法权益的工作，落实保护消费者合法权益的职责。各级人民政府应当加强监督，预防危害消费者人身、财产安全行为的发生，及时制止危害消费者人身、财产安全的行为。这实际上体现了对消费者的保障安全权的着重确认和保护。

我国《消费者权益保护法》除对各级政府的消费者保护义务作出一般规定外，还特别强调政府职能部门在消费者保护方面的具体义务。根据该法规定，各级人民政府市场监管部门和其他有关行政部门，应当依照法律、法规的规定，在各自的职责范围内，采取措施，保护消费者的合法权益。此外，有关行政部门应当听取消费者及其社会团体对经营者交易行为、商品和服务质量的意见，及时调查处理。

另外，有关行政部门在各自的职责范围内，应当定期或者不定期对经营者提供的商品和服务进行抽查检验，并及时向社会公布抽查检验结果。如果发现并认定经营者提供的商品或者服务存在缺陷，有危及人身、财产安全危险的，应当立即责令经营者采取停止销售、警示、召回、无害化处理、销毁、停止生产或者服务等措施。

3. 在惩处违法犯罪行为方面的保护

对违法犯罪行为有惩处权力的国家机关，应当依照法律、法规的规定，惩处经营者在提供商品和服务中侵害消费者合法权益的违法犯罪行为，以切实保护消费者的合法权益。

为了及时、有效惩处侵害消费者合法权益的违法犯罪行为，人民法院应当采取措施，方便消费者提起诉讼。对于符合我国《民事诉讼法》起诉条件的消费者权益争议，人民法院必须受理，并应及时审理，以使消费者权益争议尽快得到解决。

4. 消费者保护的协调机制

为了加强消费者保护工作，我国还建立了"消费者权益保护工作部际联席会议"的协调机制，该联席会议负责统筹协调全国消费者权益保护工作，研究并推进实施消费者权益保护工作的重大政策、措施，指导、督促有关部门落实消费者权益保护工作职责，协调解决全国消费者权益保护工作中的重大问题和重大消费事件，等等。联席会议由市场监管总局为牵头单位，成员包括中央网信办、发展改革委、工业和信息化部、财政部、商务部、卫生健康委、人民银行、海关总署、原银保监会、证监会、药监局、知识产权局、中国消费者协会等26个部门和单位。联席会议制度有助于增进政府部门对消费者权益的专门保护。

(二) 政府部门对消费者权益的专门保护

在保护消费者权益方面，市场监管部门等负有重要职责，它们都在从各自职能的角度对消费者权益进行专门的保护。这些专门保护也是国家对消费者权益的整体保护的重要组成部分。

市场监管部门是《消费者权益保护法》的主要执法部门，在保护消费者合法权益，维护社会经济秩序方面发挥着重要的作用。由于我国《消费者权益保护法》的规定仍然较为原则，因此，为有效保护消费者权益，国家市场监督管理总局制定了一系列保护消费者权益的规范性文件，如《侵害消费者权益行为处罚办法》等。这些规定是对《消费者权益保护法》规定的进一步明确化和具体化。对此，下面着重从两大方面作简要介绍：

第一，对经营者义务的细化。

为了进一步加强对消费者权益的保护，《侵害消费者权益行为处罚办法》[1]对经营者的义务作出了更加细致的规定，举例如下：

(1) 在信息提供方面，经营者向消费者提供有关商品或者服务的信息应当真实、全面、准确，不得有下列虚假或者引人误解的宣传行为：① 不以真实名称和标记提供商品或者服务；② 以虚假或者引人误解的商品说明、商品标准、实物样品等方式销售商品或者服务；③ 作虚假或者引人误解的现场说明和演示；④ 采用虚构交易、虚标成交量、虚假评论或者雇佣他人等方式进行欺骗性销售诱导；⑤ 以虚假的"清仓价""甩卖价""最低价""优惠价"或者其他欺骗性价格表示销售商品或者服务；⑥ 以虚假的"有奖销售""还本销售""体验销售"等方式销售商品或者服务；⑦ 谎称正品销售"处理品""残次品""等外品"等商品；⑧ 夸大或隐瞒所提供的商品或者服务的数量、质量、性能等与消费者有重大利害关系的信息误导消费者；⑨ 以其他虚假或者引人误解的宣传方式误导消费者。

(2) 在信息获取方面，经营者收集、使用消费者个人信息，应当遵循合法、正当、必要的原则，明示收集、使用信息的目的、方式和范围，并经消费者同意。经营者不得有下列行为：① 未经消费者同意，收集、使用消费者个人信息；② 泄露、出售或者非法向他人提供所收集的消费者个人信息；③ 未经消费者同意或者请求，或者消费者明确表示拒绝，向其发送商业性信息。

上述的消费者个人信息是指经营者在提供商品或者服务活动中收集的消费者姓名、性别、职业、出生日期、身份证件号码、住址、联系方式、收入和财产状况、健康状况、消费情况等能够单独或者与其他信息结合识别消费者的信息。

(3) 在退货方面，经营者采用网络、电视、电话、邮购等方式销售商品，应当依照法律规定承担无理由退货义务，不得故意拖延或者无理拒绝。经营者有下列情形之一的，视为故意拖延或者无理拒绝：① 对于适用无理由退货的商品，自收到消费者退货要求之日起超过15日未办理退货手续，或者未向消费者提供真实、准确的退货地址、退货联系人等有效联系信息，致使消费者无法办理退货手续；② 未经消费者确认，以自行规定该商品不适用无理由退货为由拒绝退货；③ 以消费者已拆封、查验影响商品完好为由拒绝退货；④ 自收到退回商品之日起无正当理由超过15日未向消费者返还已支付的商品价款。

上述规定比我国《消费者权益保护法》中的规定更为具体，也更有现实针对性，更有助于保障消费者权利的具体实现。

第二，对欺诈消费者的行为的特别规定。

欺诈消费者的行为，是较为普遍的侵害消费者权益的行为，贻害甚深。为制止经营者提供商品或者服务中的欺诈消费者行为，保护消费者的合法权益，《侵害消费者权益行为处罚办法》亦有专门的具体规定，以期从加大处罚力度的角度，来加强对消费者权益的保护。

所谓欺诈消费者行为，是指经营者在提供商品(包括服务)中，采取虚假或者其他不正当手段欺骗、误导消费者，使消费者的合法权益受到损害的行为。依据《侵害消费者权益行为处罚办法》的规定，经营者提供商品或者服务不得有下列行为：(1) 销售的商品或者提供的

---

[1] 《侵害消费者权益行为处罚办法》于2015年1月5日由原国家工商行政管理总局颁布，国家市场监督管理总局2020年10月修订。

服务不符合保障人身、财产安全要求;(2)销售失效、变质的商品;(3)销售伪造产地、伪造或者冒用他人的厂名、厂址、篡改生产日期的商品;(4)销售伪造或者冒用认证标志等质量标志的商品;(5)销售的商品或者提供的服务侵犯他人注册商标专用权;(6)销售伪造或者冒用知名商品特有的名称、包装、装潢的商品;(7)在销售的商品中掺杂、掺假,以假充真,以次充好,以不合格商品冒充合格商品;(8)销售国家明令淘汰并停止销售的商品;(9)提供商品或者服务中故意使用不合格的计量器具或者破坏计量器具准确度;(10)骗取消费者价款或者费用而不提供或者不按照约定提供商品或者服务。经营者有上述(1)—(6)项规定行为之一且不能证明自己并非欺骗、误导消费者而实施此种行为的,属于欺诈行为。经营者有上述(7)—(10)项的,亦属于欺诈行为。

此外,欺诈消费者的行为还包括:(1)从事为消费者提供修理、加工、安装、装饰装修等服务的经营者谎报用工用料,故意损坏,偷换零部件或材料,使用不符合国家质量标准或者与约定不相符的零部件或材料,更换不需要更换的零部件,或者偷工减料、加收费用,损害消费者权益的行为。(2)从事房屋租赁、家政服务等中介服务的经营者提供虚假信息或者采取欺骗、恶意串通等手段损害消费者权益的行为。(3)经营者在信息提供方面所作出的虚假或引人误解的宣传行为。

二、社会对消费者权益的保护

保护消费者的合法权益是全社会的共同责任,国家鼓励、支持一切组织和个人对损害消费者合法权益的行为进行社会监督。为了更好地保护消费者权益,大众传媒尤其应做好维护消费者合法权益的宣传,对损害消费者合法权益的行为进行有效的舆论监督。

此外,在保护消费者合法权益方面,各种消费者组织具有至为重要的作用,因而我国《消费者权益保护法》对其作出了专门的规定。

依据该法规定,消费者组织包括消费者协会和其他消费者组织。消费者协会和其他消费者组织是依法成立的对商品和服务进行社会监督的保护消费者合法权益的社会组织。它们作为非营利的、公益性的社团,不得从事商品经营和营利性服务,不得以收取费用或者其他牟取利益的方式向消费者推荐商品和服务。各级人民政府对消费者协会履行职责应当予以必要的经费等支持。在消费者组织中,消费者协会(简称"消协")是最普遍、最重要的。消协必须依法履行其职能,各级人民政府对消协履行职能应当予以支持。

在消费者组织中,消协处于重要地位,应依法履行如下公益性职责:

(1)向消费者提供消费信息和咨询服务,提高消费者维护自身合法权益的能力,引导文明、健康、节约资源和保护环境的消费方式;

(2)参与制定有关消费者权益的法律、法规、规章和强制性标准;

(3)参与有关行政部门对商品和服务的监督、检查;

(4)就有关消费者合法权益的问题,向有关部门反映、查询,提出建议;

(5)受理消费者的投诉,并对投诉事项进行调查、调解;

(6)投诉事项涉及商品和服务质量问题的,可以委托具备资格的鉴定人鉴定,鉴定人应当告知鉴定意见;

(7)就损害消费者合法权益的行为,支持受损害的消费者提起诉讼;

(8)对损害消费者合法权益的行为,通过大众传播媒介予以揭露、批评。

各类消费者组织有效履行职责,有助于消费者实现其获取信息权、依法求偿权、监督批评权等权利。随着市场经济的发展和消费者问题的凸显,消费者组织应发挥更大的作用。为此,除了上述《消费者权益保护法》的规定以外,在相关法律中也有关于消费者组织的规定。例如,我国《价格法》规定:消费者组织等相关组织以及消费者,有权对价格行为进行社会监督,这体现了社会组织在保护消费者权益方面的重要作用。

第四节　权益争议的解决与法律责任的确定

一、消费者权益争议的解决

(一) 争议的解决途径

各类争议的解决,大略都有协商、调解、仲裁、诉讼等基本的解决途径,消费者权益争议也与此类似。根据我国《消费者权益保护法》的规定,消费者与经营者发生消费者权益争议的,可以通过下列途径解决:与经营者协商和解;请求消费者协会或者依法成立的其他调解组织调解;向有关行政部门投诉;根据与经营者达成的仲裁协议提请仲裁机构仲裁;向人民法院提起诉讼。

依据我国现行法律规定,消费者向有关行政部门投诉的,该部门应当自收到投诉之日起7个工作日内,予以处理并告知消费者。此外,对侵害众多消费者合法权益的行为,中国消费者协会以及在省、自治区、直辖市设立的消费者协会,可以向人民法院提起诉讼。

无论采行上述哪种争议解决方式,无论在解决争议的过程中当事人是否付费,都会发生一定的成本。从法律经济学的角度看,在选择具体的争议解决途径时,消费者应当作出理性的选择,尤其因权衡争议的解决成本,考虑交易费用。因此,哪种途径在总体上对当事人的利益较大,消费者就应当选择哪种解决的途径。

(二) 最终承担损害赔偿责任的主体的确定

1. 由生产者、销售者、服务者承担

(1) 消费者在购买、使用商品时,其合法权益受到损害的,可以向销售者要求赔偿。销售者赔偿后,属于生产者的责任或者属于向销售者提供商品的其他销售者的责任的,销售者有权向生产者或者其他销售者追偿。

(2) 消费者或者其他受害人因商品缺陷造成人身、财产损害的,可以向销售者要求赔偿,也可以向生产者要求赔偿。属于生产者责任的,销售者赔偿后,有权向生产者追偿。属于销售者责任的,生产者赔偿后,有权向销售者追偿。

(3) 消费者在接受服务时,其合法权益受到损害的,可以向服务者要求赔偿。

(4) 消费者在展览会、租赁柜台购买商品或者接受服务,其合法权益受到损害的,可以向销售者或者服务者要求赔偿。展览会结束或者柜台租赁期满后,也可以向展览会的举办者、柜台的出租者要求赔偿。展览会的举办者、柜台的出租者赔偿后,有权向销售者或者服务者追偿。

(5) 消费者通过网络交易平台购买商品或者接受服务,其合法权益受到损害的,可以向销售者或者服务者要求赔偿。网络交易平台提供者不能提供销售者或者服务者的真实名称、地址和有效联系方式的,消费者也可以向网络交易平台提供者要求赔偿;网络交易平台提供者作出更有利于消费者的承诺的,应当履行承诺。网络交易平台提供者赔偿后,有权向销售者或者服务者追偿。

2. 由变更后的企业承担

消费者在购买、使用商品或者接受服务时,其合法权益受到损害,因原企业分立、合并的,可以向变更后承受其权利义务的企业要求赔偿。

3. 由营业执照的使用人或持有人承担

使用他人营业执照的违法经营者提供商品或者服务,损害消费者合法权益的,消费者可以向其要求赔偿,也可以向营业执照的持有人要求赔偿。

4. 由从事虚假广告行为的经营者及相关主体承担

消费者因经营者利用虚假广告或者其他虚假宣传方式提供商品或者服务,其合法权益受到损害的,可以向经营者要求赔偿。广告经营者、发布者发布虚假广告的,消费者可以请求行政主管部门予以惩处。广告经营者、发布者不能提供经营者的真实名称、地址和有效联系方式的,应当承担赔偿责任。

广告经营者、发布者设计、制作、发布关系消费者生命健康商品或者服务的虚假广告,造成消费者损害的,应当与提供该商品或者服务的经营者承担连带责任。

社会团体或者其他组织、个人在关系消费者生命健康商品或者服务的虚假广告或者其他虚假宣传中向消费者推荐商品或者服务,造成消费者损害的,应当与提供该商品或者服务的经营者承担连带责任。

二、法律责任的确定

对于侵害消费者权益的行为,应当依法追究违法者的法律责任。一般说来,违法者需要承担的法律责任主要有两类:一类是赔偿性法律责任;一类是惩罚性法律责任。

(一)赔偿性法律责任的确定

1. 侵犯人身权的法律责任

人身权是重要的基本人权,我国《消费者权益保护法》对侵犯人身权的法律责任作了专门规定,其主要内容如下:

(1)致人伤亡的法律责任。经营者提供商品或者服务,造成消费者或者其他受害人人身伤害的,应当赔偿医疗费、护理费、交通费等为治疗和康复支出的合理费用,以及因误工减少的收入。造成残疾的,还应当赔偿残疾生活辅助具费和残疾赔偿金。造成死亡的,还应当赔偿丧葬费和死亡赔偿金。

(2)侵害人格尊严或侵犯人身自由的法律责任。经营者侵害消费者的人格尊严、侵犯消费者人身自由或者侵害消费者个人信息依法得到保护的权利的,应当停止侵害、恢复名誉、消除影响、赔礼道歉,并赔偿损失。此外,经营者有侮辱诽谤、搜查身体、侵犯人身自由等侵害消费者或者其他受害人人身权益的行为,造成严重精神损害的,受害人可以要求精神损害赔偿。

2. 侵犯财产权的法律责任

在消费者权益争议中,大量涉及财产权之争。我国《消费者权益保护法》对侵犯财产权的法律责任也作了专门规定,其主要内容如下:

经营者提供商品或者服务,造成消费者财产损害的,应当依照法律规定或者当事人约定承担修理、重作、更换、退货、补足商品数量、退还货款和服务费用或者赔偿损失等民事责任。

经营者以预收款方式提供商品或者服务的,应当按照约定提供。未按照约定提供的,应当按照消费者的要求履行约定或者退回预付款;并应当承担预付款的利息、消费者必须支付的合理费用。

依法经有关行政部门认定为不合格的商品,消费者要求退货的,经营者应当负责退货。此外,经营者对消费者未尽到安全保障义务,造成消费者损害的,应当承担侵权责任。

3. 相关法律、法规在法律责任确定方面的协调

除我国《消费者权益保护法》另有规定的以外,经营者提供商品或者服务有下列行为之一的,应当按照其他有关法律、法规的规定,承担民事责任:(1)商品或者服务存在缺陷的;(2)不具备商品应当具备的使用性能而在出售时未作说明的;(3)不符合在商品或者其包装上注明采用的商品标准的;(4)不符合商品说明、实物样式等方式表示的质量状况的;(5)生产国家明令淘汰的商品或者销售失效、变质的商品的;(6)销售的商品数量不足的;(7)服务的内容和费用违反约定的;(8)对消费者提出的修理、重作、更换、退货、补足商品数量、退还货款和服务费用或者赔偿损失的要求,故意拖延或者无理拒绝的;(9)法律、法规规定的其他损害消费者权益的情形。

(二)惩罚性法律责任的确定

我国《消费者权益保护法》不仅规定了违法经营者的赔偿性法律责任,而且还规定了违法经营者应承担的惩罚性法律责任,并且,在责任的确定方面同样存在与其他法律、法规的协调问题。

1. 一般违法行为应承担的惩罚性法律责任

(1)欺诈行为的惩罚性赔偿责任。经营者提供商品或者服务有欺诈行为的,应当按照消费者的要求增加赔偿其受到的损失,增加赔偿的金额为消费者购买商品的价款或者接受服务的费用的3倍;增加赔偿的金额不足500元的,为500元。法律另有规定的,依照其规定。

经营者明知商品或者服务存在缺陷,仍然向消费者提供,造成消费者或者其他受害人死亡或者健康严重损害的,受害人有权要求经营者依照《消费者权益保护法》规定赔偿损失,并有权要求所受损失2倍以下的惩罚性赔偿。

(2)其他惩罚性责任。依据《消费者权益保护法》的规定,经营者有下列情形之一,除承担相应的民事责任外,其他有关法律、法规对处罚机关和处罚方式有规定的,依照法律、法规的规定执行;法律、法规未作规定的,由市场监管部门或者其他有关行政部门责令改正,可以根据情节单处或者并处警告、没收违法所得、处以违法所得1倍以上10倍以下的罚款,没有违法所得的,处以50万元以下的罚款;情节严重的,责令停业整顿、吊销营业执照。下列情形包括:提供的商品或者服务不符合保障人身、财产安全要求的;在商品中掺杂、掺假,以假充真,以次充好,或者以不合格商品冒充合格商品的;生产国家明令淘汰的商品或者销售失效、变质的商品的;伪造商品的产地,伪造或者冒用他人的厂名、厂址,篡改生产日期,伪造或者冒用认证标志等质量标志的;销售的商品应当检验、检疫而未检验、检疫或者伪造检验、检疫结果的;对商品或者服务作虚假或者引人误解的宣传的;拒绝或者拖延有关行政部门责令对缺陷商品或者服务采取停止销售、警示、召回、无害化处理、销毁、停止生产或者服务等措施的;对消费者提出的修理、重作、更换、退货、补足商品数量、退还货款和服务费用或者赔偿

损失的要求,故意拖延或者无理拒绝的;侵害消费者人格尊严、侵犯消费者人身自由或者侵害消费者个人信息依法得到保护的权利的;法律、法规规定的对损害消费者权益应当予以处罚的其他情形。

经营者有上述情形的,除依照法律、法规规定予以处罚外,处罚机关应当记入信用档案,向社会公布。经营者对行政处罚决定不服的,可以依法申请行政复议或者提起行政诉讼。

2. 严重违法行为应承担的惩罚性法律责任

经营者违反《消费者权益保护法》规定提供商品或者服务,侵害消费者合法权益,构成犯罪的,依法追究刑事责任。依据我国《消费者权益保护法》的有关规定,追究刑事责任的情况主要包括以下几种:

(1) 经营者违反《消费者权益保护法》规定提供商品或者服务,侵害消费者合法权益,构成犯罪的,依法追究刑事责任。

(2) 以暴力、威胁等方法阻碍有关行政部门工作人员依法执行职务的,依法追究刑事责任;拒绝、阻碍有关行政部门工作人员依法执行职务,未使用暴力、威胁方法的,由公安机关依照《中华人民共和国治安管理处罚法》的规定处罚。

(3) 国家机关工作人员有玩忽职守或者包庇经营者侵害消费者合法权益的行为的,由其所在单位或者上级机关给予行政处分;情节严重,构成犯罪的,依法追究刑事责任。

值得一提的是,为了保护消费者权益,早在1993年7月,全国人民代表大会常务委员会就作出了《关于惩治生产、销售伪劣商品犯罪的决定》。此后,我国又在《刑法》第二编第三章"破坏社会主义市场经济秩序罪"中,首先用一节的篇幅规定"生产、销售伪劣商品罪"。例如,依据《刑法》规定,下列情形,构成犯罪的,都应依法追究刑事责任:

(1) 生产者、销售者在产品中掺杂、掺假,以假充真,以次充好或者以不合格产品冒充合格产品;

(2) 生产、销售假药的;

(3) 生产、销售劣药,对人体健康造成严重危害的;

(4) 生产、销售不符合食品安全标准的食品,足以造成严重食物中毒事故或者其他严重食源性疾病的;

(5) 在生产、销售的食品中掺入有毒、有害的非食品原料的,或者销售明知掺有有毒、有害的非食品原料的食品的;

(6) 生产不符合保障人体健康的国家标准、行业标准的医疗器械、医用卫生材料,或者销售明知是不符合保障人体健康的国家标准、行业标准的医疗器械、医用卫生材料,对人体健康造成严重危害的;

对上述行为依法追究刑事责任,对于有效维护市场经济秩序,打击侵害消费者权益的突出问题,尤其具有现实意义。

本 章 小 结

消费者权益保护法是市场规制法的重要组成部分,作为侧重于保护相对处于弱势的消费者群体的权利和利益的制度,它对于维护市场秩序,保障基本人权,推进经济与社会的良性运行和协调发展,具有重要价值。

本章分别介绍了消费者保护的基本原理和主要制度，主要涉及消费者的权利、经营者的义务、国家和社会的义务，以及消费者权益争议的解决和法律责任的确定等内容。

从基本原理看，消费者的法律保护既涉及经济问题，又涉及社会问题；消费者权益保护法律制度，像整个经济法制度一样，既具有经济性，又具有社会性，但经济性更为突出。尽管在消费者权益保护的具体立法中，会涉及多个部门法性质的法律规范，但部门法意义上的消费者权益保护法，则属于经济法。明确消费者和消费者权益保护法的概念，以及消费者权益保护法的性质和理论基础，有助于增进对具体的消费者权益保护制度的理解；了解消费者权益保护法的立法体例、原则和消费者权益的国际保护等问题，对于完善相关具体立法，增进法律实效，也都具有重要作用。

从主要制度看，消费者的权利和经营者的义务，是整个消费者权益保护法律制度的核心。我国法律规定的各类消费者权利，如保障安全权、知悉真情权等，有助于更好地保护消费者的基本人权，规范经营者的市场行为，从而形成良好的市场秩序；而对于经营者义务的具体规定，则是从另一个侧面作出的对消费者权利的保障。

此外，对于消费者权益，国家和社会也都负有具体的保护义务。国家的立法机关、执法机关和司法机关，都要依法对消费者权利予以保护；相关的政府职能部门，应依法对消费者权利作出专门保护。另外，消费者协会等消费者组织也在消费者权益保护方面发挥着越来越重要的作用。

为了有效解决消费者权益争议，我国《消费者权益保护法》规定了多方面的争议解决途径，并对最终承担损害赔偿责任的主体作出了明确规定。一般说来，侵害消费者权益的违法者需要承担的法律责任主要有两类：一类是赔偿性法律责任，另一类是惩罚性法律责任。

第十五章

特别市场规制法律制度

　　虽然反垄断、反不正当竞争和消费者权益保护法律规范是几乎在所有市场中都共通的行为规范,但在一些特别市场中,基于这些类型市场独特的经济、技术规律,共通的法律规范在这些市场的具体内容也会有所不同。其中,特别市场的认定、外延和定位,银行业市场规制法律制度、证券市场规制法律制度尤为重要。为此,本章着重阐述这两个方面的制度。

第一节　特别市场规制法律制度一般原理

一、市场规制角度的特别市场

（一）特别市场与一般市场

　　"市场"有多重含义。我们可以将其理解为交易场所、交易机制和资源配置方式,也可以根据不同的标准对市场作不同的划分。比如,可以根据市场所处的地理位置分为城市市场和农村市场、沿海市场和内地市场、国内市场和国际市场;根据市场要素的不同分为商品市场、资金市场、劳动力市场、技术市场和信息市场;根据交易标的的不同分为商品市场和服务市场;根据商品市场中商品的用途分为生产资料市场和生活资料市场;根据商品的供货来源不同分为工业品市场和农产品市场;等等。对市场的每一种划分,都会使我们多一层对市场的认识。

　　如果从对不同类型市场法律规制的共性和个性角度分析,我们发现,对各种类型市场的法律规制都会用到反垄断法律制度、反不正当竞争法律制度和消费者权益保护制度。另一方面,我们也发现,有些市场的交易内容和形式比较特殊,其标的与人的生命财产安全关联性特别强,在国民经济体系中居于核心或重要的地位,垄断行为、不正当竞争行为和侵犯消费者权益的行为在这些市场中的表现形式也不一样,对其法律规制的制度也有许多特殊性。这样,从市场规制的角度,我们可以将规制法律制度特殊性较强的称为特别市场。显然,这不是特别市场与一般市场的唯一划分标准。根据不同的需要,还可以从不同角度分出不同的特别市场和一般市场。

（二）认定特别市场的依据

　　规制特别市场,需要首先明确特别市场的外延。而要明确其外延,还得探讨确认特别市场的依据。确认特别市场,可以将下列因素作为主要依据:

1. 市场交易的标的对人的安全和健康影响程度

交易标的的不同,是市场分类的指标之一。那些交易标的直接影响到人的生命、健康和重大财产安全的市场,无疑是特别市场。这类市场极易受到公众的关注,如若质量不好会导致极为严重的后果。食品、药品、化妆品、保健品、房地产等商品市场和医疗、美容、室内装修等服务市场即其适例。交易标的直接涉及公共安全的市场,也属于这一类情况。比如,危险品市场,包括锅炉、煤气罐等压力容器,电梯、游乐场高危设施以及各种爆炸品、毒品、放射物品等市场。

2. 信息和风险不对称的程度

随着科学技术的发展,消费者所了解的商品和服务的信息相对而言越来越少,检验或判断商品和服务质量的技术、时间、经费成本越来越大,商品和服务与不良后果之间的因果关系越来越不确定,有关商品和服务的信息也就越来越偏在于经营者一方。另一方面,许多交易在交易完毕后,销售方通过获得价款而全部实现了其商品和服务的价值,但购买方是否能够实现其所支付价款相应的价值,却有很大的不确定性。前者是信息的不对称,后者是风险的不对称。虽然几乎所有的交易都存在这两方面的不对称,但信息和风险严重不对称的市场,当属于特别市场。金融市场、房地产市场、食品药品市场、部分自然垄断市场即是如此。

3. 经营者的市场支配地位

独占、寡占的市场,经营者市场支配地位比较高。经营者一旦居于较高的市场支配地位,滥用市场支配地位行为的现象将难以避免或者不可避免。这种市场支配地位的形成,如果不是通过市场竞争,而是自然垄断或者是政策壁垒所致,对其垄断行为的规制更为困难。各种自然垄断市场、政策性壁垒形成的成品油市场、天然气市场、电力市场等即属于这种类型。

4. 对宏观经济运行的影响力

宏观经济并不是抽象的存在,而是由许许多多市场共同构成的。不过,依据不同标准划分出的不同类型的市场,并不是同等地影响到宏观经济运行。那些对宏观经济运行影响特别大的市场,显然是需要予以特别规制的市场。比如,金融市场、房地产市场、生产资料市场等,常常会直接影响到宏观经济运行,甚至是宏观经济的"晴雨表"。当宏观经济指标表明经济过热时,则既要发挥宏观调控作用,又需要有更严格的市场规制。

5. 政府和社会舆论关注的程度

具备上述因素的市场,政府和社会舆论一般都比较关注。但政府和社会舆论所关注的,有时可能是非经济的因素。无论经济因素还是非经济因素,政府或社会舆论特别关注的市场当然成为特别市场,如农药、化肥、种子等农业生产资料市场,电力用煤和冬季用煤紧张时期的煤炭市场,等等。

(三) 特别市场的外延

根据上述因素,我们可以初步确定特别市场主要外延:

(1) 金融市场,包括银行、证券、票据、保险、期货、信托、外汇等市场。

(2) 自然垄断市场。自然垄断市场是指由自然垄断行业的经营者提供的主要商品和服务所构成的市场,比如,电力行业提供的主要服务是输配电服务,那么输配电市场即是自然垄断行业市场。电力行业中的某集团公司也可能开办宾馆提供住宿餐饮服务,显然,这不是电力行业所提供的主要服务,也就不属于自然垄断市场。当然,"自然垄断市场"的表述,还可以探讨。

(3) 食品、药品市场(含保健品、化妆品、医疗器械市场,下同)。

(4) 建筑与房地产市场。

(5) 危险品市场,如锅炉、煤气罐等压力容器,电梯、游乐场高危设施,以及各种爆炸品、毒品、放射品等产品市场。

(6) 其他市场,如医疗(含美容、保健)服务市场、教育(除义务教育之外,含各类培训、学前教育)市场、旅游市场、家政市场、殡葬服务市场(含公墓市场)、图书音像市场、娱乐服务市场,等等。

二、特别市场规制法律制度的定位

(一) 对特别市场予以特别规制的理由

市场竞争的重要性,在于它在市场机制配置资源过程中发挥着关键性作用。但是,伴随市场竞争的自由发展所出现的不正当竞争和垄断,又阻碍市场竞争发挥作用,是市场竞争的异化,从而妨碍市场机制配置资源。这就需要我们在发挥市场竞争作用的同时,为保护市场竞争免受不正当竞争行为和垄断行为的危害,对市场竞争行为进行必要的规制。这种规制,市场主体自身难以实现,需要引入国家和政府的作用,需要由国家和政府介入市场并规制市场竞争行为。

如果进一步探究,我们发现,如果垄断现象和不正当竞争现象等市场竞争的异化现象所妨碍的仅仅局限于交易相对方或者市场主体(包括消费者)的利益,所影响的仅仅是交易秩序,所破坏的仅仅是交易的公平、自由,尽管其危害性早已不能容忍,但它所波及的还仅仅是在市场运行的范围之内。如果交易的内容不是普通的商品和服务,交易的程序和后果影响到国家宏观经济运行和国家宏观调控,直接而不是间接地危害社会公共利益和国家整体利益,那么,对该类市场的规制就不仅具有一般市场的规制所具有的公平、效率和秩序的价值,还具有其他多重功能:保障人民生命财产安全,促进宏观经济总量的平衡和宏观经济结构的优化,实现经济与社会良性运行、协调发展。

事实上,从市场规制的角度确认特别市场的依据,本身就是特别规制的重要理由。

(二) 特别市场规制法律制度与市场规制法律制度的关系

特别市场是相对于一般市场而言的。从市场规制角度认定特别市场的诸依据中,既有确定性很强的依据,也有确定性不太强的依据,如政府和舆论特别关注。这就带来准确界定特别市场规制法律制度外延的困难。从理解的角度,综合各种相关属性,可以认为,特别市场规制法律制度是与特别市场的特点密切结合并体现其个性的市场规制法律制度。

理解特别市场规制法律制度的基本含义,需要从其与市场规制法律制度之间的关系角度展开。

首先,特别市场规制法律制度属于市场规制法律制度。特别市场规制法律制度,仍然是市场规制法律制度体系的一部分,而且并不是独立的一部分,是融合在市场规制各类法律制度之中的。因此,在剖析市场规制法体系的构造时,并没有某个或某些单列的特别市场规制部门法。比如,市场规制法的部门法中,并没有金融市场特别规制法、自然垄断行业特别规制法、食品药品市场特别规制法与反垄断法和反不正当竞争法等并列。

其次,特别市场规制法律制度是市场规制法律制度在特殊市场中的体现,是体现特殊市场特点的市场规制法律制度。以商业混淆规制法律制度和虚假宣传规制法律制度为例,它们在反不正当竞争法中是共性的制度;在食品、药品、证券等市场规制法律制度中,则是结合本市场的特殊表现进行具体的规制。这种共性与个性的区别,也体现了市场规制法律制度与特别市场规制法律制度之间的区别。

这一关系,从特别市场规制法律制度与市场规制法律制度的执行机构也可以得到印证。我国《反不正当竞争法》第 4 条规定:"县级以上人民政府履行工商行政管理职责的部门对不正当竞争行为进行查处;法律、行政法规规定由其他部门查处的,依照其规定。"前者主要承担市场规制法律制度综合性的执行,但基于对特别市场进行特别规制的需要,其他法律、行政法规有时也规定了另外的主管部门承担对特别市场的特别规制职责。美国、德国、日本等国也基本相似。在美国,至少有 34 个机构承担着执行该国市场规制法律制度的职责,范围广、综合性强的只有几个。①

最后,特别市场规制法律制度是丰富和发展市场规制法律制度的主要领域。对某些市场之所以予以特别规制,既有其市场交易的标的重要、影响面大等因素,还与作为共性的市场规制法律制度在规制特殊市场时的制度供给不足有关。比如,在有关房屋租赁中介市场混乱现象的报道中,我们经常看到或听到民众、记者和官员抱怨缺少专门立法。如果从法律专业角度看,假如能充分运用现有的市场规制法律制度以及合同法等相关制度,虽然不一定会杜绝此类现象,但其危害会大大减轻、抱怨会大大减少,也就是说缺少专门立法的理由并不充分。另一方面,制度实施效果不好、民众和执法者抱怨缺少专门立法的现象也表明,需要根据法律的原则和作为共性的市场规制法律制度,结合特别市场的个性特点,制定出针对性更强的特别市场规制法律制度。根据我国立法的传统,可以经过层级较低的立法进行规制法律制度的探索,在总结经验教训的基础逐步上升到层级较高的规制法律制度。这样看来,一般市场规制法律制度与特别市场的特点结合的过程,既是市场规制法律制度具体化的过程,也是丰富和发展市场规制法律制度的过程。

(三) 实践意义和理论意义

上述分析已经表明,特别市场规制法律制度,对于从市场规制角度解决层出不穷的市场交易秩序问题,维护公平、自由的竞争机制,保护消费者的权益,促进市场良性运行和整个经济、社会的协调发展,具有重要的实践意义。

其理论意义体现在两个方面:(1) 为市场规制法理论研究提供新鲜的素材和推动力。特别市场之"特",在于其与人的关联性、对人的生活和整个经济(包括宏观经济)的重要性、矛盾的尖锐性(如信息和风险的严重不对称、经营者因自然垄断和政策性壁垒获得并滥用市场支配地位等)、政府和社会舆论的关注度。这些因素显著的市场才会成为特殊市场,才会促使社会和政府投入更多的注意力资源和政策资源去解决问题。解决问题的过程,正是从制度需求到制度生成的过程,也正是产生研究素材和推动研究的过程。(2) 成为市场规制法学科体系和学科建设不可缺的内容。特殊市场规制法律制度已经融合在市场规制法律制度之中,成为市场规制法体系构造的有机要素,从而实现了法的体系划分依据的同质性和体系构造逻辑的严密性。但是,从研究和教学的角度,在课程体系和学科体系建设上,既需

---

① 〔美〕W. 基普·维斯库斯、约翰·M. 弗农、小约瑟夫·E. 哈林顿:《反垄断与管制经济学(第四版)》,陈甬军、覃福晓等译,中国人民大学出版社 2010 年版,第 12—13 页。

要将市场规制法的基本原理单列以解决本领域的基础理论的研究和教学之需,也需要将特别市场规制法律制度分别阐述,从理论建构和学生知识结构塑造上夯实市场规制法理论体系的制度基础和实践基础,履行经济法学作为"应用性法学学科"的使命。①

第二节　若干特别市场规制法律制度概述

一、金融市场规制法律制度

(一)金融市场的特殊性

金融以资金信用和货币流通为主要内容,广义的金融市场与其他绝大多数市场相关联。从宏观经济调控和微观经济运行角度,都可以认为金融是现代经济的核心。

金融市场中,金融机构交易相对方是不特定的大多数。其交易的公平、公正和自由与否,具有较突出的社会公共利益色彩。同时,金融机构,特别是银行,是高负债经营,一旦经营不善导致破产,所影响的不像一般工商业经营者那样只有几个债权人的利益,还要涉及广大存款人的利益。这样,任何国家及其政府都不得不承担起严密规制包括银行业在内的整个金融业的市场行为。

另一方面,与银行业有关的存取款、贷还款、同业拆借和其他金融服务行为,大都涉及利率、汇率等资金价格,资金价格又是国家宏观调控的重要杠杆。如果银行业在资金价格上存在垄断行为和不正当竞争行为,所影响的将不仅仅是其交易相对方,而是宏观经济总量的平衡、结构的优化等重大宏观经济指标,所导致的后果也可能是所有市场主体都无法控制、无法回避的经济危机。2008年由次贷危机衍发的金融危机对全世界经济的影响,大家记忆犹新。因此,几乎所有的国家和政府都严密监控包括银行业在内的整个金融业内部经营行为,防范其在资金价格上的掠夺性定价、垄断高价,避免有过度涉险的投机行为。为此,对金融市场的规制,就是既包括反垄断和反不正当竞争规制,也包括为防范风险、保护存款人利益所进行的其他经营行为规制。

(二)金融法律制度的主要内容

被称为金融法的法律制度,是由多个部门法、子部门法的法律规范构成的。其中,属于经济法的金融法规范,又分属于宏观调控法和市场规制法。金融法的宏观调控法部分可以称为金融宏观调控法律制度,其具体制度构造已经在本书第二章和第九章作过阐释。金融法的市场规制法部分,可以称为金融市场规制法律制度,并作为特别市场规制法律制度已经融入市场规制法的体系之中。当然,在理论研究、教材编写、课程内容安排上可以单列。在单列时,金融市场规制法律制度,还可以再分列为银行业市场规制法律制度、证券市场规制法律制度、期货市场规制法律制度、保险市场规制法律制度、信托市场规制法律制度等。

如果进一步细分,还可以作这样的尝试:以证券市场规制法律制度为例,它可以再分为证券市场规制体制制度、证券市场进入规制法律制度、证券市场交易一般规制法律制度、证券市场反垄断和反不正当竞争规制法律制度等。其中证券交易一般规制法律制度还可以根据证券市场发行、上市、交易、上市公司收购、证券经营机构经营、登记、结算、证券交易服务

---

① 肖江平:《中国经济法学史研究》,人民法院出版社2002年版,第12章。

等证券交易行为进行制度分类。

上述分类,既保证法律规范体系的同质性,又保证理论与制度的一致性,还可突出学科和教学的目的。基于银行业市场和证券市场规制法律制度在实践中的重要性,基于本课程的教学目的,本章专设第三节、第四节分别阐述这两类市场规制法律制度。

二、自然垄断市场规制法律制度

（一）自然垄断市场的特殊性

自从穆勒(John Stuart Mill)在《政治经济学原理》中最早提出"自然垄断"后,经过了一百多年的研究,无论是自然垄断经济现象的发展还是学术研究的演进,情形都有了很大的变化。其中托马斯·法勒所提出的自然垄断的五大特征至今仍然被认为是经典的阐释。他提出,自然垄断行业所提供的是社会所需的生活必需品或服务,其资本密集并存在规模收益,其产品或服务的供给往往需要在垄断状态下才能实现。对其规制,不仅能促进交易公平、自由,还有助于提高交易的效率,包括局部、单个的效率和国家、社会整体的效率。为此,各国都将自然垄断行业所涉及的市场作为特别市场予以特别规制。

20世纪80年代以后,随着电子技术、网络通信的发达,自然垄断行业的自然垄断属性有了一些变化。部分原来认为需要独占的自然垄断行业,现在认为寡占或垄断竞争即可实现资源配置的效率,相应地,此类市场也就逐步从不同角度褪去或淡化其自然垄断色彩。现在看来,仍然具有很强、较强自然垄断属性或部分具有自然垄断属性的行业有:电力行业(特别是输配电环节)、电信行业(特别是固定电话领域)、城市供水(尤其是自来水供水行业)、城市供热、城市管道供气、轨道交通运输(尤其是铁路运输)、有线电视传输业等。这些行业中的部分企业,被称为公用企业。将处于自然垄断地位的公用企业的市场行为予以特别规制,仍然是各国市场规制法律制度的共性。

第一,自然垄断行业需要予以特别规制的主要原因在于,其垄断地位不能像其他行业中垄断企业那样可以简单地拆分。因此,既要认可其垄断地位,又要规制其垄断行为,这样,其制度设计远不如规制依靠市场竞争获得垄断地位的企业行为那样简单。第二,自然垄断行业在许多国家还是国有国营或国有民营,在国家既是自然垄断企业的出资人或出资人兼经营人,又是面对全社会的市场规制主体时,如何妥善地处理好一身二任所带来的角色冲突,同样是自然垄断行业需要特别规制的原因之一。

（二）自然垄断市场规制法律制度的主要内容

自然垄断市场规制法律制度体系比较庞大。考察其内容构造时,可以首先根据自然垄断的行业分类进行制度分类,如分为电力市场规制法律制度、电信市场规制法律制度、邮政市场规制法律制度、城市供水(热、天然气)市场规制法律制度、铁路运输市场规制法律制度、有线电视传输市场规制法律制度等。然后,分列规制体制制度、市场进入制度、交易行为一般规制法律制度、特别市场反垄断规制法律制度和反不正当竞争制度等。

上述制度中,自然垄断市场的反垄断规制法律制度是其中的重点,也是实践中的难点。自然垄断行业之所以成为特殊市场进行特别规制,主要源于其垄断的"天然性"。这类行业的垄断行为,主要是滥用市场支配地位行为。因此,规制自然垄断行业的市场行为,主要是规制其滥用市场支配地位行为,包括强制交易行为、拒绝交易行为、独家交易行为、掠夺性定价行为、垄断高价行为、垄断低价行为及其综合表现出的瓶颈垄断行为、搭售行为等。规制自然垄断行业的滥用市场支配地位行为,也主要是从上述行为的规制角度展开。当然,随着我国经济体制改革的深化,适度拆分自然垄断企业,允许民间资本进入垄断行业,也有助于自然垄断行业市场公平、自由竞争状况的改善。

三、食品药品市场规制法律制度

(一)食品药品市场的特殊性

在商品和服务市场中,涉及食品和药品(含保健品、化妆品、医疗器械)的市场具有较强的特殊性。食品与药品市场的特殊性,在于其交易标的的特殊。虽然其他标的同样涉及人的生命健康,但食品和药品与人的生命、健康的关联程度无疑至为密切。人的生存,可以没有手机、电视机和飞机,但不可以没有食品。在人生病时,不可以没有药品。食品和药品因此成为生命存续所不可或缺之物。同时,食品、药品是否有毒、有害,生产、储运、销售过程是否规范、卫生,其质量标示与内在属性是否一致等方面都存在严重的信息不对称和风险不对称。此类商品和服务一旦出问题就是"人命关天"的大问题。这些因素正是食品药品市场成为特别市场的主要原因。对食品药品市场进行特别规制,首先是质量规制,其次是价格规制。这也不难理解各国对食品和药品类企业生产经营行为和市场进入的规制,要比其他商品和服务市场的规制要更严、更细。

(二)食品药品市场规制法律制度的主要内容

食品药品市场规制法律制度主要有以下三个方面:

(1)虚假宣传(虚假广告)规制法律制度。总体上看来,食品药品领域的虚假宣传(虚假广告)规制法律制度,是反不正当竞争法中的虚假宣传规制法律制度、广告中的虚假广告规制法律制度在食品药品市场中的具体化和个性化,是食品药品市场规制法律制度的主要内容。其中的个性化主要体现在虚假宣传(虚假广告)行为的规制上。比如,对食品药品信息都应当明确、真实、准确、全面地介绍,所有非必要信息标示也必须真实、准确。其中,在药品的广告中,不得含有下列内容:表示功效、安全性的断言或者保证;说明治愈率或者有效率;与其他药品、医疗器械的功效和安全性比较;利用广告代言人作推荐、证明;法律、行政法规规定禁止的其他内容。同时,麻醉药品、精神药品、医疗用毒性药品、放射性药品等特殊药品,药品类易制毒化学品,以及戒毒治疗的药品、医疗器械和治疗方法,不得作广告。这些药品以外的处方药,只能在国务院卫生行政部门和国务院药品监督管理部门共同指定的医学、药学专业刊物上作广告。并且,药品广告的内容不得与国务院药品监督管理部门批准的说明书不一致,并应当显著标明禁忌、不良反应。处方药广告应当显著标明"本广告仅供医学药学专业人士阅读",非处方药广告应当显著标明"请按药品说明书或者在药师指导下购买和使用"。

推荐给个人自用的医疗器械的广告,应当显著标明"请仔细阅读产品说明书或者在医务人员的指导下购买和使用"。医疗器械产品注册证明文件中有禁忌内容、注意事项的,广告中应当显著标明"禁忌内容或者注意事项详见说明书"。

(2)价格行为规制法律制度。与价格宏观调控制度不同,价格行为规制法律制度主要是对在特定市场条件下处于垄断地位的食品药品经营者的垄断高价行为规制的制度。由于食品为人所必需,药品为患者所必需,这些需求都关乎生命,其市场需求的价格弹性都很小,对食品药品的市场价格规制则更应严格。因此,主要食品药品被列入政府定价、政府指导价的比例,以及按我国《价格法》第 30 条、第 31 条实施价格干预措施、价格紧急措施的可能性都要远远高于其他类商品。

(3) 食品药品市场准入制度。"病从口入",对食品药品业的市场准入要远比一般商品制造业更严格。其市场准入集中在从业人员专业资格、健康状况和卫生设施与卫生管理体系上。

四、建筑与房地产市场规制法律制度

(一) 建筑和房地产市场的特殊性

建筑市场和房地产市场在交易标的的关乎人民生命财产安全、信息和风险严重不对称、社会关注度高、对宏观经济的影响较大、垄断和不正当竞争现象严重等方面的特殊性都比较显著。下面以房地产市场为例简析其特殊性。

房地产市场几乎具备作为特别市场的各种因素:(1) 房地产市场交易标的的特殊性。房地产是典型的不动产,不动产交易有着与动产交易许多不同的制度。同时,房地产对人的健康和生命、财产安全有着至关重要的影响。(2) 房地产存在严重的信息不对称,准业主和业主对房地产的质量信息一无所知或知之甚少。(3) 房地产市场存在严重的风险不对称,无论是全款购房还是按揭贷款购房,房地产未来使用中的各种风险(包括质量风险、自然风险、法律风险等)全部或几乎全部转移给购买方,房地产开发商获得全部价款、实现全部利益。在预售情形下,信息和风险的严重不对称更为突出。(4) 社会关注度高。"安居乐业""居者有其屋"以及近些年的实际情况均表明,社会对住宅类房地产的关注度要远高于其他许多市场。社会关注度会直接、间接地影响政府的关注度。(5) 基于房地产规模及其对上游、下游产业的拉动,对物价、GDP、财政收入、就业、国际收支平衡的影响都很大,从而直接影响到国家的宏观经济。(6) 房地产市场的垄断行为和不正当竞争行为也非常普遍、严重。

(二) 建筑与房地产市场规制法律制度的主要内容

严格地讲,建筑市场与房地产市场并非同一种市场。建筑市场主要由建筑工程发包与承包(特别是招标投标)、建筑工程监理等构成,对其规制也主要涉及建筑市场进入规制、建筑工程发包与承包行为规制、建筑工程监理行为规制、建筑安全生产管理行为规制等。

房地产是房产和地产的合称。房产与地产既指作为客观形态的房屋和土地,也指以此为标的的财产。基于房屋与土地在客观形态上和财产价值上的不可分性,往往将房地产合称。城市房地产,是指城市规划区内利用国有土地进行开发经营的房地产。城市房地产市场规制,包括地产市场规制、房地产开发行为规制和房地产交易行为、房地产市场进入规制法律制度。房地产交易规制中对房地产经营者销售行为的规制,又是房地产市场规制法律制度中的重点内容。其中,比较突出的如对房地产商囤地和囤房行为、预售行为以及形形色色的固定价格行为、商业混淆行为的规制法律制度。

第三节 银行业市场规制法律制度

一、银行业市场的特殊性

对银行业市场进行特别规制,是由于银行业存在着与一般工商业不同的特质。产业组织理论、市场规制理论的研究成果,揭示了银行业不同于一般工商业的特质,并为各国对银行业特别规制的法律和政策提供了理论依据。

1. 银行的高负债率和银行出资人的有限责任

按照《巴塞尔协议》所规定的银行业监管标准,资本充足率为8%。如果各银行按起点保证资本充足率,则各银行的负债率可能远高于50%。而一般工商业企业负债率达到50%即是较高的负债率。银行业的高负债率相对于其所经营的资金融通业务而言,是正常的。但是,如果银行业不能将所吸纳的储蓄存款全部转化为有利润、有保障的贷款,不能保障资金的流通性,就可能随时出现社会公众信心下降。其连锁反应的结果是资金链断裂,信用危机扩大。如果最后被撤销或被宣告破产,由于银行一般是股份有限公司,出资人承担有限责任,存款人的债权较之一般工商业企业债权人的债权更难以得到保障,加之一般工商业债权人数量很少,而银行的债权人是为数众多的社会公众,所带来的社会问题也会更严重。

2. 存款人资金的安全性和银行追求利益最大化的风险性

高负债与有限责任的问题,实质上是存款人利益与银行利益的冲突和平衡问题。依据存贷利率差、公众和企业对存贷款的依赖度和银行业供求关系,如果银行在经营时始终将存款安全性、经营的审慎性作为首要准则,出现前述危机的可能性又将大大下降。问题在于,银行也是企业,银行的出资人也是理性经济人,也会为了利益的最大化而寻求各种可获得的交易机会。对利益最大化的追求必然导致资本充足率下降、资金链断裂的几率提高,一旦几个偶然因素出现,如某几笔较大贷款回收发生困难、资金出逃、存款人提现量大集中,就会出现整个银行的提现困难。银行在破产之前兑付存款人债权是先到者全得,一旦破产则按比例偿债。这样,提现困难如果引起公众舆论的关注,潮水般的提现将会在极短的时间内摧毁单个银行的资金链。依靠同业拆借所构成的银行间复杂的债权债务关系,又使单个银行资金危机演化为多个银行资金的困难和危机。同时,提现困难的舆论还会进一步蔓延,存款人挤兑还会波及多个银行。多个危机因素交叉在一起时,单个银行因追求利益最大化而过度涉险的投机,便可能演化为整个银行业的危机。假如银行因为挤兑而破产,其损失最终还是因为银行出资人的有限责任,而由几乎是全民的存款人承担。因此,控制银行过度涉险的投机行为,坚持审慎经营的准则,有助于保障存款人利益和银行自身的安全。

3. 委托—代理关系和信息、风险的不对称

尽管信息不对称是普遍现象,但在银行业,该现象之突出以至于成为直接导致其行业特殊性的重要因素。在银行业市场上,存款人与银行之间、银行与借款人之间均存在信息的不对称。存款人不知银行的经营状况,更不知银行将其款项借与何人、安全性如何。同时,虽然前置比较严格的审贷程序,银行对借款人实际经营状况特别是借款后的还本付息能力和实际可能性,还是并不知悉或并不完全知悉。相应地,资金风险有两次转移:当银行将款项贷给借款人使自己变成债权人后,借款人能否还款和是否还款的风险转移给银行;而当存款人在银行存入款项变成银行的债权人后,银行的经营风险便再次转移到存款人。

信息和风险的不对称,分别源于银行出资人与银行管理人和存款人与银行之间的两个委托—代理关系。代理人享有信息优势并借以追求信息效用的最大化,并以损害信息劣势一方的利益为代价。这样,处于代理人地位的银行特别是银行的高级管理人员便成为防范和化解风险的关键对象。因此,严把高级管理人员任职资格、严格信息披露义务和贷款审查程序,对于防范和化解风险至关重要。

除上述三大特殊性之外,银行也是市场主体,是经营者,同样存在一般经营者可能存在的从事不正当竞争行为、垄断行为的可能。特别是,银行是依靠服务网络提供有偿服务的经营者,当其网点、规模达到一定层次之后,作出联合限制竞争行为、滥用市场支配地位行为的可能性要比一般工商业经营者更大。

前述三个方面的特质,或者是在工商业领域不存在,或者是在工商业领域没有如此突出和集中。这三方面的特质连同其作为一般经营者的特性叠加在一起,就大大增加了银行业的经营风险和风险发生后的社会危害性。这三方面特质还表明,风险的防范和化解不可能仅仅由银行内部解决,也无法由存款人或消费者解决,需要在这些主体参与的情况下引入第三方力量。这个第三方力量主要是国家及其政府。在条件具备时同业协会也可以发挥部分作用。国家和政府发挥作用的方式,就是介入并规范银行与存款人或消费者、银行与借款人的交易行为,以及银行内部的管理行为,从不同环节、不同渠道、不同角度降低经营风险发生的概率和烈度。

二、银行业市场规制法律制度概述

(一)银行业市场规制法律制度的宗旨

1. 保护存款人和其他客户的权利和利益

前文的分析表明,在银行与其交易相对人之间,银行常常处于优势地位。即使在银行与银行的借款人之间,借款人处于优势地位,但这种关系常常是银行可以选择和控制的。相比之下,在银行业市场主体中,只有存款人总是处于弱势地位。如果没有国家和政府的市场规制,存款人自身的经济实力、获取信息的能力和对资金的掌控能力等方面,都无法和银行相抗衡。一旦发生银行业危机,最终受损害范围最大、影响最深的还是存款人。因此,国家和政府规制市场的宗旨,首要的就是保护存款人的利益。这也是经济法宗旨在银行业市场规制中的体现。同时,银行提供资金服务的对象,除存款人外还有其他客户,如转账、结算、代收代发等业务的客户。他们是银行服务业务的消费者,其权利和利益同样应当受到保护。

2. 防范和化解银行业风险

金融业是现代经济的核心,银行业又在核心中处于关键环节。虽然银行业如同其他工商业一样存在风险,但银行业风险一旦发生,会产生极其广泛的连锁反应,对一个乃至诸多国家经济、社会都会产生巨大影响。因此,防范和化解银行业风险,应当列入银行业市场规制法的宗旨。对一般工商业市场规制,并不存在这一宗旨,或者并不突出。也正是基于这一宗旨,国家和政府不像对一般工商业那样不介入或很少介入其内部组织管理、管理人员资格限制、比较具体的交易行为,而是高度介入,全面规制。

3. 规范银行业市场秩序

无论保护存款人和其他客户的权利和利益,还是防范和化解银行业风险,都离不开构建规范的银行业市场秩序,这是法的一般宗旨。而将其列为银行业市场规制法的宗旨,更有其特殊性。其特殊性主要表现在:其秩序不仅包括市场主体间的秩序,还包括市场主体内部的秩序;不仅包括主体交易行为的秩序,还包括主体组织行为的秩序;不仅包括纯粹市场竞争秩序(即因不正当竞争行为和垄断行为所破坏的秩序),还包括因宏观经济调控行为所引发的秩序。

(二) 银行业市场规制法律制度的原则

1. 依法规制原则

在法治国家,国家和政府介入银行业市场主体特别是银行的组织行为、市场行为,必须有法律依据,这是法治之常理。我国实行中央银行与银行业监督管理机构分立的体制,2023年3月,中共中央、国务院印发了《党和国家机构改革方案》,在中国银行保险监督管理委员会基础上组建国家金融监督管理总局,将中国人民银行对金融控股公司等金融集团的日常监管职责、有关金融消费者保护职责,中国证券监督管理委员会的投资者保护职责划入国家金融监督管理总局。其职责也包括统一负责除证券业之外的金融业监管,统筹负责金融消费者权益保护,加强风险管理和防范处置,依法查处违法违规行为。

2. 公正规制原则

公正规制原则强调,在银行业市场规制立法、执法和司法时,要矫正由于信息、经济实力和风险不对称所带来的地位、成本收益不对称,以实现形式公正与实质公正、机会公正与结果公正的统一,以公平、公正、均衡、协调的理念赋予权利、设定义务。正因为银行在相关交易中处于中枢地位,设定银行市场准入、内部管理和对外交易中的义务,便成为银行业市场规制的主要路径。这样,才可能有效地保障存款人、其他客户的合法权利和利益,增进交易公平。

3. 有效规制原则

金融的价值贵在资金的融通,保障资金的流动性是实现银行业利润、维护银行产业可持续发展的前提。在银行业市场规制法律制度的选择、规制主体权力的赋予和规制受体义务的设定、规制措施的运用等诸多方面,均应考虑规制的有效性。这里的有效,有两个方面的含义:一是任何规制行为都应尽可能实现预期的成效;二是任何规制行为都应是规制效益最大化的行为。如果规制仅以"管住",甚至"管死"为目的,对银行业的健康发展是很不利的。

(三) 银行业市场规制体制

银行业市场规制体制,主要涉及银行业市场规制主体、规制对象(受体)的构成及其相互关系。

1. 国外银行业市场规制模式

基于银行业的特殊性,各国银行业市场规制体制都是独立于反垄断法和反不正当竞争法一般执行体制之外建构的。在长期的银行业市场规制过程中,形成了不同的模式:

(1) 美国。美国有国法银行和州法银行之分[1],与之相应地并存着双重银行体制:联邦财政部设货币监管总署(OCC),各州政府设银行监管机构,进而形成了联邦和州政府的双线并行的监管体制。同时,美国联邦储备体系(FED)、联邦存款保险公司(FDIC)以及其他相关部门都可以对商业银行实施监管。[2] 前者以对其成员银行监管为主,后者通过存款保险实施监管。同时,联邦存款保险公司还对州法银行监管部门提供业务指导,为之提供监管指标体系,对州政府银行监管人员进行定期培训。

---

[1] 国法银行和州法银行,分别指按联邦法律和依州法律登记注册的银行,并非指国立银行和州立银行。

[2] 如美国司法部(DOJ)、证券交易委员会(SEC)、商品期货交易委员会(CFTC)、储蓄机构监管办公室(OTS)、国家信用合作管理局(NCUA)、联邦交易委员会(FTC)、州保险监管署(SIC)等机构都可以依各自职责对商业银行进行监督和管理。美国的国法银行都是联邦储备体系(FED)的成员,州法银行可自行决定是否成为FED的成员。FED对所有成员银行均负有直接的、基本的监管职能。另外,美国的银行吸收存款必须首先参加存款保险。

(2) 英国。英国适应混业经营的需要,改由其金融监管局(FSA)依 2000 年《金融服务和市场法》行使其全部监管职能,实施统一金融监管制度,统一对银行业、保险业、证券业实施监管。英国政府将原来由财政部、中央银行——英格兰银行的监管权力赋予 FSA,使 FSA 拥有广泛的金融监管立法权与处罚权,并承担相应的监管责任。其目的和任务主要是:保持公众对金融市场的信心,向公众宣传金融系统及其产品的利益和风险,保护消费者利益,打击金融犯罪。其监管原则是:效率优先;企业承担金融风险;最低监管成本;鼓励金融产品创新;鼓励金融市场竞争;保持技术领先。该机构不属于政府机构序列,而是一个独立的非政府的监管组织,其经费收入直接来源于它所监管的金融机构。

(3) 日本。经历亚洲金融危机后,日本进行了金融体制改革。近来改革的主要内容是:按职能而不是按行业进行监管;将金融监管职能独立出来成立金融厅,其下按行业细分课室,在按职能监管的框架下保持分业的优势;设立总务机构以协调各职能监管部门监管工作;缩小行政监管的范围,增强了市场监管的作用。日本金融厅设总务企划局、检查局、监督局 3 个职能部门,另设金融审议会等 6 个专门委员会。

2. 我国银行业市场规制主体

长期以来,我国是由中国人民银行统一主管金融宏观调控和银行业的市场规制。2003 年 4 月 26 日,全国人大常委会决定由新成立的中国银行业监督管理委员会履行原由中国人民银行履行的银行业监督管理职责。2018 年 3 月,为深化金融体制改革,将银监会和保监会合并,组建中国银行保险监督管理委员会。2023 年,新一轮《党和国家机构改革方案》在银保监会基础上组建国家金融监督管理总局。

(1) 基本职能和地位。国家金融监督管理总局负责对全国银行业金融机构及其业务活动监督管理的工作。监管对象涵盖:在我国境内设立的商业银行、城市信用合作社、农村信用合作社等吸收公众存款的金融机构以及政策性银行;在我国境内设立的金融资产管理公司、信托投资公司、财务公司、金融租赁公司和其他金融机构;经银行业监督管理机构批准在境外设立的金融机构。银行业监督管理机构及其从事监督管理工作的人员依法履行监督管理职责,受法律保护,地方政府、各级政府部门、社会团体和个人不得干涉。

(2) 主要职责和权力。① 制定规章、规则;② 审批银行业金融机构及分支机构的设立、变更、终止及其业务范围;③ 对设立银行业金融机构,或者银行业金融机构变更持有资本总额或者股份总额达到规定比例以上的股东的申请,对股东的资金来源、财务状况、资本补充能力和诚信状况进行审查。审查批准或备案银行业金融机构业务范围内的业务品种。④ 对银行业金融机构的董事和高级管理人员实行任职资格管理。⑤ 对银行业金融机构的业务活动及其风险状况进行非现场监管。建立银行业金融机构监督管理信息系统,分析、评价银行业金融机构的风险状况。对银行业金融机构的业务活动及其风险状况进行现场检查。对银行业金融机构实行并表监督管理。⑥ 风险监管。建立银行业金融机构监督管理评级体系和风险预警机制,根据银行业金融机构的评级情况和风险状况,确定对其现场检查的频率、范围和需要采取的其他措施。建立银行业突发事件的发现、报告岗位责任制度。会同中国人民银行、国务院财政部门等有关部门建立银行业突发事件处置制度。⑦ 负责统一编制全国银行业金融机构的统计数据、报表,并按照国家有关规定予以公布。对银行业自律组织的活动进行指导和监督。国家金融监督管理总局享有履行上述职责相应的权力,如规章制定权、审批权、监管权、调查权、制裁权、信息统计与发布权等。

(3) 派出机构。国家金融监督管理总局在各省、自治区、直辖市以及部分计划单列市共设有36个派出机构。

3. 我国银行业市场规制的对象

银行业市场主体是银行业市场规制的对象。商业银行是银行业市场最主要的主体。根据我国《商业银行法》第2条的规定,商业银行是指依照《商业银行法》和《公司法》规定设立的吸收公众存款、发放贷款、办理结算等业务的企业法人。因此,商业银行在不同法律关系中具有多重法律地位:在民事法律关系中,它是企业法人,是借贷、委托等民事法律关系主体。在国家宏观调控和市场规制中,商业银行作为经营者,又是宏观调控和市场规制的对象,是调制受体,其吸收公众存款、发放贷款、办理结算等业务不得违反宏观调控和市场规制法律规范规定的义务。

我国银行业监督管理机构规制的对象除商业银行外,还有非银行金融机构,包括经批准设立的信托公司、企业集团财务公司、金融租赁公司、汽车金融公司、货币经纪公司、境外非银行金融机构驻华代表处等机构,以及小额贷款公司、融资性担保公司、典当行、融资租赁公司、商业保理公司、地方资产管理公司等其他类型机构。随着我国金融领域混业经营趋势的强化,银行和非银行金融机构的业务范围会有不同程度的调整。

我国银行业市场规制法律规范的渊源,法律一级的主要有《银行业监督管理法》《商业银行法》等,此外还有大量的法规和规章。

三、银行业市场规制途径

(一)银行业市场准入规制

基于银行业的特殊性,各国对设立银行都规定了不同于其他公司的特别条件。这些条件实质上是市场规制的一个方面。市场准入之"准",即既需要满足实体条件,也要满足程序条件。商业银行也是公司,我国商业银行的组织形式为有限责任公司或股份有限公司。因此,成立商业银行,既要满足公司法规范规定的一般条件,还要满足银行业市场规制方面的特别规范。

设立商业银行的实体条件包括:(1)有符合法律规定的章程。(2)有符合法律规定最低限额的注册资本,其中,全国性商业银行的注册资本最低限额为10亿元人民币;城市商业银行的注册资本最低限额为1亿元人民币,农村商业银行的注册资本最低限额为5000万元人民币。注册资本应当是实缴资本。国务院银行业监督管理机构根据审慎监管的要求可以调整注册资本最低限额,但不得少于前述规定的限额。(3)有具备任职专业知识和业务工作经验的董事、高级管理人员。(4)有健全的组织机构和管理制度。(5)有符合要求的营业场所、安全防范措施和与业务有关的其他设施。此外,还应当符合银行业规制主管机构设定的其他审慎性条件。

设立商业银行的程序条件包括:(1)经国务院银行业监督管理机构提交正式申请表,并提交法律规定的文件、资料。(2)正式批准的,由国务院银行业监督管理机构颁发经营许可证。(3)申请人凭该经营许可证,向工商行政管理机关办理注册登记,领取企业法人营业执照。

商业银行在我国境内设立分支机构,在实体条件上,应当按照规定拨付与其经营规模相适应的营运资金额,但拨付各分支机构营运资金额的总和,不得超过总行资本金总额的

60%。作为分支机构,当然不具有法人资格,须在总行授权范围内依法开展业务,其民事责任由总行承担。在程序上,仍应向国务院银行业监督管理机构申请,获颁经营许可证后,凭该许可证向工商行政管理部门办理登记,领取分支机构的营业执照。

(二)银行业管理人员资格规制

1. 任职资格要件

这里所称的高级管理人员,指金融机构总部及分支机构管理层中对该机构经营管理、风险控制有决策权或重要影响力的各类人员。银行业监管机构对银行业高级管理人员从品行、声誉、知识、经验、能力、财务状况、独立性等方面设定了任职资格条件。从正面看,需要具有良好的守法合规记录,良好的品行、声誉,具有担任金融机构董事(理事)和高级管理人员职务所需的相关知识、经验及能力,良好的经济、金融从业记录,并且个人及家庭财务稳健。从负面看,不得有故意或重大过失犯罪记录;不得有违反社会公德、造成恶劣影响的不良行为;对曾任职机构违法违规经营活动或重大损失负有个人责任或直接领导责任,情节严重的;担任或曾任被接管、撤销、宣告破产或吊销营业执照机构的董事(理事)或高级管理人员的,但能够证明本人对曾任职机构被接管、撤销、宣告破产或吊销营业执照不负有个人责任的除外;因违反职业道德、操守或者工作严重失职,造成重大损失或者恶劣影响的;指使、参与所任职机构不配合依法监管或案件查处的;被取消终身的董事(理事)和高级管理人员任职资格,或受到监管机构或其他金融管理部门处罚累计达到两次以上的;等等。

2. 规制程序:审核制和备案制

人员资格监管的办法是,由金融机构将拟任职务人员相应的资料上报国务院银行业监管机构,然后分别采用核准制、备案制管理。高级管理人员离任时,还要进行离任审计,并对其工作业绩作出综合评价。

(三)银行业审慎经营行为规制

保护存款人利益,防范和化解金融风险,是银行业市场规制的重要目标。为此,需要从不同角度,通过一系列指标的控制来规范金融行为。

1. 资产负债比例控制

设定并严格执行一系列关键指标,确保银行资产质量,是防范银行风险的重要途径之一。为此,需要严格控制资产负债比例。在我国,商业银行贷款应当遵守下列资产负债比例管理的规定:(1)资本充足率指标不得低于8%。(2)流动性资产余额与各项流动性负债余额的比例不得低于25%。(3)对同一客户的贷款余额与银行资本余额的比例不得超过10%。(4)国务院银行业监督管理机构对资产负债比例管理的其他规定。上述各项指标中,资本充足率是至为关键的指标。所谓资本充足率,是指商业银行持有的资本与商业银行风险加权资产之间的比率。由此可见,监管资本充足率,对于降低风险发生概率和烈度,促进商业银行安全、稳健运行,保障存款人的利益,意义重大。

2. 利率控制

严格执行中国人民银行规定的存贷款利率,既是关系到国家宏观调控措施发生预期效果的重要环节,也是防范金融风险、保障存款人利益的重要手段。具体方式包括在以下两个方面:(1)商业银行应当按照中国人民银行规定的存款利率的上下限,确定存款利率,并予以公告,不得超过利率标准吸收存款。(2)商业银行应当按照中国人民银行规定的贷款利率的上下限,确定贷款利率,不得低于利率标准发放贷款。

3. 贷款行为规制与银行债权保护

贷款是银行获取利润的重要来源,也是银行发生风险的主要源头。严格规制贷款行为,保护银行债权,是防范风险的关键之一。具体方式主要有:(1) 贷款行为应根据国民经济和社会发展的需要,符合国家产业政策。(2) 严格贷款审查,实行审贷分离和分级审批的制度。商业银行贷款,应当审查借款人的借款用途、偿还能力、还款方式等情况。(3) 以担保贷款为常态,信用贷款为例外。商业银行贷款,借款人一般应当提供担保。商业银行应当对保证人的偿还能力,抵押物、质物的权属和价值以及实现抵押权、质权的可行性进行严格审查。只有经商业银行审查、评估,确认借款人资信良好,确能偿还贷款的,才可以不提供担保。(4) 执行法定贷款利率。商业银行应当按照中国人民银行规定的贷款利率的上下限,确定贷款利率。(5) 贷款余额不得突破法定负债比例控制线。(6) 严禁向关系人发放信用贷款。商业银行即使是向关系人发放担保贷款,其条件也不得优于其他借款人同类贷款的条件。所谓关系人,是指商业银行的董事、监事、管理人员、信贷业务人员及其近亲属,以及这些人员投资或者担任高级管理职务的公司、企业和其他经济组织。(7) 拒绝其他单位和个人强令发放贷款或者提供担保的要求。同时,任何单位和个人不得强令商业银行发放贷款或者提供担保。(8) 银行债权的保护。一方面,借款人应当按期归还贷款的本金和利息。另一方面,借款人到期不归还担保贷款的,商业银行依法享有要求保证人归还贷款本金和利息或者就该担保物优先受偿的权利。为增加资产流动性,商业银行因行使抵押权、质权而取得的不动产或者股权,应当自取得之日起2年内予以处分。借款人到期不归还信用贷款的,应当按照合同约定承担责任。

(四) 高风险行为的限制和禁止

防范金融风险,还必须限制和禁止银行的高风险行为,特别是:

(1) 原则上禁止商业银行在我国境内从事信托投资和证券经营业务,禁止向非自用不动产投资或者向非银行金融机构和企业投资,但国家另有规定的除外。

(2) 商业银行发行金融债券或者到境外借款,应当依照法律、行政法规的规定报经批准。

(3) 禁止利用拆入资金发放固定资产贷款或者用于投资。拆出资金限于交足存款准备金、留足备付金和归还中国人民银行到期贷款之后的闲置资金。拆入资金用于弥补票据结算、联行汇差头寸的不足和解决临时性周转资金的需要。

(4) 不得违规高息揽存和低息贷款。

(5) 不得违规免收或减收办理业务、提供服务的手续费。

(五) 对存款人利益的特别保护

规制主体对银行的市场准入、高级管理人员资格审查、审慎经营行为的规制、不当竞争行为的防止等一系列规制行为,大多都具有保护存款人利益的功能,在此不再赘述。在直接意义上,还可以从以下途径保护存款人的权利和利益:

(1) 商业银行办理个人储蓄存款业务,应当遵循存款自愿、取款自由、存款有息、为存款人保密的原则。除非法律另有规定,商业银行有权拒绝任何单位或者个人查询、冻结、扣划个人储蓄存款;除非法律、行政法规另有规定,商业银行有权拒绝任何单位或者个人查询单位存款;除非法律另有规定,商业银行有权拒绝任何单位或者个人冻结、扣划单位存款。

(2) 商业银行应当按照中国人民银行规定的存款利率的上下限,确定存款利率,并予以公告。

(3)商业银行应当保证存款本金和利息的支付,不得拖延、拒绝支付存款本金和利息。

四、银行业市场规制方式和手段

(一)规制方式

(1)非现场监管,又称非现场监测、非现场监控,是指银行监管机构通过收集银行业金融机构的经营管理和财务数据,运用一定的技术方法(如各种模型与比例分析等),研究分析银行业金融机构经营的总体状况、风险管理状况和合规情况等,发现其风险管理中存在的问题,对其稳健性经营情况进行评价的监管方式。非现场风险监管包括采集数据、对有关数据进行核对和整理、生成风险监管指标值、风险监测分析和质询、风险初步评价与早期预警和指导现场检查。非现场监管包含合规性监管和风险性监管。合规性监管的要素包括信贷规模、限额及资产负债比例的执行情况以及其他合规性内容。风险性监管的要素包括资本充足性、资产质量、资产流动性、盈利状况、经营管理水平等。

(2)现场监管,即现场检查。根据审慎监管的要求,我国银行业监督管理机构及其分支机构可以采取下列措施进行现场检查:第一,进入银行业金融机构进行检查;第二,询问银行业金融机构的工作人员,要求其对有关检查事项作出说明;第三,查阅、复制银行业金融机构与检查事项有关的文件、资料,对可能被转移、隐匿或者毁损的文件、资料予以封存;第四,检查银行业金融机构运用电子计算机管理业务数据的系统。

进行现场检查必须符合法定程序:银行业监督管理机构及其分支机构进行现场检查,应当经银行业监督管理机构负责人批准。现场检查时,检查人员不得少于2人,并应当出示合法证件和检查通知书;检查人员少于2人或者未出示合法证件和检查通知书的,银行业金融机构有权拒绝检查。

(二)谈话、说明与信息公开

我国银行业监督管理机构根据履行职责的需要,可以与银行业金融机构董事、高级管理人员进行监督管理谈话,要求银行业金融机构董事、高级管理人员就银行业金融机构的业务活动和风险管理的重大事项作出说明。

银行业监督管理机构应当责令银行业金融机构按照规定,如实向社会公众披露财务会计报告、风险管理状况、董事和高级管理人员变更以及其他重大事项等信息。

(三)强制措施

1. 一般强制措施

银行业金融机构违反审慎经营规则的,国务院银行业监督管理机构或者其省一级派出机构应当责令限期改正。逾期未改正的,或者其行为严重危及该银行业金融机构的稳健运行、损害存款人和其他客户合法权益的,经银行业监督管理机构或省一级派出机构负责人批准,可以区别情形采取下列措施:(1)责令暂停部分业务、停止批准开办新业务;(2)限制分配红利和其他收入;(3)限制资产转让;(4)责令控股股东转让股权或者限制有关股东的权利;(5)责令调整董事、高级管理人员或者限制其权利;(6)停止批准增设分支机构。

银行业金融机构整改后,应当向国务院银行业监督管理机构或者其省一级派出机构提交报告。经银行业监督管理机构或省一级派出机构验收,符合有关审慎经营规则的,自验收完毕之日起3日内解除对其采取的上述措施。

2. 特别强制措施

(1) 接管

接管,是在商业银行可能或者已经发生信用危机并严重影响存款人利益合法权益时,由银行业监管机构所采取的整顿或重组措施。我国首例银行接管发生在 1995 年 10 月,由当时统一负责金融宏观调控和银行业市场规制的中国人民银行对中银信托公司宣布实施接管。次年 10 月,接管终止,由深圳发展银行全部接收。当银行业金融机构已经或者可能发生信用危机,严重影响存款人和其他客户合法权益的,由银行业监管部门实行接管或者促成机构重组,有助于渡过信用危机、化险为夷,也有助于优化资源配置,更有助于保护存款人利益。

(2) 撤销

银行业金融机构有违法经营、经营管理不善等情形,不予撤销将严重危害金融秩序、损害公众利益的,国务院银行业监督管理机构有权予以撤销。

银行业金融机构被接管、重组或者被撤销的,国务院银行业监督管理机构有权要求该银行业金融机构的董事、高级管理人员和其他工作人员,按照国务院银行业监督管理机构的要求履行职责。

(3) 限制出境

在接管、机构重组或者撤销清算期间,经银行业监督管理机构负责人批准,对直接负责的董事、高级管理人员和其他直接责任人员,可以采取下列措施:直接负责的董事、高级管理人员和其他直接责任人员出境将对国家利益造成重大损失的,通知出境管理机关依法阻止其出境;申请司法机关禁止其转移、转让财产或者对其财产设定其他权利。

(4) 查询冻结

经银行业监督管理机构或者其省一级派出机构负责人批准,银行业监督管理机构有权查询涉嫌金融违法的银行业金融机构及其工作人员以及关联行为人的账户;对涉嫌转移或者隐匿违法资金的,经银行业监督管理机构负责人批准,可以申请司法机关予以冻结。

第四节 证券市场规制法律制度

一、证券市场的特殊性

证券市场中的证券,仅指资本证券。为此,有必要先简要介绍证券等相关概念。证券,是以证明或设定权利为目的所作成的书面凭证。广义的证券包括资本证券、货币证券和商品证券。狭义的证券仅指资本证券,即证券法意义上的证券。所谓资本证券,是指证明持有人享有一定所有权或债权的书面凭证,如股票、债券等。资本证券是投资者权利的载体,体现相应的权利和利益,并且可转让。以股票、债券为例:股票作为出资凭证,是作为其所投资的公司股东的证明,是其股东权的载体,并可以根据法律规定转让;债券以借贷的形式投资,是债权人的证明,证明其相应的债权,并可根据法律规定进行转让。

在证券市场,存在一连串的委托—代理关系。这些关系使得证券相关主体之间的信息和风险不对称。这些问题不可能在交易双方之间解决,需要有第三方的介入和规制。第三方介入,在于适度矫正信息和风险的严重不对称,公平保护相关各方特别是证券投资人的权利和利益,维护证券业市场的秩序,促进证券市场的健康发展。为此,证券业市场规制法律制度,应以规范证券发行和交易行为、保护投资者的合法权益、维护社会经济秩序和社会公共利益、促进社会主义市场经济的发展为宗旨,以依法规制、公平规制、效率规制和适度规制为原则。

二、证券市场规制体制

（一）国外证券规制体制模式

尽管各国证券市场规制体制都带有本国政治体制、历史传统的特点,但总体上看来,仍然具有一些共性,并形成三类模式:一是自律性规制模式。这种模式的主要特点是:没有全国性的证券基本法律,政府较少干预证券业,证券市场主要由证券交易所和证券交易商协会等机构自律式管理。英国是其代表。二是国家或政府集中规制模式。这种模式的主要特点是:证券市场由属于国家立法机关或行政机关的证券监管机构集中统一监督管理,证券交易所、证券业协会等自律性组织只起辅助作用。美国、日本等是其代表。三是中间型规制模式。这种模式集合了前两种模式的特点,既强调国家立法机关、行政机关的监管,又注重证券交易所、证券业协会的自律式管理。德国是其代表。

显然,这三种模式各有优缺点。自律性规制模式的优势在于更好地发挥证券市场参与者积极性,措施切合实际、灵活有效。集中统一规制模式的优势在于有利于依据全国统一的证券基本法律形成并协调全国统一证券业市场,更能平衡保护证券业各方主体特别是投资者的利益,措施更具权威性、更有力度。这两种模式的优势分别是对方的劣势。中间型可能兼具二者之优,也可能同时兼具二者之劣。趋优避劣成为证券业监管体制模式选择和制度设计中的难点。

（二）我国集中统一的证券监管体制

我国《证券法》及相关法律、法规,构建了我国的证券市场规制体制。我国证券市场规制体制总体特征可以概括为:实行证券业和银行业、信托业、保险业分业经营、分业管理;国家对证券市场实行集中统一规制的体制,在此前提下,证券业协会、证券交易所进行自律性管理。因此,我国证券业协会、证券交易所的自律性管理制度是我国集中统一的证券监督管理体制的一部分。

1. 国家集中统一的监督管理

证券市场规制主体是国务院证券监督管理机构,即中国证券监督管理委员会(以下简称证监会),负责对全国证券市场实行集中统一的监督管理。证监会设立若干内设机构分别负责监管发行、市场交易、证券机构、上市公司、基金、期货等事务。同时,证监会根据工作需要在各省、自治区、直辖市和深圳、厦门、宁波、青岛和大连设派出机构——证券监管局,按照授权履行监督管理职能。

规制主体的监管职责,概括起来是:(1)制定证券业市场的规章、规则;(2)组织实施证券市场主体的市场准入;(3)全面规制证券市场行为(如证券发行、交易、登记、托管、结算等);(4)指导和监督自律性组织的活动。

相应地,规制主体依法享有规则制定权、审批权、核准权、调查权、制裁权等规制权力。综合运用这些权力时,可以采取相应的强制性措施,如询问并责令说明、查阅复制记录和财务资料、查询相关账户、申请冻结账户等。

2. 证券业协会和证券交易所的自律性管理

证券业协会和证券交易所是证券市场的规制受体,但依法律和规制主体的授权而享有某些自律性规制权力,发挥着相应的自律性规制的功能。

证券业协会作为证券业的自律性组织,是社会团体法人。证券公司均为其会员,会员大会是证券业协会的最高权力机构。证券业协会自律性规制的职责和功能主要体现在协助执法、维护权益、提供信息、培训交流、调解纠纷、开展研究、处分违纪等方面。

证券交易所,是为证券集中交易提供场所设施,组织和监管证券交易,实行自律管理的法人。它所承担的自律性管理的职责主要包括:制定和实施证券集中竞价交易的具体规则、会员管理规则、从业人员业务规则等;保障集中竞价交易,实时监控证券交易,及时报告和处理异常交易;督促上市公司及时准确地披露信息;等等。为了保障证券交易所行使职责、发挥自律性管理的功能,证券法规范对其设立、变更和行为进行了比较全面的、不同于一般市场主体的特别规定,比如:(1)证券交易所的设立和解散,由国务院决定。其章程的制定和修改,须经证监会批准。"证券交易所"名称特定并专有。(2)证券交易所的总经理由证监会任免。总经理和高级管理人员的任职资格要求特别严格。证券交易所的从业人员也有资格限定。(3)其业务行为特定、严格,且需证监会核准或备案。我国的证券交易所有1990年12月设立的上海证券交易所、1991年7月设立的深圳证券交易所和2021年11月设立的北京证券交易所。

3. 证券市场规制的对象

在国家和政府规制证券市场所形成的证券规制关系中,规制主体是国家证券规制主管机构——证监会,规制受体则是在证券市场中从事交易和服务的市场主体及其团体,包括:

(1)证券经营机构。证券经营机构从事下列部分或者全部业务:① 证券经纪;② 证券投资咨询;③ 与证券交易、证券投资活动有关的财务顾问;④ 证券承销与保荐;⑤ 证券自营;⑥ 证券资产管理;⑦ 其他证券业务。

(2)证券交易服务机构,包括证券投资咨询机构、证券资信评估机构、证券会计服务机构和证券法律服务机构等。

(3)证券登记结算机构。证券登记结算机构是为证券交易提供集中登记、托管与结算服务的、不以营利为目的的法人。

(4)证券交易所。

(5)证券业协会。

上述主体中,证券经营机构和证券交易服务机构,均为证券市场中以营利为目的的经营者,是证券市场规制的主要对象。证券登记结算机构、证券交易所和证券业协会,均不以营利为目的。其中,证券交易所和证券业协会,一方面依法承担自律性规制义务,在证监会的领导和指导下,进行证券业自律性管理,另一方面又是证监会规制的对象。

三、证券市场的准入规制

严格证券市场的准入,是规制证券市场的重要途径。设定和执行证券市场主体的实体性和程序性要件,是证券市场准入规制的主要方式。

(一)证券市场准入的实体要件

证券市场主体的实体要件,主要体现在资本(资金)、人员、制度和场所设施等方面,尤其是资本(资金)、人员资格两个方面。

在注册资本金方面,证券公司经营证券经纪、证券投资咨询和与证券交易、证券投资活动有关的财务顾问业务的,最低限额为人民币5000万元。经营证券承销与保荐、证券融资融券、证券做市交易、证券自营和其他证券业务之一的,注册资本最低限额为人民币1亿元;经营这些业务中两项以上的,注册资本最低限额为人民币5亿元。并且,上述注册资本应当是实缴资本。

在人员资格方面,相关的法律、法规、规章,都规定了证券经营机构、证券登记结算服务机构主要管理人员和业务人员在教育背景、工作经历与经验、道德素质等方面的具体要求,同时,还规定了不得任职的情形。比如,因违法或违纪行为被解除或开除在证券经营、服务机构中的专业职务且未逾一定年限的,不得担任证券公司的董事、监事或者经理。

同时,要求有健全的管理制度和管理体系。对证券公司、证券登记结算机构等证券市场主体要求尤其严格。比如,证券登记结算机构应当采取具有必备的服务设备和完善的数据安全保护措施,建立完善的业务、财务和安全防范等管理制度,建立完善的风险管理系统,以确保业务的正常进行。

此外,证券市场主体还需要有与所从事业务相适应的固定的经营场所、合格的经营设施。相比之下,对证券交易所、证券经营机构、证券登记结算机构的要求要高一些。如证券公司主要股东及实际控制人应当具有良好的财务状况和诚信记录,最近3年无重大违法违规记录,以保证证券公司更好地防范风险,有利于维护投资者利益和证券市场秩序。

(二)证券市场准入的程序性要件

证券市场大多数主体的市场准入都需要履行批准、核准或备案程序。市场准入分为主体设立许可和业务许可两类。设立证券公司,必须先后经过这两个环节:首先是经国务院证券监督管理机构审查批准,获准后向公司登记机关申请设立登记,领取营业执照。然后再向国务院证券监督管理机构申请经营证券业务许可证。未取得经营证券业务许可证,证券公司不得经营证券业务。设立证券登记结算机构,须经国务院证券监督管理机构批准。从事证券投资咨询服务业务,应当经国务院证券监督管理机构核准;未经核准,不得为证券的交易及相关活动提供服务。从事其他证券服务业务,应当报国务院证券监督管理机构和国务院有关主管部门备案。

四、证券市场行为的一般规制

证券市场行为,是指证券发行、证券交易、上市公司收购等行为及为之服务的证券经纪、登记结算和其他交易服务行为的总称。进入证券市场成为证券市场主体后,就可以在审批或核准的范围内从事相应的市场行为,并获得相应的利益或发挥相应的功能。证券市场行为规制,是证券市场规制的主要领域。运用法律规范证券市场行为,分为两个层次:第一个层次是从主体平等、意思自治、等价有偿的角度,运用合同法、商法规范,规范作为平等主体的证券交易和证券服务的双方的市场行为。第二层次是在第一层次规范的基础上,从实施国家宏观调控角度,从反垄断和反不正当竞争、保护处于信息和风险弱势一方(如投资人)利益的角度,对市场主体的市场行为进行再次规范。第二层次的规范,又可以分为两个方面:一方面是从防范金融风险、维护交易秩序的交易角度所为的一般性的制度规范;另一方面是从反垄断和反不正当竞争的角度所制定的规范。前一方面,称为证券市场行为的一般规制;

后一方面,称为证券市场的反垄断和反不正当竞争规制。当然,同样是市场规制,不可能截然分开。

(一)证券发行行为的一般规制

证券发行,是指证券发行人将其发行的证券出售给投资者的行为。

1. 证券发行的规制模式

各国证券发行规制法律制度虽然不尽相同,但在总体特色上可以分为注册制和核准制两类。一是注册制。该模式要求,发行人把发行人和发行证券的相关信息向证券主管机构提示并申请发行,经主管机构形式审查合格并注册后,即可公开发行。发行人要保证信息的完全、真实、及时的公开,证券主管机构也只对这些方面进行形式审查,而不对发行人资质是否优良、价格是否合理进行判断。该模式以美国1933年《证券法》为代表。二是核准制。该模式要求,证券的发行不仅要以证券和发行人信息的完全、真实、及时的公开为要件,而且主管机构还必须事先对申请发行的证券的性质、价值等进行是否适合发行的实质性审查。只有通过了实质性审查的,才可发行。该模式以法国、德国为代表。

很明显,这两种模式各有优劣:注册制长于公开、透明和投资者的自我判断,且效率高、政府介入少,但投资人可能判断困难;核准制长于程序的严格、审查的全面和对投资者利益的保护,但政府介入过多,投资人会产生心理依赖,且效率低,可能会阻却某些急需融资者。因此,这两种模式有融合的趋势。

我国的证券发行规制法律制度已经实行注册制。

2. 我国证券发行的一般原则

证券发行应当符合公开、公平和公正的原则。公开原则,要求证券发行人应当将与证券发行有关的信息向社会作完全、真实和及时的公开。其公开的形式主要是在指定报刊上刊登;公开的内容涉及欲发行的证券的种类和数量、发行方式、发行对象、发行价格、发行条件、发行程序、发行文件(如公司章程、招股说明书等)、发行资料(如财务会计文件等)等。公平原则要求证券发行当事人之间主体平等,"同股同权、同股同利"。公正原则要求交易诚信,无不正当竞争和垄断行为。证券发行行为规制的目的是要真正实现证券发行的公开、公平和公正。

3. 股票发行的实体要件

股票的发行分为首次发行、改组设立发行、已上市公司增资发行等多种情形。下面以首次发行为例。

首次发行,是指发起人通过发行公司股票来筹措经营资本,成立股份有限公司,或者发起设立后首次对外公开发行股票融资的行为。首次发行的主要条件包括:(1)具备健全且运行良好的组织机构。(2)具有持续经营能力。(3)最近3年财务会计报告被出具无保留意见审计报告。(4)发行人及其控股股东、实际控制人最近3年不存在贪污、贿赂、侵占财产、挪用财产或者破坏社会主义市场经济秩序的刑事犯罪。(5)经国务院批准的国务院证券监督管理机构规定的其他条件。上市公司发行新股,应当符合国务院证券监督管理机构规定的条件。

4. 公司债券发行的实体要件

债券,是指发行人依照法定程序发行的,约定在一定期限内还本付息的有价证券。公开发行公司债券,应当符合下列条件:(1)具备健全且运行良好的组织机构。(2)最近3年平均可分配利润应足以支付公司债券1年的利息。(3) 国务院规定的其他条件。

公开发行公司债券筹集的资金,必须按照公司债券募集办法所列资金用途使用;改变资金用途,必须经债券持有人会议作出决议。公开发行公司债券筹集的资金,不得用于弥补亏损和非生产性支出。

5. 证券发行的程序要件

以股票首次发行程序为例:

(1) 申请。股票发行人必须向国务院证券监督管理机构提交《证券法》规定的申请文件和其他文件。设立股份有限公司公开发行股票应当提交公司营业执照、公司章程、股东大会决议、招股说明书或者其他公开发行募集文件、财务会计报告、代收股款银行的名称及地址。依法聘请保荐人的,还应当报送保荐人出具的发行保荐书。依法实行承销的,还应当报送承销机构名称及有关的协议。

需要说明的是,根据证券发行保荐人制度的要求,发行人申请公开发行股票、可转换为股票的公司债券,依法采取承销方式的,或者公开发行法律、行政法规规定实行保荐制度的其他证券的,应当聘请证券公司担任保荐人。同时,保荐人应当遵守业务规则和行业规范,诚实守信,勤勉尽责,对发行人的申请文件和信息披露资料进行审慎核查,督导发行人规范运作。

(2) 交易所审核。交易所按照规定的条件和程序,形成发行人是否符合发行条件和信息披露要求的审核意见。认为发行人符合发行条件和信息披露要求的,将审核意见、发行人注册申请文件及相关审核资料报中国证监会注册;认为发行人不符合发行条件或者信息披露要求的,作出终止发行上市审核决定。

(3) 证监会注册。中国证监会收到交易所审核意见及相关资料后,基于交易所审核意见,依法履行发行注册程序。在20个工作日内对发行人的注册申请作出予以注册或者不予注册的决定。

(4) 发行人自主发行。中国证监会的予以注册决定,自作出之日起1年内有效,发行人应当在注册决定有效期内发行股票,发行时点由发行人自主选择。

债券发行的程序包括下列环节:① 发行人内部决议;② 发行人提交申请;③ 交易所审核;④ 证监会决定;⑤ 发行人自主发行。

6. 证券发行的承销行为规制

承销,是证券经营机构代理证券发行人发行证券的行为,包括证券代销和证券包销两种。证券代销是指证券公司代发行人发售证券,在承销期结束时,将未售出的证券全部退还给发行人的承销方式。证券包销是指证券公司将发行人的证券按照协议全部购入或者在承销期结束时将售后剩余证券全部自行购入的承销方式。

承销行为应符合下列一般规则:(1) 自主选择并订立协议。发行人有权依法自主选择承销的证券公司,并同承销的证券公司签订代销或者包销协议。(2) 核查。证券公司应当对公开发行募集文件的真实性、准确性、完整性进行核查。发现有虚假记载、误导性陈述或者重大遗漏的,不得进行销售活动;已经销售的,必须立即停止销售活动,并采取纠正措施。(3) 禁止性行为。证券公司承销证券,不得进行虚假的或者误导投资者的广告宣传或者其他宣传推介活动,不得以不正当竞争手段招揽承销业务,不得实施其他违反证券承销业务规定的行为。证券公司实施前述行为,给其他证券承销机构或者投资者造成损失的,应当依法承担赔偿责任。(4)承销方式和期限须符合要求。代销、包销期最长不得超过90日。代销、包销期限届满,发行人应当在规定的期限内将股票发行情况报国务院证券监督管理机构备案。

(二)证券上市行为的一般规制

证券上市,是指证券发行人将已发行的证券按法定条件和程序,在证券交易所公开挂牌交易的行为。证券上市是实现发行筹资目的,并由市场配置资源的重要途径。为均衡保护相关主体的权利和利益,须规制证券上市行为。

申请证券上市交易,应当向证券交易所提出申请,由证券交易所依法审核同意,并由双方签订上市协议。申请证券上市交易,应当符合证券交易所上市规则规定的上市条件。证券交易所上市规则规定的上市条件,包括对发行人的经营年限、财务状况、最低公开发行比例和公司治理、诚信记录等提出的要求。上市交易的证券,有证券交易所规定的终止上市情形的,由证券交易所按照业务规则终止其上市交易。证券交易所决定终止证券上市交易的,应当及时公告,并报国务院证券监督管理机构备案。对证券交易所作出的不予上市交易、终止上市交易决定不服的,可以向证券交易所设立的复核机构申请复核。

(三)证券交易行为的一般规制

证券交易,是指投资者有偿转让已发行的证券的行为。证券交易行为,固然是基于合同而为的法律行为,但为了保障交易的公平、公正和社会公共利益,市场规制法在合同法规范基础上又加了一层规制。其中,一般规制部分集中在交易标的、交易主体资格和交易方式上。

关于交易标的。证券交易主体买卖的证券必须是依法发行并交付的证券。非依法发行的证券,不得买卖。

关于交易主体。为保障交易公平、公正,法律排除了某些主体在特定期限内的交易资格。比如,公司发起人,公司的董事、监事、经理,大股东,其他内幕人员等。详细内容在后面展开。

(四)上市公司收购行为的一般规制

上市公司收购,是指投资者为达到对股份有限公司控股或兼并目的而购买其已发行的股份的行为。上市公司收购有要约收购、协议收购和其他合法方式(如国有股权的行政划转、司法裁决继承、赠与等)。

根据我国《证券法》的规定,投资者可以采取要约收购、协议收购及其他合法方式收购上市公司。

投资者持有或者通过协议、其他安排与他人共同持有一个上市公司已发行的有表决权股份达到5%时,应当在该事实发生之日起3日内,向国务院证券监督管理机构、证券交易所作出书面报告,通知该上市公司,并予公告,在上述期限内不得再行买卖该上市公司的股票,但国务院证券监督管理机构规定的情形除外。投资者所持该上市公司已发行的有表决权股份比例每增加或者减少5%,应当依照前款规定进行报告和公告,在该事实发生之日起至公告后3日内,不得再行买卖该上市公司的股票,但国务院证券监督管理机构规定的情形除外。投资者所持该上市公司已发行的有表决权股份比例每增加或者减少1%,应当在该事实发生的次日通知该上市公司,并予公告。如果违反前述规定买入上市公司有表决权的股份的,在买入后的36个月内,对该超过规定比例部分的股份不得行使表决权。其公告内容包括:持股人的名称、住所;持有的股票的名称、数额;持股达到法定比例或者持股增减变化达到法定比例的日期、增持股份的资金来源;在上市公司中拥有有表决权的股份变动的时间及方式。

投资者持有或者通过协议、其他安排与他人共同持有一个上市公司已发行的有表决权股份达到30%时,继续进行收购的,应当依法向该上市公司所有股东发出收购上市公司全部或者部分股份的要约。要约应当约定,被收购公司股东承诺出售的股份数额超过预定收购的股份数额的,收购人按比例进行收购。发出收购要约,收购人必须公告上市公司收购报告书,并载明下列事项:收购人的名称、住所;收购人关于收购的决定;被收购的上市公司名称;收购目的;收购股份的详细名称和预定收购的股份数额;收购期限、收购价格;收购所需资金额及资金保证;公告上市公司收购报告书时持有被收购公司股份数占该公司已发行的股份总数的比例。要约约定的收购期限不得少于30日,且不得超过60日。在收购要约确定的承诺期限内,收购人不得撤销其收购要约。收购人需要变更收购要约的,应当及时公告,载明具体变更事项,且不得降低收购价格、减少预定收购股份数额、缩短收购期限,和国务院证券监督管理机构规定的其他情形。收购要约提出的各项收购条件,适用于被收购公司的所有股东。如果上市公司发行不同种类股份的,收购人可以针对不同种类股份提出不同的收购条件。

采取要约收购方式的,收购人在收购期限内,不得卖出被收购公司的股票,也不得采取要约规定以外的形式和超出要约的条件买入被收购公司的股票;采取协议收购方式的,收购人可以依照法律、行政法规的规定同被收购公司的股东以协议方式进行股份转让。

以协议方式收购上市公司时,达成协议后,收购人必须在3日内将该收购协议向国务院证券监督管理机构及证券交易所作出书面报告,并予公告。公告前不得履行收购协议。协议双方可以临时委托证券登记结算机构保管协议转让的股票,并将资金存放于指定的银行。

需要明确的是,采取协议收购方式的,收购人收购或者通过协议、其他安排与他人共同收购一个上市公司已发行的有表决权股份达到30%时,继续进行收购的,应当依法向该上市公司所有股东发出收购上市公司全部或者部分股份的要约。但是,按照国务院证券监督管理机构的规定免除发出要约的除外。

收购期限届满,被收购公司股权分布不符合证券交易所规定的上市交易要求的,该上市公司的股票应当由证券交易所依法终止上市交易;其余仍持有被收购公司股票的股东,有权向收购人以收购要约的同等条件出售其股票,收购人应当收购。收购行为完成后,被收购公司不再具备股份有限公司条件的,应当依法变更企业形式。收购人与被收购公司合并,并将该公司解散的,被解散公司的原有股票由收购人依法更换。

在上市公司收购中,收购人持有的被收购的上市公司的股票,在收购行为完成后的18个月内不得转让。收购行为完成后,收购人应当在15日内将收购情况报告国务院证券监督管理机构和证券交易所,并予公告。上市公司分立或者被其他公司合并,应当向国务院证券监督管理机构报告,并予公告。

(五)证券经营机构行为的一般规制

为保障交易安全,防范金融风险,证券公司从事证券自营和经纪行为,应符合下列规范:

1. 资产负债比例、交易风险准备金控制

国务院证券监督管理机构应当对证券公司的净资本和其他风险控制指标作出规定。除依照规定为其客户提供融资融券外,证券公司不得为其股东或者股东的关联人提供融资或者担保。证券公司从每年的业务收入中提取交易风险准备金,用于弥补证券经营的损失,其提取的具体比例由国务院证券监督管理机构会同国务院财政部门规定。

2. 内部控制制度

证券公司应当建立健全内部控制制度,采取有效隔离措施,防范公司与客户之间、不同客户之间的利益冲突。证券公司必须将其证券经纪业务、证券承销业务、证券自营业务、证券做市业务和证券资产管理业务分开办理,不得混合操作。

证券公司客户的交易结算资金应当存放在商业银行,以每个客户的名义单独立户管理。证券公司不得将客户的交易结算资金和证券归入其自有财产。禁止任何单位或者个人以任何形式挪用客户的交易结算资金和证券。证券公司破产或者清算时,客户的交易结算资金和证券不属于其破产财产或者清算财产。非因客户本身的债务或者法律规定的其他情形,不得查封、冻结、扣划或者强制执行客户的交易结算资金和证券。

3. 自营行为规范

证券公司的自营业务必须以自己的名义进行,不得假借他人名义或者以个人名义进行。证券公司的自营业务必须使用自有资金和依法筹集的资金。证券公司不得将其自营账户借给他人使用。

4. 经纪行为规范

(1) 开立账户。为客户分别开立证券和资金账户,并对客户交付的证券和资金按户分账管理,如实进行交易记录,不得作虚假记载。

(2) 接受委托。接受委托须采用统一制定的证券买卖委托书或作成委托记录,委托记录须在规定期限内保存于证券公司;不得接受客户的全权委托而决定证券买卖、选择证券种类、决定买卖数量或者买卖价格;不得对客户证券买卖的收益或者赔偿证券买卖的损失作出承诺;证券公司及其从业人员不得未经过其依法设立的营业场所私下接受客户委托买卖证券。

(3) 在委托范围内代理交易。证券公司须按委托书载明的证券名称、买卖数量、出价方式、价格幅度等,根据交易规则代理买卖证券。买卖成交后制作成交报告单交付客户。对账单必须真实。

(4) 责任承担。证券公司的从业人员在证券交易活动中,按其所属的证券公司的指令或者利用职务违反交易规则的,由所属的证券公司承担全部责任。

(六) 证券登记结算行为的规制

根据证券规制体制和我国整个金融体制的特点,证券登记结算采取全国集中统一的运营方式。其主要功能是向证券持有人提供证券登记、托管和结算服务。为此,证券登记结算机构须:

(1) 承担妥善保管义务。具有必备的服务设备和完善的数据安全保护措施;建立完善的业务、财务和安全防范等管理制度;建立完善的风险管理系统。

(2) 提供相应资料。向证券发行人提供证券持有人名册及其有关资料,并根据证券登记结算的结果确认证券持有人持有证券的事实,提供证券持有人登记资料,并保证证券持有人名册和登记过户记录真实、准确、完整。

(3) 设立结算风险基金。将证券公司按一定比例缴纳的费用存入指定银行的专门账户,专项用于因违约交收、技术故障、操作失误、不可抗力造成的证券登记结算机构的损失。

(七)证券交易服务行为的规制

会计师事务所、律师事务所以及从事证券投资咨询、资产评估、资信评级、财务顾问、信息技术系统服务的证券服务机构,应当勤勉尽责、恪尽职守,按照相关业务规则为证券交易及相关活动提供服务。

五、证券市场垄断和不正当竞争行为的特别规制

由于信息不对称、风险不对称、所处经济地位不对称,在证券市场中常常发生垄断和不正当竞争行为,比如虚假陈述、操纵市场、内幕交易、欺诈客户等。这些行为,有些是垄断行为和不正当竞争行为在证券市场中的直接表现,但多数是间接的、综合的、特殊的表现。为此,既需要设定行为规范,又需要规定相应的责任,构筑比违法收益高得多的违法成本。本部分侧重于介绍对特殊表现的规制,证券公司通过低价承揽客户、违规承诺收益、侵犯客户商业秘密等作为垄断行为和不正当竞争行为的直接表现在此不再展开。

(一)信息公开行为的规制

在证券市场的许多领域,交易双方常常处于严重的信息不对称状态。为此,需要在信息公开方面进行一系列特殊的规制措施。综合证券市场信息公开的事由、时间、内容等因素,可以分为起始信息公开、持续信息公开和终止信息公开三类。

起始信息公开,是指股票、债券首次发行信息和新发行信息的公开。首次发行股票、债券应当公告招股说明书、公司债券募集办法。依法发行新股或者公司债券的,还应当公告财务会计报告。

终止信息公开,是指对证监会因法定事由取消其上市资格的信息所作的公开。

持续信息公开,是指上市公司资格存续期间依法所作的信息公开,又分为以下三种:

1. 年度中期报告及其公告

上市公司和公司债券上市交易的公司应当在每一会计年度的上半年结束之日起2个月内报送并公告中期报告。

2. 年度报告及其公告

上市公司和公司债券上市交易的公司,应当在每一会计年度结束之日起4个月内,报送并公告年度报告,其中的年度财务会计报告应当经符合法律规定的会计师事务所审计。

3. 重大事项的临时报告及其公告

发生可能对上市公司、股票在国务院批准的其他全国性证券交易场所交易的公司的股票交易价格产生较大影响的重大事件,投资者尚未得知时,公司应当立即将有关该重大事件的情况向国务院证券监督管理机构和证券交易场所报送临时报告,并予公告,说明事件的起因、目前的状态和可能产生的法律后果。重大事件包括:(1)公司的经营方针和经营范围的重大变化;(2)公司的重大投资行为,即公司在一年内购买、出售重大资产超过公司资产总额30%,或者公司营业用主要资产的抵押、质押、出售或者报废一次超过该资产的30%;(3)公司订立重要合同、提供重大担保或者从事关联交易,可能对公司的资产、负债、权益和经营成果产生重要影响;(4)公司发生重大债务和未能清偿到期重大债务的违约情况;(5)公司发生重大亏损或者重大损失;(6)公司生产经营的外部条件发生的重大变化;(7)公司的董事、1/3以上监事或者经理发生变动,董事长或者经理无法履行职责;(8)持有

公司5%以上股份的股东或者实际控制人持有股份或者控制公司的情况发生较大变化,公司的实际控制人及其控制的其他企业从事与公司相同或者相似业务的情况发生较大变化;(9) 公司分配股利、增资的计划,公司股权结构的重要变化,公司减资、合并、分立、解散及申请破产的决定,或者依法进入破产程序、被责令关闭;(10) 涉及公司的重大诉讼、仲裁,股东大会、董事会决议被依法撤销或者宣告无效;(11) 公司涉嫌犯罪被依法立案调查,公司的控股股东、实际控制人、董事、监事、高级管理人员涉嫌犯罪被依法采取强制措施;(12) 国务院证券监督管理机构规定的其他事项。公司的控股股东或者实际控制人对重大事件的发生、进展产生较大影响的,应当及时将其知悉的有关情况书面告知公司,并配合公司履行信息披露义务。

发生可能对上市交易公司债券的交易价格产生较大影响的重大事件,投资者尚未得知时,公司应当立即将有关该重大事件的情况向国务院证券监督管理机构和证券交易场所报送临时报告,并予公告,说明事件的起因、目前的状态和可能产生的法律后果。这里的重大事件包括:(1) 公司股权结构或者生产经营状况发生重大变化;(2) 公司债券信用评级发生变化;(3) 公司重大资产抵押、质押、出售、转让、报废;(4) 公司发生未能清偿到期债务的情况;(5) 公司新增借款或者对外提供担保超过上年末净资产的20%;(6) 公司放弃债权或者财产超过上年末净资产的10%;(7) 公司发生超过上年末净资产10%的重大损失;(8) 公司分配股利,作出减资、合并、分立、解散及申请破产的决定,或者依法进入破产程序、被责令关闭;(9) 涉及公司的重大诉讼、仲裁;(10) 公司涉嫌犯罪被依法立案调查,公司的控股股东、实际控制人、董事、监事、高级管理人员涉嫌犯罪被依法采取强制措施;(11) 国务院证券监督管理机构规定的其他事项。

信息披露义务人披露的信息应当同时向所有投资者披露,不得提前向任何单位和个人泄露。但是,法律、行政法规另有规定的除外。任何单位和个人不得非法要求信息披露义务人提供依法需要披露但尚未披露的信息。任何单位和个人提前获知的前述信息,在依法披露前应当保密。

除依法需要披露的信息之外,信息披露义务人可以自愿披露与投资者作出价值判断和投资决策有关的信息,但不得与依法披露的信息相冲突,不得误导投资者。

发行人及其控股股东、实际控制人、董事、监事、高级管理人员等作出公开承诺的,应当披露。不履行承诺给投资者造成损失的,应当依法承担赔偿责任。

信息披露义务人未按照规定披露信息,或者公告的证券发行文件、定期报告、临时报告及其他信息披露资料存在虚假记载、误导性陈述或者重大遗漏,致使投资者在证券交易中遭受损失的,信息披露义务人应当承担赔偿责任;发行人的控股股东、实际控制人、董事、监事、高级管理人员和其他直接责任人员以及保荐人、承销的证券公司及其直接责任人员,应当与发行人承担连带赔偿责任,但是能够证明自己没有过错的除外。

依法披露的信息,应当在证券交易场所的网站和符合国务院证券监督管理机构规定条件的媒体发布,同时将其置备于公司住所、证券交易场所,供社会公众查阅。国务院证券监督管理机构对信息披露义务人的信息披露行为进行监督管理。证券交易场所应当对其组织交易的证券的信息披露义务人的信息披露行为进行监督,督促其依法及时、准确地披露信息。

(二) 虚假陈述行为规制

1. 虚假陈述的概念

证券市场中的虚假陈述,是指对可能影响证券发行、上市、交易及其相关活动的事实所作的不真实、误导性的或有重大遗漏的记载或介绍。证券市场中的虚假陈述是不正当竞争行为中的虚假陈述在证券市场中的特殊表现,应予禁止。

2. 虚假陈述的特征

(1) 虚假陈述的主体是特殊主体,既包括拟发行股票、债券的公司,发行人、证券交易所、证券公司、证券登记结算机构、证券交易服务机构、社会中介机构及其从业人员,也包括证券业协会、证券监督管理机构及其工作人员、其他国家机关工作人员、新闻传播媒介从业人员和其他有关人员(如文秘等)。

(2) 虚假陈述的主观方面是虚假陈述的故意或者重大过失。

(3) 虚假陈述的内容是可能影响证券发行、上市、交易及其相关活动的不实信息,在行为方式上是作不真实、误导性的或有重大遗漏的记载或介绍,在后果上是已经造成或可能造成误导。

3. 虚假陈述的规制方式

虚假陈述的规制方式是及时纠正与多种责任形式并举:(1) 随时核查,及时纠正。比如,设定了证券公司承销证券时对公开发行募集文件的真实性、准确性、完整性进行核查的义务。如果发现虚假陈述,不得销售;已经销售的,立即停止并纠正。(2) 赔偿。(3) 罚款。比如,编造并且传播影响证券交易的虚假信息,扰乱证券交易市场的,处一定数额的罚款。(4) 罚金和自由刑。发行人未按规定披露信息,或者虚假陈述情节严重构成犯罪的,依法对单位处罚金,对责任人处罚金并处自由刑,即"双罚制"。

(三) 内幕交易行为规制

1. 内幕交易的概念

内幕交易,是指内幕信息的知情人和非法获知内幕信息的人,利用内幕信息进行证券交易的行为。利用内幕信息从事交易,对其他交易人极为不公平,应予禁止。

2. 内幕交易行为的特征

(1) 行为的主体是证券交易内幕信息的知情人。包括:① 发行人及其董事、监事、高级管理人员;② 持有公司5%以上股份的股东及其董事、监事、高级管理人员,公司的实际控制人及其董事、监事、高级管理人员;③ 发行人控股或者实际控制的公司及其董事、监事、高级管理人员;④ 由于所任公司职务或者因与公司业务往来可以获取公司有关内幕信息的人员;⑤ 上市公司收购人或者重大资产交易方及其控股股东、实际控制人、董事、监事和高级管理人员;⑥ 因职务、工作可以获取内幕信息的证券交易场所、证券公司、证券登记结算机构、证券服务机构的有关人员;⑦ 因职责、工作可以获取内幕信息的证券监督管理机构工作人员;⑧ 因法定职责对证券的发行、交易或者对上市公司及其收购、重大资产交易进行管理可以获取内幕信息的有关主管部门、监管机构的工作人员;⑨ 国务院证券监督管理机构规定的可以获取内幕信息的其他人员。

(2) 行为的客观方面是利用内幕信息进行证券交易。具体表现形态有:一是,知悉证券交易内幕信息的知情人员① 买入或者卖出所持有的该公司的证券;② 泄露该信息给他人买卖证券;或者③ 建议他人买卖该证券。二是非法获取内幕信息的其他人员的上述三种行为。

(3) 内幕信息,是证券交易活动中,涉及发行人的经营、财务或者对该发行人证券的市场价格有重大影响的尚未公开的信息。前文在重大事项信息披露要求中所列的对股票、债券市场交易价格有重大影响且尚未公开的信息,都属于内幕信息。这里不再赘述。

3. 内幕交易行为的规制方式

(1) 禁止交易。证券交易内幕信息的知情人和非法获取内幕信息的人,在内幕信息公开前,不得买卖该公司的证券,或者泄露该信息,或者建议他人买卖该证券。但是持有或者通过协议、其他安排与他人共同持有公司 5% 以上股份的自然人、法人、非法人组织收购上市公司的股份,如果《证券法》另有规定的,适用其规定。(2) 损害赔偿。内幕交易行为给投资者造成损失的,行为人应当依法承担赔偿责任。(3) 责令违法行为人依法处理非法获得的证券。(4) 没收违法所得,并处违法所得一倍至数倍,或者一定数额的罚款。行为人为证券监督管理机构工作人员的,从重处罚。(5) 情形严重或特别严重的,对单位和责任人采用"双罚制"。

(四) 操纵证券市场行为的规制

1. 操纵证券市场行为的概念

操纵证券市场行为,是指以获取不正当利益或者转嫁风险为目的,利用其资金、信息和其他优势制造虚假的证券交易量以影响交易价格的行为。操纵证券市场行为,是垄断行为中滥用市场支配地位行为和联合限制竞争行为在证券市场中的特殊表现,应予限制和禁止。

2. 操纵证券市场行为的特征

(1) 行为主体,是证券市场中的交易人和某些有特定职务的人(如证券从业人员)。

(2) 行为的目的或效果是影响或者意图影响证券交易价格或者证券交易量。

(3) 行为方式包括:① 单独或者通过合谋,集中资金优势、持股优势或者利用信息优势联合或者连续买卖;② 与他人串通,以事先约定的时间、价格和方式相互进行证券交易;③ 在自己实际控制的账户之间进行证券交易;④ 不以成交为目的,频繁或者大量申报并撤销;⑤ 利用虚假或者不确定的重大信息,诱导投资者进行证券交易;⑥ 对证券、发行人公开作出评价、预测或者投资建议,并进行反向证券交易;⑦ 利用在其他相关市场的活动操纵证券市场;⑧ 操纵证券市场的其他手段。

3. 操纵证券市场行为的规制

通过设定下列法律责任规制操纵证券市场行为:(1) 赔偿。操纵证券市场行为给投资者造成损失的,行为人应当依法承担赔偿责任。(2) 责令依法处理其非法持有的证券。(3) 没收违法所得,并处以违法所得一倍以上数倍罚款,没有违法所得或者违法所得较少的,处以一定额度的罚款。(4) 双罚。单位操纵证券市场的,还应当对直接负责的主管人员和其他直接责任人员给予警告,并处以一定额度的罚款。

(五) 证券公司及其工作损害客户利益行为的规制

我国《证券法》对证券公司及其工作损害客户利益行为进行了专门的禁止性规定。行为主体是证券公司及其从业人员。行为方式是所有违背诚实信用的商业道德和《证券法》明确禁止的损害客户利益的行为,包括:(1) 违背客户的委托为其买卖证券;(2) 不在规定时间内向客户提供交易的确认文件;(3) 未经客户的委托,擅自为客户买卖证券,或者假借客户的名义买卖证券;(4) 为牟取佣金收入,诱使客户进行不必要的证券买卖;(5) 其他违背客户真实意思表示,损害客户利益的行为。

规制方式有:一是赔偿。给客户造成损失的,应当依法承担赔偿责任。二是处罚。证券公司及其从业人员会受到警告、没收违法所得和并处以罚款等的处罚。情节严重的,暂停或者撤销相关业务许可。

本 章 小 结

反垄断、反不正当竞争和消费者权益保护法律规范是几乎所有市场中都共通的行为规范,但是这些法律规范在不同市场中的具体运用和体现均有所不同,在特别市场中尤为突出。在前面介绍反垄断、反不正当竞争和消费者权益保护这三类共通的市场规制法律制度基础上,还需要集中阐述特别市场规制法律制度。

特别市场的认定依据、主要外延以及特别市场规制法律制度的定位,是本章的原理。各种类型的特别市场比较多,金融市场、自然垄断市场、食品药品市场和建筑房地产市场尤为突出。把握上述原理,认识这些特别市场的特殊性,不但有助于细化对经济法总论和市场规制法相关原理的理解,还有助于对各类特别市场规制法律制度的具体认识和把握。基于银行业市场、证券市场的特殊性及其规制法律制度建设在我国的现状,详细介绍这两类特别市场规制法律制度,对于比较详细地了解我国特别市场规制法律制度的构造,丰富法律实践工作的知识储备,很有必要。

当然,无论是从法的体系构造还是从法理上看,特别市场规制法律制度仅仅是反垄断、反不正当竞争和消费者权益保护制度及其他相关制度在特别市场的特殊体现,而不是与后者并列的制度。单独设章阐述,仅仅是出于教材编撰、内容排列的需要,是认知规律的体现。

参 考 书 目

陈共编著:《财政学》(第十版),中国人民大学出版社2020年版。
董玉明主编:《市场经济条件下的计划法研究》,书海出版社2001年版。
〔美〕弗里德曼:《法律制度——从社会科学角度观察》,李琼英、林欣译,中国政法大学出版社1994年版。
〔日〕谷口安平:《程序的正义与诉讼》,王亚新、刘荣军译,中国政法大学出版社1996年版。
郭庆旺、赵志耘:《财政理论与政策》(第二版),经济科学出版社2002年版。
季卫东:《法治秩序的建构》,中国政法大学出版社1999年版。
〔日〕金泽良雄:《经济法概论》,满达人译,中国法制出版社2005年版。
〔日〕金子宏:《日本税法》,战宪斌、郑林根等译,法律出版社2004年版。
〔意〕莫诺·卡佩莱蒂编:《福利国家与接近正义》,刘俊祥等译,法律出版社2000年版。
孔祥俊:《反垄断法原理》,中国法制出版社2001年版。
孔祥俊:《反不正当竞争法新论》,人民法院出版社2001年版。
李昌麒主编:《经济法学》(第三版),法律出版社2016年版。
李昌麒、许明月编著:《消费者保护法》(第四版),法律出版社2014年版。
刘隆亨:《中国财税法学》(第二版),法律出版社2010年版。
刘瑞复:《经济法学原理》(第四版),北京大学出版社2013年版。
卢炯星主编:《宏观经济法》(第二版),厦门大学出版社2005年版。
〔美〕凯文·F.墨菲、马克·希金斯:《美国联邦税制》,解学智、夏琛舸、张津主译,东北财经大学出版社2001年版。
牛晓帆:《产业组织理论及相关问题研究》,中国经济出版社2005年版。
潘静成、刘文华主编:《经济法》(第三版),中国人民大学出版社2008年版。
彭冰:《中国证券法学》(第二版),高等教育出版社2007年版。
漆多俊:《经济法基本理论》(第五版),法律出版社2017年版。
强力:《金融法》,法律出版社2004年版。
邱本:《宏观调控法论》,中国工商出版社2002年版。
邵建东:《德国反不正当竞争法研究》,中国人民大学出版社2001年版。
史际春、邓峰:《经济法总论》(第二版),法律出版社2008年版。
王全兴:《经济法基础理论专题研究》,中国检察出版社2002年版。
王守渝、弓孟谦:《宏观经济调控法律制度》,中国经济出版社1995年版。
王晓晔:《欧共体竞争法》,中国法制出版社2001年版。
〔美〕W.基普·维斯库斯、小约瑟夫·E.哈林顿、约翰·M.弗农:《反垄断与管制经济学(第四版)》,陈甬军、覃福晓等译,中国人民大学出版社2010年版。

魏礼群主编:《社会主义市场经济与计划模式改革》,中国计划出版社1994年版。
吴志攀:《金融法概论》(第五版),北京大学出版社2011年版。
肖江平:《中国经济法学史研究》,人民法院出版社2002年版。
邢会强:《宏观调控权运行的法律问题》,北京大学出版社2004年版。
徐孟洲、徐阳光:《税法》(第七版),中国人民大学出版社2019年版。
徐孟洲主编:《银行法教程》,首都经济贸易大学出版社2002年版。
徐孟洲、谭立:《金融法》(第四版),高等教育出版社2019年版。
杨坚白、陈东琪主编:《宏观经济调控与政策》,经济科学出版社2000年版。
杨紫烜主编:《经济法》(第五版),北京大学出版社、高等教育出版社2014年版。
张守文、于雷:《市场经济与新经济法》,北京大学出版社1993年版。
张守文:《经济法理论的重构》,人民出版社2004年版。
张守文:《经济法原理》(第二版),北京大学出版社2020年版。
张守文:《当代中国经济法理论的新视域》,中国人民大学出版社2018年版。
张守文:《发展法学:经济法维度的解析》,中国人民大学出版社2021年版。
张文显:《法哲学范畴研究》(修订版),中国政法大学出版社2001年版。
张馨编著:《比较财政学教程》(第二版),中国人民大学出版社2004年版。
卓泽渊:《法的价值论》(第三版),法律出版社2018年版。

索　引

B

保障安全权　290,293,296,303
本身违法原则　211,213,242,251,252
避税　54,147—149,153,157
剥削性滥用　238,240
不当附奖赠促销行为　216,224,270,271,283
不正当竞争行为　23,43,44,54,57,58,60,62,63,212—214,216,220,221,224—229,259—265,268,271—274,276,279,280,282—284,293,304,306—308,311,313,329,331

C

财产税　23,134,135,138,150,159
财税调控法　22,23
财政调控权　60,97
财政法　5,23,25,35,37,50,51,57,65,92,101,102,105—111,113,115,117,119,121—123,125,127—129,131
操纵证券市场　332
差别待遇　239,240
惩罚性法律责任　300—303
存款准备金率　63,96,174—176,181

D

搭售　213,238—240,309
地方税　134,137,138,150,249
独家交易　237—240,243,309
对策行为　41—43,53—59,62,63,72

E

二元结构　5—7,20,23,25—27,31,32,42,50,51,54,56,71,72

F

反不正当竞争法　3,5,22,23,43,45,57,64,67,79,81,84,210,212—217,219,221,224,228—230,233,259—271,273,275—277,279—284,287,288,291,295,304,306,307,310,314
反不正当竞争行为　214—216,263
反垄断法　5,22,23,26,43,57,67,78,79,81,210—217,219,222,225,226,228,230—233,235—241,243—245,247—254,256—258,262—264,287,291,295,304,306,314
反垄断法适用除外　252,253
反垄断行为　214,215
非现场监管　315,319
分税制　74,113,137,138
附奖赠促销　219,261,267—271

G

个人所得税　143,144,149,150,159
公平交易权　288,291,294
公平竞争权　62,63,227
公司债券发行　324
股票发行　324—326
固定价格　242,249,252,311
寡头垄断　210
关税　63,78,113,124,132,134,138,140—143,150,151,155,159,234,246
规制受体　47,48,64,65,217,223—228,262,314,322
规制主体　24,47—51,56,60,61,64,66,210,217,222—229,262,309,314,315,318,321,322
国民经济和社会发展计划法　199,200,204
国债法　23,43,50,65,74,109,121,122,131

H

合理分析原则　211,213,251,252
横向垄断协议　241,242,244,256
宏观调控　4,5,10—13,17,18,21—27,30,31,34,

索 引

35,41,43,47,49—51,53,56—62,66,70,74,76,77,80,83,84,89—94,96—110,113,114,121,123,128,130—132,135,136,159,162—166,168,173,175,181,183,188,190,191,193,194,196—198,200,201,203,204,215—217,223,305,306,308,310,315—317,320,323

宏观调控法 5,10,11,14,15,22—27,35,36,41—43,47,60,64—66,69,79,82,83,89—97,102,105,109,131,134,159,161,165,188,192—194,203,215,217,221,230,233,262,308

宏观调控权 59,60,89,93,94,96—101,105,266

划分市场 215,242,243,249,252

货币政策 16,56,75,89,94,96,99,100,103,104,162—183,186,188—190,193,201

货币政策目标 168—174,176,177,181,183,188,189

J

计划调控法 22,23,192

计划法 5,23,24,35,43,57,65,74,81,92,96,105,190—197,199—204

接管 317,320

结构主义 211,213,219,251

金融调控法 22,23,161—165,174,183,188,189,233

金融调控权 23,60,97,164,188

金融法 5,23,35,39,51,57,65,67,74,76,78,81,92,96,105,160—163,165,167,169,171,173—175,177,179,181,183,185,187—189,308

金融市场 23,26,53,57,60,160,164—166,169,176,180,181,224,305,306,308,315,333

经纪行为 327,328

经济法 3—86,92,93,96,101—103,105,108,109,128,129,131,134,159,161,165,192,193,207,212—218,220,221,223,224,227,230,232,233,250,262,263,276,285—288,290,291,303,308,333

经济法的地位 4,17,18,33

经济法的调整对象 9—13,22,27,38,54,214

经济法的概念 4,8,9,12,27

经济法的规制性 14,67,79

经济法的基本原则 39—41,44,45,61,82,94,125,193,221,288

经济法的价值 15,20,28—32,34,36,39,44,45

经济法的经济性 13,14,43

经济法的现代性 15,42,75

经济法上的可诉性 76,82—84,86

经济法体系 6,20,22—26,41,89,92,105,161,188,194,203,217,232,287

经济法学 3—9,11,14,18,20,24,28,29,48,52,56,58,70,90,92,94,96—98,100,102,104,106,108,110,112,114,116,118,120,122,124,126,128,130,132,134,136,138,140,142,144,146,148,150,152,154,156,158,160,162,164,166,168,170,172,174,176,178,180,182,184,186,188,190,192,194,196,198,200,202,204,207,208,210,212,214—216,218,220,222,224,226,228,230,232,234,236,238,240,242,244,246,248,250,252,254,256,258,260,262,264,266,268,270,272,274,276,278,280,282,284,286,288,290,292,294,296,298,300,302,304,306,308,310,312,314,316,318,320,322,324,326,328,330,332

经济法责任 64—68,70,72,128

经济法主体 21,24,31,34,35,41,44,46,47,49—59,64—72,74,76—78,82,223,224

经济法宗旨 14,28,31—36,38,39,42,45,74,94,313

经济审判 84—86

经济稳定与增长促进法 36,102,103,196,197,199,201,204

经济自由权 11,59,62,63

经营者 37,44,46,56,57,63,64,70,76,93,208—210,212,217,219,221,224—229,231,233—257,260—277,279—285,288—303,305,307,308,310,311,313,316,322

经营者合并 244,245

经营者集中 210,215,216,219,226,227,233,244—247,249,254,258

经营者控制 245,249

拒绝交易 237—239,283,309

L

滥用市场支配地位行为 210,215,216,219,233,236,239,240,251,253,257,258,305,309,310,313,332

联合抵制 242,243,249,252

联合限制竞争行为 210,215,216,219,224,225,229,258,313,332

垄断 3,5,10—12,16,23,34,43,44,50,51,54,57,58,60,62,63,78,85,92,96,196,208,210—217,219—222,224—233,235—237,239—264,286,304—311,313,323,324,329,332,333

垄断竞争 210,231,261,309

掠夺性定价 210,213,236,237,240,308,309

N

纳税人 37,46,47,51,63,69,76,79,84,127,133,136,137,139—144,147,149,151—159

纳税主体 50,65,132,133,136,139,142—144,147,149,152,154—156

内幕交易 329,331,332

Q

欺骗性附奖赠促销 219,268,270

欺诈客户 329

强制交易 208,213,217,225,239,291,293,294,309

强制执行 63,153,154,157,158,165,255,328

侵犯商业秘密行为 216,224,229,260,261,279—281,283

权义结构 10,46,48,58,59,62,64—66,71,72

S

商品税 23,133—135,138,141,142,159

商业诋毁行为 216,224,229,261,273,274,283

商业贿赂 216,219,224,228,229,260,261,264—267,269,283

商业混淆 216,224,228,260,261,263,274—277,282,283,307,311

商业秘密 212,219,238,255,269,279—282,329

商业银行法 161,162,164,316

上市公司收购 216,308,323,326,327,331

市场对策权 62,63

市场规制 4,10—13,17,18,21—27,30,31,34,35,41,47,49—51,53,56,58,60—62,74—77,80,207—211,213—229,232,240,262,268,278,279,304—309,311—317,319—324

市场规制法 5,11,14,15,22—27,35,36,41—43,57,60,64,65,67,69—71,79,81,82,84,89,93,165,207,209,211—230,232,233,240,257—259,262,264,283,285—287,302,304,306—311,313,314,316,320,321,326,333

市场规制法原则 221

市场规制法主体 47,223,226,227

市场规制权 59—61,224,226,227,266

市场绩效 209—211,218,222

市场集中度 247

市场结构 10,93,209—212,218,222,231,232,241,257

市场竞争权 226,227

市场失灵 3,10—12,15,16,33—35,49,62,75,92,97,191,194,221,286,290

市场行为 10,11,57,59,209—211,214,218,222,227,235,236,241,254,260,269,272,282,285,287,303,308,309,314,321,323

市场支配地位 60,208,210,231—240,244,245,249,252,253,256,257,283,305,307

税法 23,35,37,39,45,48—51,55,57,67,68,74,76,78,79,81,83,84,92,93,96,102,105,109,110,113,132—139,141,143—145,147,148,150—159

税法的构成要素 135,136,159

税法主体 136,139,142,149,157

税收保全 153,157

税收特别措施 137,152

税收优先权 154

所得税 23,83,135,136,138,143—148,159

T

调控主体 43,47—51,56,60—62,64—66,69,76,82,84,91,92,98,163,165

调制法定原则 42—45,54,60,61,70,73—75,82,288

调制绩效原则 42,44,45,288

调制适度原则 42—45,288

调制受体 25,41,47—51,53—59,62—66,68—72,76,79,316

调制行为 30,41—44,47,48,53—59,62,72,74,75,81,82,86,214,215,217

逃税 54,157—159

特别市场 226,229,304—307,309—311,333

特许协议 243

索　引

偷税　158

W

外汇管理法　183,186,189
完全竞争　209,210,221,231,261,263
完全垄断　210,263

X

现场监管　319
限制转售价格　243,252
相关市场　10,209,210,232—237,241—244,246,247,256,257,332
消费税　113,133,138,141,142
消费者　5,11,16,17,22,23,26,34,35,37,43,44,46,47,54,56,57,63,64,67,70,79,84,85,94,96,124,126,165,208,210—212,215,219—221,224,226—228,230,232,236,239,240,243—245,247,248,252,261,262,264,265,269—275,277,278,285—307,313—315,333
消费者权利　60,62,63,219,229,263,271,286—290,292,294,295,297,303
消费者权益保护法　5,37,70,214,228,230,264,271,285—293,295—304,333
信息公开　319,329,332
行为主义　211,213,220,251
行政性垄断　23,215,216,219,225,226,229,233,248—250,258
行政性强制交易　248
行政性限制市场准入　248,249
虚假陈述　261,329,331
虚假宣传　216,224,228,260,261,276—279,282,283,300,307,310

Y

一般市场　304,306,322
依法结社权　289,291
依法求偿权　271,291,299

营业税　134,138,139
预算法　21,23,43,50,65,81,92,102,104,109—124,129—131,192
预算管理体制　112
预算管理职权　112,113,131

Z

增值税　113,133,134,136,138—142,150,159
征税客体　136
征税主体　50,65,132,133,136,139,142,149
正当竞争权　43,62,63,224,226,262
证券法　65,78,161,162,216,217,245,320—322,324—326,332
证券公司　46,76,182,322,323,325,327—333
证券交易　162,180,308,309,314,321—323,326,328—332
证券交易服务机构　322,331
证券交易所　122,163,321—323,326,327,331
证券经营机构　308,322,323,325,327
证券上市　326
证券业协会　321,322,331
政策性银行法　162
政府采购法　23,109,124—127,131
政府失灵　10,11,194,204
知悉真情权　289,290,293,303
中央税　134,137,138
中央与地方共享税　134,138
转移支付法　23,50,109,128,129,131
资本充足率　312,317
资产负债比例控制　317
自然垄断　252,305—307,309,310,333
自然垄断行业市场　305,310
自营行为　328
自主选择权　288,291
纵向垄断协议　243,244,252
阻碍性滥用　238,240

第一版后记

随着我国经济和社会的迅速发展,经济法的理论研究和制度建设也取得了长足的进步。基于老一辈经济法学者的开创性贡献,基于一大批优秀的中青年学者的积极推进,经济法学正日益走向成熟。为了及时地反映经济法学界的最新研究成果,以及经济法制度建设上的最新成就,我们商定编写一本新教材,于是就有了这本《经济法学》。

本书的编写人员和具体分工如下(依写作章节的先后为序):

张守文(法学博士,北京大学法学院教授),撰写第一编各章、第二编的第七章和第八章、第三编的第十四章。

徐孟洲(法学博士,中国人民大学法学院教授),撰写第二编的第六章、第九章和第十章。

肖江平(法学博士,博士后,北京大学法学院副教授),撰写第三编的第十一章、第十二章、第十三章和第十五章。

本书由主编统一修改、定稿。

非常感谢在本书写作过程中提出过宝贵意见的各位学界前辈,同时也非常感谢北大出版社的责任编辑的辛勤工作。对于本书可能存在的各种缺点和不足,希望读者方家不吝指正。

编 者

2005 年 6 月 26 日